D1833126

HALAYUDHA'S

ABHIDHANARATNAMALA

A

SANSKRIT VOCABULARY

HALAYUDHA'S

ABHIDHANARATNAMALA

A
SANSKRIT VOCABULARY,

EDITED WITH A

SANSKRIT-ENGLISH GLOSSARY

BY

TH. AUFRECHT.

GYAN

Published by

Gyan Publishing House
5, Ansari Road
Daryaganj, New Delhi-110002
Phone: 011-47034999, 9811692060
E-mail: books@gyanbooks.com

Distribution Network
gyanbooks.com
India, USA, Canada, UK, Australia, France

© **Publisher**
All rights reserved. No part of this work may be reproduced, stored, adapted, or transmitted in any form or by any means, electronic, mechanical, photocopying, micro-filming, recording or otherwise, or translated in any language, without the prior written permission of the copyright owner and the publisher.

ISBN : 978-81-212-2704-9 (HB)
First Published, 1861

2nd Impression 2021

Printed at: Gyan Press, Delhi.

The book is sold subject to the condition that it shall not, by way of trade or otherwise, be lent, resold, hired out, or otherwise circulated without the prior publisher's written consent.

Halayudha's Abhidhanaratnamala
Author: TH. Aufrecht

HALAYUDHA'S

ABHIDHANARATNAMALA.

A

SANSKRIT VOCABULARY,

EDITED WITH A

SANSKRIT-ENGLISH GLOSSARY

BY

TH. AUFRECHT.

E PUR SI MUOVE

WILLIAMS & NORGATE:

11, HENRIETTA STREET, COVENT GARDEN, LONDON, AND

20, SOUTH FREDERICK STREET, EDINBURGH.

BONN, A. MARCUS. PARIS, B. DUPRAT.

1861.

PREFACE.

The present edition of Halâyudha's vocabulary of synonyms is based on a collation of the following manuscripts.

A. E. I. H. 1361, copied about 1780.

B. Wilson 415, an incorrect transcript of A.

C. E. I. H. 588.

D. E. I. H. 1576. These two manuscripts, copied about 1866 from the same original, are almost useless for any critical purpose.

E. A fragment preserved in the Berlin Library (Chambers 758. Weber's Catalogue Nr. 805), containing distichs 18 — 367 of book II. I am indebted for a transcript of it to Dr. Hase of Coburg.

F. An old fragment in the Ratcliffe Library, Oxford, containing the second book, as far as çloka 230.

R. A manuscript in the same library, copied in the year 1363 of our era.

Notwithstanding all these materials, the editor has found it not always possible to constitute a text free from faults; far less to give a correct and uniform orthography. In many cases he has been obliged to have recourse to the Koshas of Amara and Hemacandra and their commentaries, in order to remove palpable blunders. The notes, and to some extent the glossary, point out all the passages in which a further collation of new Mss. is desirable. He has much felt, throughout, the want of a commentary; but though at least one is cited in the marginal notes to the Oxford Ms. of the commentary on the Abhidânacintâmaṇi, yet none appears to be in existence.

The precise age of Halâyudha cannot now be determined with any degree of certainty. The name itself is by no means uncommon in the literary history of India. We have, firstly, Halâyudha, the author of the Kavirahasya, who has been assigned by Westergaard (Radices p. VII) to the sixteenth century. Another Halâyudha, the son of Purushottama, compiled the Purâṇasarvasva in 1474 (Oxford Catalogue p. 84). Halâyudha the lawyer is frequently cited by Vâcaspatimiçra (in the Cintâmaṇi and Dvaitanirṇaya), and, still earlier, by Viçveçvara, the author of the Madanapârijâta and other works. A fourth Halâyudha, who shares with our author the epithet of Bhaṭṭa, composed a commentary on the Pingalachandas. He may, perhaps, be identified with the writer of the Kosha; chiefly on account of the many artificial metres which he uses, and which no other lexicographer has taken the liberty of employing for such a dry subject as a string of synonyms. The editor has, however, discovered no allusion to the Kosha in the only copy of the Mṛitasamjivini at his command. Nor do the four names of Amaradatta, Vararuci, Bhâguri, and Vopâlita, to whose works the author acknowledges himself indebted in the introductory verses to the Kosha, afford any clue to his own age. In the absence of direct evidence, we are, therefore, compelled to be contented with the secondary testimony of other writers. The mention of Halâyudha by Ujjvaladatta, Mallinâtha, and the Medinîkara, is sufficient proof that he lived before the thirteenth century. Mallinâtha in his various commentaries cites Halâyudha far more frequently than the Abhidhânacintâmaṇi; but from this fact no inference can be drawn as to the greater antiquity of Halâyudha, for the orthodox scholiast might have preferred a coreligionist to a Jain infidel. Halâyudha is quoted besides, by Kâṭavema on the Çâkuntala, Jayamangala on the Bhaṭṭikâvya, Narahari in his Cûḍâmaṇi, Nârâyaṇa on the Uttararâmacarita, Padmanâbhadatta on the Bhuvaneçvarîstotra, Bharatasena on the Bhaṭṭikâvya, Bhânujîdikshita on Amara, Ranganâtha on the Vikramorvaçî, Râyamukuṭa in his commentary on the Amarakosha, Çivadatta in the Çivakosha, and a number of other scholiasts.

There is, however, an intimate connexion between the Abhidhânaratnamâlâ and the Abhidhânacintâmaṇi, beyond the mere name. Not only do whole distichs and verses agree with one another, and differ from Amara, but there is also in both an identity of tetrastichs, and this to an extent which cannot be explained by the supposition that both have borrowed from the same source. Again, we find that both attribute to many words the same gender in opposition to the Amarakosha. But if we are called on to determine the relative priority of Halâyudha and Hemacandra, we must be guided in our decision by the following circumstances. Halâyudha's vocabulary is not only less copious, but his style is much more simple, and his explanations enter more into detail. To use whole distichs and verses in order to define a single word, is quite unusual with Hemacandra, who, on the contrary, endeavours to cram into one verse as many synonyms as possible. Farther, we find that in technical divisions Hemacandra is acquainted with more developed, and therefore later, systems. For example, the different kinds of feminine actions produced by the sentiment of love, technically called hâva, are limited by Amara to six, and by Halâyudha to nine, while Hemacandra knows ten. In the physiological distinction of elephants, Halâyudha does not exceed the number of three, whilst Hemacandra adds a fourth. The Ratnamâlâ is divided into five, the Cintâmaṇi into six chapters. Homonyms are treated by Halâyudha very briefly, whereas the Nânârtha of

Hemacandra surpasses in bulk the Ekârtha. All these facts lead to the conclusion that Halâyudha preceded Hemacandra, and we shall hardly go too far back if we place him at the end of the eleventh century.

In Mallinâthas commentary on the Mâghakâvya (Calc. ed.) two passages (I, 19. XVI, 18) are cited from an Abhidhânaratnamâlâ which seems to have been different from that of Halâyudha.

In compiling the glossary, the editor has constantly consulted the commentaries of Kshîrasvâmin and Râyamukuṭa on Amara, which form the only valuable basis of all later scholiasts. Of modern writers, he feels himself under great obligation to Colebrooke's edition of the Amarakosha, and to Molesworth's Mahrati and English Dictionary.

In conclusion he would express his thanks to the publishers for having most obligingly undertaken to bring out a work which, from its nature, can be of interest only to a limited number of Sanskrit scholars.

The abbreviations employed in the glossary are:

Ait. Br. - Aitareyabrâhmaṇa.
Anandal. - Ânandalaharî.
Av. - Atharvaveda.
Bhk. - Bhaṭṭikâvya.
Bhv. - Bhâminîvilâsa.
Brahmap. - Brahmapurâṇa.
Brahmav. - Brahmavaivartapurâṇa.
Bṛihadâr. - Bṛihadâraṇyakopanishad.
Çat. Br. - Çatapathabrâhmaṇa.
Chând. U. - Chândogyopanishad.
Çiçup. - Mâgha's Çiçupâla.
Çivap. - Çivapurâṇa.
Daṇḍin - Daṇḍin's Kâvyâdarça.
Devîbhâg. - Devîbhâgavatapurâṇa.
Dhânv. Nigh.-Dhânvantaranighaṇṭu.
Gg. - Gîtagovinda ed. Lassen.
HC. - Hemacandra, and the commentary ascribed to him.
Kâçikh. - Kâçîkhaṇḍa.
Kir. - Kirâtârjunîya.
Ks. or Kum. - Kumârasambhava.
Ksh. - Kshîrasvâmin on Amara.
Mâgha - Mâgha's Çiçupâla.
Mahi. - Mahimnaḥ stava.
Manu - Mânavadharmaçâstra.
Mârk. - Mârkaṇḍeyapurâṇa.
Matsyap. - Matsyapurâṇa.
Mbh. - Mahâbhârata.
Mit. - Mitâksharâ.
P.-Pâṇini.
Phetk. - Pheṭkâriṇîtantra.
Pk. - Pârçvanâthakâvya by Padmasundara.
Râyam or Rk. - Râyamukuṭa on Amara.
Rasamanj. - Bhânudatta's Rasamanjarî.
Rasatar. - Rasataranginî.
Rgh. - Raghuvança.
Rigvidh. - Ṛigvidhâna.
Rv. - Ṛigveda.
Sâhityad. - Sâhityadarpaṇa.
Sarasvatîk. - Sarasvatîkaṇṭhâbharaṇa.
Taitt. Br. - Taittirîyabrâhmaṇa.
U. or Urv. - Urvaçî ed. Bollensen.
Ujj. - Ujjvaladatta.
Vâgbh. Al. - Vâgbhaṭṭa Alankâra.
Vâmanap. - Vâmanapurâṇa.
Vârâhap. - Vârâhapurâṇa.
Vṛihann. - Vṛihannâradîyapurâṇa.
Vs. - Vâjasaneyisamhitâ.
Yv. or Yâjn. - Yâjnavalkya ed. Stenzler.

॥ श्रीगणेशाय नमः ॥

शब्दब्रह्म यदेकं यश्चैतन्यं च सर्वभूतानां।
यत्परिणामस्त्रिभुवनमखिलमिदं जयति सा वाणी ॥१॥

इयममरदत्तवररुचिभागुरिवोपालितादिशास्त्रेभ्यः।
अभिधानरत्नमाला कविकंठविभूषणार्थमुद्ध्रियते ॥२॥

स्वः स्वर्गः सुरसद्म त्रिदशावासस्त्रिविष्टपं त्रिदिवं।
द्यौर्गौरमर्त्यभुवनं नाकः स्यादूर्ध्वलोकश्च ॥३॥

आदित्यास्त्रिदशाः सुराः सुमनसः स्वर्गौकसो देवता
गीर्वाणा ऋभवो ऽमराश्च मरुतो वृंदारका निर्जराः।
अस्वप्ना विबुधास्त्रिविष्टपसदो लेखाः सुपर्वाण इत्याख्याता
अमृताशना अनिमिषा देवास्तथा दैवतं ॥४॥

असुरा दानवा दैत्या दैतेयाः सुरशत्रवः।
पूर्वदेवाः शुक्रशिष्याः पातालनिलयाः स्मृताः ॥५॥

ब्रह्मा स्रष्टा धाता परमेष्ठी पद्मभूः सुरज्येष्ठः।
वेधा विधिर्विरिंचो हिरण्यगर्भः शतानंदः ॥६॥

शंभुः स्वयंभूर्दुह्रिणश्चतुर्वक्त्रः प्रजापतिः।
पितामहो जगत्कर्ता विरिंचिः कमलासनः॥७॥
वाग्वाणी भारती भाषा गौर्गीर्ब्राह्मी सरस्वती।
ओंकारः प्रणवः प्रोक्तस्त्रयो वेदास्त्रयी स्मृता॥८॥
वेदः श्रुतिस्तथाम्नायः स्वाध्यायश्छंद आगमः।
वेदांतश्च रहस्यं च बुधैरुपनिषन्मता॥९॥
ऊहस्तर्को ऽनुमानोक्तिर्मीमांसा स्याद्विचारणा।
स्मृताः कृतांतराद्धांतसिद्धांतसमयाः समाः॥१०॥
ईशानः शशिशेखरः पशुपतिः शूली शिवः शंकरः
शर्वः शंभुरुमापतिश्च गिरिशः श्रीकंठ उग्रो हरः।
सर्वज्ञस्त्रिपुरांतकस्त्रिनयनो कपर्दी भवो भूतेशः
परमेश्वरो ऽंधकरिपुर्दक्षाध्वरध्वंसकृत्॥११॥
स्थाणुः स्रष्टा धूर्जटिर्वामदेवः कामध्वंसी व्योमकेशः कपाली।
नीलग्रीवोत्रक्षिरेताः पिनाकी भीमो भर्गः कृत्तिवासा वृषांकः
॥१२॥
अहिर्बुध्नो विरूपाक्षः शिपिविष्टो गणाधिपः।
गंगाधरो महादेवो मृडः स्यान्नीललोहितः॥१३।
पिनाकं स्यादजगवं प्रमथास्तु गणाः स्मृताः।
कपर्दो ऽस्य जटाबंधस्तंडुः स्यान्नंदिकेश्वरः॥१४॥
रुद्राणी शर्वाणी काली कात्यायनी भवानी च

आर्याम्बिका मृडानी हैमवती पार्वती गौरी ॥१५॥
उमा भगवती दुर्गा चंडी दाक्षायणी शिवा।
अपर्णा स्यान्महादेवी गिरिजा मेनकात्मजा ॥१६॥
ब्रह्माण्याद्याः स्मृताः सप्त देवता मातरो बुधैः।
चामुंडा कर्णमोटी च चर्चा स्याद्भैरवी तथा ॥१७॥
हेरंबो लंबोदर आखुरथो गणपतिश्च गजवदनः।
परशुधर एकदंतो विनायको विघ्नराजश्च ॥१८॥
गौरीपुत्रः षण्मुखः शक्तिपाणिः
क्रौंचारातिः कार्त्तिकेयो विशाखः।
स्कंदः स्वामी तारकारिः कुमारः
सेनानीः स्यादग्निभूर्बाहुलेयः ॥१९॥
गांगेयो ब्रह्मचारी च गुहो बर्हिणवाहनः।
महासेनो महातेजाः शरजन्मा च कथ्यते ॥२०॥
विष्णुः कृष्णः केशवो मंजुकेशी
श्रीवत्सांकः श्रीपतिः पीतवासाः।
विष्वक्सेनो विश्वरूपो मुरारिः
शौरिः शार्ङ्गी पद्मनाभो मुकुंदः ॥२१॥
गोविंदो धरणिधरः सुपर्णकेतुर्वैकुंठो जलशयनश्चतुर्भुजश्च।
दैत्यारिर्मधुमथनो रथांगपाणिर्दाशार्हः क्रतुपुरुषो वृषाकपिः
स्यात् ॥२२॥

जनार्दनाधोक्षजवासुदेवं दामोदरं श्रीधरमच्युतं च।
उपेंद्रमिंद्रावरजं च बभ्रुं हरिं हृषीकेशमुदाहरंति ॥२३॥
आत्मभूः पुंडरीकाक्षः श्रीवत्सो विष्टरश्रवाः।
नारायणो जगन्नाथो वनमाली गदाधरः ॥२४॥
सनातनो जिनः शंभुर्विधिर्वेधा गदाग्रजः।
कैटभारिरजो जिष्णुः कंसजित्पुरुषोत्तमः ॥२५॥
चक्रं सुदर्शनं चापं शार्ङ्गं कौमोदकी गदा।
खड्गो ऽस्य नंदकः शंखः पांचजन्यः प्रकीर्तितः ॥२६॥
कौस्तुभो वक्षसि मणिः श्रीवत्सो ऽस्य च लांछनं।
वसुदेवस्तु कथितो बुधैरानकदुंदुभिः ॥२७॥
बलदेवो बलभद्रो मुशली नीलांबरः प्रलंबघ्नः।
सीरी च सात्वतः स्यात्तालध्वज एककुंडलो ऽनंतः ॥२८॥
संकर्षणो रौहिणेयः कालिंदीकर्षणो बलः।
रेवतीरमणो रामः कामपालो हलायुधः ॥२९॥
विहंगराजो गरुडो गरुत्मान् तार्क्ष्यः सुपर्णीतनयः सुपर्णः।
स्याद्वैनतेयः पवनाशनाशः सुरेंद्रजित्कश्यपनंदनश्च ॥३०॥
लक्ष्मीः श्रीः कमला पद्मा पद्मवासा हरिप्रिया।
क्षीरोदतनया मा च शब्दज्ञैरिंदिरा स्मृता ॥३१॥
प्रद्युम्नो मकरध्वजो मनसिजः संकल्पजन्मांगजः
पंचेषुः कुसुमायुधश्च मदनो मारः स्मरो मन्मथः।

कंदर्पो झषकेतनो रतिपतिः श्रीनंदनो हृच्छयः
 कामः शंबरसूदनो मधुसखः शृंगारयोनिः स्मृतः ॥३२॥
दर्पकः शूर्पकारातिरनंगो विषमायुधः।
आत्मभूर्मनसिशयः पुष्पधन्वा मनोभवः ॥३३॥
मापत्यमिरजश्चैव कामपत्नी रतिः स्मृता।
अनिरुद्धश्च तत्सूनुरुषारमणा इष्यते ॥३४॥
आदित्यः सविता सहस्रकिरणः प्रद्योतनो भास्कर-
 स्तिग्मांशुस्तरणिस्तथा दिनमणिर्भास्वान्विवस्वान्हरिः।
मार्तंडस्तपनो विकर्तन इनः पूषा पतंगो भगः
 सूर्यो गोपतिरर्यमा दिनकरः सूरो ऽंशुमाली रविः ॥३५॥
मिहिरो विरोचनो ऽर्कस्तिमिररिपुर्द्युमणिरंशुमानंशुः।
हरिदश्वः सप्ताश्वः प्रभाकरो भानुमान्भानुः ॥३६॥
ब्रध्नो हंसः खगो मित्रश्चित्रभानुरहर्पतिः।
कर्मसाक्षी जगच्चक्षुर्द्वादशात्मा त्रयीतनुः ॥३७॥
रोचिः शोचिरभीशुः प्रद्योतगभस्तिरश्मिघृणिकिरणाः।
रुचिरुग्दीधितिदीप्तिद्युतिप्रभाभाविभाभासः ॥३८॥
उस्रधामवसुकेतुमरीचिप्रग्रहोपधृतिवृष्णिमयूखाः।
अंशुभानुकरपादविरोका गाव इत्यभिहितास्तु समानाः ॥३९॥
तिग्मं तीक्ष्णं खरं तीव्रं चंडमुष्णं पटु स्मृतं।
आतपः कथ्यते रौद्रं निदाघो घर्म उच्यते ॥४०॥

परिधिः परिवेषः स्यान्मंडलं चोपसूर्यकं ।
उच्यते राहुसंस्पर्श उपराग उपप्लवः ॥४१॥
इंदुश्चंद्रश्चंद्रमा ओषधीशः सोमो राजा रोहिणीवल्लभोऽब्जः।
नक्षत्रेशः स्यादत्रिनेत्रप्रसूतः प्रालेयांशुः श्वेतरोचिः शशांकः ॥४२॥
द्विजराजो रजनिकरः पीयूषरुचिर्निशीथिनीनाथः ।
जैवातृको मृगांको विधुश्च दाक्षायणीरमणः ॥४३॥
चंद्रिका कौमुदी ज्योत्स्ना तथा चंद्रातपः स्मृतः ।
मंडलं बिंबमाख्यातं हृदये लांछने मृगः ॥४४॥
अंकश्चिह्नमभिज्ञानं लांछनं लक्ष्म लक्षणं ।
कलंकश्चेति विज्ञेया नातिनानार्थवाचकाः ॥४५॥
वक्रमंगारकं भौमं लोहितांगं धरात्मजं ।
रोहिणेयं बुधं सौम्यमाहुश्चांद्रमसायनं ॥४६॥
वाचस्पतिरांगिरसो बृहस्पतिः कथ्यते गुरुर्जीवः ।
धिषणस्त्रिदशाचार्यश्चित्रशिखंडिप्रसूतश्च ॥४७॥
उशना शुक्रः काव्यो दैत्यगुरुर्भार्गवः कविर्धिष्ण्यः ।
असितः क्रोडः पंगुश्छायातनयः शनैश्चरः शौरिः ॥४८॥
स्वर्भानुः सैंहिकेयश्च तमो राहुर्विधुंतुदः ।
केतवः शिखिनः प्रोक्ता आर्द्रालुब्धक उच्यते ॥४९॥
सप्तर्षयस्तु विद्वद्भिः स्मृताश्चित्रशिखंडिनः ।
कृत्तिका बहुला प्रोक्ताः पक्षस्तु बहुलोऽसितः ॥५०॥

भं नक्षत्रं तारकं तारका च ज्योतिस्तारा धिष्ण्यमृक्षं तथोडु ।
पुष्यस्तिष्यः स्याद्धनिष्ठा श्रविष्ठा दाक्षायण्यः कीर्तिताश्चंद्रदाराः
॥५१॥

इंद्रो दुश्च्यवनो हरिः सुरपतिः संक्रंदनो वासवो
वृत्रारिर्बलसूदनः शतमखो वृद्धश्रवाः कौशिकः ।
जिष्णुर्वज्रधरः सहस्रनयनो वास्तोष्पतिर्गोपतिः
पर्जन्यो मघवा वृषा हरिहयः प्राचीनबर्हिः स्मृतः ॥५२॥
पुरुहूतः पृतनाषाट् पुरंदरः पूर्वदिक्पतिः स्वाराट् ।
आखंडलस्तुराषाट् सुत्रामा गोत्रभित्सुनासीरः ॥५३॥
शक्रः स्यादुग्रधन्वा च हरिवान्पाकशासनः ।
दिवस्पतिर्बिडौजाश्च मरुत्वान्मेघवाहनः ॥५४॥
इंद्राणी पौलोमी शची जयंतश्च तत्सुतो ज्ञेयः ।
अमरावती च नगरी नंदनमुद्यानमिंद्रस्य ॥५५॥
पविरशनिः शतधारं वज्रं कुलिशं च भवति दंभोलिः ।
गोभिंदुरं व्याधामः स्वरुरिंद्रप्रहरणं तथा शंबः ॥५६॥
स्फूर्जथुर्वज्रनिर्घोषो वज्रज्वालातिभीः स्मृता ।
ऋजु रोहितमिच्छंति बुधाः शक्रशरासनं ॥५७॥
अभ्रमब्दो घनो मेघः स्तनयित्नुः पयोधरः ।
धाराधरो धूमयोनिर्जीमूतश्च बलाहकः ॥५८॥
धारासंपात आसारो वातास्तं वारि सीकरः ।

दुर्दिनं मेघतिमिरं करकः स्याद्घनोपलः ।
चलन्नवाभ्रमाला च बुधैः कादम्बिनी स्मृता ॥ ५९॥
शंपा चपला क्षणिका शतह्रदा ह्रादिनी तडिद्विद्युत् ।
सौदामिन्यचिरांशुः प्राज्ञैरैरावती च विज्ञेया ॥ ६०॥
ऐरावतो ऽभ्रमातंगः स चैरावण उच्यते ।
उच्चैःश्रवास्तु देवाश्वो मातलिः शक्रसारथिः ॥ ६१॥
सप्तार्चिर्बहुलः शिखी हुतवहो वैश्वानरो ऽग्निर्वसु-
र्वह्निर्वायुसखः सितेतरगतिः स्वाहाप्रियः पावकः ।
अर्चिष्मान् ज्वलनः कृशानुरनलो धूमध्वजो हव्यवाट्
बर्हिर्ज्योतिरुषर्बुधश्च दहनः स्याच्चित्रभानुः शुचिः ॥ ६२॥
कृपीटयोनिर्दमुनाः कृष्णवर्त्माशुशुक्षणिः ।
विभावसुरपां पित्तं जातवेदास्तनूनपात् ॥ ६३॥
वीतिहोत्रो बृहद्भानुराश्रयाशो धनंजयः ।
हिरण्यरेतास्तमोघ्नो रोहिताश्वो हुताशनः ॥ ६४॥
अर्चिः कीला ज्वाला वर्चस्तेजस्त्विषस्तथा ज्योतिः ।
हेतिर्द्युतिर्दीप्तिरुचः शिखाप्रभारश्मयः समानार्थाः ॥ ६५॥
स्मृतः प्रकाश आलोक उद्द्योतश्च समास्त्रयः ।
अग्नायी कथ्यते स्वाहा धूम्या स्याद्धूमसंहतिः ॥ ६६॥
ऊष्मा वाष्पः स्फुलिंगश्च कणा जिह्वास्तथार्चिषः ।
अलातमुल्मुकं ज्ञेयमुल्का ज्वालास्य निर्गता ॥ ६७॥

भवति हिरण्या कनका रक्ता कृष्णा सुप्रभा चान्या ।
अतिरिक्ता बहुरूपेति सप्त सप्तार्चिषो जिह्वाः ॥६८॥
एधस्तर्पणमिंधनमेधः समिदिध्म इत्यभिन्नार्थाः ।
भूतिर्भसितं भस्म क्षारं रक्षा च निर्दिष्टा ॥६९॥
वनवह्निर्दवो दावो मेघवह्निरिरंमदः ।
और्वः समुद्रवह्निः स्याद्वाडवो वडवामुखः ॥७०॥
शमनः समवर्ती च प्रेतपतिः पितृपतिश्च कीनाशः ।
वैवस्वतः कृतांतः कालिंदीसोदरः कालः ॥७१॥
अंतको धर्मराजश्च यमो दंडधरो हरिः ।
दक्षिणाशापतिः सद्भिः श्राद्धदेवश्च कथ्यते ॥७२॥
यातूनि यातुधानाः क्रव्यादा राक्षसाश्च रक्षांसि ।
नक्तंचरनैर्ऋतकौणपास्तथा नैकषेयाः स्युः ॥७३॥
वरुणं यादसां नाथं पाशपाणिं प्रचेतसं ।
जलाधिदैवतं प्राहुः प्रत्यगाशापतिं बुधाः ॥७४॥
पवनः श्वसनो वायुर्मरुदनिलो मारुतो जगत्प्राणः ।
पृषदश्वः पवमानः प्रभंजनः स्पर्शनो वातः ॥७५॥
नभस्वान्मातरिश्वा च समीरश्च समीरणः ।
सदागतिर्गंधवहो हरिः प्रोक्तो महाबलः ॥७६॥
झंझावातः सवृष्टिः स्याद्वात्या वातस्य मंडली ।
आमोदः स्यात्परिमलः सौरभ्यं च सुगंधिता ॥७७॥

ऐलविलः पौलस्त्यो वैश्रवणः किंनरेश्वरो धनदः।
श्रीदः श्रीकंठसखो मनुष्यधर्मा धनाध्यक्षः॥७८॥
उत्तराशापतिर्यक्षः कुवेरो नरवाहनः।
गुह्यको राजराजश्च धनी पुण्यजनेश्वरः॥७९॥
द्युम्नं द्रव्यं द्रविणं राः सारं स्वापतेयमर्थः स्वं।
ऋक्थं पृक्थं वित्तं धनं हिरण्यं च वसु विभवः॥८०॥
अकुप्यं रूप्यहेमाख्यं कुप्यमन्यद्धनं भवेत्।
गोमहिष्यादिकं सर्वं बुधैर्जीवधनं स्मृतं॥८१॥
निक्षेपः स्यादुपनिधिः कथ्यते शेवधिर्निधिः।
किंनरः स्यात्किंपुरुषो मयुरश्वमुखस्तथा॥८२॥
उद्यानं स्याच्चैत्ररथं विमानं चास्य पुष्पकं।
अलका नगरी ज्ञेया पुत्रस्तु नलकूबरः॥८३॥
विश्वकृद्विश्वकर्मा च त्वष्टा स्याद्देववर्धकिः।
नासत्यावश्विनौ दस्रौ प्रोक्तौ देवचिकित्सकौ॥८४॥
शौद्धोदनिर्दशबलो बुद्धः शाक्यस्तथागतः सुगतः।
मारजिदद्वयवादी समंतभद्रो जिनश्च सिद्धार्थः॥८५॥
जिनेंद्रो वीतरागोऽर्हन् केवली च त्रिकालवित्।
अलक्ष्मीर्निर्ऋतिर्ज्ञेया नियतिर्विधिरुच्यते॥८६॥
यक्षराक्षसगंधर्वसिद्धकिंनरगुह्यकाः।
विद्याधराप्सरोभूतपिशाचा देवयोनयः॥८७॥

घृताची मेनका रंभा उर्वशी च तिलोत्तमा।
सुकेशी मंजुघोषाद्याः कथ्यंते ऽप्सरसो बुधैः ॥ ८८॥
हेलाविलासबिब्बोककलीलाललितविभ्रमाः।
स्त्रीणां शृंगारचेष्टाः स्युर्हावपर्यायवाचकाः ॥ ८९॥
बाह्यार्थालंबनो यस्तु विकारो मानसो भवेत्।
स भावः कथ्यते सद्भिस्तस्योत्कर्षो रसः स्मृतः ॥ ६०॥
रतिर्हासश्च शोकश्च क्रोधोत्साहौ भयं तथा।
जुगुप्साविस्मयशमाः स्थायिभावाः प्रकीर्तिताः ॥ ६१॥
शृंगारहास्यकरुणा रौद्रवीरभयानकाः।
बीभत्साद्भुतशांताश्च नव नाट्ये रसाः स्मृताः ॥ ६२॥
गीतं गानमिति प्रोक्तं वाद्यमातोद्यमिष्यते।
नृत्यं तु तांडवं लास्यं त्रितयं नाट्यमुच्यते ॥ ६३॥
तालः कालक्रियामानं लयः साम्यमुदाहृतं।
अंगहारो ऽंगविक्षेपः सूच्यो ऽर्थो ऽभिनयः स्मृतः ॥ ६४॥
प्रेक्षार्थं गीतवाद्यं तु संगीतमभिधीयते।
आदावेव तु यन्नाट्यं पूर्वरंगः स उच्यते ॥ ६५॥
प्रोक्ता घोषवती वीणा विपंची परिवादिनी।
वल्लकी चेति तद्भेदास्तंत्रीभेदसमुद्भवाः ॥ ६६॥
रंगः स्यान्नर्तनस्थानं मृदंगो मुरजः स्मृतः।
आनकः पटहो ज्ञेयो डिंडिमः पणवस्तथा ॥ ६७॥

कोणो वादनदंडः स्याद्भेरी डुंडुभिरिष्यते।
नाट्ये राज्ञी स्मृता देवी कुमारो भर्तृदारकः ॥९८॥
भाव इत्युच्यते विद्वान् भावुको भगिनीपतिः।
आवुकस्तु पिता ज्ञेय आर्यो मारिष उच्यते ॥९९॥
आशाः ककुभः काष्ठा हरितश्च दिशः समाख्याताः।
इन्द्रानलयमनैर्ऋतवरुणमरुदिनदरुद्रदिक्पालाः ॥१००॥
ऐन्द्री पूर्वा प्राची याम्या दिग्दक्षिणा तथावाची।
स्याद्वारुणी प्रतीची कौवेरी चोत्तरोदीची ॥१०१॥
अंतराला दिशश्चान्या विदिशः प्रदिशः स्मृताः।
उपरिष्टादुपर्यूर्ध्वं तथाधस्तादवागधः ॥१०२॥
प्राचीनं प्राक् स्मृतं प्राज्ञैरुदीचीनमुदक् तथा।
प्रत्यक् चैव प्रतीचीनमपाचीनमपागिति ॥१०३॥
ऐरावतः पुंडरीकः कुमुदांजनवामनाः।
पुष्पदंतः सार्वभौमः सुप्रतीकश्च दिग्गजाः ॥१०४॥
दिष्टः कालस्तथानेहास्तद्भेदाः स्युः कलादयः।
अहोरात्रं च विद्वद्भिः कथ्यते षष्टिनाडिकं ॥१०५॥
दिवसो दिवा दिनं द्युः प्रोक्तमहर्वासरस्तथा घस्रः।
प्रहरो यामः संध्ये रजनीदिनयोः प्रवेशनिष्कासौ ॥१०६॥
तमी तमिस्रा कथिता तमस्विनी
विभावरी नक्तमुखा च शर्वरी।

क्षपा त्रियामा क्षणदा निशीथिनी
निशा च दोषा रजनी च यामिनी ॥१०७॥
वसतिर्वासतेयी च श्यामा रात्रिश्च कथ्यते।
गणरात्रो निशा बह्व्यश्चिररात्रस्ततः परं ॥१०८॥
सायं दिवावसानं स्यात्प्रदोषो रजनीमुखं।
निशीथो मध्यमा रात्रिः प्रोक्ता सा च महानिशा ॥१०९॥
अवतमससमंधतमसं संतमसं ध्वांतमंधकारं च।
तिमिरं तमस्तमिस्रा तमिस्रमिच्छंति भूछायां ॥११०॥
कल्यमुषः प्रत्यूषं प्रगे प्रभातं भवेद्विभातं च।
दिवसमुखं गोसर्गः प्रातर्व्युष्टं च निर्दिष्टं ॥१११॥
शशिनि सिनीवाली स्याद्दृष्टे नष्टे कुहूरमावास्या।
अनुमतिरूने राका संपूर्णे पूर्णमासी च ॥११२॥
त्रिंशदहोरात्रः स्यान्मासस्ताभ्यामृतुर्वसंताद्याः।
ग्रीष्मः प्रावृट् शरदा हेमंतः शिशिर इति ते षट् ॥११३॥
चैत्रादिमासा मधुमाधवौ द्वौ ततः परं शुक्रशुची क्रमेण।
नभोनभस्यौ कथिताविषोर्जौ सहःसहस्यौ च तपस्तपस्यौ ॥११४॥
मासेन मनुष्याणां पित्र्यमहोरात्रमेकमिच्छंति।
अब्देन तु देवानां ब्राह्मं देवयुगसहस्राभ्यां ॥११५॥
हायनाब्दशरद्वर्षसंवत्सरसमाः समाः।
निदाघः कथ्यते ग्रीष्मो वर्षाः प्रावृट् तपात्ययः ॥११६॥

संवर्तः परिवर्तः क्षयो युगांतो जगद्विनाशश्च।
कल्पांतः समसुप्तिः संहारः स्यान्महाप्रलयः॥११७॥
सांदृष्टिकं फलं सद्य उदर्कं फलमुत्तरं।
तत्कालं तु तदात्वं स्यादुत्तरः काल आयतिः॥११८॥
दितिरदितिर्दनुकद्रूनिकषाविनताश्च मातरः प्रोक्ताः।
दैत्यसुरदानवोरगपिशिताशनपक्षिराजानां॥११९॥
चंद्रार्कावेकवाक्येन पुष्पदंतौ प्रकीर्तितौ।
जायापती च विद्वद्भिर्जंपती दंपती तथा॥१२०॥
द्यावाभूमी च रोदस्यौ रोदसी रोदसीति च।
कशिपुर्भोजनाच्छादावौशीरं शयनासने॥१२१॥
श्वःश्रेयसं स्यात्कल्याणं श्वोवसीयं शिवं शुभं
भविकं भावुकं श्रेयो भव्यं भद्रं च मंगलं॥१२२॥
प्रमोदप्रमदौ हर्षः प्रीतिरुत्कर्ष उद्भवः।
संमदो मुत्तथानंदः शर्म जोपं च शं सुखं॥१२३॥
कैवल्यं निर्वाणं निःश्रेयसममृतमक्षरं ब्रह्म।
अपुनर्भवो ऽपवर्गो मुक्तिर्मोक्षो महानंदः॥१२४॥
सनातनं ध्रुवं नित्यं शाश्वतं स्यादनश्वरं।
धर्मः पुण्यं वृषः श्रेयः सुकृतं च समं स्मृतं॥१२५॥
इष्टानिष्टफलं प्राज्ञैः स्मृतं दैवमयानयं।
भागधेयं तथा भाग्यं विपाको भवितव्यता॥१२६॥

अजन्यलिंगमरिष्टं स्यादुपसर्ग उपद्रवस्तथोत्पातः।
ईतिरजन्यं च बुधैर्डमरो डिंबश्च विप्लवः कथितः॥१२७॥
अर्चा पूजा सपर्या स्यादुपहारो बलिः स्मृतः।
प्रणिधानं समाधानं समाधिश्च समाश्रयः॥१२८॥
वरिवस्या परिचर्या शुश्रूषोपासना परीष्टिः स्यात्।
सेवा भक्तिरुपास्तिः प्रसादनाराधनोपचाराश्च ॥१२९॥
प्रतिबिंबं प्रतिरूपं प्रतिमानं प्रतिकृतिं प्रतिच्छंदं।
प्रतिकायं च प्रतिनिधिमाहुः प्रतियातना प्रतिच्छाया ॥१३०॥
अर्चा तु प्रतिमा प्रोक्ता हरिणी स्याद्धिरण्मयी।
अन्यलोहमयी प्राज्ञैः सूर्मी स्थूणा च कथ्यते॥१३१॥
शुचिर्मेध्यं पवित्रं च पुण्यं पावनमुच्यते।
विमलं विशदं वीध्रमुज्ज्वलं स्यादनाविलं॥१३२॥
भुवनं विष्टपं लोको जगदेकार्थवाचकाः।
अमृतं त्रिदशाहारः सुधा पीयूषमुच्यते॥१३३॥
असवो जीवितं प्राणा जीवो जीवा च कथ्यते।
क्षेत्रज्ञः पुरुषो ह्यात्मा संसारी चेतनो मतः॥१३४॥
मंदारपारिजातकहरिचंदनकल्पवृक्षसंतानाः।
पंचैते सुरतरवो मेरुः सुरपर्वतो ज्ञेयः॥१३५॥
शक्रक्रीडाचलो मेरुः सुमेरुर्हेमपर्वतः।
रत्नसानुरिति ख्यातो हेमाद्रिस्त्रिदशालयः॥१३६॥

नभो महद्वर्त्म वियद्विहायस्तारापथः पुष्करमंतरिक्षं।
व्योमांबरं विष्णुपदं च खं द्यौर्विहायसा स्याद्गगनं
तथा द्युः ॥१३७॥
ह्रादो नादः शब्दः स्वानो ध्वानः स्वरो रवो घोषः।
अभिधानव्याहारोदीरणकथनादयस्तु तद्भेदाः ॥१३८॥
कोलाहलः कलकलस्तुमलो व्याकुलो रवः।
उच्चावचमिति प्रोक्तमनिबद्धं तु यद्वचः ॥१३९॥
उच्चैस्तरो ध्वनिस्तारो मंद्रो गंभीर उच्यते।
कलश्च मधुरो ऽव्यक्तो विक्रुष्टो निष्ठुरो मतः ॥१४०॥
सांत्वं स्यान्मधुरं वाक्यं प्रियं सत्यं च सूनृतं।
व्यातं क्लिष्टमविस्पष्टमबद्धं वियुतार्थकं ॥१४१॥
तूर्णोदितं निरस्तं स्याद्ग्रस्तं लुप्तपदं स्मृतं।
अबूकृतं सनिष्ठीवं ग्राम्यमश्लीलमुच्यते ॥१४२॥
भिन्नकंठो ध्वनिर्धीरैः काकुरित्यभिधीयते।
समासप्रायमाव्यातं पदजातं च तंडकं ॥१४३॥
ऋतं सत्यं समीचीनं सम्यक् तथ्यं यथातथं।
अलीकं वितथं मिथ्या मृषा स्यादनृतं तथा ॥१४४॥
अर्थवादः प्रशंसा च स्तोत्रमीडा स्तुतिर्नुतिः।
विकत्थनं स्तवः श्लाघा वर्णना च निगद्यते ॥१४५॥
चटु चाटु प्रियं वाक्यं हृद्यार्थं हृदयंगमं।
वार्त्तोदंतः प्रवृत्तिश्च वृत्तांतश्च समाः स्मृताः ॥१४६॥

अनादिवार्त्ता लौतिह्यं किंवदंती जनश्रुतिः।
कौलीनं जनवादः स्याद्विगानं वचनीयता ॥१४७॥
अपवाद उपक्रोशो निर्वादावर्णवादपरिवादाः।
एकार्थाः कथ्यंते गर्हा निंदा जुगुप्सा च ॥१४८॥
शाप आक्रोश आक्षेपः क्षारणा स्याद्विरूक्षणं।
स्मृताः सोल्लुंठसोत्प्रासोपह्रासाः समास्त्रयः ॥१४९॥
अनुलापो मुहुर्भाषा प्रलापो ऽनर्थकं वचः।
काक्का वर्णनमुल्लापः संलापो भाषणं मिथः ॥१५०॥
मर्मरः शुष्कपर्णानां विस्फारो धनुषां ध्वनिः।
बृंहितं वारणानां च हेषा ह्रेषा च वाजिनां ॥१५१॥
आख्या संज्ञाभिधाह्वानं नामधेयं च नाम च।
आख्यायिका कथाख्यानं प्रह्लीका प्रहेलिका ॥१५२॥
विद्यादाम्रेडितं प्राज्ञा द्विस्त्रिर्व्याहरणं च यत्।
कीर्तिः श्लोको यशोभिख्यासमाख्यास्तुल्यलक्षणाः ॥१५३॥
प्रश्नः स्यादनुयोगः पर्यनुयोगो भवेदुपालंभः।
आकारणमाह्वानं कथयंत्यभिमंत्रणं प्राज्ञाः ॥१५४॥
तत्रभवान् भगवानिति शब्दो वृद्धैः प्रयुज्यते पूज्ये।
पादा इति नामांते देवो भट्टारको वापि ॥१५५॥

॥ इति श्रीभट्टहलायुधकृतायामभिधानरत्नमालायां
स्वर्गकांडं प्रथमं समाप्तं ॥

भूर्भूमिर्वसुधावनिर्वसुमती धात्री धरित्री धरा
गौर्गोत्रा जगती रसा क्षितिरिला क्षोणी क्षमा क्ष्माचला।
कुः पृथ्वी पृथिवी स्थिरा च धरणी विश्वंभरा मेदिनी
स्यानंता विपुला समुद्रवसना सर्वंसहोर्वी मही ॥१॥
काश्यपी भूतधात्री च रत्नगर्भा वसुंधरा।
धराधारा च विज्ञेया तद्विशेषान्निबोधत ॥२॥
उर्वरा सर्वसस्या भूर्भवेदिरिणमूषरं।
खिलमप्रहृतं स्थानं मरुर्धन्वा स्थलं स्थली ॥३॥
मृन्मृत्तिका प्रशस्तासौ मृत्सा मृत्स्नेति कथ्यते।
शाड्वलं हरितं प्रोक्तं नड्वलं नलसंयुतं ॥४॥
कृष्णभूमः प्रदेशो ऽसौ यत्र स्यात्कृष्णमृत्तिका।
पांडुभूमस्तथा प्रोक्त उदग्भूमश्च पंडितैः ॥५॥
नद्यम्बुजीवनो देशो नदीमातृक उच्यते।
वृष्टिनिष्पाद्यसस्यस्तु विज्ञेयो देवमातृकः ॥६॥
मुद्गादीनां क्षेत्रं मौद्गीनं कौद्रवीणमित्यादि।
व्रैहेयं शालेयं भवति पुनर्व्रीहिशाल्योर्यत् ॥७॥
तिल्यं तैलीनं स्यान्माष्यं माषीणमुम्यमौमीनं।
भंग्यं भांगीनं वा यव्यं यष्टिक्यमेषां च ॥८॥

शाकशाकटमाख्यातमथवा शाकशाकिनं।
शाकस्य क्षेत्रमन्येषामेवं क्षेत्रेषु संहृतिः॥९॥
अचलशिलोच्चयशैलक्षितिधरगिरिगोत्रपर्वताहार्याः।
नगशिखरिसानुमंतो धराद्रिकुध्राश्च तुल्यार्थाः॥१०॥
नितंबः कटको ज्ञेयः सानु प्रस्थं तटं भृगुः।
शृंगं च शिखरं कूटं निर्झरः प्रस्रवो ऽंभसां॥११॥
गुहा पाषाणसंधिः स्यात्कंदरः कंदरा दरी।
निकुंजं गह्वरं प्रोक्तं पादाः प्रत्यंतपर्वताः॥१२॥
शिलोपलाश्मपाषाणग्रावाणः प्रस्तरो दृषत्।
गलिताः स्थूलपाषाणा गंडशैला इति स्मृताः॥१३॥
अयस्कांतविशेषाः स्युश्चुंबकभ्रामकादयः।
आकरः स्यात्खनिर्गंजा रुमा च लवणाकरः॥१४॥
उच्यते गैरिकं धातुस्ताम्रं शुल्वमुदुंबरं।
आरकूटः स्मृतो रीतिः कांस्यं सौराष्ट्रकं तथा॥१५॥
गिरिसारमश्मसारं लोहं कालायसं तथा शस्त्रं।
तीक्ष्णमयः पारशवं कवयः कथयंत्यभिन्नार्थं॥१६॥
सीसकं सीसपत्रं स्याद्वंगं च मधुकं त्रपु।
रजतं कलधौतं च रूप्यं तारं च कथ्यते॥१७॥
हेम स्वर्णं जातरूपं सुवर्णं भर्म रुक्मं हाटकं शातकुंभं।
गांगेयं स्याद्धैरिकं भूरि चंद्रं राः कल्याणं निष्कमष्टापदं च।१८॥

जांबूनदं हिरण्यं कनकमहारजतकांचनानि स्युः।
कार्तस्वरचामीकरकर्बुरतपनीयनामानि ॥१९॥
अश्मगर्भं मरकतं हरिन्मणिरिति स्मृतः।
शोणाश्मा पद्मरागः स्याद्वैदूर्यं बालवायजं ॥२०॥
स्फटिकः सूर्यकांतः स्यादर्काश्मा दहनोपलः।
रत्नं वसु मणिः सर्वं सर्वं लोहं च तैजसं ॥२१॥
वृक्षो ऽङ्घ्रिपः क्षितिरुहः शिखरी च शाखी
शाली वनस्पतिरगो विटपी कुठश्च।
अद्रिः कुजस्तरुरनोकह इत्यभिन्नाः
शब्दा द्रुविष्टरनगद्रुमपादपाश्च ॥२२॥
अवकेशी स विज्ञेयः फलैर्बंध्यस्तु यो भवेत्।
क्षुपो ह्रस्वशिफाशाखी फलवान् फलिनः फली ॥२३॥
वानस्पत्याः स्मृता वृक्षा ये पुष्प्यंति फलंति च।
फलंति ये विना पुष्पं तान्वदंति वनस्पतीन् ॥२४॥
फलपाकावसानास्तु बुधैरोषधयः स्मृताः।
लता प्रतानिनी वल्ली प्रततिर्व्रततिस्तथा ॥२५॥
अवाग्भागो भवेद्बुध्नः प्राग्रं तु शिखरं शिरः।
विस्तारो विटपः प्रोक्त आरोहस्तु समुच्छ्रयः ॥२६॥
स्कंधादधः प्रकांडः स्यात् प्रधानः स्कंध उच्यते।
स्कंधशाखा तु शाला स्यान्निष्कुहः कोटरः स्मृतः ॥२७॥

त्वग्वल्कं वल्कलं प्रोक्तं मज्जा सार उदाहृतः।
काष्ठाटं भवेत्कंदः पादो मूलं जटा शिफा ॥२८॥
आवाल आलवालः स्यादावापः स्थानकं तथा।
लतोद्गमो ऽवरोहस्तु प्रवालः पल्लवांकुरः ॥२९॥
पल्लवः स्यात्किसलयं वल्लरी मंजरी तथा।
वर्हं पर्णं दलं पत्रं पलाशं छदनं छदः।
अंकूरश्चांकुरः प्रोक्तो वृंतं प्रसवबंधनं ॥३०॥
पुष्पं प्रसवः कुसुमं प्रसूनकं सुमनसः समाख्याताः।
कोरकजालककलिकाकुड्मलमुकुलानि तुल्यानि ॥३१॥
उन्मीलितमुन्मिषितं स्मितमुन्निद्रं विजृंभितं हसितं।
उद्बुद्धं व्याकोषं पुष्पेषु विकाशवाचकाः शब्दाः ॥३२॥
पौष्पं रजः परागः स्यान्मकरंदो मधु स्मृतः।
स्तवको गुच्छको गुच्छो गुलुंछः परिकीर्तितः ॥३३॥
शलाटुः कोमलं प्रोक्तं वानं शुष्कफलं भवेत्।
बीजकोशी शमी शिंबा ग्रंथिः पर्व परुस्तथा ॥३४॥
उलपस्तंबगुल्माश्च वीरुधो विटपाः स्मृताः।
शष्पं बालतृणं प्रोक्तं सर्वं च तृणमर्जुनं ॥३५॥
घासस्तु यवसः प्रोक्तो बर्हिर्दर्भः कुथः कुशः।
उलपो वल्वजः प्रोक्त इषीका काश उच्यते।
हरिताली भवेद्दूर्वा शरो मुंज इति स्मृतः ॥३६॥

रंभा कदली मोचा तृणराजः कथ्यते तलस्तालः।
कंकेल्लिरशोकः स्यादाम्रश्चूतश्च सहकारः॥३७॥
मृद्वीका गोस्तनी द्राक्षा हारहूरा च कथ्यते।
प्रियंगुः फलिनी श्यामा कुब्जो गिरिमल्लिका॥३८॥
करवीरो हयमारो मालूरः श्रीफलो भवेद्बिल्वः।
करुणो जंबीरः स्याद्बदरी कुवली च कर्कंधुः॥३९॥
अर्जुनः ककुभः प्राकुः सालः सर्जश्च सूरयः।
कुबुकः पिचुलः प्रोक्त इज्जलो निचुलः स्मृतः॥४०॥
अरिष्टः पिचुमर्दः स्यात् न्यग्रोधो वट उच्यते।
श्रीवृक्षः पिप्पलो ऽश्वत्थो बुधैर्बोधिश्च कथ्यते॥४१॥
ब्रह्मवृक्षः पलाशः स्यात्किंशुकश्च त्रिपत्रकः।
महावृक्षः स्नुहिः प्रोक्तः शेलुः श्लेष्मातकः स्मृतः॥४२॥
नक्तमालः करंजः स्याद्वृषा वासाटरूषकः।
आरग्वधः कृतमालः स्वर्णपुष्पी च कथ्यते॥४३॥
वृक्षोत्पलः कर्णिकारः पीतसालो ऽसनः स्मृतः।
दंडोत्पलः सहदेवा सल्लकी स्याद्गजप्रिया॥४४॥
निर्गुंडी सिंदुवारः स्यान्मंदारः पारिभद्रकः।
तांबूली नागवल्ली स्याद्गुवाक पूग उच्यते॥४५॥
वानीरो वंजुलः शीतो विदुलो वेतसः स्मृतः।
गोक्षुरः स्थलशृंगाटः श्वदंष्ट्रा स्यात्त्रिकंटकः॥४६॥

पिचव्यो बादरः प्रोक्तः कर्पासस्तूलकं पिचुः।
कोशातकी पटोली स्याद्गिरिकार्यपराजिता ॥४७॥
कथ्यते कृष्णला गुञ्जा तापिच्छः काकतुंडिका।
किंपाकः स्यान्महाकाल ओष्ठी बिंबी च तुंडिका ॥४८॥
त्वचिसारश्च यो वंशो वेणुत्वक्सारमस्कराः।
स्वनंति ये ऽनिलोद्भूता वेणावस्ते तु कीचकाः ॥४९॥
नीला झिंटी भवेद्बाणः पीता सहचरी भवेत्।
मालती कथ्यते जातिर्मागधी यूथिका तथा ॥५०॥
हेमपुष्पमिह नागकेसरं केसरं च वकुलं प्रचक्षते।
कोविदारमपि कांचनारकं मल्लिकां विचकिलं

विचक्षणाः ॥५१॥

वर्णपुष्पममलानकं तथा किंकिरातमुदितं कुरंटकं।
ओड्रपुष्पमभिधीयते जपा सप्तला च नवमालिका स्मृता ॥५२॥
बंधूकं बंधुजीवं स्यात्पुन्नागः सुरपर्णिका।
अतिमुक्तकमिच्छंति वासंती माधवी लता ॥५३॥
एर्वारुश्चिर्भटः प्रोक्तो वालुकी कर्कटी तथा।
कर्कारुरथ कूष्मांडस्तुंब्यलाबूश्च दुग्धिका ॥५४॥
अरण्यमटवी सत्रं कांतारं काननं वनं।
विपिनं गहनं चेति नातिभिन्नार्थमिष्यते ॥५५॥
तटोपकंठे या जाता वनराजी महीभृता।

उपत्यका तु तामाहुरुपरिष्टादधित्यका ॥५६॥
नगराम्नातिदूरेण यः सद्भिरुपरोपितः।
तरुषंडः स आरामस्तथोपवनमुच्यते ॥५७॥
विज्ञेयं प्रमदवनं नृपस्तु यस्मिन् शुद्धांतैः सह रमते गृहोपकंठे।
उद्यानं स्वयमपरैः समं च लोकैरन्येषां विभववतां च
पुष्पवाटी ॥५८॥

मातंगद्विरदद्विपाः करिगजस्तंबेरमानेकपाः
कुंभी कुंजरवारणेभरदिनः सामोद्भवः सिंधुरः।
तुल्यार्थाः कथिता हरिर्मृगपतिः पंचाननः केसरी
हर्यक्षो नखरायुधो मृगरिपुः सिंहश्च कंठीरवः ॥५९॥
भद्रो मंद्रो मृगश्चेति विज्ञेयास्त्रिविधा गजाः।
वनप्रचारसादृश्यसत्त्वभेदोपलक्षिताः ॥६०॥
मूर्धपिंडौ स्मृतौ कुंभौ कुंभयोरंतरं विदुः।
करटः स्यात्कटो गंडो वमथुः करसीकरः ॥६१॥
दानं मदो विषाणौ च दशनौ स्कंध आसनं।
अपांगदेशो निर्याणं कर्णमूलं तु चूलिका ॥६२॥
अवग्रहो ललाटं स्यादासन्नः कुंभयोरधः।
दंतयोरुभयोर्मध्यं प्रतिमानं प्रचक्ष्यते ॥६३॥
कराग्रं पुष्करं प्रोक्तमंगुलिः कर्णिका मता।
पेचकः पुच्छमूलं तु पक्षौ स्याद्विंदुजालकं ॥६४॥

लग्नः प्रभिन्नो मत्तः स्यादुपास्तो मदवर्जितः।
तिर्यग्दंतप्रहारस्तु गजः परिणतो मतः॥६५॥
सज्जितः कल्पितो ज्ञेयो बहूनां घटना घटा।
चूषा कक्ष्या वरत्रा स्यादालानं स्तंभ उच्यते॥६६॥
पादकर्म यतं प्रोक्तं यातमंकुशवारणं।
उभयं वीतमाख्यातं भेदः स्थूलोच्चयो गतेः॥६७॥
करीरी दंतमूलं स्याद्वारी च गजबंधनं।
निगडः पादबंधश्च हिंजीरः शृंखलो ऽंदुकः॥६८॥
कलभः करिपोतः स्यादंकुशः सृणिरुच्यते।
औपवाह्यो राजवाह्यः संनाह्यः समरोचितः॥६९॥
व्यालो दुष्टगजः प्रोक्तो हस्तिनी तु वशा स्मृता।
आधोरणा हस्तिपका हस्त्यारोहा निषादिनः।
गजाजीवास्तु शास्त्रज्ञैर्महामात्रा इति स्मृताः॥७०॥
कोलः क्रोडः शूकरः स्याद्वराहः
पोत्री दंष्ट्री घृष्टिरूक्षः किरिश्च।
व्याघ्रो द्वीपी पुंडरीकस्तरक्षुः
शार्दूलः स्याच्चित्रकायो मृगारिः॥७१॥
महिषः सैरिभ उक्तो रक्ताक्षः कासरो लुलायश्च।
वाध्रीणसश्च खड्गी गंडक इति कथ्यते सद्भिः॥७२॥
अच्छभल्लभाल्लूकभल्लूकाश्च समाः स्मृताः।

अरण्यश्वा बुधैर्ज्ञेयः कोक ईहामृगो वृकः ॥७३॥
गोमायुर्भूरिमायः स्याच्छृगालो जंबुकः शिवा।
फेरंडः फेरवः फेरुः क्रोष्टा च मृगधूर्तकः ॥७४॥
एणः कुरंगो हरिणो मृगः स्यात्सारंग ऋष्यः पृषतो रुरुश्च।
न्यंकुस्तथा रंकुरिति प्रसिद्धा वातप्रमीशंबरकृष्णसाराः ॥७५॥
बलीमुखो मर्कटको वनौकाः प्लवंगमः स्यात् प्लवगः प्लवंगः।
हरिः कपिः कीश इमे च शब्दाः शाखामृगो वानर
इत्यभिन्नाः ॥७६॥
गोलांगूल इति प्रोक्तः कृष्णवक्त्रस्तु मर्कटः।
कपेः क्रीडादिकं किं चित्कापेयमिति कथ्यते ॥७७॥
शललः शल्लकः श्वावित्तत्सूची शललं शलं।
व्याघ्राद्यो वनचराः पशवः श्वापदाः स्मृताः ॥७८॥
गोधा मुशलिका प्रोक्ता गौधेरास्तत्सुता मताः।
सरटः कृकलासः स्यात्प्रतिसूर्यशयानकः ॥७९॥
आखुर्वृषो मूषकः स्यादुंदुरुः खनकस्तथा।
कुच्छुंदरी च विज्ञेया विद्धाद्गंधमूषिका ॥८०॥
ओतुर्विडालो मार्जारो वृषदंशश्च कथ्यते।
जाहकोगात्रसंकोची मंडली च बुधैः स्मृतः ॥८१॥
पतन्पतंगः पतगः पतत्री पत्री शकुंतिः शकुनिः शकुंतः।
वयो विहायो विहगो विहंगो विहंगमः पत्ररथो
गरुत्मान् ॥८२॥

शकुनः खगो नगौकाः पक्षी विर्विष्किरस्तथा विकिरः।
अंडजनीडजवाजिद्विजाश्च कथिताः समानार्थाः॥८३॥
तनूरुहं गरुत्पत्त्रं पतत्रं छदनं छदः।
पिच्छं वाजस्तथा पक्षः पक्षमूलं तु पक्षतिः॥८४॥
पेशीकोशः स्मृतोऽण्डश्च कुलायो नीड उच्यते।
चंचुश्चंचूस्तथा त्रोटिर्डयनं गगने गतिः॥८५॥
केकी शिखी शिखंडी प्रचलाकी वर्हिणः कलापी च।
सर्पाशनो मयूरः शिखावलः श्यामकंठश्च॥८६॥
वाणी केका शिखा चूडा चंद्रको मेचकः स्मृतः।
प्रचलाकः शिखंडश्च कलापो वर्ह उच्यते॥८७॥
अन्यभृतः परपुष्टः कलकंठः कोकिलः पिकः प्रोक्तः।
कलविंकश्चटकः स्याद्दलबलिभुक् नीलकंठश्च॥८८॥
क्रौंचः क्रुङ् स्यात् खंजनः खंजरीटः
कोकश्चक्रश्चक्रवाको रथांगः।
दार्वाघाटः सारसः पुष्कराख्यः
प्रोक्ता सद्भिः सारसी लक्ष्मणा च॥८९॥
अरिष्टः करटः काको बलिपुष्टः सकृत्प्रजः।
एकदृग्बलिभुक् ध्वांक्षश्चिरंजीवी च वायसः॥९०॥
उलूकः कौशिकः प्रोक्तो ध्वांक्षारातिर्निशाटनः।
काकोलो मौकलिर्द्रोणः कृष्णकाको वनाश्रयः॥९१॥

कृकवाकुस्ताम्रचूडः कुक्कुटश्चरणायुधः।
किकिदीविः स्मृतश्चाषः शकुन्तो भास उच्यते ॥९२॥
भृंगः कलिंगो धूम्याटः सारंगश्चातको मतः।
व्याघ्राटस्तु भरद्वाजः शुकः कीर उदाहृतः ॥९३॥
आटिः शरारिरातिः स्यादुत्क्रोशः कुररो मतः।
दात्यूहो जलरंकुः स्यात्क्रौयष्टिः शिखरी स्मृतः ॥९४॥
बको बकोटो विज्ञेयो बलाका विसकण्ठिका।
आतायी शकुनिश्चिल्लो मुद्गः स्याज्जलवायसः ॥९५॥
हंसाः श्वेतच्छदाः प्रोक्ताश्चक्रांगा मानसौकसः।
वारला हंसकान्ता स्याद्वरला वरटा तथा ॥९६॥
आताम्रै राजहंसाश्च धार्तराष्ट्राः सितेतरैः।
मलिनैर्मल्लिकाख्याश्च कथ्यन्ते चरणाननैः ॥९७॥
पक्षैराधूसरैर्हंसाः कलहंसा इति स्मृताः।
प्रोच्यन्ते प्राचिकाः श्येनाश्चटिकाः क्षुद्रपक्षिकाः ॥९८॥
जीवंजीवकपिञ्जलचकोरहारीतवञ्जुलकपोताः।
कारण्डवकादम्बक्रकराख्याः पक्षिजातयो ज्ञेयाः ॥९९॥
मधुकरमधुपमधुव्रतशिलीमुखभ्रमरभृंगपुष्पलिहः।
इंदिंदिरालिषट्चरणचञ्चरीकालिनो द्विरेफाः स्युः ॥१००॥
झिल्लीका चीरी स्यात्सरघा मधुमक्षिका भवेत्क्षुद्रा।
लूतोर्णनाभमर्कटजालिककृमयश्च तुल्यार्थाः ॥१०१॥

पतंगः शलभः प्रोक्तः खद्योतो द्योतिरिंगणः।
हालाहलश्चाञ्जनिका ज्येष्ठा स्याद्गृहगोधिका ॥१०२॥
ग्रामः संवसथो ज्ञेयो ग्रामाधाने च खेटकं।
ग्रामीणास्तु निगद्यंते ग्राम्या ग्रामेयका इति ॥१०३॥
ग्रामांतिकमुपशल्यं पर्यंतः परिसरः कटः प्रोक्तः।
अवधिर्मर्यादा स्यादाघाटः सीम सीमा च ॥१०४॥
अध्वा पंथाः पद्धतिरेकपदी वर्त्म वर्तनी सरणिः।
अयनं पदवी मार्गः पद्या च निगद्यते निगमः ॥१०५॥
ग्रामयोरंतरं दीर्घं प्रांतरं परिकीर्त्यते।
घोष आभीरपल्ली स्यात्पक्कणः शबरालयः ॥१०६॥
व्रजः स्याद्गोकुलं गोष्ठं गोवृंदं गोधनं धनं।
गोमान् गोमी च गोस्वामी गोविंदो ऽधिकृतो गवां ॥१०७॥
उक्षानड्वान्बलीवर्दः ककुद्मान्वृषभो वृषः।
ऋषभः सौरभेयो गौर्वाडवेयो ऽथ शाक्करः ॥१०८॥
तर्णकः स्मर्यते वत्सो दम्यो वत्सतरः स्मृतः।
आर्षभ्यः स च विज्ञेयः षंढत्वे यस्य योग्यता ॥१०९॥
महोक्षः स्यादुक्षतरो वृद्धोक्षस्तु जरद्गवः।
धुरं वहति यो धुर्यो धौरेयः स च कथ्यते ॥११०॥
स्थूरी स्यात्पृष्ठवाह्यस्तु स्कंधिकः स्कंधवाहकः।
असकूटस्तु ककुदं सास्ना स्याद्गलकंबलः ॥१११॥

नीचकी च शिरोदेशः स्कन्धदेशो वहः स्मृतः ।
नस्योतो नास्तितः प्रोक्तः षोडन् षड्दशनः स्मृतः ।
भग्नशृंगस्तु तु कूटः स्याद्विषाणं शृंगमुच्यते ॥११२॥
अघ्न्या गौर्माहेयी सुरभिर्बहुला च सौरभेयी च ।
उस्रार्जुनी च रोहिण्युक्तानडुही बुधैरनड्वाही ॥११३॥
वेहद्वृषभोपगता प्रष्ठौही गर्भिणी वशा वंध्या ।
धेनुर्नवप्रसूता वष्कयणी प्रौढवत्सा स्यात् ॥११४॥
अवतोका स्रवद्गर्भा भद्रा गौर्गोमतल्लिका ।
अचंडी सूरता प्रोक्ता वत्सकामा तु वत्सला ॥११५॥
ऊधः स्यादापीनं पीनोध्नी पीवरस्तनी प्रोक्ता ।
श्रेष्ठा च नैचिकी स्यात् द्रोणदुघा प्रचुरदुग्धा च ॥११६॥
काल्योपसर्या प्रजने प्रसिद्धा परेष्टुका च प्रचुरप्रसूतिः ।
विजायते या प्रतिवत्सरं गौः समांसमीनेति निगद्यते
ऽसौ ॥११७॥
गृष्टिः सकृत्प्रसूता स्यात्पलिक्नी बालगर्भिणी ।
गव्यं गोसंभवं सर्वं करीषं गोमयं स्मृतं ॥११८॥
ऊधस्यं क्षीरं स्याद्दुग्धं स्तन्यं पयश्च पीयूषं ।
दधिसारं नवनीतं ब्रुवते हैयंगवीनं च ॥११९॥
तक्रमरिष्टमुदश्विद्दंडाहतकालशेयमथितानि ।
द्रप्सं दध्यघनं स्यात्सर्पिर्घृतमाज्यमाघारः ॥१२०॥

शीनं स्त्यानं मृतं पक्वं विलीनं द्रुतमुच्यते।
मथा मथश्च मथानो वैशाखः खजकस्तथा ॥१२१॥
संदानं दामनी दाम पशूनां बंधनं मतं।
अजः प्रोक्तः स्तभो वस्तश्छागश्छगलकश्छगः ॥१२२॥
वर्करः कथ्यते सद्भिः सर्वोऽपि तरुणः पशुः।
तूवरः शृंगहीनस्तु पुमानव्यंजनश्च यः ॥१२३॥
अविरूर्णायुरभ्रो हुडुरुरणो वृष्णिमेण्ढमेढ्काः स्युः।
अविसोढमविमरीसं स्याद्विहूसं च दुग्धमवेः ॥१२४॥
दासेरकः क्रमेलक उष्ट्रो मयरवणकरभशृंखलकाः।
बालेयश्चक्रीवान् खरगर्दभरासभाश्च तुल्यार्थाः ॥१२५॥
कौलेयकः सारमेयो भषणः श्वा च कुर्कुरः।
शुनको मृगदंशश्च बुधैः शालावृको मतः ॥१२६॥
मृगव्ये कुशलः श्वा च विश्वकद्रुरिति स्मृतः।
अलर्को रोगितो ज्ञेयः शुनकी सरमोच्यते ॥१२७॥
पशूनां षट्संख्यायां षड्गवं स्मर्यते बुधैः।
द्वित्वे च गोयुगं तेषां नामोच्चारणपूर्वकं ॥१२८॥
नीवृज्जनपदो देश उपवर्तनमिष्यते।
जनो लोकः प्रजा प्रोक्ता विषयो ग्रामसंख्यया ॥१२९॥
पत्तनं स्याद्धिष्ठानं निगमः पुटभेदनं।
नगरं नगरी दुर्गः स्थानीयं पूः पुरी पुरं ॥१३०॥

स्कंधावार इति प्रोक्तो राजधानी निगद्यते।
शाखानगरमाख्यातं तथोपनगरं बुधैः ॥१३१॥
विदेहा मिथिला प्रोक्ता काशिर्वाराणसी स्मृता।
अवंत्युज्जयिनी ज्ञेया कन्यकुब्जा महोदया ॥१३२॥
हस्तिनखः परिकूटं च कथ्यते गोपुरं पुरद्वारं।
वप्रं शालं प्राकारमाकुररं कपाटं च ॥१३३॥
प्रतोली विशिखा रथ्या मुखं निःसरणं स्मृतं।
शृंगाटकः पथां श्लेषः संस्थानं तु चतुष्पथं ॥१३४॥
गृहभूमिस्तु वास्तुः स्याद्वाट आवेष्टको वृतिः।
गृहस्थानं स्मृतं राज्ञामुपकार्योपकारिका ॥१३५॥
आवासावसथं गृहं च भवनं स्थानं निशांतं कुलं
संस्त्यायो निलयो निकाय्यमुटजं गेहं कुटं मंदिरं।
धिष्ण्यं धाम निकेतनं च सदनं पस्त्यं च वास्तु क्षयः
शाला वेश्म निवेशनोद्वसितं प्रोक्ते च सद्मौकसी ॥१३६॥
शरणमगारं निवसनमालय एकार्थवाचकाः शब्दाः।
अपवरकं गर्भगृहं संजवनं स्याच्चतुःशालं ॥१३७॥
गृहमिष्टकादिरचितं प्रासादो देवतानरेंद्राणां।
आयतनं देवानामन्येषां धनवतां हर्म्यं ॥१३८॥
सुधाधवलितं सौधं कुट्टिमं बद्धभूमिकं।
इंद्रकोशस्तमंगः स्यादट्टश्चाट्टालको मतः ॥१३९॥

पाकस्थानं रसवती कथ्यते तन्महानसं।
उशंति शयनस्थानं वासागारं विशारदाः ॥१४०॥
आवेशनं शिल्पिशाला वाजिशाला तु मंडुरा।
पण्यविक्रयशाला स्यादापणो विपणिस्तथा ॥१४१॥
कर्मशाला च कारूणामन्वासनमुदाहृतं।
प्रपा पानीयशाला स्यात्सत्त्रशाला प्रतिश्रयः ॥१४२॥
उपघ्न आश्रयः प्रोक्तो मुनीनां स्थानमाश्रमः।
मठश्च व्रतिनां स्थानं मंडपः स्याज्जनाश्रयः ॥१४३॥
वेश्मैकदेशः प्रघणः प्रघाणः स्यादलिंदकः।
अजिरं प्रांगणं प्रोक्तं वेदिका च वितर्दिका ॥१४४॥
द्वाद्वारं बलजं ज्ञेयमर्गला परिघः स्मृतः।
उत्तरंगं मतं तिर्यक् द्वारस्योपरि दारु यत् ॥१४५॥
बुधैर्वंदनमाला तु तोरणं परिकीर्त्यते।
आरोहणं स्यात्सोपानं निःश्रेणिरधिरोहिणी ॥१४६॥
गृहावग्रहणी प्रोक्ता देहली तु मनीषिभिः।
संमार्जनी वर्धनी स्यात्संकरो ऽवकरः स्मृतः ॥१४७॥
आच्छादनं स्याद्वलभी गृहाणां गोपानसी दारु च वक्रसंस्थं।
नीव्रं वलीकं पटलांतभागः कपोतपाली च

विटंकसंज्ञा ॥१४८॥

वातायनो गवाक्षश्च जालकं जालमुच्यते।

कक्षांतरं प्रकोष्ठं च चंद्रशाला शिरोगृहं ॥१४९॥
स्वस्तिको वर्धमानश्च नंद्यावर्तादयस्तथा ।
विच्छंदकविशेषाः स्युरमी भूपतिवेश्मनां ॥१५०॥
परिवारः परिकरः परिस्पंदः परिग्रहः ।
तथोपकरणं प्रोक्तं परिबर्हः परिच्छदः ॥१५१॥
पर्यंकः शयनं शय्या तल्पं च तलिनं स्मृतं ।
अपाश्रयस्तु विद्वद्भिः कथ्यते मत्तवारणः ॥१५२॥
प्रवेण्यास्तरणं वर्णः परिस्तोमः कुथः कुथा ।
नवतं चेति तुल्यार्थाः प्रच्छदश्चोत्तरच्छदः ॥१५३॥
अपटी कांडपटः स्यात्प्रतिसीरा जवनिका तिरस्करिणी ।
उच्छीर्षकमुपधानं धीरैरुपबर्हमाख्यातं ॥१५४॥
चंद्रोदयो वितानं स्यादुल्लोचः कदकस्तथा ।
व्यंजनं तालवृंतं च विष्टरः पीठमासनं ॥१५५॥
वेत्रासनं तथासंदी कंकतं केशमार्जनं ।
पादुकानुपदीना स्यादुपानत्पादरक्षणं ॥१५६॥
दर्वी तर्दूश्च खजिका कथ्यते दारुहस्तकः ।
पेटा वदंति मंजूषा कुशूलं धान्यकोष्ठकं ॥१५७॥
अंबरीषो भवेद्भ्राष्ट्रः कंडुः स्वेदनिका स्मृता ।
चुल्ल्यश्मंतकमुद्ध्मानं स्मृताधिश्रयणी बुधैः ॥१५८॥
अंगारशकटी प्राकुर्हसंतीं च हसंतिका ।

उखा स्थाली चरुः कुंभी पिठरं कुंडमुच्यते ॥१५९॥
कटाहः कर्परो ज्ञेयो भृंगारः कनकालुका।
आलाञ्जिरो वर्धमानः शरावः स्मर्यते बुधैः ॥१६०॥
कोशिका मल्लिका प्रोक्ता पिधानं स्यादुदंचनं।
घटः कौरः कलशः कुटः कुंभो निपः स्मृतः ॥१६१॥
कर्करी करकः प्रोक्तो वर्धनी च गलंतिका।
गर्गरी मंथनी प्रोक्ता मणिकः स्यादलिंजरः ॥१६२॥
धान्याम्लमारनालं संधानं कांजिकं च सौवीरं।
अभिषवमवंतिसोमं तुषोदकं शुक्तमिच्छंति ॥१६३॥
अंधः कूरं भक्तं दिदीविरन्नं तथौदनो भिस्सा।
अशनं स्यादाहारः पूपापूपौ च पूपलिका ॥१६४॥
यवागूरुष्णिका श्राणा तरला च विलेपिका।
क्षैरेयी पायसं प्रोक्तं परमान्नं च सूरिभिः ॥१६५॥
मिष्टान्नं व्यंजनं ज्ञेयं वेषवार उपस्करः।
दधिमंडो भवेन्मस्तु करंभो दधिसक्तवः ॥१६६॥
दाधिकं संस्कृतं दध्ना सार्पिषं सर्पिषा स्मृतं।
लवणोदकसंसिद्धमुदलावणिकं मतं ॥१६७॥
अंगारेषु विपक्वं मांसं भूतिर्भर्त्रटकं भृष्टं।
उख्यमुखासंसिद्धं शूल्ले शूल्यं भटित्रं च ॥१६८॥
किलाटः कूर्चिका चेति क्षीरस्य विकृती उभे।

फाणितविकृतिर्गौडी मत्स्यंडी खंडशर्करा: ॥१६९॥
वल्भनमभ्यवहारः प्रत्यवसानं च जेमनं जग्धिः।
खादनमशनं भक्षणमाहारो भोजनं स्वदनं ॥१७०॥
पर्याप्तमुपसंपन्नं तृप्तिः सौहित्यमुच्यते।
विघसो भुक्तशेषं स्याद्भुक्तोच्छिष्टं तु फेलिका ॥१७१॥
अमत्रं भाजनं पात्रं स्थालं तुल्यार्थमिष्यते।
गल्वर्कश्चानुतर्षश्च चषकः सरकः स्मृतः ॥१७२॥
आपानं पानगोष्ठी स्यात्सपीतिः सहपानकं।
उपदंशावदंशौ च चक्षणं संप्रचक्षते ॥१७३॥
मद्यासवः शीधु सुरा प्रसन्ना परिस्रुता स्यान्मदिरा मदिष्ठा।
कादंबरी स्वादुरसा च शुंडा गंधोत्तमा माधवकश्च
हाला ॥१७४॥

कल्यं कम्यं तथा मद्यं मैरेयं कापिशायनं।
माधीकमासवः प्रोक्तः परिस्रुद्वारुणी मधु ॥१७५॥
मनुष्यो मानुषो मर्त्यो मनुजो मानवो नरः।
पुमान्पंचजनो ना च पुरुषः पूरुषश्च विट् ॥१७६॥
धीरो धीमान् लब्धवर्णो विपश्चित्
वृद्धो विद्वान् प्राप्तरूपो ऽभिरूपः।
सूरिः प्राज्ञः पंडितः सन्मनीषी
ज्ञो दोषज्ञः कोविदः स्यात्प्रबुद्धः ॥१७७॥

बुधः सुधीः कृती कृष्टिः कविर्व्यक्तो विशारदः।
विचक्षणश्च मेधावी संख्यावान्मतिमान्मतः ॥१७८॥
प्रेक्षा प्रज्ञा प्रतिभा धीर्धिषणा शेमुषी मनीषा च।
बुद्धिर्मतिश्च मेधा संख्या संवित्तिरुपलब्धिः ॥१७९॥
चतुरः स्यात्क्षेत्रज्ञः कृतहस्तः कृतमुखश्च कृतकर्मा।
दक्षः कुशलो ऽभिज्ञो निष्णातः शिक्षितः प्रवीणश्च ॥१८०॥
वैधेयो बालिशो बालो जडो जाल्मो यथोद्गतः।
मूढो मंदो विवर्णश्च मूर्खः स्यान्मातृशासितः ॥१८१॥
अर्वाणमणकमपसदमवममवद्यं निकृष्टमपकृष्टं।
अधमं चेलं कांडं खेटं पापं च रेफसं प्राकुः ॥१८२॥
ऐकागारिकतस्करदस्युप्रतिरोधकाः परास्कंदी।
चौरो मलिम्लुचः स्यात्परिमोषी पारिपंथिकः स्तेनः ॥१८३॥
पश्यतो यो हरत्यर्थं स चौरः पश्यतोहरः।
द्रव्यं त्वपहृतं लोप्त्रं स्तेयं चौर्यमिति स्मृतं ॥१८४॥
पाटच्चरः पटच्चौरो बद्धो नद्धश्च संयतः।
क्षेमंकरो रिष्टतातिः शिवतातिः शिवंकरः ॥१८५॥
परवांस्तु पराधीनो निघ्नः परवशस्तथा।
परतंत्रः परायत्तः परच्छंदश्च गृह्यकः ॥१८६॥
कठोरः कठिनः क्रूरः कक्खटः कर्कशो दृढः।
उच्यते बहुलः स्थूलः पीनः पीवा च पीवरः ॥१८७॥

अर्यः परिवृढः स्वामी प्रभुर्नेता च नायकः।
अधिभूरधिपः प्रोक्तो ह्यधीशो ऽधिपतिस्तथा ॥१८८॥
तपस्वी संयतः शांतो मुनिर्लिंगी यतिर्व्रती।
रजोहरणधारी च श्वेतवासाः सितांबरः ॥१८९॥
नग्नाटो दिग्वासाः क्षपणः श्रमणश्च जीवको जैनः।
आजीवो मलधारी निर्ग्रंथः कथ्यते सद्भिः ॥१९०॥
दुर्जनः पिशुनः क्षुद्रो नीचः कर्णेजपः खलः।
दोषग्राही पुरोभागी द्विजिह्वो मत्सरी मतः ॥१९१॥
कदर्यहीनकीनाशकिंपचानमितंपचाः।
कृपणक्षुल्लकक्लीवक्षुद्रा एकार्थवाचकाः ॥१९२॥
क्षुद्रदरिद्राकिंचनदुर्विधदुःस्थाश्च दुर्गताः प्रोक्ताः।
इतरप्राकृतपामरपृथग्जना वर्वराश्च तुल्यार्थाः ॥१९३॥
दांडाजिनिकः कुहकः कार्पटिको जालिकश्च कौसृतिकः।
धूर्तो व्यंसक उक्तो मायावी मायिको मायी ॥१९४॥
आद्यूनः स्यादौदरिको भक्षको घस्मरो ऽद्मरः।
तमसेचनकं प्राकुस्तृप्तिर्यस्य न जायते ॥१९५॥
परान्नः परपिंडादः परजातः परैधितः।
सर्वान्नीनः सर्वभक्षो मांसादी शौष्कलः स्मृतः ॥१९६॥
उच्यते प्रवणः प्रह्वस्तत्परश्च परायणः।
व्युत्पन्नः प्रहृतः क्षुण्णः संस्कृतश्च निगद्यते ॥१९७॥

लोलुभं लोलुपं लोलं लालसं लंपटं विदुः।
प्रतूर्णस्त्वरितस्तूर्ण उत्सुकः प्रसृतः स्मृतः॥ ॥१९८॥
शूरो वीरश्च विक्रांतो भटश्चारभटो भवेत्।
दरितश्चकितो भीतस्त्रस्तो भीरुश्च कातरः॥१९९॥
क्षुभितः शंकितश्चेति नातिनानार्थवाचकाः।
महोत्साहो महोद्योगो महेच्छः स्यान्महामनाः॥२००॥
उदात्तश्च तथोदीर्णो महात्मोदार उच्यते।
आढ्यः समृद्धो धनवानिन ईशो धनीश्वरः॥२०१॥
अभ्यागारिकमिच्छंति कुटुंबव्यापृतं जनाः।
पांथो ऽध्वगो ऽध्वनीनः स्यादध्वन्यः पथिकस्तथा॥२०२॥
जंघालो जवनो वेगी पाथेयं शंबलं स्मृतं।
आवेशिकः प्राघुणक आगंतुरतिथिः स्मृतः॥२०३॥
आतिथेयं तथातिथ्यमातिथेयी च कथ्यते।
अर्थी मार्गणकः प्रोक्तो याचकश्च वनीपकः॥२०४॥
अध्येषणैषणा याञ्चा याचना प्रार्थना स्मृता।
क्षुद्वान्बुभुक्षितः प्सातो जिघत्सुः क्षुधितस्तथा॥२०५॥
अशनाया बुभुक्षा प्सा जिघत्साक्षुत्क्षुधाः समाः।
कोपनः क्रोधनः क्रोधी रोषणः स्यादमर्षणः॥२०६॥
कोपः क्रोधस्तथामर्षो रोषः प्रतिघ उच्यते।
तृषितस्तर्षितः प्रोक्तः पिपासुश्च पिपासितः॥२०७॥

उदन्या तर्षतृट्तृष्णापिपासाश्च समाः स्मृताः।
तृष्णको गर्धनो गृध्नुर्लिप्सुर्लुब्धो ऽभिलाषुकः॥२०८॥
तृष्णाभिलाषो लिप्साशा धनाया गर्धनोच्यते।
अधरो हीनवादी स्यात्प्रसक्तः प्रसृतः स्मृतः॥२०९॥
दासो दासेरकश्चेटो भुजिष्यः किंकरो मतः।
श्लक्ष्णो मधुरवाक् प्रोक्तः स्थूललक्षो बहुव्ययी॥२१०॥
प्रियवाग्दानशीलश्च वदान्यः परिकीर्तितः।
भवेदक्षिगतो द्वेष्यः प्रणाय्यो ऽसंमतो मतः॥२११॥
चक्षुष्यः सुभगो ज्ञेयो वल्लभो दयितः प्रियः।
गेहेनर्दी गेहेशूरः पिंडीशूरश्च कथ्यते॥२१२॥
स्थानस्थो यो परान् द्वेष्टि गोष्ठश्वं तं विदुर्बुधाः।
असौ पंचजनीनः स्याद्यो भांडादिरतो नरः॥२१३॥
वैरंगिको विरागार्हो धनवानस्तिमान्मतः।
प्रेष्यः प्रोक्तः परिस्कंदः कर्मशूरश्च कर्मठः॥२१४॥
अलंकर्मीण इत्युक्तः कर्मशीलस्तु यः पुमान्।
उत्तालस्त्वरितो ज्ञेयो विश्रब्धः स्थिर उच्यते॥२१५॥
तीक्ष्णोपायेन यो ऽन्विच्छेत्स आयःशूलिको मतः।
अरुंतुदः स्याद्व्यथको विघातो धृष्ट उच्यते॥२१६॥
शरारुर्घातको हिंस्रो नृशंसः क्रूरकर्मकृत्।
साधुः सज्जन आर्यः स्याद्गृहमेधी गृहाधिपः॥२१७॥

कुशाग्रीयमतिः प्रोक्तः सूक्ष्मदर्शी च यः पुमान्।
चिद्रूपः स्यात्सहृदयः सहस्तः शिक्षितायुधः ॥२१८॥
समुखः स खलु प्रोक्तो यो वक्ति प्रतिभान्वितः।
नीलीरागः स विज्ञेयः स्थिरप्रेमा च यः पुमान् ॥२१९॥
क्षणमात्रानुरागी च हरिद्राराग उच्यते।
शाली श्रेयानधृष्टौ च प्रोक्तौ शालीनशारदौ ॥२२०॥
दूरार्थानर्थसंदर्शी दीर्घदृष्टिः प्रकीर्तितः।
प्रत्युत्पन्नमतिर्ज्ञेयस्तत्कालोत्पन्नधीर्नरः ॥२२१॥
यद्भविष्यो दैवपरो यद्वदः स्यादनुत्तरः।
अज्ञो मातृमुखः प्रोक्तो दुर्मुखो मुखरः स्मृतः ॥२२२॥
कद्वदो गर्ह्यवादी स्यात्कद्वरः कुत्सितो भवेत्।
प्रकांडोद्घौ प्रशंसायामाक्षेपे हतकः स्मृतः ॥२२३॥
अहंयुः स्यादहंकारी शुभंयुः शुभसंयुतः।
यथाकामी स्वरुचिः स्यात्स्वच्छन्दो निरवग्रहः ॥२२४॥
अन्वेष्टानुपदी प्रोक्तः प्रतिभूर्लग्नकः स्मृतः।
रोगादुन्मुक्त उल्लाघः कल्यो वार्त्तो निरामयः ॥२२५॥
जैवातृकः स्यादायुष्मान् बलवानंसलो मतः।
जाबालः स्यादजाजीवः कम्रः कामी च कामुकः ॥२२६॥
वेश्यापतिर्भुजंगः स्याद्विटः पल्लवकः स्मृतः।
विहस्तो व्याकुलः प्रोक्तः कुंठो मंदः क्रियासु यः ॥२२७॥

क्रियावान् कर्मसूद्युक्तो दीर्घसूत्रो जडक्रियः।
निकृतो विप्रलब्धः स्यात्समुनद्धो ऽतिगर्वितः॥२२८॥
प्रतीक्ष्यः कथ्यते पूज्यः पूजितो ऽपचितो भवेत्।
ईर्ष्यालुः कुहनः प्रोक्तो जारो ह्युपपतिः स्मृतः॥२२९॥
सरलो दक्षिणो ज्ञेयो विदग्धश्छेक उच्यते।
उत्पश्यमुन्मुखं विद्यात् न्युब्जं विद्यादधोमुखं॥२३०॥
आसीन उपविष्टः स्यादूर्ध्व ऊर्ध्वंदमः स्थितः।
क्षीबो मत्तः क्षमः शक्तः प्रगल्भः प्रौढ उच्यते।
उत्क उत्कंठितः प्रोक्तो विक्लवो विह्वलः स्मृतः॥२३१॥
अलसः शीतको मंदो जडो जिह्मश्च मंथरः।
पोगंडो विकलांगः स्याल्लोहलो ऽव्यक्तवाग्भवेत्॥२३२॥
कितवः स्यात् द्यूतकारो द्यूतमक्षवती भवेत्।
अक्षो दुरोदरं प्रोक्तं सभिको द्यूतकारकः॥२३३॥
परीक्षकः कारणिको गृह्यः पक्ष उदाहृतः।
अभिजातः कुलीनः स्यात्कुचरः कुटिलाशयः॥२३४॥
निषादिनो गजारोहा अश्वारोहास्तु सादिनः।
रथिनः स्यंदनारोहा नावारोहास्तु नाविकाः॥२३५॥
ब्राह्मणो वाडवो विप्रो भूमिदेवो द्विजोत्तमः।
अग्रजन्मा द्विजन्मा च षट्कर्मा सोमपा द्विजः॥२३६॥
ब्राह्मणः क्षत्रियो वैश्यस्त्रयो वर्णा द्विजातयः।

शूद्रस्तुरीयवर्णः स्यात्तद्भेदास्त्वंत्यजाः स्मृताः ॥२३७॥
ब्रह्मचार्यादयो वेदे प्रोक्ताश्चत्वार आश्रमाः।
शूद्रो ऽगृहस्थ एव स्यात्क्षत्रियो न यतिर्भवेत् ॥२३८॥
ब्रह्मचारी भवेद्वर्णी गृहस्थः स्नातकस्तथा।
वैखानसो वानप्रस्थः कर्मसंन्यासिको यतिः ॥२३९॥
अनूचानः सर्ववेदः श्रोत्रियश्छांदसो मतः।
प्रख्याताल्पितुरुत्पन्न आमुष्यायण इष्यते ॥२४०॥
अन्ववायो ऽन्वयो वंशो गोत्रं चाभिजनः कुलं।
चरित्रं चरितं शीलं चारित्रं च समं स्मृतं ॥२४१॥
वृत्ताध्ययनसंपत्तिरिष्यते ब्रह्मवर्चसं।
ब्रह्मचर्यं बुधाः प्राहुः समस्तेंद्रियसंयमं ॥२४२॥
संज्ञेय उपसंग्राह्यो यो ऽभिवाद्यो यथाविधि।
उपसंग्रहणं चापि प्राहुः संतो ऽभिवादनं ॥२४३॥
निवृत्तेंद्रियलौल्यस्तु श्रांतः शांतश्च कथ्यते।
तपःक्लेशसहो दांतो क्षांतर्वाणिश्च शास्त्रवित् ॥२४४॥
अध्यापक उपाध्यायो व्याख्या विवरणं स्मृतं।
शिष्यांतेवासिनौ छात्त्रः शैक्षः प्राथमकल्पिकः ॥२४५॥
विघ्नो ऽंतरायः प्रत्यूहो व्यवायश्च प्रकीर्तितः।
साकल्यवचनं प्राज्ञैः पारायणमुदाहृतं ॥२४६॥
आम्नायः संप्रदायः स्यात्पारंपर्यं गुरुक्रमः।

प्रयतः स्यादनुच्छिष्टः संशितश्च सुनिश्चितः ॥२४७॥
सांवत्सरो ज्योतिषिको ज्ञानी मौहूर्तिकस्तथा ।
कार्तांतिकस्तु दैवज्ञ आदेशी गणकः स्मृतः ॥२४८॥
व्रात्यः संस्कारहीनः स्यादवकीर्णी क्षतव्रतः ।
शिश्विदानो दुराचारस्त्यक्ताग्निर्वीरहा द्विजः ॥२४९॥
धर्मध्वजी लिंगवृत्तिरस्वाध्यायो निराकृतिः ।
शस्त्राजीवः कांडस्पृष्टो ब्रह्मबंधुर्द्विजोऽधमः ॥२५०॥
जातिमात्रोपजीवी च कथ्यते ब्राह्मणब्रुवः ।
अब्रह्मण्यमवध्यं स्यात् ब्रह्मण्यं ब्रह्मणे हितं ॥२५१॥
उपवीतं ब्रह्मसूत्रं प्रक्षिप्तं दक्षिणे करे ।
प्राचीनावीतमन्यस्मिन्निवीतं कंठलंबितं ॥२५२॥
आचमनमुपस्पर्शनमाप्लवनं स्नानमिष्यते सवनं ।
निर्णिक्तं प्रक्षालितमाकुधौतं च तुल्यार्थं ॥२५३॥
पाराशरी व्रती भिक्षुर्मस्करी पारिरक्षिकः ।
परिव्राजिकस्तपस्वी कर्मंदी तापसः स्मृतः ॥२५४॥
वैकक्षमुत्तरासंगः प्रोक्ता बृहतिका तथा ।
पर्यस्तिका परिकरः पर्यंकश्चेति कथ्यते ॥२५५॥
कक्षापटः स्यात्कौपीनं कुंडिका च कमंडलुः ।
आषाढो व्रतिनां दंडो व्रतिनामासनं वृषी ॥२५६॥
ऋषिस्त्रिकालदर्शी स्यान्मुनिर्वाचंयमो मतः ।

प्राचेतसस्तु वाल्मीकिर्मैत्रावरुण उच्यते ॥२५७॥
उक्तो ऽगस्तिरगस्त्यो लोपामुद्रापतिश्च घटयोनिः।
सात्यवतेयः पाराशर्यो द्वैपायनो व्यासः ॥२५८॥
यागो यज्ञः क्रतुः स्तोमः सप्ततंतुर्मखो ऽध्वरः।
वितानं संस्तरो बर्हिः सवः सत्त्रं च कथ्यते ॥२५९॥
निर्मंथकाष्ठमरणिः प्रणीतो ऽग्निश्च संस्कृतः।
वेदी परिष्कृता भूमिः पात्रमुक्तं स्रुगादिकं ॥२६०॥
हव्यपाकश्चरुः प्रोक्तः संनाय्यं हविरुच्यते।
शृते क्षीरे दधि क्षिप्तमामिक्षा कथ्यते बुधैः ॥२६१॥
उपाकृतस्तु विज्ञेयो मंत्रेण प्रोक्षितः पशुः।
हुतं वषट्कृतं शेयं यज्ञांतो ऽवभृथः स्मृतः ॥२६२॥
बृहस्पतिसवेनेष्टं येनासौ स्थपतिर्भवेत्।
सर्ववेदास्तु विज्ञेयो दत्तसर्वस्वदक्षिणः ॥२६३॥
विश्राणनं विहापितमंहतिरपवर्जनं वितरणं च।
निर्वपणं च स्पर्शनमुत्सर्गः स्यात्प्रदेशनं दानं ॥२६४॥
यष्टा च यजमानः स्यादादेष्टा दीक्षितो व्रती।
इज्याशीलो यायजूको यज्वा स्यादासुतीवलः ॥२६५॥
राजा राजन्यो राट् प्रजापतिः क्षत्रियो नृपः क्षत्रं।
मूर्धाभिषिक्तभूपतिपार्थिवनरदेवलोकपालाः स्युः ॥२६६॥
येनेष्टं राजसूयेन स सम्राट् परिकीर्तितः।

चक्रवर्ती सार्वभौमो मध्यमो मंडलेश्वरः ॥१६७॥
आतपत्रं भवेच्छत्रं चामरं तु प्रकीर्णकं ।
हैमं सिंहासनं राज्ञो स्मृतं भद्रासनं बुधैः ॥१६८॥
द्वाःस्थो दौवारिकः क्षत्ता दंडी वेत्रधरस्तथा ।
उत्सारको द्वारपालः प्रतीहारो बुधैः स्मृतः ॥१६९॥
अपसर्पश्चरश्चारः प्रणिधिर्गूढपुरुषः ।
यथार्थवर्णो मंत्रज्ञः स्पशो हेरक उच्यते ॥१७०॥
मंत्री बुद्धिसहायः स्यादमात्यः सचिवस्तथा ।
सौवस्तिक इति प्रोक्तः पुरोधाश्च पुरोहितः ॥१७१॥
महामात्रः प्रधानं स्यादध्यक्षो ऽधिकृतः स्मृतः ।
सौविदः सौविदल्लश्च स्थापत्यः कंचुकी मतः ॥१७२॥
मित्रं सखा वयस्यश्च सुहृत्स्निग्धश्च कथ्यते ।
अनुजीवी सहायः स्यात्सेवको ऽनुचरो ऽनुगः ॥१७३॥
प्राड्विवाको ऽक्षदृक् स्थेयो न्यायो ऽक्ष इति कथ्यते ।
अंतःपुरेष्वधिकृतः स्मृतो ऽंतर्वंशिको नरः ॥१७४॥
क्लीवो वर्षधरः षंढः पंडकश्च नपुंसकः ।
उभयव्यंजनं पोटा तृतीया प्रकृतिः स्मृता ॥१७५॥
आरालिकः सूपकारः सूदः स्याद्बल्लवस्तथा ।
पौरोगवस्तु विज्ञेयः सूदाध्यक्षो मनीषिभिः ॥१७६॥
वैहासिकः केलिकिलो बुधैर्वासंतिको मतः ।

परिहासो द्रवो नर्म केलिः क्रीडा च खेलनं ॥१७७॥
रत्निवर्गो ह्यनीकस्थः सेनानीर्वाहिनीपतिः।
अर्थागमो भवेद्दायो भागधेयो बलिः करः ॥१७८॥
उपदा प्राभृतं प्रोक्तमुपग्राह्यमुपायनं।
लंचोत्कोचमुपादानमुपचारस्तथामिषं ॥१७९॥
प्रबोधका मागधवंदिसूता वैतालिका मंगलपाठकाश्च।
अच्छोटनं स्यान्मृगया मृगव्यं पापर्द्धिराखेटक इत्यभिन्नं ॥१८०॥
अर्वा गंधर्वो ऽश्वः सप्तिर्वाजी तुरंगमस्तुरगः।
तार्च्यो हरिस्तुरंगो घुघुरुक्तो घोटको हयो वाहः ॥१८१॥
गुणदेशकृतास्तेषां संज्ञाः स्युरनेकधा लोके।
कर्कः श्वेतः शोणो रक्तो हेमश्च कृष्णवर्णो ऽश्वः ॥१८२॥
मल्लिकाक्षः सितैर्नेत्रैः कृष्णैरिंद्रायुधो मतः।
श्रीवृक्षकी स विज्ञेयः श्रीवृक्षो यस्य लांछनं ॥१८३॥
आजानेयाः कुलीनाः स्युः पारसीका वनायुजाः।
कांबोजा बाह्लिकाः प्रोक्ताः सैंधवाः सिंधुपारजाः ॥१८४॥
शूलको दुर्विनीतो ऽश्वः पोतः प्रोक्तः किशोरकः।
अर्वती वडवा वामी प्रसूता वाजिनी स्मृता ॥१८५॥
लूनं पुच्छं तु लांगूलं वालहस्तश्च वालधिः।
प्रोथ इत्युच्यते घोणा मध्यं कक्ष्यं खुरः शफः ॥१८६॥
पर्याणं स्यात्पल्ययनं खलीनं कविकं स्मृतं।

चर्मदंडः कशा प्रोक्ता वल्गारश्मिकुशाः स्मृताः ॥२८७॥
रंहस्तरः स्यदः स्यात्प्रसरो वेगो रयो जवो वाजः ।
पांशुः क्षोदो रेणुश्चूर्णं धूली रजश्च तुल्यार्थाः ॥२८८॥
अनः शतांगः शकटः स्यंदनः कथ्यते रथः ।
गंत्री कंबलवाह्यस्तु कूबरी च निगद्यते ॥२८९॥
योग्यारथो वैनयिको ह्यध्वन्यः पारियानिकः ।
कर्णीरथः प्रवहणं डयनं चेति कथ्यते ॥२९०॥
दैवतार्थो देवरथो युद्धार्थः सांपरायिकः ।
क्रीडारथः पुष्परथो जेता जैत्ररथः स्मृतः ॥२९१॥
चक्रं रथांगमाख्यातं कूबरं च युगंधरं ।
चक्रधारा प्रधिर्नेमिर्नाभिश्चक्रस्य पिंडिका ॥२९२॥
अपस्करो रथांगः स्यादणिरक्षाग्रकीलिका ।
नियंता प्राजिता क्षत्ता दक्षिणस्थश्च सारथिः ॥२९३॥
सव्येष्ठः कथ्यते सूतो वरूथं रथगोपनं ।
वाहनं धोरणं युग्यं यानं पत्रमिति स्मृतं ॥२९४॥
शिबिका याप्ययानं स्याद्वेसरो ऽश्वतरो मतः ।
पदातपत्तिपादातपदातिकपदातयः ।
पद्गश्च पदगश्चेति कथ्यंते पादचारिणः ॥२९५॥
दूष्यं स्थूलं पटकुटी गुणालयनी केणिका च निर्दिष्टा ।
ध्रुवकः शिवकः शंकुः पुष्पलकः कीलकः प्रोक्तः ॥२९६॥

यात्रा प्रयाणं प्रस्थानं निवेशः शिबिरं स्मृतं।
अवस्कंदः प्रपातश्च सौप्तिकं च निगद्यते ॥२९७॥
संग्रामः समितिः समिच्च समरं संख्यं समीकं रणं
युद्धं युत्प्रधनं मृधं समुदयः संयत्कलिः संयुगं।
द्वंद्वायोधनसंप्रहारकलहाक्रंदाहवाभ्यागमाः
संस्फोटप्रविदारणप्रहरणानीकाजयः संगरः ॥२९८॥
संपरायः समाघातः प्रघातश्च समाह्वयः।
जन्यं स्यादभिसंपातः संमर्दो विग्रहस्तथा ॥२९९॥
अभियातिररातिरमित्ररिपू प्रतिपक्षविपक्षविरोध्यरयः।
अहितोऽसहनश्च जिघांसुरिति प्रथिताः परिपंथिपरा
सुहृदः ॥३००॥
प्रत्यर्थी पर्यवस्थाता द्वेषी वैरी च शात्रवः।
शत्रुः सपत्नो भ्रातृव्यः प्रत्यनीको द्विषन्मतः ॥३०१॥
पृतना सेना ध्वजिनी पताकिनी वाहिनी बलं सैन्यं।
चक्रं चमूर्वरूथिन्यनीकिनी स्यादनीकं च ॥३०२॥
वैजयंती पताका च केतुः स्यात्केतनं ध्वजः।
अस्योच्चूलावचूलाख्यावूर्ध्वाधोमुखकूर्चकौ ॥३०३॥
संनाहः कवचं वर्म तनुत्राणमुरश्छदः।
जगरः कंकटो माठी दंशनं जालिका स्मृता ॥३०४॥
खेटकं फलकं चर्म प्रोक्तमावरणं बुधैः।

वर्मितः स्यात्कवचितः संनद्धो दंशितस्तथा ॥३०५॥
सर्वाभिसारमिच्छंति सर्वसंनहनं बुधाः।
यत्सेनयाभिनिर्याणं स्मृतं तदभिषेणनं ॥३०६॥
हेतिः शस्त्रं प्रहरणमायुधमस्त्रं चतुर्विधं तच्च।
मुक्तामुक्तममुक्तं करमुक्तं यंत्रमुक्तं च ॥३०७॥
शक्त्यादि पाणिमुक्तं स्यादमुक्तं छुरिकादिकं।
मुक्तामुक्तं तु यष्ट्यादि यंत्रमुक्तं शरादिकं ॥३०८॥
अस्त्रं धनुरिष्वासं कोदंडं धन्व कार्मुकं चापं।
बाणासनं द्रुणा स्यान्मौर्वी ज्या सिंजिनी गुणो जीवा ॥३०९॥
तूणीरमुपासंगस्तूणं तूणी निषंग इषुधिश्च।
बाणाश्रयः कलापः कार्मुककोटिर्भवेदटनिः ॥३१०॥
कंकपत्त्रशरमार्गणबाणाश्चित्रपुंखविशिखेषुकलंबाः।
सायकप्रदरकांडपृषत्काः पत्त्रिणः खगशिलीमुखरोपाः ॥३११॥
सर्वायसस्तु बाणः प्रक्ष्वेडन एषणाश्च नाराचः।
तोमरितह्लदंडासनादयः कांडभेदाः स्युः ॥३१२॥
पत्त्रपाली भवेद्वाजः कर्तरी पुंख उच्यते।
वेध्यं लक्ष्यं शरव्यं च निमित्तं च समं विदुः ॥३१३॥
अर्धचंद्रक्षुरप्रादि धाराग्रं मुखमुच्यते।
आराग्रं तु मुखं तेषां पुष्पपत्त्रादिभेदतः ॥३१४॥
बाणमुक्तिर्व्यवच्छेदो दीप्तिर्वेगस्य तीव्रता।

अभ्यासः कथ्यते योग्या श्रमस्थानं खलूरिका ॥३३५॥
लघुहस्तः शीघ्रवेधी कृतपुंखस्तु शिक्षितः।
स भवेदपराद्धेषुर्यस्य लक्ष्याच्च्युतः खगः ॥३३६॥
निस्त्रिंशः करबालः खड्गः कौक्षेयकः कृपाणः स्यात्।
रिष्टिरसिश्चंद्रहासौ तरवारिर्मंडलाग्रं च ॥३३७॥
कोशः प्रत्याकारः खड्गपिधानं त्सरुर्भवेन्मुष्टिः।
असिपुत्रिकासिधेनुः क्षुरिका पत्त्रं च शस्त्रिका ज्ञेया ॥३३८॥
परश्वधः कुठारः स्यात्परशुः स्वधितिस्तथा।
निशातं निशितं धौतं तेजितं च समं स्मृतं ॥३३९॥
प्रासो निगदितः कुंतो मुद्गरो द्रुघणः स्मृतः।
क्रकचं करपत्त्रं स्यात्परिघः परिघातनः ॥३४०॥
यष्टिपट्टिसद्रुःस्फोटमुखंडीशंकुशक्तयः।
भिंदिमालगदादंडचक्राद्याः शस्त्रजातयः ॥३४१॥
मारणं निशरणं निवर्हणं सूदनं निरसनं निशुंभनं।
घातनं प्रशमनं प्रमापणं वर्जनं विशसनं प्रवासनं ॥३४२॥
निर्वापणनिर्वासनकदनव्यापादनानि तुल्यानि।
निर्ग्रंथनमालंभः प्रमथा हिंसा च संज्ञपनं ॥३४३॥
नष्टो गृहीतदिक् प्रोक्तः कांदिशीको भयद्रुतः।
प्रस्कन्नः पतितो ज्ञेयो जितकाशी जिताहवः ॥३४४॥
शुद्धांतमवरोधश्च राज्ञो ऽंतःपुरमुच्यते।

कृताभिषेका महिषी भोगिन्य इतराः स्मृताः ॥३२५॥

रामा वामा वामनेत्रा पुरंध्री
  नारी भीरुर्भामिनी कामिनी च।
योषा योषिद्वासिता वर्णिनी स्त्री
  स्यात्सीमंतिन्यंगना सुंदरी च ॥३२६॥

अबला महिला ललना प्रमदा रमणी नितंबिनी वनिता।
दयिता प्रतीपदर्शिन्युक्ता कांता वधूर्वशा युवतिः ॥३२७॥

कुमारी कथिता कन्या किंचित्प्रौढा सुवासिनी।
वर्या पतिंवरा प्रोक्ता नग्ना प्रोक्ता च कौटवी ॥३२८॥

अदृष्टरजसं नारीं नग्निकां ब्रुवते बुधाः।
वधूटी च चिरंटी च द्वितीयवयसौ स्त्रियौ ॥३२९॥

अर्धवृद्धा तु या नारी सा कात्यायनिका स्मृता।
पुनर्भूर्दिधिषूः प्रोक्ता वृषस्यंती रतार्थिनी ॥३३०॥

पतिवत्नी जीवत्पतिर्जीवतोका च जीवसूः।
रहिता पतिपुत्राभ्यां निर्वीरेत्यभिधीयते ॥३३१॥

विश्वस्ता विधवा प्रोक्ता पुष्पहीना च निष्कला।
श्रमणा भिक्षुकी मुंडा वयस्याली सखी स्मृता ॥३३२॥

अवीरुदक्या च रजस्वला स्यादात्रेयिका पुष्पवती च नारी।
राका भवेज्जातरजास्तु कन्या नष्टप्रसूतिः कथिता च
  भिंदुः ॥३३३॥

मुख्या नारी वरारोहा वरस्त्री मत्तकाशिनी।
स्त्री विदग्धा च मत्ता च वाणिनीत्यभिधीयते ॥३३४॥
रूपाजीवा वेश्या गणिका पण्यांगना तथा जुद्रा।
राजकुलप्रतिबद्धा वारस्त्री वारमुख्या च ॥३३५॥
गाणिक्यं गणिकानां च समूहः कथ्यते बुधैः।
असिक्न्यंतःपुरप्रेष्या दूती संचारिका स्मृता ॥३३६॥
कुट्टिनी शंभली चुंदी सैरंध्री गंधकारिका।
पोटा वोटा तथा चेटी दासी स्यात्कुम्भकारिका ॥३३७॥
पांचालिका पुत्रिका स्यात्काष्ठदंतादिनिर्मिता।
स्मृता लेप्यमयी स्त्री तु बुधैरंजलिकारिका ॥३३८॥
दाराः क्षेत्रं कलत्रं च भार्या सहचरी वधूः।
सधर्मचारिणी पत्नी जाया च गृहिणी गृहाः ॥३३९॥
उपयामः परिणयनं पाणिग्रहणं विवाह उद्वाहः।
कुलबालिका कुलस्त्री पतिव्रता सुचरिता सती साध्वी ॥३४०॥
पांशुला बंधुकी स्वैरिण्यसती पुंश्चलीत्वरी।
धर्षिणी कुलटा प्रोक्ता त्वविनीताभिसारिका ॥३४१॥
कांतः स्यात्कमिता पतिर्वरयिता भर्ता च भोक्ता धवो
हृच्याभीकवराभिकाश्च रमणः प्राणाधिनाथोऽनुगः।
सूनुः संततिरात्मजश्च तनुजः पुत्रः प्रसूतिः सुत-
स्तुक् तोकं तनयश्च नंदन इति प्राज्ञैरपत्यं स्मृतं ॥३४२॥

आपन्नसत्त्वा गुर्वी स्यादंतर्वत्नी च गर्भिणी।
दोहदं दौर्हृदं श्रद्धा लालसा च समाः स्मृताः ॥३४३॥
सूतिमासो वैजननो गर्भो भ्रूण इति स्मृतः।
अरिष्टगृहमिच्छंति सूतिकाभवनं बुधाः ॥३४४॥
विजाता च प्रजाता च प्रसूता स्त्री निगद्यते।
गर्भाशयो जरायुः स्यादुल्वं च कललं स्मृतं ॥३४५॥
कन्यापुत्रस्तु कानीनो भाटेरः स्यान्नटीसुतः।
बंधुको बंधुकीपुत्रो गोप्यो दासीसुतः स्मृतः ॥३४६॥
बालः पाको ऽर्भको गर्भः पोतश्च पृथुकः शिशुः।
शावो डिंभश्च विज्ञेयो वटुर्माणवको मतः ॥३४७॥
प्रवयाः स्थविरो वृद्धो यातयामश्च कथ्यते।
जरा तु विस्रसा प्रोक्ता दारकस्तरुणो युवा ॥३४८॥
अंबा सवित्री जननी च माता वप्ता च तातो जनकः पिता च।
स्नुषा जनी पुत्रवधूर्वधूः स्यात्प्रजावती भ्रातृवधूः
स्मृता च ॥३४९॥
दुहिता तनया पुत्री जामाता दुहितुःपतिः।
दौहित्रस्तत्सुतो नप्ता स च पौत्रश्च कथ्यते ॥३५०॥
अग्रजः पूर्वजो ज्येष्ठः कनिष्ठो ऽवरजो ऽनुजः।
भ्रातृव्यो भ्रातृपुत्रः स्यात् भ्रात्रीयो भ्रातृजस्तथा ॥३५१॥
धात्री स्यादुपमाता भगिनी जामिः स्वसा च विज्ञेया।

तत्पुत्रः स्वस्रीयो जामेयो भागिनेयः स्यात् ॥३५२॥
समानोदर्यसोदर्यसगर्भाः सोदराः समाः।
भ्रातृवर्गस्य या जाया यातरस्ताः परस्परं ॥३५३॥
आत्मीयः स्वजनो बंधुराप्तो ज्ञातिश्च बांधवः।
सनाभयः सपिंडाश्च सगोत्राश्च समाः स्मृताः ॥३५४॥
तनुस्तनूः संहननं शरीरं कलेवरं विग्रहदेहकायाः।
अंगं वपुर्वर्ष्म पुरं च पिंडं क्षेत्रं च गात्रं च घनश्च मूर्त्तिः ॥३५५॥
अंह्रिः पादश्चरणः पाणिः शयपंचशाखकरहस्ताः।
कामांकुशाः कररुहाः पुनर्नवाः पाणिजा नखा नखराः ॥३५६॥
कांचीपदं कलत्रं जघनं श्रोणी ककुद्मती ज्ञेया।
आरोहश्च नितंबः कटी कटीरं त्रिकस्थानं ॥३५७॥
गुदः पायुरपानं स्यात्कटिप्रोथौ स्फिजौ पुतौ।
कुकुंदरौ समाचष्टे जनो जघनकूपकौ ॥३५८॥
भगो योनिरुपस्थश्च वरांगं स्मरमंदिरं।
शिश्नः शेफो ऽथ मेढ्रश्च तुल्ये मेहनशेफसी ॥३५९॥
जानुः स्यादष्ठीवान् प्रसृता जंघा च घुंडको गुल्फः।
ऊरुः सक्थि पिचंडं जठरोदरतुंदकुक्षिगर्भाः स्यु : ॥३६०॥
अंगुल्यः करशाखाः कर्णः श्रोत्रं श्रुतिः श्रवः श्रवणं।
ग्रीवा धमनिर्मन्या शिरोधरा कंधरा गलः कंठः ॥३६१॥
रेखात्रयांकिता ग्रीवा कंबुग्रीवेति कथ्यते।

अवलग्नं विलग्नं च मध्यमं मध्यमुच्यते ॥३६२॥
मुंडोत्तमांगमस्तकमौलिशिरःशीर्षमूर्धकानि स्युः।
तुंडं वदनं वक्रं लपनं मुखमास्यमाननं च समं ॥३६३॥
दृग्दृष्टिनेत्रलोचनचक्षुर्नयनाम्बकेक्षणाक्षीणि।
अश्रूणि वाष्परोदननयनजलाम्रास्रुनामानि ॥३६४॥
नयनोपांतमपांगः कनीनिका नयनमध्यतारा च।
कूर्चं भ्रुवोश्च मध्यं सृक्क स्यादोष्ठपर्यंतः ॥३६५॥
सिंघिनी नासिका नासा घ्राणं घोणा च कथ्यते।
रसज्ञा रसना जिह्वा तालु काकुदमुच्यते ॥३६६॥
दोः प्रवेष्टो भुजो बाहुर्भुजा च स्मर्यते बुधैः।
गंडो गल्लः कपोलश्च हनुस्तुल्यार्थवाचकाः ॥३६७॥
मुष्को ऽंडं वृषणः कोशः संघाट्टो मुष्टिरुच्यते।
जत्रु वक्षोंसयोः संधिर्ह्रुसंधिश्च वंक्षणः ॥३६८॥
रोम तनूरुहमुक्तं नयनगतं पक्ष्म मुखगतं श्मश्रु।
अधरो दंतच्छद ओष्ठ उच्यते दंतवासश्च ॥३६९॥
ओष्ठस्याधश्चिबुकं ललाटमलिकं भुजाग्रमंसं च।
कक्षा च बाहुमूलं घाटामवटुं कृकाटिकामाहुः ॥३७०॥
उरसिजकुचवक्षोरुहपयोधराः स्तनसमाननामानि।
उक्ताः कुचमुखचूचुकवृंतानि शिखा च तुल्यानि ॥३७१॥
भुजमध्यमुरो वक्षो हृदयस्थानं च वत्समिच्छंति।

एकार्थाः कथ्यंते दशनद्विजदंतरदरदनाः॥३७२॥
क्रोडमंकस्तथोत्संगः प्राग्भागो वपुषः स्मृतः।
पृष्ठं स्यात्पश्चिमो भागः ककौ च कटिशीर्षकौ ॥३७३॥
जीवस्थानं भवेन्मर्म पादाग्रं प्रपदं मतं।
सीमंतः कथ्यते स्त्रीणां केशमध्ये तु पद्धतिः॥३७४॥
केशाः शिरसिजमूर्धजकचचिकुरशिरोरुहाः स्मृता वालाः।
तद्बंधविशेषाः स्युर्वेणीधम्मिल्लकुंतलकवर्यः॥३७५॥
हस्तः पक्षः पाशः केशेषु बहुत्ववाचकाः शब्दाः।
अलकं कुटिलाः केशा भ्रमरकमुक्तं ललाटस्थं ॥३७६॥
बालानां तु शिखा प्रोक्ता काकपक्षः शिखंडिका।
पलितं पांडुराः केशा व्रतिनां तु जटा सटा ॥३७७॥
मणिबंधः पाणिमूलं कफणिः कूर्परः स्मृतः।
तयोर्मध्यं प्रकोष्ठः स्यात्प्रकांडः कूर्परांसयोः॥३७८॥
चेतश्चित्तं मनः स्वांतं हृदयं मानसं समं।
एकायनं तथैकाग्र्यमेकतानं च तद्गतं ॥३७९॥
आधिस्तु मानसी पीडा वांछितोऽर्थो मनोरथः।
खमक्षमिंद्रियं स्रोतो हृषीकं करणं स्मृतं ॥३८०॥
मध्यांगुलीकूर्परयोर्मध्ये प्रामाणिकः करः।
बद्धमुष्टिकरो रत्निररत्निः सकनिष्ठिकः॥३८१॥
संपिंडितांगुलिर्मुष्टिः प्रसृतिः कुंचितांगुलिः।

प्रसारितांगुलिः पाणिः कथ्यते प्रतलस्तलः ॥३८२॥
प्रादेशः स्यात्प्रदेशिन्या तालो मध्यमया भवेत्।
गोकर्णोऽनामया प्रोक्तो वितस्तिः स्यात्कनिष्ठया ॥३८३॥
आकल्पो मंडनं वेषः प्रतिकर्म प्रसाधनं।
भूषणं स्यादलंकारो नेपथ्याभरणे तथा ॥३८४॥
समालभनमिच्छंति चर्चां मार्ष्टिं च सूरयः।
स्थासकं हस्तबिंबं स्यात्परिष्कारश्च भूषणं ॥३८५॥
तिलकं तमालपत्रं चित्रकमुक्तं विशेषकः पुंड्रं।
रचिता ललाटपट्टे ललाटिका कथ्यते रेखा ॥३८६॥
भुजशिखरस्तनमंडलकपोलकंठेषु विरचिता कुशलैः।
अनुलेपनेन लेखा निगद्यते पत्रवल्लीति ॥३८७॥
कुंकुमं घुसृणं वर्णं प्रोक्तं लोहितचंदनं।
काश्मीरजं च विद्वद्भिः कालेयं जागुडं स्मृतं ॥३८८॥
चंदनं स्यान्मलयजं श्रीखंडं रोहणद्रुमः।
मृगनाभिर्मृगमदः प्रोक्ता कस्तूरिका बुधैः ॥३८९॥
कर्पूरो घनसारः स्यात्काकतुंडोऽगरुः स्मृतः।
तांबूलं क्रमुकं प्रोक्तमंगरागो विलेपनं ॥३९०॥
उपसंव्यानं परिधानमंतरीयं च निवसनं तुल्यं।
प्रावरणं संव्यानं प्रच्छादनमुत्तरीयं च ॥३९१॥
अर्धोरुकं वरस्त्रीणां वासश्चंडातकं स्मृतं।

परिधानांशुकग्रंथिः प्रोक्ता नीवी तथोच्चयः ॥३९२॥
चेलं चीरं वासः कर्पटमाच्छादनं निवसनं च।
अंबरमंशुकमुक्तं वस्त्रं सिचयः पटः पोटः ॥३९३॥
चतुर्विधं तु विज्ञेयं त्वक्सूत्रकृमिरोमजं।
पत्रोर्णं धौतकौशेयं दुकूलं क्षौममिष्यते ॥३९४॥
कार्पासं बादरं प्रोक्तं वस्त्रस्यांतो मतो ऽंचलः।
अहतं स्यान्नवं वासो जीर्णमुक्तं पटच्चरं ॥३९५॥
धौतमुद्गमनीयं च वर्तिर्वस्तिर्दशाः सिचः।
एकार्था आविकौरभ्ररल्लकोर्णायुकंबलाः ॥३९६॥
कंचुको वारवाणः स्यात्कूर्पासश्च निचोलकः।
स्रग्माला माल्यमाख्यातं केशमध्ये तु गर्भकः ॥३९७॥
प्रभ्रष्टकं शिखालंबि पुरो न्यस्तं ललामकं।
तिर्यग्वक्षसि विक्षिप्तं वैकक्षकमुदाहृतं।
ग्रीवायां लंबितं प्राज्ञैः प्रालंबकमिति स्मृतं ॥३९८॥
आपीडः शेखरोत्तंसावतंसाः शिरसि स्रजः।
कर्णपूरे ऽपि दृश्येते तथोत्तंसावतंसकौ ॥३९९॥
जतुयावकलाक्षालक्तकाः समाः सिक्थकं मधूच्छिष्टं।
कज्जलमंजनमभिहितमादर्शो दर्पणो मुकुरः ॥४००॥
ताडंकस्ताडपत्रं स्यात्कुंडलं कर्णवेष्टनं।
कर्णालंकरणं सर्वं कर्णिकेत्यभिधीयते ॥४०१॥

केयूरमंगदं प्रोक्तं बाहुमूलविभूषणं ।
आवापः परिहार्यः स्यात्कटको वलयं तथा ॥४०२॥
कंकणं हस्तसूत्रं च विदुः प्रतिसरं बुधाः ।
ग्रीवालंकरणं सर्वं ग्रैवेयकमितीष्यते ॥४०३॥
अंगुल्याभरणं प्रोक्तमंगुलीयकमूर्मिका ।
कथ्यते अंगुलिमुद्रा च भवेद्या लिखिताक्षरा ॥४०४॥
कलापः सप्तकी कांची मेखला रसना तथा ।
कटिसूत्रं सारसनं किंकिणी क्षुद्रघंटिका ॥४०५॥
सिंजिनी पादकटकस्तुलाकोटिस्तु नूपुरं ।
मंजीरं हंसकं स्त्रीणां चरणाभरणं स्मृतं ॥४०६॥
देवच्छंदः शतयष्टिर्द्धो माणवकः स्मृतः ।
हारो गुच्छार्धगुच्छौ च गोपुच्छश्च भवेत्क्रमात् ॥४०७॥
एकावल्येकयष्टिः स्यात्कथ्यते सा च कंठिका ।
प्रोक्ता नक्षत्रमाला च सप्तविंशतिमौक्तिका ॥४०८॥
हारामध्यस्थितं रत्नं नायकं तरलं विदुः ।
चूडामणिं च विद्वांसो वदंति शिरसि स्थितं ॥४०९॥
आहुः किरीटमुष्णीषं कोटीरं मुकुटं समं ।
राढा शोभा विभूषा स्यादभिख्या सुषमा समाः ॥४१०॥
निभालनं निशामनं निध्यानमवलोकनं ।
ईक्षणं दर्शनं दृष्टिर्द्योतनं च समं स्मृतं ॥४११॥

कटाक्षो दृष्टिविक्षेप ईषच्च हसितं स्मितं।
ह्रीर्लज्जापत्रपा व्रीडा त्रपा मंदाक्षमुच्यते ॥४१२॥
आलिंगनमुपगूहनमाकुः परिरंभणं परिष्वंगं।
आश्लेषमंकपालीं क्रोडीकरणं च तुल्यार्थं ॥४१३॥
संवेशनं निधुवनं संप्रयोगो रहो रतिः।
सुरतं मोहनं प्रोक्तं मणितं रतकूजितं ॥४१४॥
आर्या भूमिस्पृशो वैश्या ऊरव्याश्च विशः स्मृताः।
जीवनं वृत्तिराजीवो वार्त्ता चेति निगद्यते ॥४१५॥
पण्याजीवा वणिजः प्रापणिका नैगमाश्च वैदेहाः।
द्वैगुणिको वार्धुषिको वृद्ध्याजीवः कुसीदिकः प्रोक्तः ॥४१६॥
अपमित्यकमुद्धार ऋणं स्यात्पर्युदंचनं।
वृद्धिः कलांतरं प्रोक्तं कुसीदं वृद्धिजीवनं ॥४१७॥
परिवृत्तिर्विनिमयो वैमेयश्च निगद्यते।
प्रक्रयः क्रायिकं प्रोक्तं भाटको ऽवक्रयः स्मृतः ॥४१८॥
क्षेत्राजीवः कृषिकः कृषीवलः कर्षकः कुटुंबी च।
सीत्यं सस्यं प्रोक्तं वप्रं क्षेत्रं च केदारं ॥४१९॥
हलं स्याल्लांगलं सीरः फालः कुशिक उच्यते।
योक्त्रं तु रश्मिराबंधः शम्या च युगकीलकः ॥४२०॥
कथितो लोष्टको लोष्टः कोटीशं लोष्टभेदनं।
शंबाकृतं द्विसीत्यं स्यात्सीता लांगलपद्धतिः ॥४२१॥

गोदारणं च कुद्दालं लवित्रं दात्रमुच्यते।
प्रतोदः प्राजनं तोत्त्रं लूनं दातमिति स्मृतं ॥४२२॥
खलेवाली भवेन्मेठिः खलधान्यं खलं स्मृतं।
बुशः कडंगरः प्रोक्तः कणः स्यात्तुद्रतंडुलः ॥४२३॥
धान्यशूकं च किंशारुः कणिशं धान्यशीर्षकं।
नालं कांडं त्तुपो गुच्छो व्रीहिः स्तंबकरिः स्मृतः ॥४२४॥
रक्तशालिर्महाशालिः कलमाश्चेति शालयः।
उद्दालः कथितः प्राज्ञैः कोद्रवः कोरदूषकः ॥४२५॥
मंगल्यको मसूरः स्यात्सिद्धार्थः सर्षपः स्मृतः।
आसुरी राजिका चेति कथ्यते राजसर्षपः ॥४२६॥
प्रियंगुः कथ्यते कंगुरतसी स्यादुमा त्तुमा।
कलायः खंडिको ज्ञेयः सातीनश्च मनीषिभिः ॥४२७॥
जर्तिलः कथ्यते सद्भिररण्यप्रभवस्तिलः।
तिलपिंजस्तिलपेजस्तथा षंढतिलः स्मृतः ॥४२८॥
तृणधान्यं तु नीवारः श्यामाकः श्यामको भवेत्।
वल्ला निष्पावकाः प्रोक्ता आढकी तुवरी स्मृता ॥४२९॥
भृष्टं धान्यं लाजाः पृथुकाश्चिपिटाश्च कुट्टितास्ते स्युः।
भृष्टा यवास्तु धाना दरपक्का कथ्यते ऽभ्यूषः ॥४३०॥
शूद्रो ऽंत्यवर्णो वृषलः पद्यः पज्जश्च कथ्यते।
लेखकः स्याल्लिपिकरः कायस्थो ऽक्षरजीवकः ॥४३१॥

आभीरः स्यान्महाशूद्रो गोपालो वल्लवस्तथा।
त्वष्टा च काष्ठतट् तक्षा रथकारश्च वर्धकिः ॥४३२॥
नाडिंधमः कलादः सुवर्णकारश्च मुष्टिको ज्ञेयः।
वैकटिको मणिकारो ध्माकारो लोहकारः स्यात् ॥४३३॥
क्षुरमर्दी दिवाकीर्तिश्चंडिलो नापितः स्मृतः।
मालाकारस्तु विज्ञेयो मालिकः प्रातिहारिकः ॥४३४॥
कुंभकारः कुलालः स्यात्तंतुवायः कुविंदकः।
संवाहको ऽंगमर्दी स्यात्तुन्नवायश्च सौचिकः ॥४३५॥
लेपकः पलगंडः स्याद्रंगाजीवस्तु चित्रकृत्।
कर्म लेप्यादिकं सर्वं पुस्तकर्म स्मृतं बुधैः ॥४३६॥
शैलाली शैलूषः कुशीलवश्चारणः कृशाश्वी च।
जायाजीवो भरतो नटस्तथा स्यान्नटी क्षुद्रा ॥४३७॥
शिल्पिनः कारवः प्रोक्ताः प्रकृतिश्च मनीषिभिः।
निर्णेजकः स्याद्रजकः कल्पपालस्तु शौंडिकः ॥४३८॥
कैवर्तो धीवरो दासो मत्स्यबंधी च जालिकः।
आनायः कथ्यते जालं कुवेणी मत्स्यबंधनी ॥४३९॥
वैतंसिकः सौनिकः स्यात्कौटिको मांसविक्रयी।
सूना स्याद्घातनस्थानं कृपाणिली च कर्तरी ॥४४०॥
चर्मकृत्पादुकाकारो नद्ध्री वद्ध्री च कथ्यते।
मृगयुर्लुब्धको व्याधो बुधैर्वागुरिकः स्मृतः ॥४४१॥

शुल्वा रज्जुर्वराटश्च वटस्तंत्रीर्गुणः स्मृतः।
पाशः स्याद्बंधनग्रंथिर्वागुरा मृगजालिका ॥४४२॥
अंतावसायी चंडालो निषादश्च जनंगमः।
श्वपचः पक्कशश्चैव मातंगः प्लवकः स्मृतः ॥४४३॥
किराताः शबरा निष्ट्याः पुलिंदा नाहला भटाः।
माला म्लेच्छादयो भिल्लाः कथ्यंते स्वांतजातयः ॥४४४॥
रोगो रुक् व्याधिराकल्यं गदो मांद्यमपाटवं।
आम आमय आतंक उपतापो रुजा स्मृता ॥४४५॥
क्षवथुः कथ्यते कासो वेपथुः कंप उच्यते।
दवथुः परितापः स्यात् ग्लानिश्च क्लमथुः स्मृतः ॥४४६॥
राजयक्ष्मा क्षयः शोषः शोफः श्वयथुरिष्यते।
किलासं कथ्यते सिध्म पामा कच्छूः खसः स्मृतः ॥४४७॥
कंडूतिः कंडूया कंडूः कंडूयनं तथा खर्जूः।
जागर्या जागरणं प्रजागरो जागरा च विज्ञेया ॥४४८॥
पिटकः स्फोटको गंडः श्वित्रं कुष्ठं च पांडुरं।
श्लीपदं पादवल्मीकः पृष्ठग्रंथिर्गडुः स्मृतः ॥४४९॥
केशघ्नमिंद्रलुप्तं स्यादर्शश्च गुदकीलकः।
मायुः पित्तः कफः श्लेष्मा प्रतिश्यायश्च पीनसः ॥४५०॥
वातकी वातरोगी स्यात्सातिसारोऽतिसारकी।
सिध्मश्लेष्मार्शसंयोगात्सिध्मलः श्लेष्मलोऽर्शसः ॥४५१॥

दद्रुणो दद्रुरोगी स्यान्नःक्षुद्रः क्षुद्रनासिकः।
क्लिन्ने यस्याक्षिणी पिल्लश्चिल्लश्चुल्लश्च स स्मृतः॥४५२॥
पिचंडिलो बृहत्कुक्षिस्तुंदिलोदरिलौ च सः।
खलतिः शिपिविष्टः स्यादिंद्रलुप्तिक एव च॥४५३॥
अंधो ह्यनेडमूकः स्यादेडो बधिर उच्यते।
जडः कडः स्मृतो मूकः कल्लमूकस्त्ववाक्श्रुतिः॥४५४॥
खंजः पंगुस्तथा श्रोणः कुणिर्विकलपाणिकः।
तुंडिरुन्नतनाभिः स्याद्विग्रो विगतनासिकः॥४५५॥
गडुलः कथ्यते कुब्जः खर्वशाखस्तु वामनः।
पृश्निः स्वल्पशरीरः स्यात्किरातः स च कथ्यते॥४५६॥
आयुर्वेदी भिषग्वैद्यो दोषज्ञः स्याच्चिकित्सकः।
उपचर्या चिकित्सा स्यान्निदानं हेतुरुच्यते॥४५७॥
जांगुलिको विषभिषक् व्यालग्राह्याहितुंडिकः।
भैषज्यं भेषजं जायुरगदस्तंत्रमौषधं॥४५८॥
सिंधूत्थं माणिमंथं च सैंधवं लवणोत्तमं।
कृष्णोपकुल्या वैदेही मागधी पिप्पली कणा॥४५९॥
शुंठी नागरमुक्ता महौषधं विश्वभेषजं विश्वा।
मधुकं यष्टिमधु स्यादमृता वत्सादनी गुडूची च॥४६०॥
आर्द्रकं शृंगवेरं स्यादजाजी जीरकः स्मृतः।
वेल्लजं मरिचं प्रोक्तमूषणं च मनीषिभिः॥४६१॥

सौवर्चलस्तु रुचकः कुस्तुंवुरु च धान्यकं ।
त्रिकटु त्र्यूषणं व्योषं हिंगु रामठ उच्यते ॥४६२॥
हरीतक्यभया पथ्या धात्री चामलकी शिवा ।
कलिरक्षो विभीतः स्यात् त्रितयं त्रिफला स्मृता ॥४६३॥
एडगजः प्रपुनाटो दद्रुघ्नश्चक्रमर्दकः प्रोक्तः ।
शतमूलिका त्वभीरुर्निदिग्धिका कंटकारिका व्याघ्री ॥४६४॥
पुराख्यो महिषाक्षश्च गुग्गुलः स्यात्पलंकषः ।
महारजनमिच्छंति कुसुंभं च सुमेधसः ॥४६५॥
हिंगुलं हंसपादं च कुरुविंदं निगद्यते ।
सारघं माक्षिकं क्षौद्रं मधु पुष्परसस्तथा ॥४६६॥
उशीरं वीरणीमूलं ह्रीवेरं वालकं जलं ।
मुस्तकः कुरुविंदः स्याद्भद्रा च जलदाह्वयः ॥४६७॥

॥ इति श्रीभट्टहलायुधकृतायामभिधानरत्नमालायां
भूमिकांडं द्वितीयं समाप्तं ॥

वडवामुखं पातालं वैरोचननिकेतनं ।
तथाधोभुवनं प्रोक्तं नागलोको रसातलं ॥१॥
निम्नमगाधो गर्तः श्वभ्रं शुषिरं वपा बिलं विवरं ।
अंतरमवटु छिद्रं निर्व्यथनं रंध्ररोककुहरदराः ॥२॥

निरयो दुर्गतिश्चैव नरकः परिकीर्तितः।
नारका जंतवः प्रेता यात्याश्चैवातियातिकाः ॥३॥
यातना कारणा प्रोक्ता कारा बंधनमुच्यते।
आबाधा वेदना दुःखमार्त्तिः पीडा व्यथा तथा ॥४॥
वृजिनं दुरितं दुष्कृतमघमंहः किल्बिषं तमः कल्कं।
एनः कल्मषमशुभं पापं स्यात्पातकं पाप्मा ॥५॥
निधनं नाशो मृत्युर्मरणं पंचत्वमत्ययः कालः।
संस्था स्याद्दिष्टांतो निमीलनं दीर्घनिद्रा च ॥६॥
परासुरुपसंपन्नः प्रमीतः संस्थितो मृतः।
प्रेतः परेतश्च तथा कुणपः शवमुच्यते ॥७॥
कबंधः कथ्यते रुंडः क्षतमीर्मंमरुर्व्रणः।
असृग्धराजिनं चर्म कृत्तिस्त्वक् परिकीर्तिता ॥८॥
पललं जांगलं मांसं पलं पिशितमामिषं।
क्रव्यं तरसमेकार्थं विस्रं स्यादामगंधिकं ॥९॥
क्षतजं लोहितमस्रं रुधिरमसृक् शोणितं च रक्तं स्यात्।
अस्थीनि धातुकीकसकुल्यानि भवंति तुल्यानि ॥१०॥
शरीरस्यास्थि कंकालं तथा स्यादस्थिपंजरं।
शिरसो ऽस्थि करोटिः स्यात्कपालं शकलं च तत् ॥११॥
शाखास्थि नलकं प्रोक्तं पृष्ठस्यास्थि कसेरु च।
कंडरा स्यान्महास्नायुः स्नसा स्नायुः शिरा स्मृता ॥१२॥

मस्तिष्कं मस्तकस्नेहो वपा मेदो वसा स्मृता।
अंत्रं पुरीतत्कथितं कालखंडं यकृन्मतं ॥१३॥
बुक्कं स्याद्‌ग्रमांसं च तिलकं क्लोम कथ्यते।
कृमिः कीटस्तु नीलंगुः पुलकश्च समः स्मृतः ॥१४॥
उच्यते वर्च उच्चारो वर्चस्को ऽवस्करः शकृत्।
गूथं कीटं च विट् विष्ठा पुरीषं शमलं मलं ॥१५॥
शुक्रं वीर्यं बलं बीजमिंद्रियं रेत उच्यते।
श्मशानं स्यात्पितृवनं चिता चित्या च कथ्यते ॥१६॥
क्रंदितं रुदितं प्रोक्तं विलापः परिदेवनं।
अपस्नानं मृतस्नानं निवापः पितृतर्पणं ॥१७॥
विषधरदंदशूकपवनाशनसर्पसरीसृपोरगव्याल-
भुजगभुजंगकुंभीनसपन्नगनागभोगिनः।
अहिफणभृत्पृदाकुकाकोदरकंचुकिचक्रिगूढपा-
त् द्विरसनकाद्रवेयदर्वीकाद्दक्श्रुतयो भुजंगमाः ॥१८॥
आशीविषो दीर्घपृष्ठः कुंडली जिह्मगः स्मृतः।
फणः फणा फटा प्रोक्ता विषं स्याद्गरलं गरः ॥१९॥
अहेः शरीरं भोगः स्यादाशीर्दंष्ट्राभिधीयते।
भवेत्तिलित्सो गोनासो वाहसो ऽजगरः शयुः ॥२०॥
अलगर्दो जलव्यालो राजिलो डुंडुभः स्मृतः।
अहीरणी स्यात् द्विमुखो राजसर्पश्च सर्पभुक् ॥२१॥

निर्ल्वयनी निर्मोकः कंचुक उक्ता भुजंगमुक्ता त्वक्।
वम्रीकूटं नाकुर्वल्मीको वामलूरश्च ॥२२॥
उपजिह्वोपदीका च वम्री स्यादुपदेहिका।
अलं वृश्चिकलांगूलं द्रुत आलिश्च वृश्चिकः ॥२३॥
ब्रह्मपुत्रः शौल्किकेयो दारदश्च प्रदीपनः।
रसः सौराष्ट्रिकः क्ष्वेडस्तीक्ष्णश्च विषमुच्यते ॥२४॥
शृंगिको वत्सनाभश्च कालकूटो हलाहलः।
काकोलो विस्फुलिंगश्च तद्भेदाः स्युरनेकधा ॥२५॥
आपस्तोयं घनरसपयः पुष्करं मेघपुष्पं
कं पानीयं सलिलमुदकं वारि वाः शंबरं च।
अर्णः पाथः कुशजलवनं क्षीरमंभो ऽंबु नीरं
प्रोक्तं प्राज्ञैर्भुवनममृतं जीवनीयं दकं च ॥२६॥
अतलस्पर्शमगाधं गंभीरं स्याद्गभीरमस्थागं।
नावा तार्यं नाव्यं द्राग्भृतकं तत्क्षणोद्धृतं तोयं ॥२७॥
प्रालेयमवश्यायस्तुहिनं शिशिरं हिमं तुषारं च।
मिहिका स्यान्नीहारो हिमसंघातो हिमानी च ॥२८॥
रोमांचः पुलकः स्यात्कंटकमुद्धुषणमुल्लकसनं च।
रोमोद्गमरोमविकाररोमहर्षाः समानार्थाः ॥२९॥
रत्नाकरः सरस्वानुदधिरुदन्वान्सरित्पतिरकूपारः।
पारावारस्तोयनिधिरर्णवजलराशिसागरसमुद्राः ॥३०॥

वीची भंगस्तरंगः स्यात्तन्महत्त्वे च कथ्यते ॥
ऊर्मिरुत्कलिकोल्लोलः कल्लोलो लहरी तथा ॥३१॥
मर्यादा कूलदेशो ऽस्य वेला वृद्धिश्च वारिणः ।
वेलावनं तु विज्ञेयमुपकंठे ऽस्य पत्तनं ॥३२॥
सांयात्रिकः पोतवणिक् पोतः प्रवहणं स्मृतं ।
कूपको गुणवृक्षः स्यान्नियामः कर्णधारकः ॥३३॥
अंतर्जलचरं सत्त्वं क्रूरं यादो ऽभिधीयते ।
अवहारः स्मृतो ग्राहः कुंभीरो नक्र उच्यते ।
कच्छपः कमठः कूर्मस्तद्भार्या च डुली स्मृता ॥३४॥
वैसारिणो विसारः पृथुरोमा जलचरो झषो मत्स्यः ।
तिमिरनिमिषश्च मीनः शकली शल्की च विज्ञेयः ॥३५॥
सहस्रदंष्ट्रः पाठीनः प्रोष्ठी च शफरी स्मृता ।
नलमीनाश्चिलिचिमः कुलीरः कर्कटो मतः ॥३६॥
शालः शकुलः कुलिशो राजीवो रोहितश्च पल्लवकः ।
शृंगीमद्गुरवागुसनंद्यावर्तादयो महामत्स्याः ॥३७॥
मत्स्यविशेषो मकरः करिमकरो भवति तद्विशेषस्तु ।
चीरिल्लितिमितिमिंगिलगिलादयो महामत्स्याः ॥३८॥
क्षुद्रांडो मत्स्यसंघातः पोताधानं च कथ्यते ।
गंडूपदः किंचुलको जलौकाः स्युर्जलौकसः ॥३९॥
मंडूकः प्लवको भेकः शालूरो दर्दुरो हरिः ।

प्लवंगमः प्लवगः स्याद्दर्षाभूस्तद्वधूः स्मृता ॥४०॥
यावंतो दृश्यंते नरकरितुरगादयः स्थले जीवाः।
तावंतः सलिलेऽप्यपि जलपूर्वास्ते तु विज्ञेयाः ॥४१॥
उक्ता मुक्ता मौक्तिकं शौक्तिकेयं
मुक्तास्फोटः शुक्तिराख्यायते च।
कंबुः शंखः क्षुल्लकाः क्षुद्रशंखाः
शंबूकास्ते स्युः कपर्दो वराटः। ४२॥
सिंधुः स्रवंती तटिनी तरंगिणी
नदी धुनी निर्झरिणी च निम्नगा।
कूलंकषा शैवलिनी सरस्वती
समुद्रकांता ह्रदिनी तथापगा ॥४३॥
स्रोतः स्रोतस्विनी कर्षूः कुल्या द्वीपवती सरित्।
रोधोवप्रस्तु विज्ञेयो भिद्य उद्यो नदः स्मृतः ॥४४॥
तीरं कूलं तटं कच्छः प्रपातो रोध उच्यते।
अर्वाक्कूलमपारं स्यात्परं पारमिति स्मृतं ॥४५॥
पात्रं तु कूलयोर्मध्यमावर्तः पयसां भ्रमः।
पूरः स्यादंभसो वृद्धिः फेनो डिंडीर उच्यते ॥४६॥
ओघः प्रवाहो वेणी च धारा स्रोतो रयः स्मृतः।
संभेदः संगमो नद्योः संवेशश्च निगद्यते ॥४७॥
सैकतं पुलिनं द्वीपं सिकता वालुका स्मृता।

मध्ये द्वीपमंतरीपं ह्रदस्तोयाशयो मतः ॥४८॥
चक्राणि पुटभेदाः स्युः सेतुर्वरण उच्यते।
आतरस्तरपण्यं च तल्यं स्यादुडुपः प्लवः ॥४९॥
तरीनौर्भिगिनी बेडा नौदंडः क्षेपणी स्मृता।
अरित्रं कोटिपात्रं स्यात्पुलिंदो मंग उच्यते ॥५०॥
भागीरथी सुरसरिद्विष्णुपदी जाह्नवी तथा गंगा।
मंदाकिनी त्रिपथगा सरिद्वरा त्रिदशदीर्घिका प्रोक्ता ॥५१॥
गोदावरी च गोदा कालिंदी दिनकरात्मजा यमुना।
शोणो हिरण्यबाहुर्मेकलकन्या च नर्मदा रेवा ॥५२॥
वेशंतः पल्वलं तल्लं कासारः सरसी सरः।
आखातो देवखातः स्यात्खाता पुष्करिणी भवेत् ॥५३॥
आधारश्च तडागं स्याद्दाली पाली च कथ्यते।
परिखा दीर्घिका प्रोक्ता खाता या परितः पुरं ॥५४॥
परीवाहो जलोच्छ्वास उत्सः प्रस्रवणं स्मृतं।
विप्रुषो विंदवः प्रोक्ताः पृषतः पृषतास्तथा ॥५५॥
पिच्छिलं स्याद्विजपिलं पंकः शादो निषद्वरः।
जंबालः कर्दमः प्रोक्तो बुधैरिचिक्किलस्तथा ॥५६॥
सहस्रपत्त्रं शतपत्त्रमंबुजं कुशेशयं तामरसं सरोरुहं।
विसप्रसूनं कमलं महोत्पलं सरोजमब्जं नलिनं च पुष्करं ॥५७॥
राजीवमरविंदं च पद्मं पंकजमिष्यते।

रक्तं कोकनदं प्रोक्तं पुंडरीकं सिताम्बुजं ॥५८॥
सौगंधिकं च कह्लारं स्यादिंदीवरमुत्पलं ।
नीलोत्पलं कुवलयं कैरवं कुमुदं विदुः ॥५९॥
कर्णिका बीजकोशः स्यात्किंजल्कं केसरं स्मृतं ।
मृणालं स्याद्बिसं कंदो बिसिनी नलिनी भवेत् ॥६०॥
कुमुद्वती कुमुदिनी बुधैः कैरविणी स्मृता ।
शेवालं शैवलं प्रोक्तं जलशूकं च नीलिका ॥६१॥
अंधुः कूपः प्रधिर्नेमिस्त्रुरी चुंडी च चूतकः ।
निपानमुदपानं च वाप्यालवालश्च कथ्यते ॥६२॥
उद्घाटकं घटीयंत्रं पादावर्तो ऽरघट्टकः ।
पानं तु सारणिः प्रोक्ता प्रणाली जलपद्धतिः ॥६३॥

॥ इति श्रीभट्टहलायुधकृतायामभिधानरत्नमालायां
पातालकांडं तृतीयं समाप्तं ॥

निकरनिकायनिवहविसरव्रजपुंजसमूहसंचयाः
समुदयसार्थयूथनिकुरंबकदंबकपूगराशयः ।
चयसमवायवृंदसंदोहसमाजवितानसंहति-
प्रकरघनौघसंघसंघातव्रातकुलोत्कराः स्मृताः ॥१॥
पटलं पेटकं चक्रं चक्रवालं च मंडलं ।

जालं व्रातं तथा व्यूहवारस्तोमाश्च ते स्मृताः ॥२॥
सूक्ष्मलेशलवश्लक्ष्णाणुदभ्रकणाणवः ।
किंचिन्मात्रतनुस्तोकह्रस्वाल्पत्रुटयः समाः ॥३॥

प्राग्र्यं प्राग्रहरं प्रवेकमपरं वर्यं वरेण्यं वरं
श्रेष्ठं प्रेष्ठमनुत्तमं च मधुरं मंजु प्रियं मंजुलं ।
हृद्यं हारि मनोहरं च रुचिरं कांतं परं सुंदरं
सौम्यं साधु च वल्गु चारु सुषमं वामं शुभं पेशलं ॥४॥

अग्र्यं प्रधानं प्रमुखं पुरोगं मुख्यं परार्ध्यं प्रवरं प्रवर्हं ।
अग्रेसरं सत्तममुत्तमं च ग्रामण्यमग्रण्यमुदाहरंति ॥५॥

शंका वितर्कः संदेहः संशयारेकविभ्रमाः ।
विचिकित्सा विकल्पश्च भ्रांतिरेकार्थवाचकाः ॥६॥

समीपं सनीडं समर्यादमारा-
त्सदेशं सवेशं ससीमोपकंठं ।
तथाभ्यर्णमभ्यग्रमभ्याशमाहु-
र्बुधाः संनिधानांतिके संनिकृष्टं ॥७॥

आसन्नं सविधं पार्श्वमुपांतमपदांतरं ।
विप्रकृष्टं परं दूरमाराद्व्यवहितं स्मृतं ॥८॥

सदृक् समानः सदृशः सदृक्षः प्रख्यः प्रकाशः प्रतिमः प्रकारः ।
तुल्यः समः संनिभ इत्यभिन्नाः शब्दाः प्रयोगेषु गवेषणीयाः ॥९॥

लोलं चपलं चटुलं प्रचलं तरलं परिप्लवमधीरं ।

पारिप्लवं च धीराश्चलाचलं चंचलं च कथयंति ॥२०॥
वक्रं वृजिनं भंगुरमाविद्धं वेल्लितं नतं जिह्मं।
भुग्नमरालं कुटिलं व्याकुंचितमूर्मिमत्काथितं ॥२१॥
द्राक् चपलं लघु मंक्षु स्राक् तूर्णं त्वरितमाशु शीघ्रमरं।
अह्नाय सत्वरं च क्षिप्रं द्रुतमंजसा काटिति ॥२२॥
सततं संततमनिशं नित्यमजस्रं च शश्वदश्रांतं।
अविरतमनवरतं स्यादेकार्थमनारतमसक्तं ॥२३॥
वृहद्गुरु गुरु विस्तीर्णं पुरु पृथु पृथुलं महद्विशालं च।
व्यूढं विपुलं रुंद्रं वारिष्ठमेकार्थमुद्दिष्टं ॥२४॥
युग्मं युगं च युगलं द्वंद्वं द्वितयं यमं यमलं।
स्त्रीपुंसयोस्तु युग्मं मिथुनं परिकथ्यते सद्भिः ॥२५॥
प्राज्यं भूरि प्रभूतं च प्रचुरं बहुलं बहु।
पुरुहं पुष्कलं पुष्टमदभ्रमभिधीयते ॥२६॥
आचितं निचितं व्याप्तं छन्नं कीर्णं च संकुलं।
आकुलं भरितं पूर्णं नातिनानार्थवाचकाः ॥२७॥
प्रत्याख्यातं प्रतिक्षिप्तं प्रत्यादिष्टं निराकृतं।
निरस्तमपविद्धं च प्राज्ञाः परिहृतं विदुः ॥२८॥
अत्याकारः परिभवो निकारश्च पराभवः।
अनादरश्चाभिभवस्तिरस्कारश्च कथ्यते ॥२९॥
घोरं प्रतिभयं भीमं दारुणं स्याद्भयानकं।

आभीलं भीषणं भीष्मं भैरवं च भयावहं ॥२०॥
सख्यं साप्तपदीनं सौहार्दं सौहृदं तथा स्नेहः।
मैत्री प्रीतिरजर्यं सभाजनं संगतं प्रोक्तं ॥२१॥
आदिरग्रं पुरा पूर्वं प्रथमं प्राक् पुरः स्मृतं।
उपज्ञोपक्रमारंभौ पश्चाच्च चरमं भवेत् ॥२२॥
रहः प्रच्छन्नमेकांतं निःशलाकमुपह्वरं।
उपांशु विजनं प्रोक्तं रहस्यं गुह्यमुच्यते ॥२३॥
कैतवं कपटं कूटं व्याजश्छद्मोपधिश्छलं।
मिषं निभं च निर्दिष्टं व्यपदेशश्च सूरिभिः ॥२४॥
इच्छा वांछा स्पृहा कांक्षा कामनेप्सा रुचिस्तथा।
आशंसा चेति तुल्यार्था निश्चितं नियतं स्मृतं ॥२५॥
जीर्णं जरत्पुराणं प्रत्नं प्रतनं पुरातनं प्रोक्तं।
नव्यं नवं नवीनं स्यान्नूतनमभिनवं नूत्नं ॥२६॥
निवृतं वेष्टितमुक्तं परिवृत्तं वलयितं परिक्षिप्तं।
आवर्हितमुन्मूलितमुत्पाटितमुद्धृतं च समं ॥२७॥
कृत्स्नं समग्रं सकलं समस्तं सर्वं च विश्वं निखिलाखिले च।
खंडार्धनेमाः शकलं च भित्तं सामील्यसंपूर्णसमानसंज्ञाः ॥२८॥
अवकीर्णमवध्वस्तं त्यक्तमुत्सृष्टमुज्झितं।
अनादृतमवज्ञातमपहस्तितमिष्यते ॥२९॥
आगूः संगरसंधाप्रतिश्रवाः संश्रवः प्रतिज्ञा च।

हेला स्यादवहेलं रीढावज्ञावलीढा च ॥३०॥
मूलीकर्म प्रोक्तं संवननं कार्मणं वशीकरणं।
विप्रतिसारो ऽनुशयः पश्चात्तापो ऽनुतापः स्यात् ॥३१॥
क्षामं शातं कृशं क्षीणं पेलवं तलिनं तनु।
निरंतरं घनं सांद्रं बहुलं विरलेतरं ॥३२॥
निबिडं निविरीशं च दृढं गाढं प्रचक्षते।
कामं प्रकामं पर्याप्तं नितांतं भृशमुच्यते ॥३३॥
अत्यर्थमतिमर्यादमतिवेलं च कथ्यते।
व्यवधानं तिरोधानमंतर्धिरपवारणं ॥३४॥
परस्परं मिथः प्रोक्तमन्योन्यमितरेतरं।
कौतूहलं विनोदः स्यात्कौतुकं च कुतूहलं ॥३५॥
आली श्रेण्यावली पंक्तिर्वीथी राजी च कथ्यते।
क्षौरं च भद्राकरणं मुंडनं वपनं स्मृतं ॥३६॥
दर्पो मदो ऽवलेपो मानो गर्वो भवेदहंकारः।
आवेशः संवेगः संरंभः संभ्रमस्तथाटोपः ॥३७॥
प्राणः स्थाम बलं द्युम्नमोजः शुष्म तरः सहः।
प्रतापः पौरुषं तेजो विक्रमः स्यात्पराक्रमः ॥३८॥
अनुक्रोशः कृपा शूकं दया च करुणा घृणा।
प्रतिक्षणमभीक्ष्णं च भूयः स्यादसकृन्मुहुः ॥३९॥
आतंको भयमाशंका दरस्त्रासश्च साध्वसं।

मर्षः क्षमा तितिक्षा च क्षांतिरुक्ता सहिष्णुता ॥४०॥
वैणवो लगुडो रंभो दंडो यष्टिश्च कथ्यते।
गतिर्वीखा विहारः स्यात्परिसर्पः परिक्रमः ॥४१॥
आणिरश्रिस्तथा कोटिरस्रः कोणश्च कथ्यते।
कश्मलं मलिनं म्लानं मलीमसमुदाहृतं ॥४२॥
भृतिर्भृत्या च कर्मण्या वेता मूल्यं च वेतनं।
लिपिरालेख्यलेखा स्याल्लिपिर्लेखाक्षरस्य च ॥४३॥
कल्पनं कर्तनं प्रोक्तं वर्धनं छेदनं तथा।
व्यत्ययः स्याद्विपर्यासो वैपरीत्यं विपर्ययः ॥४४॥
अपह्नवो ऽपलापः स्यादपज्ञानमपात्ययः।
ग्रंथनं ग्रथनं गुंफः संदर्भो रचना स्मृता ॥४५॥
उद्वर्तनमुत्सादनमाकुः सोत्प्रासहसितमुपहसितं।
उत्पिंजलमाकुलकं स्यादनुपदमन्वगन्वक्षं ॥४६॥
गौरः श्वेतः सितः शुभ्रो वलक्षो धवलो ऽर्जुनः।
हरिणः पांडुरः पांडुरवदातश्च पांडरः ॥४७॥
अरुणः शोणो रक्तो मांजिष्ठः पाटलस्तथा ताम्रः।
लोहित इत्येकार्थाः कविभिः शब्दाः प्रयुज्यंते ॥४८॥
असितं शिति कृष्णं च कालं नीलं च मेचकं।
श्यामं तु श्यामलं रामं पालाशं हरितं हरित् ॥४९॥
हरिः कद्रुः कडारश्च पिंगलः परिकीर्तितः।

पीतं हारिद्रमाख्यातं श्यावं तु कपिशं स्मृतं ॥५०॥
पिंगः पिशंग इत्युक्तो बभ्रुः कपिलः पिंगलः।
सारंगः शबलो वर्णः कल्माषः कृष्णपांडुरः ॥५१॥
पिंजरः पीतरक्तः स्याड्डूसरः स्तोकपांडुरः।
रक्तश्यामो भवेड्डूम्रो धूमलः स च कथ्यते ॥५२॥
श्येनी कुमुदपत्राभा शुकाभा हरिणी स्मृता।
जपाकुसुमसंकाशा लोहिनी परिकीर्तिता ॥५३॥
परिपाट्यानुपूर्वी स्यादुपशायो ऽनुपात्ययः।
अनुक्रमश्च पर्यायो विशायः परिकीर्तितः ॥५४॥
ईर्ष्या स्यात्कुहना दंभो मिथ्याचर्या च कुक्कुटिः।
कुसृतिर्निकृतिर्माया शांबरी पथकल्पना ॥५५॥
चित्रकिर्मीरकल्माषशबलोन्मिश्रकर्बुराः।
कारंबः कवरः शारः संपृक्तः खचितः समाः ॥५६॥
आयल्लकमुत्कंठा स्यादुत्कालिकारतिश्च रणरणकं।
औत्सुक्यं हृल्लेखो विरहवियोगौ च तुल्यार्थौ ॥५७॥
प्रतिकूलं प्रतिलोमं प्रतीपमुक्तं प्रसव्यमेकार्थं।
अपवारितं च पिहितं संवीतं संवृतं स्थगितं ॥५८॥
आरुः प्रतीकमवयवमपघनमंगं तथैकदेशं च।
उल्वणमुद्धतमुद्भटमुत्कटमिति नातिनानार्थाः ॥५९॥
समाजः संसदास्थानी सभा स्यात्परिषत्सदः।

चित्रमद्भुतमाश्चर्यं विस्मयश्चोच्यमुच्यते ॥६०॥
प्रेंखोलितं तरलितं प्रेंखितं लुलितं स्मृतं।
युक्तं स्यादुचितं न्याय्यं प्राप्तमौपयिकं तथा ॥६१॥
आहितं निहितं न्यस्तमारोपितमिति स्मृतं।
बद्धं पिनद्धमामुक्तमपिनद्धं च कथ्यते ॥६२॥
वंचनं चातिसंधानं व्यलीकं स्यात्प्रतारणं।
विप्रलंभो विसंवादो विप्रलापश्च कीर्तितः ॥६३॥
व्यलीकमपराधः स्यादागो मंतुश्च विप्रियं।
प्रणतिः स्यादनुनयः प्रणिपातश्च सांत्वनं ॥६४॥
उद्घात उक्तः प्रस्तावो वारश्चावसरः क्षणः।
वदंत्युपनतं प्राप्तमुपसन्नमुपस्थितं ॥६५॥
प्रांशूच्चमुन्नतं तुंगमुदग्रं दीर्घमायतं।
अयंत्रितं स्यादुद्दाममुच्छृंखलमनर्गलं ॥६६॥
विशदं प्रकटं स्पष्टं प्रकाशं स्फुटमिष्यते।
तत्क्षणैकपदे तुल्ये सद्यः सपदि च स्मृते ॥६७॥
विशंकटं विशालं स्यात्करालं विकटं तथा।
निस्तालं वर्तुलं वृत्तं स्थपुटं विषमोन्नतं ॥६८॥
अवगाहो जलद्रोणी निर्वेदः खेद उच्यते।
प्रमादोऽनवधानं स्यादत्याधानमतिक्रमः ॥६९॥
निर्वेश उपभोगः स्यादाभोगः परिपूर्णता।

अवगीतं मुहुर्दृष्टमुपलब्धं च यद्भवेत् ॥७०॥
वामं सव्यं विदुः प्राज्ञा अपसव्यं च दक्षिणं।
प्रतिकूलानुकूलार्थे अपटु लवपंटु च ॥७१॥
विपरीतं पराचीनमपाचीनं पराङ्मुखं।
स्मृतं कौसीद्यमालस्यमुपधा तु परीक्षणं ॥७२॥
विवधो वीवधो भारः पर्याहारश्च कथ्यते।
काचं शिक्यमिति प्रोक्तं भारयष्टिर्विहंगिका ॥७३॥
सौष्ठवं स्यादवष्टंभो हठः प्रसभमुच्यते।
प्रग्रहो ग्रहको वंदी पणो ऽक्षेषु ग्लहः स्मृतः ॥७४॥
प्रायः स्याद्भोजनत्यागः संन्यासो ऽनशनं स्मृतं।
मोघं मुधाफलं बंध्यं नतं नम्रं च बंधुरं ॥७५॥
स्मृतं वणिज्यं वाणिज्यं वणिज्या च समं त्रयं।
युद्धार्थे द्वे प्रयुज्येते दौर्मथ्यं च करीरकं ॥७६॥
आकूतं स्यादभिप्रायो व्याकृतिर्भंगिरुच्यते।
स्थंडिलं संस्कृता भूमिरयनं स्थानमुच्यते ॥७७॥
प्रत्ययमुक्तं सद्यस्कमुपाग्रमुपसर्जनं।
दोला प्रेंखोलनं प्रेंखा उत्सवः स्यान्महः क्षणः ॥७८॥
गवलं माहिषं शृंगं दृतिश्चर्मप्रसेवकः।
समुद्गः संपुटो ज्ञेयो वडिशं मत्स्यबंधनं ॥७९॥
कृते प्रतिकृतं प्राज्ञैः प्रतिनिर्यातनं स्मृतं।

सपत्नाकरणं प्रोक्तं यत्परस्यातिपीडनं ॥८०॥
समासः स्यात्समाहारः संक्षेपः संग्रहस्तथा।
व्यासः प्रपंचो विस्तारः स च शब्दस्य विस्तरः॥८१॥
उन्नं क्लिन्नं स्मृतं नुन्नं क्षिप्तं तुन्नं च पीडितं।
पन्नं तु पतितं प्रोक्तं सन्नं शांतं च सूरिभिः॥८२॥
न्यंचितं स्यादधः क्षिप्तं क्षिप्तमूर्ध्वमुदंचितं।
काचितं सञ्जितं प्रोक्तं स्रपितं गुंडितं स्मृतं॥८३॥
विष्कंभः प्रतिबंधो विस्रंभः कथ्यते च विश्वासः।
संमर्दः स्यात्परिमल उपमर्दो विप्रकारः स्यात्॥८४॥
उपाधिर्धर्मचिंता स्यान्निःशोध्यमनवस्करः।
कुप्रियं तु जघन्यं स्यान्निःशेषं न्यक्षमिष्यते॥८५॥
अपकारो भवेद्द्रोहो दोष आदीनवो मतः।
कषायं तुवरं प्रोक्तं सुरुंगा संधिरुच्यते॥८६॥
असौम्यं यद्भवेचक्षुरचक्षुस्तत्प्रचक्षते।
अवहित्थं च शब्दज्ञा आकारस्य निगूहनं।८७॥
संस्तवः स्यात्परिचयः प्रसादः प्रणयः स्मृतः।
प्रवारणं महादानं संकल्पः कर्ममानसं॥८८॥
अनायासार्थकं फाण्टमंतर्गडु निरर्थकं।
स्वाच्छंद्यं निर्निमित्तं च यदृच्छेत्यभिधीयते॥८९॥
आद्यमादिममंत्यं स्याद्‌तिमं चाग्र्यमग्रिमं।

मध्यमं मध्यमीयं च मध्यंदिनमुदाहृतं ॥९०॥
नमस्या वंदना प्रोक्ता तपस्या नियमस्थितिः।
परिव्रज्या व्रतादानं व्रज्याख्या च गतिः स्मृता ॥९१॥
रिक्तं तुच्छमसारं तु फल्गु व्युष्टिः फलं स्मृतं।
कलिलं गहनं प्रोक्तं श्लथं शिथिलमुच्यते ॥९२॥
स्वतंत्रवृत्तिर्व्युत्थानमभ्युत्थानं च गौरवं।
संस्थानं संनिवेशः स्यादास्थानं नृपतेः सभा ॥९३॥
संकथान्योन्यसंगीतिः प्रतिपत्तिः प्रगल्भता।
उच्यत ऊर्ज उत्साहो भृकुटिर्भ्रुकुटिस्तथा ॥९४॥
उपतापो भवेद्भेदः साम सान्त्वमिति स्मृतं।
तथेति प्रत्ययः श्रद्धा संस्कारो वासना स्मृता ॥९५॥
स्मृतमास्थितमाक्रीतं प्रतीष्टं पतदाहृतं।
प्रच्छादितं स्यात्संवीतं प्रशस्तं संस्कृतं स्मृतं ॥९६॥
उन्माथः कूटयंत्रं स्यादवपातो ऽवटः स्मृतः।
धर्मः स्वभाव आत्मा स्यादवेक्षा प्रतिजागरः ॥९७॥
स्मृतं परुषमस्निग्धमाचारातिक्रमः क्रिया।
उद्दंडमप्रलंबं स्यान्माढिः पत्त्रशिरा स्मृता ॥९८॥
अहमहमिका तु सा स्याद्यत्क्रियते स्पर्धयाधिकं किंचित्।
यत्र वृथाभिनिवेशस्तामाहोपुरुषिकां विदुः प्राज्ञाः ॥९९॥
सिंहनादो भवेत् क्ष्वेडा गंडूषो मुखपूरणं।

प्रभावता वदंत्यार्याः प्रभुता प्रभाविष्णुता ॥१००॥
परभागो गुणोत्कर्षः स्पर्धा संहर्ष उच्यते ।
आयामः स्मृत आनाहः परिणाहो विशालता ॥१०१॥

॥ इति श्रीभट्टहलायुधकृतायामभिधानरत्नमालायां
सामान्यकांडं चतुर्थं समाप्तं ॥

एको ऽर्थो बहुभिः शब्दैः कथितः कथ्यते ऽधुना ।
एकस्यैव तु शब्दस्य बहुष्वर्थेषु वर्तनं ॥१॥
रुद्रे ऽपि खंडपरशुर्वैश्रवणे ऽप्येककुंडलः प्रोक्तः ।
द्वारे ऽपि प्रतिहारः प्राकाराग्रे ऽपि कपिशीर्षं ॥२॥
पर्याप्ते ऽपि कृतं स्यादाहवनीयादिषु त्रिषु त्रेता ।
संदेहे ऽपि द्वापरमाहुः कलहे ऽपि कलिशब्दं ॥३॥
सेनायामपि कटकं प्राणिद्यूतं वदंति युद्धे ऽपि ।
रत्तस्यपि पुण्यजनं मृद्भांडे ऽप्युष्ट्रिकामार्याः ॥४॥
श्वेतं रजते ऽप्युक्तं रजतं हारे शरे ऽपि किंशारुः ।
दंभे ऽपि गह्वरं स्यादुपह्वरं संनिधाने ऽपि ॥५॥
नयनच्छदे ऽपि वर्त्म प्रतिग्रहः सैन्यपृष्ठभागे ऽपि ।
श्लेष्मण्यपि खेटः स्याज्जामिः कुलबालिकायां च ॥६॥
गंधो लेशे ऽप्युक्तः करुणाप्रतिपादने तपस्वी च ।

मणिबंधकनिष्ठकयोर्मध्यविभागे ऽपि करभः स्यात् ॥७॥
चिंतायामपि चर्चा जगती राजप्रधानलोके ऽपि।
चतुरंगनारजस्यपि विकटं श्रेष्ठे ऽपि निर्दिष्टं ॥८॥
कवचे ऽपि वारवाणं जीमूतं पर्वते ऽपि कथयंति।
व्यूहं रचनायामपि दार्वाघाटे ऽपि शतपत्रं ॥९॥
करणं काये ऽपि स्यादुष्णीषो मूर्धवेष्टने ऽप्युक्तः।
मात्रा परिच्छदे ऽपि चुद्रः क्रूरे श्रुतौ निगमः ॥१०॥
वृजिनः केशे ऽप्युक्तः स्थाणुः कीले ऽपि कुंजरे नागः।
गंजो भांडागारे गोमुखमुपलेपने ऽपि स्यात् ॥११॥
तेजस्यपि धाम स्यादाधारे ऽप्याशयो घटा गोष्ठ्यां।
कुल्या कुलस्त्रियामपि तारो मुक्तागुणे ऽप्युक्तः ॥१२॥
कर्मविपाके ऽपि दशागती स्मृते कानने ऽपि दवदावौ।
चूडाशिखे शिरस्यपि हस्तिन्यां धेनुकागणिके ॥१३॥
प्रतिपत्प्रतिपत्तावपि शादः शष्पे घृणा जुगुप्सायां।
उत्तालमुन्नते ऽपि श्रेष्ठे ऽपि निगद्यते सुरभिः ॥१४॥
संवर्तः परिवर्तश्च क्षयने कथ्यते ऽंबरे नाकः।
परिमाणे ऽपि प्रस्थः सर्वात्मनि सर्वसंनाहः ॥१५॥
पत्न्यामपि द्वितीया दर्भे ऽपि पवित्रमत्र धिरवटे ऽपि।
प्रकृतावपि प्रधानं विवक्षितं शोभने ऽपि स्यात् ॥१६॥
अतिमात्रे ऽप्यतिवेलं काये ऽप्युत्सेध इष्यते सद्भिः।

पृष्ठास्थन्यपि वंशः कदली करिवैजयंत्यां च ॥१७॥
जालं कपटे ऽप्युक्तं कपालमुक्तं घटादिशकले ऽपि।
रिष्टं पापाशुभयोररिष्टमशुभे ऽपि निर्दिष्टं ॥१८॥
व्यासे ऽपि विग्रहः स्यान्मानविशेषे ऽपि पौरुषव्यामौ।
हेला प्रस्तावे ऽपि प्रग्रह आबंधने ऽप्युक्तः ॥१९॥
कुंजरकरे ऽपि शुंडा यात्रा शैले भवश्च संसारे।
बाले ऽपि बालिशः स्यात्कलधौतं शातकुंभे ऽपि ॥२०॥
शाखायामपि परिधिर्वसतिर्जिनाश्रमे ऽपि निर्दिष्टा।
अन्वेषणे ऽपि मार्गो भद्रो वृषभे वके धात्तः ॥२१॥
मणिदोषे ऽपि त्रासो वत्सः संवत्सरे ऽपि निर्दिष्टः।
वामः प्रतिकूले ऽपि प्रोक्तौ शुक्ले ऽपि शुचिरामौ ॥२२॥
श्वस्तनदिने ऽपि कल्यं नेत्रं मूले रजस्यपि परागः।
भ्रूणो गर्भिण्यामपि भूतिर्विभवे बलः काके ॥२३॥
गिरिसानुन्यपि वप्रं तल्पं दारेषु चक्षुषि ज्योतिः।
चौर्यादावपि हिंसा प्रसरः प्रणये ऽपि निर्दिष्टः ॥२४॥
संघाते ऽपि ग्रामो भूतेंद्रियशब्दविषयकरणानां।
षंडश्च पादपानां स्कंधः करिनरतुरंगानां ॥२५॥
नंद्यावर्तः सरलः शालः काको धवो ऽंजनस्तिलकः।
पद्मस्यंदनमोचा वृक्षविशेषे ऽपि दृश्यंते ॥२६॥
कटुतिक्तकषायास्तु सौरभ्ये ऽपि प्रकीर्तिताः।

शोभार्थे ऽपि प्रयुज्यंते लक्ष्मीश्रीकांतिविभ्रमाः ॥२७॥
आर्यः स्यात्सौविदल्ले ऽपि त्रीह्वावप्यणुरिष्यते।
चंडाले ऽपि दिवाकीर्तिर्विवस्वान्देवतास्वपि ॥२८॥
स्नेहे ऽप्यपह्नवः प्रोक्तो द्वेषे ऽप्यनुशयः स्मृतः।
सुरते ऽपि व्यवायः स्यान्निगमश्च क्रतावपि॥२९॥
दुर्गमार्गे ऽपि कांतारं गुह्यवाय्यां च निष्कुटः।
रूपे मृगे ऽपि विज्ञेयं बभ्रुः स्यान्नकुले ऽपि च ॥३०॥
अंतर्दर्ह्ले ऽपि कोष्ठः स्याच्चत्वरं प्रांगणे ऽपि च।
दुश्चर्मण्यपि निर्दिष्टः शिपिविष्टो मनीषिभिः ॥३१॥
संस्तरः प्रस्तरे ऽप्युक्तो व्हनौ कुंज्ञो रणे स्वशः।
गर्जन्मेघे ऽपि पर्जन्यः संधा स्याद्व्यवस्थावपि ॥३२॥
व्यवस्थायां च संस्था स्यात्संवित्तावपि वेदना।
यात्रा स्यादनुवृत्तौ च संज्ञायां च समाह्वयः ॥३३॥
क्लीवो विक्रमहीने ऽपि समये ऽपि कटः स्मृतः।
कलंकं लांछने दोषे ऽप्यद्रिः प्रोक्तो रवावपि ॥३४॥
समितिः संगतिसभयोः ककुदं शृंगे विदुः प्रधाने ऽपि।
टंकः स्याद्दभिमाने प्रस्तरघटनोपकरणे च ॥३५॥
संकेते चैतन्ये च सूरिभिः कथ्यते तथा संज्ञा।
दंडो दमने सैन्ये कुतपो दर्भे ऽपराह्णे च ॥३६॥
कारुण्ये ऽप्यनुषंगः स्यात्प्रोक्तो गुल्मे ऽप्यवस्करः।

वेदिकांगुलिमुद्रायां लाक्षायां च कृमिस्तथा ॥३७॥
नीवी परिपणे ऽप्युक्ता कटिदेशे ऽपि मेखला ।
प्रत्यवाये ऽपि विश्लेषे विधुरं स्मर्यते बुधैः ॥३८॥
निदानमवसाने ऽपि स्वामिन्यपि भवेदिनः ।
जठरः कठिने ऽप्युक्तः प्राज्ञैः परिणते ऽपि च ॥३९॥
काले कल्पे ऽपि विधिर्घनाघनः शक्रवर्षुकाबुदयोः ।
अत्ययशब्दः प्राज्ञैः कृच्छ्रे चातिक्रमे च निर्दिष्टः ॥४०॥
उदरे जले कृपीटं संबाधः संकटे भगे ऽप्युक्तः ।
पार्ष्णिः प्रत्यासारे च रणस्य च पश्चिमे भागे ॥४१॥
रतिभुक्तयोः संभोगः दधिदेये स्त्रीधने च शुल्कं स्यात् ।
वंशांकुरे करीरं वृक्षविशेषे ऽपि कथयंति ॥४२॥
अनूकमन्वये शीले गोत्रं नाम्नि तथान्वये ।
पुलाकं भक्तसिक्थे च क्षुद्रधान्ये च कथ्यते ॥४३॥
अकार्ये गुह्ये कौपीनं कीलालं रुधिरे जले ।
कुकूलं शंकुमद्गर्ते तुषाग्नौ च निगद्यते ॥४४॥
चैत्यं बुद्धांडके ऽप्युक्तं देवतायतने तथा ।
छत्रके वृक्षजातौ च शिलींध्रं स्मर्यते बुधैः ॥४५॥
अर्थव्ययसहे व्यालस्तथा हिंस्रपशौ स्मृतः ।
पोत्रमित्युच्यते प्राज्ञैर्हलशूकरयोर्मुखं ॥४६॥
मंदस्वच्छंदयोः स्वैरं कक्षः स्यात्कच्छवीरुधोः ।

करेणुर्गजहस्तिन्योः पीलुश्च गजवृक्षयोः ॥४७॥
शलाकायुधयोः शल्यं बाधा दुःखनिषेधयोः ।
स्थूणास्तम्भस्वयोः स्तंभ इला वाग्भूम्योरपि ॥४८॥
अर्चनामूल्ययोरर्घो विसर्गो मुक्तिवर्चसोः ।
मुनिकुक्कुटयोर्दक्षः संधिः संश्लेषरंध्रयोः ॥४९॥
अवश्यभृशयोर्बाढं दायादस्तुक्सपिंडयोः ।
कुलीनश्रेष्ठयोर्जात्यं कोटिरुत्कर्षसंख्ययोः ॥५०॥
बभ्रस्तंडुगिरिशयोः स्थितिः स्थानव्यवस्थयोः ।
वीकाशः स्फुटरहसोः काष्ठा कालप्रकर्षयोः ॥५१॥
नदीसमुद्रयोः सिंधुर्देशपर्वतयोर्मरुः ।
मैथुनं कथ्यते सद्भिः संबंधग्राम्यधर्मयोः ॥५२॥
प्रहबंधनयोः प्राधं मोहः स्यान्मौग्ध्यमूर्छयोः ।
व्यवस्थाने ऽंभसो वेला रविः पर्वतसूर्ययोः ॥५३॥
अभ्युत्पातौ धूमकेतू श्वशुर्यौ श्यालदेवरौ ।
दिव्यार्थसंग्रहौ कोशौ नरेंद्रौ नृपवार्त्तिकौ ॥५४॥
आडंबरो गजानां पटहरवे गर्जिते प्रपंचे च ।
ग्रहशब्दः सूर्यादिषु भूतादिष्वभिनिवेशे च ॥५५॥
अव्यक्तः परमात्मनि मूर्खे स्पष्टेतरे च निर्दिष्टः ।
कक्षा गुह्यपिधाने कांच्यां गेहे प्रकोष्ठे च ॥५६॥
प्रतियत्नः संस्कारे लिप्सोपग्रहणयोश्च निर्दिष्टः ।

अभिहारः संनाहे स्यादभियोगे परस्वहरणे च ॥५७॥
दानविशेषे लब्धौ दायो भागार्हपित्र्यरिक्थे च।
लिपिसंख्यायां शास्त्रे द्रव्ये च ग्रंथशब्दमिच्छंति ॥५८॥
द्यूताक्षसारिफलकास्त्रयो ऽप्याकर्षसंज्ञकाः।
संसर्गाभिभवाक्रोशेष्वभिषंगः प्रकीर्तितः ॥५९॥
त्वाष्ट्रे तमसि शत्रौ च वृत्रशब्दस्त्रिषु स्मृतः।
मन्युर्दैन्ये क्रतौ कोपे नाडीस्वर्गक्षितिष्विडा ॥६०॥
उक्तानामप्यनुक्तानां शब्दानामिह संग्रहः।
कशब्दः सुखवार्यंबुब्रह्ममस्तकवाचकः ॥६१॥
प्रत्ययाः शपथज्ञानहेतुविश्वासनिश्चयाः।
विस्तारे कटके शून्ये वितानं स्यात्क्रतौ क्षणे ॥६२॥
देहावयवमासार्धपतत्त्रगृहभित्तिषु।
परिग्रहे समीपे च पक्षः षट्सु निगद्यते ॥६३॥
अग्निधनरश्मिरत्नत्रिदशविशेषेषु भवति वसुशब्दः।
चेष्टात्मजन्मसत्ताभिप्रायेष्वभिहितो भावः ॥६४॥
कालविशेषे ऽवसरे ऽव्यापारे पारतंत्र्ये च।
मध्ये तथोत्सवे च क्षणशब्दः कथ्यते सद्भिः ॥६५॥
आचारे नयनादौ द्यूतविशेषे तथा रथावयवे।
अक्षं विभीतके ऽपि प्रयुंजते पंचसु प्राज्ञाः ॥६६॥
निष्ठा क्लेशे ऽवसाने च व्यवस्थोत्कर्षयोर्व्रते।

श्रेष्ठे स्थाम्नि धने शुक्रे मज्ज्ञि सार उदाहृतः ॥६७॥
दिग्दृष्टिदीधितिस्वर्गवज्रवाग्बाणवारिषु ।
भूमौ पशौ च गोशब्दो विद्वद्भिर्दशसु स्मृतः ॥६८॥
भूषायां लांगूले प्रधानशृंगप्रभावपुंड्रेषु ।
ध्वजलक्ष्मतुरंगेषु च नवसु ललामं प्रचक्षते प्राज्ञाः ॥६९॥
अर्कमर्कटमंडूकविष्णुवासववायवः ।
तुरंगसिंहशीतांशुयमाश्च हरयो दश ॥७०॥
पृथिव्यादिषु भूतेषु शरीरेषु रसादिषु ।
लोहेषु च स्मृतो धातुः स्वभावे गैरिकादिषु ॥७१॥
द्विरदकराग्रे पद्मे खड्गफले व्योम्नि वाद्यभांडमुखे ।
अगदे जले च तीर्थे पुष्करमष्टासु निर्दिष्टं ॥७२॥
चतुर्विधेषु जीवेषु पृथिव्यादिषु पंचसु ।
अतीते देवयोनौ च भूतशब्दं प्रचक्षते ॥७३॥
शुक्लादौ ब्राह्मणादौ च शोभायामक्षरे व्रते ।
गीतक्रमे स्तुतौ वेत्रे वर्णशब्दं प्रचक्षते ॥७४॥
शृंगारादिषु नवसु च लवणादिषु षट्सु पारदे रागे ।
निर्यासवीर्यगुणधातुविषघृतादौ रसः प्रोक्तः ॥७५॥
योनौ जलावतारे च मंत्राद्यष्टादशस्वपि ।
पुण्यक्षेत्रे तथा पात्रे तीर्थं स्याद्दर्शनेषु च ॥७६॥
अकारादिषु वर्णेषु षड्जादिषु च सप्तसु ।

उदात्तादिषु विज्ञेयः प्राणिनां च स्वने स्वरः ॥७७॥
सत्त्वादीनां साम्यावस्थां प्रकृतिं वदंति तत्त्वज्ञाः।
पौरामात्यादीनि च कारणकारुस्वरूपाणि ॥७८॥
सत्त्वादौ रूपादौ शौर्यादौ तंतुषु प्रयोगज्ञाः।
गुणशब्दं सिंजिन्यां प्रयोजयंत्यप्रधाने ऽपि ॥७९॥
उपकरणे करणे च द्रविणे लिंगे च यातनायां च।
सेनांगे संसिद्धौ साधनशब्दप्रयोगः स्यात् ॥८०॥
अभिधेयाभिप्रायप्रयोजनद्रव्यवाचकेष्वर्थः।
प्रस्तावे संघाते कुत्सायामायुधे जले कांडं ॥८१॥
वेदाध्यात्मब्राह्मणाहिरण्यगर्भेषु कथ्यते ब्रह्म।
प्रकृतिगुणे सत्तायां स्थामनि भूते च सत्त्वं स्यात् ॥८२॥
इराशब्दो बुधैर्ज्ञेयो भुवि वाच्यशने ऽंभसि।
निमेषादौ यमे वर्णे कालो मृत्यौ च कीर्त्यते
कालसंकेतकाचारसिद्धांताः समयाः स्मृताः ॥८३॥
तंत्रं तंतुषु मंत्रेषु सिद्धांतपरिच्छदप्रधानेषु।
उत्साहनसूचनयोः प्रकाशने गंधनं प्रोक्तं ॥८४॥
वस्त्रे मध्ये तथा छिद्रे व्यवधाने ऽंतरात्मनि।
अवकाशे बहिर्योगे विशेषे ऽवसरे ऽंतरं ॥८५॥
प्रागेवेव नामपर्याये निपाताः के ऽपि कीर्तिताः।
कथ्यंते केचिदन्ये ऽपि दिष्ट्या स्यान्मंगलादिषु ॥८६॥

चिराय चिररात्राय दीर्घकाले प्रयुज्यते ।
चिरं चिराच्चिरेणेति वा विकल्पोपमानयोः ॥८७॥
परितः सर्वतो विष्वक् समंताच्च समंततः ।
प्रत्यक्षसदृशोः साक्षाद्वार्त्तासंभाषयोः किल ॥८८॥
शोचने संप्रहर्षे च हंतशब्दः प्रयुज्यते ।
ई दुःखभावने क्रोधे प्रत्यक्षे संनिधावपि ॥८९॥
पृथग्विनांतरेणर्ते व्यतिरेकार्थवाचकाः ।
प्रत्यारंभे मुहुः प्रोक्तो कुं संप्रश्नवितर्कयोः ॥९०॥
इतिह स्यात्संप्रदाये प्रेत्यामुत्र भवांतरे ।
साकं सार्धं समं सत्रं सहार्थे संप्रकीर्तिताः ॥९१॥
अधरस्तादधरतः स्यादधस्तादधो ऽधरे ।
अत इत्युच्यते हेतौ निंदायां विस्मये वत ॥९२॥
समयानिकषाशब्दौ सामीप्ये कीर्तितौ बुधैः ।
तर्कनिश्चितयोर्नूनं कथितस्यात्प्रश्नकामयोः ॥९३॥
आहो उताहो संदेहे नु स्वित्प्रश्नवितर्कयोः ।
वर्तमाने च युक्ते च सांप्रतं संप्रचक्षते ॥९४॥
प्रकाशे संभवे प्रादुः प्रधानसदृशोः प्रति ।
हि स्याद्विशेषणे हेतौ तु स्याद्भेदे ऽवधारणे ॥९५॥
अयि प्रश्ने सानुनये सत्ये शीघ्रे तथांजसा ।
ईषत्किंचिन्मनाक् प्रोक्ताः किंचनस्तोकवाचकाः ॥९६॥

तूष्णीं जोषं भवेन्मौने स्म स्यात्संस्मरणादिषु।
अंगेत्यामंत्रणे हे हो भो भो इति च कथ्यते॥९७॥
अनेकार्थे भवेन्नाना ननु प्रश्ने ऽवधारणे।
आकस्मिकार्थे सहसा तत्काले च निगद्यते॥९८॥
विस्तारे ऽंगीकृतावूरी कथ्यत उररी तथा।
असंशये भवेदद्धा सत्यार्थातिकयोरमा।९९॥
अथानंतरकल्याणसंप्रश्नादिषु कथ्यते।
अथो इति तथा प्रोक्तो नामाभ्युपगमादिषु॥१००॥
सदा सना च नित्यत्वे स्वस्ति स्यान्मंगलादिषु।
इतिशब्दः स्मृतो हेतौ प्रकारादिसमाप्तिषु॥१०१॥

॥ इति श्रीभट्टहलायुधकृतायामभिधानरत्नमाला-
यामनेकार्थकांडं पंचमं समाप्तं॥

NOTES.

NOTES.

BOOK I.

Verse 9. वेदांगश्च A. दांतस्य CD. — 13. अहिर्ब्रध्नो R. अहिर्बुध्नो C. अहिर्बुध्या D. — 14. °धस्तंदुः A. °धस्तद्दु C. °धस्तंद्दु D. °धस्तुंडि R. — 25. जितः A. — 26. कौमुदकी A. — 28. शारी च तावतः A. शीरी च स्यात्वतः R. — 30. तार्क्षः A. — 32. °सूदन A. — 33. सूर्यका° A. सूर्षका° CD. — 34. °रमणामुच्यते A. °रमण इष्यते CDR. — 36. मिहरो AR. — 39. °धिष्णय R. °धृष्णि° CD. — 40. तपः स्मृतं R. — 43. रजनिचरः CD. जोकात्रिको A. — 44. चंद्रतपः A. व्हृदयं CD. — 46. °सायनिः A. — 48. क्रौडः A. — 49. शखिनः R. — 51. °मृत्तमथो A. दाक्षायिण्यः R. दाक्षणायण्यः C. दक्षणायणंवः D. — 53. From पुरंदरः to तुराषाट् is omitted in A. सूत्रामा CD. — 54. स्याद्ग्रधन्वा AR.

°विंडोत्ताश्च CD. — 56. संबः A. शंबुः C. शवु D. — 58. धूमत्र्योति° AR. — 59. कर्कः A. करका CD. चरभ्रमाला A. — 60. ह्लादिनी D. ह्रादिनी C. — 63. °र्दमुना CD. °दमना BR. — 64. वीतह्नोत्री AR. — 66. श्राग्नेयी CDR. — 68. अतिरिक्ता A. अतिरिक्तात्का CD. — 70. वडवानलः C. वाडवानलः D. — 71. शमवर्ती CDR. — 73. °नैरतकोया° A. °नैऋतकोणपा° R. नैर्ऋतकोणपा° CD. — 75. स्पर्शनो वायुः A. — 79. पुण्यधनेश्वरः A. — 80. °मर्थं A. रिक्तं पृक्थं A. ऋक्थं पित्तं R. ऋक्कं पृक्कं CD. — 85. बुधः AR. सुमंतभद्रो AR. तुल्यार्थाः R. — 89. शृंगारचेष्टा स्यु° A. शृंगारचेष्टा च CD. — 90. स्वभावः CD. भावकः A. — 91. °समाः AR. — 93. इष्यते instead of उच्यते CDR. — 94. कालः क्रि° CDR. — 98. भद्रदारुकः A. भट्टदारकः R. — A. inserts after 99. the following stanzas: रागनाम।

श्रीरागो वसंतस्य पंचमो भैरवस्तथा।
मेघरागस्तु विज्ञेयो षष्ठो नटनरायणः॥१॥
गौडी कोलाह्लांधारी द्राविडी मालवकौशिका।
षष्ठी स्यादेवगांधारी श्रीरागा च विनिर्मिता॥२॥
आदोला कौशिकी चैव तथा पटमंजरी।
गुडकरी चैव देशाख्यां रामकरी च वसंतजा॥३॥
त्रिगुणा स्तंभतीर्थी च आभेरी कुकुभा तथा।

विपराडी तथा चेरी षडेते पंचमे मताः ॥४॥
भैरवी गूर्जरी चैव भाषा वेलाउली तथा।
कर्णाटी रक्तहंसा च षडेते भैरवे मता ॥५॥
वंगुला मधुरा चैव कामोदा चोषसाटिका।
देवगिरी च देवाला षडेते मेघरामताः ॥६॥
त्रोटकी मोटकी चैव डुंविनट् विराटिका।
मल्लारी सैंधवी चैव एता नटनरायणे ॥७॥

Râjendralâl Mittra of Calcutta had the kindness to supply me with the following information. He writes: „My correspondents at Benares, Agra and Mathurâ have all disappointed me. None of them has been able to find out the verses in question. They do not occur in the College of Fort William Mss., nor are they traceable in the Sanskrit College exemplar. I asked Râjâ Râdhâkânta about the Mss. whence he quoted the Abhidhânaratnamâlâ, and he referred me to Professor Wilson, from whom he had obtained the loan of the work. There are now five Mss. of Halâyudha in Calcutta accessible to me, but the verses occur in none of these, and I am disposed to think from this circumstance, that they are perhaps not authentic." I am much indebted to Professor Wilson for having kindly sent me some extracts from several Râgamâlas in the E. I. H. Library, but neither these nor some others in the Bodleian Library contain precisely the same system, or the same names of the Râgâs and Râginîs. A passage in Keçava's Kalpadru (Wilson. Mss. 334. fol. 152.) bears, on the whole, the greatest resemblance to our verses. — 102. प्रदिशस्तथा CD. — 104. कुमुदों ज्ञनवामनौ CD. — 106. °निष्काशौ CD. — 110. तिमिस्रा A. तमिस्रा CD. — 111. गोत्सर्गः A. — 112. शशिनी A. — 113. शरदे A. शरदो CD. — 114. चैत्रादिमासौ CD. — 115. ब्राह्म्य ACD. — 116. °संवत्सरसमयाः A. — 118. सांसृष्टिकं R. सांसृष्टकं A. — 119. °निष्प्राश्चनताश्च A. — 120. पुष्पवंतौ CD. Hemacandra II. 38. gives both. — 121. द्यावाभूम्यौ CD. — 122. स्वश्रेयसं AR. श्रोवशीयं A. श्वाःश्रेय, श्वोवशीयं D. श्वःश्रेयं, श्वोवशीयं C. शुभं शिवं भविकं भाविकं A. प्रमोदः प्रमदो CD. — 124. मुक्तिर्मोक्षा A. — 125. स्यादनुस्त्ररं A. स्यादनस्वरं R. — 126. देवभयानयं AR. देवमयायनं CD. — 127. डंबश्च A. डिंभश्च CD. — °पासनं CD. प्रसाधना ACD. — 130. प्रतिकृतं AR. प्रतियातना प्रतिक्षायं A. — 131. ह्विरण्वी स्याड्डिरणायां A. — 133. पीयूष उच्यते A. — 136[b]. This pâda appears only in CDR. and in B. s. m. भीमाद्रि° CD. धीमद्रि° R. हेमाद्रि° B. tertia m. — 138. °द्यश्च A. — 139. °भिवड्ं च A. — 140. उच्चैःस्वरो A. कलश्च CDR. — 142. °श्रीलमिष्यते CD. — 144. From सम्यक् to तथा is wanting in A. — 145. कविकत्थनं च A. — 147. द्यौतिह्यं CD. द्योतह्यं R. ध्यौतियं A. — 149. शाप आक्षेप आक्षेक्रोशः D. शाप आ ऽक्राशः C. शापत्रश्चाक्रोश

आक्षेपः A. °सोत्प्रासोपहासा: A. °सोत्प्रासः सोपहासाः R. — 152. प्रह्लीका. The reading approved by the best authorities is प्रवल्हिका. — 153. द्वित्रिव्या° AR. — 154. आकरण° A.

BOOK II.

1b. धरिणी A. — 3. °द्विरणमू° CDR. खिलमप्रहितं CDR. — 4. It would be more correct to write शाद्वलं. See P. IV, 2, 88. — 11. सानुः CD. प्रसवो ABCF. प्रभवो R. — 12. पर्यंत पर्वताः CDF. — 15. °मुदंबरं ACDF. — 18. भस्म instead of भर्म A. हर्म्यं F. — 20. च after मरकतं ABEF. — 20. स्याद्वै-डूर्यं ABCFR. — सर्वलोह्नं CD. — 22. पिप्पः CD. कुटम्ब ACDEF. °रनोकुन्ह, द्रुविष्टिर° A. — 23. ह्रस्वशिखः शाखी ACDR. ह्रस्वशिखशाखी. F. ह्रस्वशाखः शिखी E. स्मृतः instead of फली CDER. — 24. पुष्यंति Mss. — 27. स्कंधशाखास्तु AFR. स्कंधशाखासु CD. — 30. बर्ह पत्रं दलं पर्णं CD. — 31. प्रसवं CDEF. — 32. उद्वद्वं AF. — 32. विकाश° EFR. — 33. गुंको गुत्लंकः A. गुंको गुत्लंकः R. गुत्सो गुत्लंकः E. ग्लुको ग्लुंकः F. pr. m. गुंको ग्लुंकः F. s. m. — 34. शिलाटुः A. शलाटु CDE. शलाडुः F.

शंबा ACDFR. शंवा E. According to Râyamukuta it ought to be written सिंवा. पर्व पुरः स्मृतः F. — 36. यवसं प्रोक्तं A. बार्ह्दिर्भकुथः स्मृतः D. बर्ह्दिर्भकथः स्मृतः C. कुथः कुशः FR. विल्वजः AE. बिल्वजः R. ईषिका काय CD. इषीका कास FR. — 38. पत्तिनी CD. — 39. करणो ADF. कुवत्ता CD. — 40. शालं ACDFR. इज्जुलः A. इचुलः CD. प्रोक्तः गज्जलो E. प्रोक्त वंजुलो F. — 42. शैलुः CD. शलुः R. — 44. पीतशालो ACDFR. सह्देवी CD. — 45. शंडुवारः A. सिंधुवारः CD. — 46. सीतो CDF. Boehtlingk in his edition of Hemacandra has printed सीत against the authority of the commentary. स्थूलशृं° ACD. — 47. केशातकी A. शाकातकी पटोला CD. — 52. °ममिलानकं AR. °ममिल्लातकं CE. °मसिलातकं D. Râyamukuṭa quotes this verse in his comm. on Am. II, 4, 2, 54, and writes अमलातकं and कुरुंटकं. कंरटकं AF. कुरुंटकं R. — 53. माधवील्लता AE. माधवीं माधवी लतां C. माधवी लता D. — 54. ईर्वारुश्चर्भटः A. एर्वारुश्चिर्भटः CD. एर्वारुश्चिर्भटः F. एर्वातुश्चितिः E. एर्वारुश्चिर्भिटः R. वालुंकी AR. डुश्चिका A. डुग्धिका C. डुधिका D. — 55. नातिनानार्थ° CDE. — 57. तरुषंडः ACD. — 58. °कंठं CD. — 61. मूर्ध्नि F. करकः A. °कटो गुंजो R. कटो गंजो F. करशीरः E. — 62. From दृशनौ to प्रोक्तं in

v. 64. is wanting in CD. — 64. पेचुकः AE. पचकः CD. पेयुकः F. — 65. स्याड्डातो E. तिर्यग्दत्तः प्र° AR. — 66. सर्जितः AF. भूषा CDEFR. and A. pr. m. कच्चा DEFR. वच्चा C. — 67. पादकर्म युतं CDF. पादकमायतं A. उभयो A. उभय D. — 69. मृणि ACDR. श्रेणि° F. सान्नाह्यः A. सनाह्यः R. — 70. From महामात्रा to द्वीपी is omitted in CD.—71. करिश्च A. किरश्च FR. विडिश्च A. — 72. सेरभ ACDF. सेरिभ R. — 73. °भाल्लूक° CD. — 74. °भूरिमायु EFR. स्यात् मृगालो R. स्याक्रोलो CD. फेरुडः ER. — 75. ऋक्षः CDR. तम्रसारः D. तम्रस्यारः C. — 78. शल्यकः D. — 79. मुशली CD. गोधेरा° ABDEFR. गोघेरा C. — 80. स्याडुंडुहः CD. स्याडुंदरः E. — 83. विर्विकरस्तथा A. — 84. वाजिस्तथा EFR. — 85. पेशीकोशः According to Râyamukuṭa this term signifies 'egg' as a compound, or it may be separated into पेशी and कोशः— 90. From धांक्ष° to धांक्ष° is omitted in CD. — 91. मौष्कलि° ACD. मौकलि° ER. Purushottama gives another term very similar in sound, मौद्गलि.—92. भाश A. — 94. शरारिराव्यात उत्क्रो° CDEF. — 95. ग्रातापी ACEFR. — 98. प्राचिका mss. सेना चटिका A. सेनाश्चिटिका E. सेनाश्चिटिकाः F. — 99. कारंडवकादंबकचक्रकाराद्याः A. कारं कारंडवकादंबकराद्याः CD. कादवः कदंबकः क्रकराद्याः E.

कारंडवकादंबकः कृकराद्या F. कारंडवकादंबककृकराद्याः R. — 100. °चिंचिरीका° AD. °चिंचरीका° R. °चिरीका° C. — 101. °जालिकक्रिमयश्च A. °क्रिमयश्च A. °क्रम° F. — 102. ज्योतिरिंगिणः CDR. ज्योतिरिंगणः E. द्योतिरिंगिणः A. द्योतिरिंगणः F. — 103. तु instead of च CD. — 106. परिकीर्तितं CD. — 109. स तु CDE. — 111. स्थौरी R. °त्पृष्ठि° A. — 112. नीचिकी E. — 114. प्रौढवत्सा च CD. — 115. सुरता E. सुरिना E. सुरिता R. — 116. नीचकी AFR. नैचका CD. — 117. प्रचुरप्रवृत्तिः CD. — 122. हामिनी AEF. वस्तः छागः R. गडुः छाग° A. बस्तुः छागः C. वस्तुः छागः D. वत्सश्छाग° E. गडुछागडुगल° F. — 123. °व्यंजनस्तु A. — 127. °कद्रूरिति ACDR. विश्वद्रूरिति E. — 128. पट्ट्व° AE. पद्ध° C. पद्व° D. — 129. उपपर्वत° CD. — 132. °ज्जयनी FR. — 133. हस्तिनखं E. °कुररकं A. °कुररिं E. °कुररीं C. °कुररं D. कुररविं F. — 134. च for तु CDE. — 135. वास्तु E. It is wanting in CD. — 138. गृहमिष्ट° R. AFR. insert च after आयतनं, A. also before हर्म्यं. The whole stanza is wanting in CD. — 139. इंद्रकोशस्तु° A. आवेशिनं A. — 143. व्रतिनां शाला CD. — 146. °माला च CDEFR. °रोहणी A. रोहि CD. — 147. गृहावगृहिणी ACF. गृहाचगृहिणी D. देहली च CDEF. वस्करः E. विक्करः F. — 148. नीध्रं CD.

°पार्ली and संज्ञां R. — 149. गवाक्षस्तु R. प्रकोष्ठ स्यात् CD. प्रकाष्ठं तु E.—151. परिस्यंद: CD. परिक्रंद: AFR. तथोपकारणं CD. — 152. उपाश्रयस्तु A. श्रायाश्रयस्तु CD. श्रपाश्रियस्तु F. Wanting in E. — 153. नवनं AFR. — 155. खंजक°. E. खजक° F. कद° C. कड़° D. — 157. खद्रिका CD. Am. and HC. have only खज्ञाका.—158. °मुध्मानं A. °मुद्गानं CDE. ° मुद्दानं R. °मधानं F. —161. कौशिका E.—162. मंथिनी CDFR.—163. कांचिकं CD. शुक्ति° CD. सुक्त° A. शिक्त° E.—164. कूर्चं E. तथोद्नं भित्सा A. तथौद्नो भित्सा EFR. तथोद्नो भि:सा CD. पूपिका CD — 165. तरणं ACDR. तरुणं F. नरणं E. चीरियी AF. चैरेयं CE. चेरेयं D.—166. मिष्टान्नं भोजनं ज्ञेयं R. वेसवार A. वेशवार CDF. कार्बो CDE. — 167. मतं instead of स्मृतं FR. — 168. From संसिद्धं in the preceding stanza to संसिद्धं is wanting in CD. उल्य-मुखायां AFR. उल्यमुखाया E. — 169. फाणितं AR. फाणितं CDE. — 172. °चानुकर्षश्च CDE.—173. °त्संपीतिः CD. °पदंशौ FR. — 174. सधिु ACDFR. परिश्रुता ABEFR. परिस्रुता CD. सुडा ABFR. सुडा CD. — 175. कस्यं ACDFR. परिश्रुद्धा AR. परिशुद्धा° E. परिस्रुडा° CD.—182. °पशदम° A. °मपकृष्ट R.— 185. पाटचर: ACDF. पटचौरो E.—187. कावट: A. कपट: CDR. कपट: F. Omitted in E. which has वर्त्मशो दृढ उच्यते. वह्ल E.—

188. आर्यः परिदृढः CDE. — 189. अतोव्हरिणा° CD. ररोव्हरणा° F. The whole stanza is omitted in ER. — 190. अत्राणश्च AEFR. मधमारी A. निर्यंथः AF. निर्गंथः CD. — 193. इतरः AEF. — 194. दांडाजनिकः A. दंडाजनिकः CDE. दांडोजनिकः F. दंडाजिनकः R. See P. V, 2, 76. कापटिको CDR. — 196. परेधिकः CD. परेधृतः E. सौष्कलः E. and A. pr. m. मौष्कलः A. s. m. मौष्कलिः DFR. मोष्कलिः C. — 197. प्रव्हितः CDF. — 198. प्रोर्त्त for लोलं CD. उत्सकः AEFR. प्रस्तातः E. प्रसितः R. — 201. मह्यात्म्यो° A. माह्यात्म्यो F. — 202. आभ्यागा° AR. कुटंब° AEFR. — 203. जंवालो A. जांघालो CD. जंघाजो E. आवेशकः ACDEF. प्राघुणिक CDFR. प्राघुणिक E. — 204. वनीयकः D. — 205. चुद्रान् A. चुड्डान् E. चु CD. बुभुचितप्सतो C. बुभुचितप्सातो D. — 207. इष्यते for उच्यते GDE. — 208. तृष्णिको E. — 209. लिप्सा च शाथनाया C. लिप्सा च शाधनाया D. लिप्सा स्याद्धनाया E. लिप्सा स्याद्धनाया F. प्रासितः ER. — 211. प्राणघः A. प्रेणाघ्यः CD. प्राणाघ्यः E. प्रोणाघ्यः F. प्राणाघ्ये R. See P. III, 1, 128. — 214. °स्तिमान्स्मृतः E. °स्तिवान्मतः AR. °स्तिभवा मतः E. प्रेच्यः R. प्रेचः F. — 219. सुमुखः ACDF. The whole stanza is wanting in E. — 220. शीली CD. — 223. °त्कद्दरः ACF. कद्दरः D.

कांडूर: E. प्रकांडोघ्यौ AEF. प्रकांडोघौ R. प्रकांडाब्धौ CD. — 225. नार्थश्च कथ्यते CD. वात्तश्च कथ्यते E. नार्त्तश्च कथ्यते FR. — 226. बलवान्मांसलो E. — 227. पच्चाविक: CDE. — 228. दीर्घसूत्री AER. निष्कृतो A. नि:कृतो E. नि:क्रुष्टो F. स्याहूर्द्धमूर्द्धम: स्थित: E. स्याहूर्द्धमूर्द्धमवस्थित: R. स्यात् ऊर्धमूर्धमदस्थित: C. स्यात् ऊर्धमूधमर्दस्थित: D. स्याहूर्द्ध ऊर्द्धंमास्थिति:E.—232. सीतको ACD. शीतगो E. विपुलांग: A. —233. दरोदरं AE. —234. कुलीनश्च कु° AE. —239. कर्मसां° AD. कर्मसो° C. — 241. °भिज्ञनं A. °भिज्ञन R. — 242. This and the preceding stanza are wanting in CD. — 244. शांत: श्रांतश्च A. —245. शैल्य: A. शिष्य: CD. शैष्य: R.— 246. °णामिति स्मृतं A. — 247. शंसितश्च AR. — 248. ज्योतिषको CD. —250. धर्मधज्ञो. Both Am. and HC. write धर्मधज्ञी. कांडपृष्टो CD. कांडपृष्टे E. °द्विज्ञाधम: R. °द्विज्ञोत्तम: CD. — 251. अब्रह्मण्यवर्ण्य D. अब्रन्हाण्यं C. अब्रह्मण्यमवध्यं R. ब्रह्मणो D. ब्राह्मणे AER. — 254. पारिरत्तक: CER. परिरत्तक: D. — 255. वैकथ्य° CD. वैकत्थ्य° R. — 256. वृसी A. भृसी E. — 260. पारिस्कृता mss. — 261. साम्नायं CD. नार्यन्हाविरुच्यते E. See the notes on HC. 3, 495. ग्रामिष्या AR. ग्रामत्त: E. — 264. विल्हायनमं- द्दि° A. विल्हायितमं° CD. विल्हायतमं° E. विह्रायनमं° R.

निर्वापणं AR. निर्व्रापणं E. — 266. °पालाश्च ER. — 268. च instead of तु CD. प्रकीर्तितं ACD. — 270. गूढपौरुषः ADR. गूढपोरुषः C. ढरक CD. धेरिक E. The comm. to HC. 3, 397 writes ढेरिक without giving a derivation.—272. महामात्यः AE. प्रधानः E. प्रधानः प्रधानः स्या° R. — 274. स्तयो E. श्रेयो CD. — 275. वर्षचरः CD. उभयं व्यंतरं mss. पोटो A. पोथोया CD. — 277. केलिकन्नो CE. केलिकल D. केलिकिरो R. pr. m. केलिकरो R. s. m. — 279. लंबोल्को° A. नुचोल्को° CD. लंकोल्को° E. — 280. आक्कोटनं AR. अक्कोएनं CD. आक्कोद्नं D. °खोटकभि° CD. °खेटकमि° E. — 281. ताल्लो AE. — 285. सूकलो E. HC. IV, 301. writes शूकल. — 286. कस्यं CDR. खुराः शिफाः R. pr. m. खराः शफाः R. s. m. — 287. कसा A. कसाः R. वल्गारश्मिकशाः स्मृताः A. वल्गुरश्मिः कशा स्मृता CD. बलारश्मिकुशाः स्मृताः E. वल्यारश्मिकुशाः स्मृताः R. — 290. अधन्यः A. वैनविको अधन्यः E. वैनयको अधन्यः R. पारियात्रकः CD. पारियातिकः R. तनयं CD. नयनं E. — 291. सांपरायकः R. — 294. युग्मं E. युग्घं C. युग्धं D. — 295ᵃ. पदातिपादातिपादिकपदातयः C. पदातिपत्तिपादातिपादिकपदातयः D. पदातिः पादतिः पत्तिः पदातिकः पदातयः E. पदातिः etc. R. — 295ᵇ. पादाकः पदिकश्चेति C.

पादाकः पदिक पदिकश्चेति D. पादतः पादिकश्चेति E. पदातः पदिकश्चेति R. — 296. केलिका CDER. — 298. संजित्कालिः A. संस्फोटः ER. संस्फोटो CD. प्रविदारणं CD. — 300. अभिजाति° CDR. — 303. तु for च E. — 304. संनाह्न E. — 308. तुरकादिकं CDE. — 309. स्यान्मूर्वी A. — 310. °वेदटिनिः A. वेदठनी CD. °वेदटिनः E. — 311. °कटंबाः A. — 312. This stanza is wanting in CD. — 319. परस्वधः AE. निशानं A. निशांतं CE. निशांतां D. — 321. °पट्टिश° mss. °मुषंडी° A. °भृशंडी° CD. °मुखंद्वी° E. °मुावंढी° R. The comm. to HC. III, 451. writes मुखुंढी. भिंडिमाला° CD. भिंडिमाल° E. भिंदुमाल° R. Am. and HC. have भिंदिपाल. — 322. निःसरणं CD. निसरणं E. — 323. HC. III, 34 reads प्रमयः. — 324. शितकासी A. — 328. Râyamuk. on Am. II, 6, 1, 17. reads कोरवी. — 332. च निष्फला ACD. तु निष्फली E. अवणा AR. अमणा CD. — 333. बिदुः C. विंदुः D. किंदुः E. भिंदुः R. HC. reads निंदुः — 334. मत्तकामिनी AR. मत्तगामिनी E. मतकाशिनी CD. — 336. तु for च CD. — 337. कुट्टिनी CD. Am. and HC. write कुट्टनी. चुंढी AR. चंडी CD. क्राट्टि° A. कुट्टि° CD. — 338. च for तु CDR. — 339. गृह्णी ADE. — 340. कुलवालिका E. कुलबाधिका CD. — 341. बंधका Am. and HC. धर्षणी ER. दुर्विनीता CD.

च्चभिनीता E. — 343. समा स्मृता ACD. समा स्मृताः E. — 345. फलिलं CD. कलिलं R. pr. m. — 348. विश्रसा AER. विश्वसा CD. दारुक° AR. — 350. ज्ञेयो नप्ता पौत्रश्च E. पौत्रस्तु CDR. — 351. भ्रातृजः स्मृतः E. — 353. स्मृताः for समाः CDR. — 356. ग्रंथिः AD. ग्रंधिः C. पार्ष्णिशय° mss. — 357. आरोव्हस्तु AE. — 358. पुतौ mss. ककुंदरौ CD. ककुंदरा E. The whole verse is quoted in the comm. on HC. III, 272 and ascribed to Bhâguri. — 360. पिचिंडं CD. °तुन्द° A. °तुंड° E. — 361. कर्णश्रोत्रं ACD. कंधरो E. — 364. °त्रलाग्राश्रुनामानि A. त्रलास्राशिश्रिनामानि CD. °त्रलास्ताशुनामानि E. °त्रला-स्रुनामानि R. — 365. स्यात् after °पांगः ACDR. सृक्कः A. सृक्वि CD. सृक्कं E. सृक्का R. °पर्यंतं A. — 366. संधिनी CD. सिंघनी E.—368. मुष्टिरिष्यते R. मुष्टिरिच्यते CD. वंक्षिणः A. वच्चणः R. — 370. °श्रुवकं D. °श्रुवकं C. कक्षा A.—371. °ना-मानः CDR. भवंति instead of शिखा च CD. — 372. वक्त-मिक्रंति A.—378. कफणः A. केणिः C. कफोणिः D. प्रकांडः Am. and HC. have प्रगंडः. — 380. वांक्षिताग्रो CDR. श्रोतो AR. — 381. सकनिष्ठकः R. Perhaps we ought to read °रालिरकनि-ष्ठिकः.—385. समालंभ° CDR. °रिस्कारश्च mss.—387. पत्रवल्ली तु CD.—388. त्रांगुडं A. त्रागुडां C. त्रागुडीं D.—391. °मंतरीयं R.—

393. पटपोट: R. HC. III,331. writes प्रोत:. — 394. पत्तोर्णं AR. पूत्तूर्णं C. पूतूर्णं D. — 395. पटच्चर: AR. — 396. दृशा AD. देशां C. श्राविको° mss. — 398. वैकद्धि° CD. — 399. आपीडशे° AR. — 401. ताडकं ता° R. — 405. रशना A. दृशमा C. दृशना D. — 406. शिञ्जिनी A. — 407. अर्धा माणक: C. अर्घो माणकं:D. हारौ R. — 408. °माला च A. °मौक्तिक: C. °मौक्तिके D. — 411ᵃ. This verse is wanting in CD. — 414. रातिकृान्तिं CDR. — 415. अौरव्याश्च A. ऊरव्याश्च C. उब्धाश्च D. अोरव्याश्च R. — 416. कुशीदिक: AR. कुसीदक: C. कुसीद: D. — 418. कृषकं CDR. वक्रयस्तथा CD. — 419. कर्बुक: A. कुटंबी R. सैत्यं CR. सैन्यं D. — 420. सीरं CD. शीरं R. °कीलिका CD. कीलिकं R. — 421. कोटीरं A. कीटिशे D. काटीशं C. — 422. लूनं दात्र° A. लूनं दान° CD. — 423. मेढि: AR. मेटि: D. HC. has मेथि and मेधि. — 424. गुंह्नो AR. गुंष्टो C. गुष्टो D. — 426. मांगल्यको A. — 428. °रण्यप्रभव° A. तिलपिंग° A. — 430. अष्ट and afterwards अष्टा mss. — 432. रथकारस्तु A. 434. °श्चंडालो A. श्चां- डिलो CD. प्रातव्हारिक: A. प्रतिव्हरिक: D. — 435. संवाव्हको गमर्द C. संवाव्हकों गमर्द: D. — 436. चित्रकर्मादिकं CD. — 438. सौंडिक: A. — 439. मत्स्यबंधिनी ACR. — 440. शौनिक: mss. शूना AR. — 442. रज्जुर्वटारश्च A. रज्जुर्वराकरटश्च CD.

HC. writes वटारक. वटस्तंत्रीगुण: AC. वटस्तंत्रागुण: D. वटस्तं-त्रीगुणस्तथा R. — 443. चांडालो A. पक्कश mss. This word is written पुल्कस पुक्कस पुक्कश बुक्कस, but the first seems to be the oldest and most correct form. प्लवग: CDR. — 444. शिविरं A. — 447. खश: CDR. — 448. खर्तु: mss. — 449. गंड: AD. — 450. प्रतिशायश्च AR. प्रतिश्यावश्च CD. — 452. दद्रणो दद्र° A. दद्रणो दद्र° CD. — 453. पिचिंडिलो A. पिडिलोचि C. पिचडिलो D. — 454a. This verse is wanting in CD. 454b. कलमू AR. — 458. व्यालग्राह्योऽहि° AR. This and the preceding stanza are wanting in CD. — 459. माणिबंधं CD. — 460. सुंठी A. शुंठीं C. शंठी D. — 460. गडूची A. — 461. प्रोक्तं त्र्यूपणं CD. प्रोक्तं पूपणं R. — 462. कस्तंबरु A. कुस्तुंबरु C. कुस्तंवरु D. कुस्तंबरु R. रामठो हिंगुरुच्यते A. हिंगु व्योषं रामठ उच्यते CD. 464. प्रपुन्नाटो AR. प्रमुन्नाटो CD. निर्दिग्धिका AR. निदिग्धिका CD. गुणैः कंटकैर्वा निदिह्यते स्म उपचिता। दिह उपचये। निदिग्धा। कनि निदिग्धिका। Râyamukuṭa. — 465. सुराव्यो CD. मल्लिषाख्यश्च CDR. मल्लारजत° AR. कुसंभं ACD. — 466. करविंदं A. प्रचक्षते instead of निगद्यते R. — 467. उसीरं R.

BOOK III.

2. अंतरमवाक् CD. अंतरमवट R.—3. श्वेवात्यवाल्हका: A. °श्वेवातिवाल्हका: DR. — 4. दुःखमर्ति: A. दुःखमार्त्ति: CD. — 5. कलुष° A. — 9. जागरं CD. विश्रं AR. — 11. च यत् AR. — 13. मस्तक्यं A. मस्तिथु C. मास्तिक्यं R. — 14. क्लोम-मिष्यते CD.—18.°पवनाशसर्प° A. व्याल: CDR. भुजगभुजंगम° A. The metre of this stanza is called Dhṛitaçrî, or according to others Pancakâvalî. It consists of 4 tetrastichs, each containing 28 short syllables, arranged in the following order: ⏑⏑⏑⏑—⏑—⏑⏑⏑—⏑⏑—⏑—⏑—⏑—⏑⏑—|. It occurs again in IV, 1. and is used in the Çiçupâlavadha III, 82. Without considerable alterations, it would have been impossible to restore the necessary order in the first verse. — 19. आशीर्विषो A. — 20. आशीर्दंष्ट्रा R. आसी दंष्ट्रा CD. भवेत्तिलंसो A. भवेत्त्रिलिंगो CD. भवेति-लंगो R. स्मृत: instead of शयु: A.—21. डुंडुभ: AR. डुंडुभि: CD. अक्षीरागी C. अच्छीरगी D. द्विजिह्व: स्यात् instead of स्यात् द्विमुखो CD. — 22. निर्लयिनी CD. निर्ल्लयनी R. वप्रीकूटं A. वल्मीकूटं C. वील्मीकूटं D.—23. वप्री A.—24. शौल्किकेय: DR. — 25. भृंगिका CD. विस्फुलिंग: स्यात्त° A. तद्भेदा अप्यनेकधा

CD.* — 26. कुशजलवन° mss. — 27. °मस्तांगं CD. — 29. रोमोद्गमो रोमविकारो AR. रोमोरोमविकारो C. रोमोद्गरो रोमविकारो D.—32. कूलदेशेस्य A. कूलदशाश्च C. कूलदशाश्च D.—33. प्रोतः A. Omitted in CD.—35. वैसारणो A. वैशारणो R. — 36. प्रौष्ठी AR. — 37. लोहितश्च A. पक्षापिकः CD. °मुद्गुर° ACD.—From मद्गुमत्स्याः to मद्गुमत्स्याः is omitted in R.— 38. चिरिल्लि° CD: A long syllable is wanting.—38. पोतादानं A. कंचुलको AR. किंजलको CD. जलौकाश्च जलोकसः CD. जलोकाः स्यु° A. — 41. तेपि विज्ञेयाः A. — 44. उध्यो A. उयो C. उध्रो D. उद्धो R. — 45. अवाक्कूल° CD. — स्यादंभसां D. डिंडिम CD. — 47. वेणी तु CD. संवेधास्तु D. संवधारक नि° C. — 49. सेतुर्वारणमुच्यते CD. तवं स्याड्डुपं CD.— 53. पल्वणां A. आवातो seems to be a wrong reading instead of आवातो. — 55. उत्सः प्रवह्णां R. — 56. स्याद्विजवलं CD. पुष्पेरिचकिल° A. — 57. विसप्रसूतं A. बिसप्रसूतं R. — 60. बीजकोशं CD. किंजल्कः D. किंजः C. स्याद्विसकंदो CD.— 61. शैवालं CDR. — 62. चंठी A. चुंडी CDR. — 63. उद्घाटनं R. सारणोः A. सारणं CD.

BOOK IV.

1. °निकरंब° AR. कुर् छेदने। कुरति विच्छिन्नं भवति। बाहुलकात् स्थ स्तो ऽंबजकवावित्यंबजकारस्योवं च। निकुरुंबं। Râyamuk. on Am. II, 5, 40. — 2. पेटलं ACD. पेटति पेटः। लिट्त्वादिवादच्। ततः स्वार्थे के पेटकः त्रिलिंगः। Comm. on HC. VI, 47. ते सभाः CD.— 4. प्राग्रं AR.—5. सत्तमनुत्तमं A. सत्तममुतमं C. सत्तमुत्तमं D. — 6. °संशयाविक° C. °संशया-वेक° D. संशयोद्रेक° R. — 7. °भ्यासमा° AR. — 14. रुद्रं A. वृंदं CD. भद्रं R. The true reading is, perhaps, वड्रं.—15. स्त्री-पुसयोश्च A. — 16. प्रायं for प्राज्यं CD. पुरुतं mss. Is it meant for पुरुहं? — 25. कामना स्याद्गु° CD. — 27. विवृत्तं चेष्टित-मुक्तं A. निवृतं वेष्टनमुक्तं C. निवृतं वेष्टशुक्तं C. — 29. This stanza is wanting in CD. — 30. लांढा° A. रांढा D. — 31 मूलकर्म CD.—32. त्तामं शांतं A. त्तामं त्तांतं D. त्तामं त्तामं त्तांतं C.—33. निवडं निवडांशं A.—34. °तर्धिपारेवारणं CD. — 43. वेचा A. लिविरालि° R. लिपिल्लोवात्तरस्य A. — 45. This stanza is wanting in CD. — 46. °मुकादनमाकुः A. — 47. पांडुकः A. पांडुरः CD. — 48. मांत्रिष्टः mss. शब्दाः कवि-भिः A. — 49. सिति A. सित CD. — 50*. पिंत्रिरः परि° A.—

50[b]. R. omits this and the next verse. श्यामं CD. — 52. This verse is wanting in CD. — 54. स्याद्दाशयो C. स्याद्दशयो D. — 55. कुर्कुटिः ACD. कुकुटिः R. कुक्कुट इवाचरति कुक्कुटाति दंभेनानिभृतं चरति। कुक्कुटनं कुक्कुटिः। Comm. on HC. III, 42. °र्निष्कृति° A. निःकृति° R. पृथुकल्पिनी CD. — 56. चित्रकर्मीर° mss. — 61[b]. This and the next verse are wanting in CD. — 63. कीर्त्यते D. कीर्त्यंते C. — 66. तुगं उदंतं CD. — 67. स्मृतं C. स्मृ D. — 68. विसंकटं CD. कपुटं A. सपुटं CD. — 69. अवगाढो CD. स्याद्दत्यादान° A. स्याद्न्याधान° CDR. — 70. मुकुर्दिष्ट° CD. मुकुईष्ट° R. — 71. प्रतिकूलोनुकूलार्थो अपष्टुरमपष्णु च C. प्रातिकूलानुकूलार्थे अपष्टुरमपक च D. — 72. पराचीनपाचीनं A. पराचीनं पराङ्मुखं CD. शक्यमिति mss. — 74. प्रसभ उच्यते A. पणाक्षेपु AR. पणक्षेपु C. पणयाक्षेपु D. — 76. प्रयुज्येता A. दोर्मध्यं CD. — 77. स्थानमिष्यते CD. — 79. °प्रसेवकः A. — 82. तुन्नं क्षिप्तं नुन्नं A. शन्नं शांतं A. — 83. गुडितं AR. गुडिनं CD. — 86. सुरंगा mss. — 88. This stanza is wanting in CD. — 91. नियमः स्थितिः A. अज्याया: AR. मीज्याज्या CD. — 92. व्युष्टुफलं A. व्युष्टिफलं CD. व्युष्टफलं R. — 94. भ्रुकुटिर्भ्रुकुटि° D. उत्साव्हो भ्रुकुटि° C. भृकुटिर्भ्रकुटि° R. — 96. प्रतिष्ठं तु पदाधुतं C. प्रतिष्ठं तु यदाधुतं D. प्रतीष्ट पतद्रा-

हृते R. — 97. स्याद्वतापो AR. स्याद्वपानो C. स्याद्वढः स्मृतः D. स्याद्पेक्षा AR. स्याद्वेक्षा D. — 98ª. I leave this passage as given in R. °माचारोतिक्रमः A. °मावारातिः कमक्षया CD. — 98ᵇ. प्रेत्रशरा mss. — 99. स्पर्ड्या किंचित A. स्पर्ड्याधिकिं किंचित् CD. — 100. प्रभावतीं mss.

BOOK V.

1. एकार्थो CD. — 2. प्रतीहारः mss. प्राकाराग्रे पि कीर्तितं CD.—3. त्रिषु from R. — 8. रा॒प्रधानं C. राप्रधानं D. — 12. तारा CD. धातारो A. — 13. धेनुका गणिका CD. — 15. प्रस्थं CD. — 17. पृष्टास्थिन्यपि ACD. — 20. शुंडा A. — 22. रुद्रो वृषभे CD. — 23. बलः काले A. बलिः काके C. बलिकाले D.—25. खंडश्च पादपानां AR. खंड पादानां CD. — 26. सरलः शालः शाकोथवार्जुनस्तिलकः C. सरलः शाकोथवार्जुनस्तिलकः D. सरलः शालः शाको धवो ऽर्जनस्तिलकः R. पद्म may be meant for पद्मा. कथयंति instead of ऽपि दृश्यंते CD. — 29. दतात्रपि mss. — 32. निर्दिष्टः for पर्जन्यः R. — 33. देवनं for वेदना CD. — 34. कललं A. — 35. विद्वः प्रभावे पि CD. — 38. प्युक्त A. युक्तः CD. — 40. विधिर्घमार्घनः A.

विधिनाघ्नन: C. विविंधिनाघ्नन: D. विधिनाघन: R. शक्रवर्ष° CDR. — 44. This stanza is omitted in R. — 45ᵃ. बुड्डांडके. This reading is by no means satisfactory. बुड्डाडके A. बुड्डाडके CD. बुधांडक. R. Two mss. of Ajaya explain चैत्य thus: चैत्य उद्देशवृत्ते स्याच्चिता चिह्ने जिनांडजे। — 45ᵇ. शल्लंध्रे A. शिल्लंध्रे R. — 46. ह्रिंस्र: CD. — 50. अवम्यं ADR. °र्धशांव्रयो: CD. — 51. बुध्नस्तंड° A. ब्रध्नस्तांडि° CD. व्रध्नस्तुंड° R. विकाश° CDR. See P. VI, 3, 123. — 52. समुद्रनद्यो: CDR. — 53. °मूर्द्धयो: ACD. °मौर्ध्यो: R. हसो वला CD. हसोर्वला AR. सूर्यपर्वतयो रवि: A. — 55. पठद्धः स्वे C. पठद्धः खे D. 58. दाने विशेष° A. °पितृग्रक्थे A. पितृरिक्थे R. ग्रंथमिक्षिति CD. — 59. °भिष्वंग: R. — 62. प्रत्यय: A. — 64. °जन्ममसत्वाभि° C. °जन्मसत्वाभि° D. — 65. कथ्यते कृतिभि: R. — 66. प्रयुज्यते CDR. — 67. शुल्ले C. शुल्के D. — 69ᵇ. च by conjecture. ललाम CD. — 70. °सीताशुर्युमा द्वयो C. °सीतांशुर्यमा द्वयो D. — 74ᵇ. वर्षे CD. प्रयुंजते R. — 75ᵃ. लवणादिषु पारदे A. लवणादिकपट्सु पारदे R. लवणादिषु नसु (नवसु D.) लवणादिषु पट्सु पारदे CD. च by conjecture. — 75ᵇ. निर्यासे गुणवीर्ये (गुणवीर्य C.) धातुगुणवृतादौ रस: शब्द: CD. निर्यासगुणवीर्यधातुविषघृतादौ रस: प्रोक्त: A. निर्यासवीयगुणधातुविपघृतातौ रस: प्रोक्त: R.

— 76. मंत्र्याख्य° A. — 77. खड्गादिषु A. — 79. तंतुषु च CD. — 81. °प्रयोजद्रव्य° A. °प्रयोजनकचक्रचक्रश्चार्थः C. °प्रयोजनकश्चार्थः D. — 82. स्थाम्नि AR. — 83. °चारे A. °सिद्धांतसमयाः CDR. स्मृताः instead of समाः R. — 84. तंत्रेषु AR. Omitted in CD. — 87. चिराचिरेण AR. च विकल्पौप्रधानयोः C. च विकल्पोप्रधानयोः D. — 88. संभोव्यये किल CD. — 89. हंतशब्दं प्रचक्षते CD. — 90. मद्रः AR. द्रुनः CD. — 93. तर्कनिश्चतयो° A. तर्कनिश्चययो° CD. °काम्ययोः A. — 94. नुश्चित्य° AR. — 96. सानुशये A. — 101. नित्यार्थे A.

GLOSSARY.

GLOSSARY.

अ

अंशु m. 1) a ray of light 1, 39.—2) the sun. 1, 36.

अंशुक n. cloth, dress. 2, 393.

अंशुमत् m. the sun. 1, 36.

अंशुमालिन् m. the sun. 1, 35.

अंस n. the shoulder. 2, 370.

अंसकूट m. a bull's hump. 2, 111.

अंसल adj. strong. 2, 226.

अंहति f. a gift, a donation. 2, 264.

अंहस् n. sin. 3, 5.

अंघ्रि m. a foot. 2, 356.

अंघ्रिप m. a tree. 2, 22.

अकार्य n. an improper act. 5, 44.

अकिंचन adj. poor. 2, 193.

अकुप्य n. gold or silver. 1, 81.

अकूपार m. the ocean. 3, 30.

अक्ष m. 1) Terminalia Belerica. 2, 463. 5, 66. 2) a die for playing with. 5, 59. 3) playing with dice, gambling. 2, 233. 5, 66.

अक्ष m. 1) justice, equity. 2, 274. 2) custom, practice (? âcâra). 5, 66.

अक्ष n. 1) the axle of a wheel. 5, 66. 2, 293. 2) an organ of sense. 2, 380. 5, 66.

अक्षदर्श् m. a judge. 2, 274.

अक्षर् n. 1) eternal beatitude. 1, 124. 2) a letter of the alphabet. 5, 74. 4, 43.

अक्षरजीवक m. a scribe. 2, 431.

अक्षवती f. playing with dice. 2, 233.

अक्षि n. the eye. 2, 364.

अक्षिगत adj. hateful, detestable. 2, 211.

अखिल adj. all, whole, entire. 4, 28. s. निखिल.

अग m. a tree. 2, 22.

अगद् m. a drug, a medicine. 2, 458. 5, 72.

अगरु m. Aloeswood. 2, 390.

अगस्ति, **अगस्त्य** m. the name of a Rishi. 2, 258.

अगाध adj. 1) deep. 3, 27. 2) m. a hole, a chasm. 3, 2.

अगार् n. a house. 2, 137. See वासागार्.

अग्नायी f. the wife of Agni. 1, 66.

अग्नि m. fire, both as a god and an element. 1, 62. 5, 54. 64. Agni is the regent of the south-east quarter. 1, 100.

अग्निभू m. Skanda, the god of war. 1, 19.

अग्र adj. first. 4, 22.

अग्रज m. the firstborn son, an elder brother. 2, 351.

अग्रजन्मन् m. a Brahman. 2, 236.

अग्रणी adj. best, excellent. 4, 5. See ग्रामणी.

अग्रमांस n. the heart. 3, 14.

अग्रिम adj. prior, foremost. 4, 90.

अग्रेसर् adj. best, excellent. 4, 5.

अग्र्य adj. 1) prior, foremost. 4, 90. 2) best, excellent. 4. 5.

अघ n. a sin, a crime. 3, 5.

अघन adj. liquid. 2, 120.

अघ्न्या f. a cow. 2, 113. 5, 48.

अंक m. 1) a mark, a sign. 1, 45. 2) the lap. 2, 373.

अंकपाली f. embracing. 2, 413.

अंकुर् m. a sprout, a shoot. 2, 30. See अंकूर्.

अंकुश m. the hook used to drive an elephant. 2, 69.

अंकुशवारण n. driving the elephant with a hook. 2, 67.

अंकूर m. a sprout, a shoot. 2, 30. See अंकुर.

अंग n. 1) a limb, a member. 4, 59. 2) the body. 2, 355.

अंग a vocative particle. 5, 97.

अंगज m. Kâma, love. 1, 32.

अंगद n. a bracelet worn upon the upper arm. 2, 402.

अंगना f. a woman. 2, 326.

अंगनारजस् n. the menstrual flux. 5, 8.

अंगमर्दिन् m. a man who makes it his employment to rub or knead the body of bathers. 2, 435. v. r. अंगमर्द.

अंगराग m. different unguents used for perfuming the body. 2, 390.

अंगविक्षेप, अंगहार m. gesticulation. 1, 94.

अंगार mn. charcoal. 2, 168.

अंगारक m. the planet Mars. 1, 46.

अंगारशकटी f. a portable fire-stove. 2, 159.

अंगीकृति f. assent. 5, 99.

अंगुलि f. the tip of an elephant's trunk. 2, 64.

अंगुलिमुद्रा f. a signet-ring. 2, 404. 5, 37.

अंगुली f. a finger. 2, 361. 404.

अंगुलीयक n. a finger-ring. 2, 404.

अंघ्रि m. a foot. v. r. 2, 356.

अंघ्रिप m. a tree. v. r. 2, 22.

अचक्षुस् n. the evil eye (asaumyam caxus) 4, 87.

अचंडी f. a tractable cow. 2, 115.

अचल m. 1) a mountain. 2, 10. 2) अचला f. the earth. 2, 1.

अचिरांशु f. lightning. 1, 60.

अच्छभल्ल m. a bear. 2, 73.

अच्छोटन n. hunting. 2, 280. See आच्छोदन.

अच्युत m. Vishṇu. 1, 23.

अज m. a ram. 2, 122.

अज m. Vishnu. 1, 25.

अजगर m. a large snake, the boa constrictor. 3, 20.

अजगव n. Çiva's bow. 1, 14.

अजन्य n. a portent foreboding misfortune. 1, 127.

अजर्य n. friendship. 4, 21.

अजस्रं adv. continually, eternally. 4, 13.

अजाजी f. cummin-seed. 2, 461.

अजाजीव m. a goatherd. 2, 226.

अजिन n. the skin. 3, 8.

अजिर n. a court, a yard. 2, 144.

अज्ञ adj. ignorant, foolish. (2, 222.)

अंचल m. the border of a cloth. 2, 395.

अंजन m. 1) the elephant of the west. 1, 104. 2) a kind of tree. 5, 26. 3) n. a collyrium applied to the eyelashes. 2, 400.

अंजनिका f. a kind of lizard. 2, 102.

अंजलिकारिका f. a doll made of clay. 2, 338.

अंजसा adv. 1) quickly, speedily. 4, 12. 5, 96. 2) truly. 5, 96.

अटनि (v. r. अटनी) f. the notched end of a bow. 2, 310.

अटरूषक m. the name of a tree (Justicia Adhatoda). 2, 43.

अटवी f. a wood, a forest. 2, 55.

अट्ट, अट्टालक } m. a room at the top of a house 2, 139.

अट्या f. roaming or wandering about. 4, 91.

अणक adj. vile, inferior. 2, 182.

अणि m. f. 1) the pin of an axle. 2, 293. 2) a corner. 4, 42.

अणु 1) adj. (f. अण्वी), small. 4, 3. 2) m. a kind of grain (panicum miliaceum). 5, 28.

अंड 1) m. an egg. 2, 85. 2) n. a testicle. 2, 368.

अंडज m. a bird. 2, 83.

अतलस्पर्श adj. deep, fathomless. 3, 27.

अतस् adv. therefore. 5, 92.

अतसी f. flax (linum usitatissimum). 2, 427.

अतिक्रम m. 1) = अत्याधान 4, 69. 2) transgression. 5, 40.

अतिगर्वित adj. conceited, arrogant. (2. 228.)

अतिथि m. a guest. 2, 203.

अतिभी m. the flash accompanying thunder. 1, 57.

अतिमर्याद adj. excessive. 4, 34.

अतिमात्र adj. excessive. (5, 17.)

अतिमुक्तक m. the name of a plant (Gaertnera racemosa). 2, 53.

अतिरक्ता f. one of the seven tongues of Agni. 1, 68.

अतिवाह्निक m. a spirit abiding in hell. 3, 3.

अतिवेल adj. excessive. 4, 34. 5, 17.

अतिसंधान n. cheating, deceiving. 4, 63.

अतिसार m. diarrhoea. See सातिसार.

अतिसारकिन् adj. afflicted with diarrhoea. 2, 451.

अतीत adj. passed. (5, 73.)

अत्यय m. 1) a transgression. 5, 40. 2) distress, danger. 5, 40. 3) death. 3, 6.

अत्यर्थ adj. exceeding, excessive. 4, 34.

अत्याकार m. disrespect, contempt. 4, 19.

अत्याधान n. अतिक्रम. 4, 69. (The Bhûriprayogakosha explains this word, like Halâyudha, merely by अतिक्रम.)

अत्रिनेत्रप्रसूत m. the moon. 1, 42.

अथ, अथो ind. 1) then (स्नातो ऽथ भुंक्ते, first he bathed, then he partook of a meal). 2) now (auspicious and inceptive; अथ परस्मैपदानि, now let us treat of the middle voice). 3) what, how (interrogatively; अथ शक्तो ऽसि भोक्तुं, what you are able to eat? Kshîrasvâmin). 5, 100.

अदभ्र adj. much. 4, 16.

अदिति f. the mother of the gods. 1, 119.

अड्डा ind. certainly, truly, verily. 5, 99.

अद्भुत n. 1) surprise, wonder. 4, 60. 2) one of the nine sentiments to excite which is the object of a poetical composition. 1, 92.

अद्मर adj. gluttonous, voracious. 2, 195.

अद्रि m. 1) a tree. 2, 22. 2) a mountain. 2, 10. 3) the sun. 5, 34.

अद्वयवादिन् m. Buddha. 1, 85.

अद्विज m. a Brahman who has lost his caste by suffering the domestic fire to become extinct. 2, 249.

अधम adj. low, vile, inferior. 2, 182.

अधर 1) adj. low, below. 5,92. 2) overcome in argument or controversy. 2, 209. 3) m. the underlip, or lip in general. 2,369.

अधरतस्, अधरस्तात् adv. below, beneath. 5, 92.

अधस् adv. down, below, downwards. 1, 102. 2, 27. 63. 4, 83. 5, 92.

अधस्तात् adv. down, below, downwards. 1, 102. 5, 92.

अधिकृत 1) adj. superintending. 2, 274. 2) m. a superintendent. 2, 107. 272.

अधित्यका f. a wood upon the upper part of a mountain. 2, 56.

अधिप, अधिपति, अधिभू m. a lord or master. 2, 188.

अधिरोहिणी f. a ladder. 2,146. vr. अधिरोह्णी.

अधिश्रयणी f. an oven or stove. 2, 158.

अधिष्ठान n. a town. 2, 130.

अधीर adj. wavering, unsteady. 4, 10.

अधीश m. a lord or master. 2, 188.

अधृष्ट adj. modest, bashful, timid. 2, 220.

अधोक्षज m. Vishṇu. 1, 23.

अधोभुवन n. the infernal regions. 3, 1.

अधोमुख adj. (f. ई) looking downward, turned downward. 2, 230. 303.

अध्यक्ष m. a superintendent. 2, 272.

अध्यात्म n. the supreme spirit. 5, 82.

अध्यापक m. a teacher. 2, 245.

अध्येषणा f. begging, solicitation. 2, 205.

अध्वग m. a traveller. 2, 202.

अध्वन् m. a way, a road. 2, 105.

अध्वनीन m. a traveller. 2, 202.

अध्वन्य 1) adj. fit for travelling. 2,290. 2) m. a traveller. 2,202.

अध्वर m. a sacrifice. 2, 259.

अनंग m. Kâma. 1, 33.

अनडुह् 1) m. (nom. अनड्वान्) a bull or ox. 2, 108. 2) f. अनडुही or अनड्वाही. a cow 2, 113.

अनंत 1) m. Baladeva. 1, 28. 2) अनंता f. the earth. 2, 1.

अनंतर adj. following immediately, near. 5, 100.

अनपष्ठु adj. not contrary, coincident. 4, 71.

अनय m. ill-luck, misfortune. See अयानय.

अनर्गल adj. unrestrained, unhindered. 4, 66.

अनर्थक adj. useless, worthless, void of sense. 1, 150.

अनल m. fire. 1, 62. 100.

अनवधान n. inadvertence, carelessness. 4, 69.

अनवरत adj. unceasing, continual. 4, 13.

अनवस्कर adj. unsoiled, clean. 4, 85.

अनशन n. abstaining from food, fasting. 4, 75.

अनश्वर adj. imperishable, eternal. 1, 125.

अनस् n. a cart. 2, 289.

अनादर m. disregard, disrespect. 4, 19.

अनादिवार्त्ता f. a tradition. 1, 147.

अनादृत adj. unrespected, despised. 4, 29.

अनामा f. the ringfinger. 2, 383.

अनायासार्थक adj. prepared without exertion or difficulty. 4, 89.

अनारत adj. unceasing, continual. 4, 13.

अनार्त्त adj. unscathed, healthy. 2, 225. v. r.

अनाविल adj. unsoiled, clean, pure. 1, 132.

अनिबद्ध adj. disconnected. 1, 139.

अनिमिष m. 1) a god. 1, 4. 2) a fish. 3, 35.

अनिरुद्ध m. the son of Kâma. 1, 34.

अनिल m. wind. 1, 75.

अनिशं adv. continually. 4, 13.

अनीक m. n. 1) a host, an army. 2, 302. 2) war, combat. 2, 298.

अनीकस्थ m. a guard, a sentinel. 2, 278.

अनीकिनी f. a host, an army. 2, 302.

अनुकूल adj. agreeing or in accordance with. 4, 71.

अनुक्रम m. succession, order. 4, 54.

अनुक्रोश m. compassion. 4, 39.

अनुग m. 1) an attendant, a servant. 2, 273. 2) a lover a husband. 2, 342.

अनुचर m. an attendant, a servant. 2, 273.

अनुच्छिष्ठ adj. moral, righteous. 2, 247.

अनुज m. a younger brother. 2, 351.

अनुजीविन् m. a companion, a follower. 2, 273.

अनुतर्ष m. a goblet, a vessel used for drinking spirits with. 2, 172.

अनुताप m. repentance. 4, 31.

अनुत्तम adj. unequalled, best, excellent. 4, 4.

अनुत्तर adj. deserving no reply, talking nonsense. 2, 222.

अनुनय m. salutation, obeisance. 4, 64.

अनुपदं adv. following. 4, 46.

अनुपदिन् adj. searching, inquiring. 2, 225.

अनुपदीना f. a boot. 2, 156.

अनुपात्यय m. absence of neglect, following the appointed order. 4, 54.

अनुमति f. the fifteenth day of the moon's age, on which she rises one digit less than full. 1, 112.

अनुमानोक्ति f. the art of reasoning, logic. 1, 10.

अनुयोग m. a question. 1, 154.

अनुलाप m. a repetition of what had been said before, tautology. 1, 150.

अनुलेपन n. ointment, unguent. 2, 387.

अनुवृत्ति f. = यात्रा. 5, 33.

अनुशय m. 1) repentance. 4, 31. 2) ancient enmity. 5, 29.

अनुषंग m. compassion. 5, 37.

अनूक n. 1) race, family. 5, 43. 2) temperament, disposition. 5, 43.

अनूचान m. a Brahman versed in the Vedas and Vedângas. 2, 240.

अनृत n. untruth, falsehood. 1, 144.

अनेकधा adv. variously, numerously. 2, 282. 3, 25.

अनेकप m. an elephant. 2, 59. See द्विप.

अनेडमूक adj. blind. 2, 454.

अनेहस् m. time. 1, 105.

अनोकह m. a tree. 2, 22.

अंतःपुर n. a seraglio, a harem. 2, 274. 325. 336.

अंतक m. Yama. 1, 72.

अंतर 1) adj. external (अंतरे चंडालगृहा बाह्या इत्यर्थः Kshîrasvâmin). 5, 85. 2) n. the middle, the midst. 5, 85. 3) intervening space. 2, 106. 2, 61. 5, 85. 4) the soul. 5, 85. 5) a hole, a rent. 3, 2. 6) a foible, a weak side (अंतरं लब्धारिः प्रहरेत् Ksh.). 5, 85. 7) room, opportunity (अंतरं देहि Ksh.). 5, 85. 8) difference. 5, 85. 9) clothing. 5, 85.

अंतरात्मन् m. the soul. 5, 85.

अंतराय m. obstacle, impediment. 2, 246.

अंतराल adj. intermediate. 1, 102.

अंतरिक्ष n. the sky, the atmosphere. 1, 137.

अंतरीप n. an island. 3, 48.

अंतरीय n. a lower garment. 2, 391.

अंतरेण prep. except, without. 5, 90.

अंतर्गडु adj. useless, worthless. 4, 89.

अंतर्देह (?) m. n. entrails. 5, 31.

अंतर्धि m. concealment. 4, 34.

अंतर्वंशिक m. the superintendent of a harem. 2, 274.

अंतर्वत्नी f. a pregnant woman. 2, 343.

अंतर्वाणि adj. skilled in science. 2, 244.

अंतावसायिन् m. a man of a low tribe. 2, 443.

अंतिक n. vicinity, neighbourhood. 4, 7. 5, 99.

अंतिम adj. final, last. 4, 90.

अंतेवासिन् m. a pupil. 2, 245.

अंत्य adj. final, last. 4, 90.

अंत्यज m. a man belonging to the Çûdra caste. 2, 237.

अंत्यजाति m. a man of a low tribe. 2, 444.

अंत्यवर्ण m. a Çûdra. 2, 431.

अंत्र n. an entrail. 3, 13.

अंदुक m. the chain with which the feet of elephants are secured. 2, 68.

अंध adj. blind. 2, 454.

अंधकरिपु m. Çiva. 1, 11.

अंधकार m. n. darkness. 1, 110.

अंधतमस n. great darkness. 1, 110.

अंधस् n. boiled rice. 2, 164.

अंधु m. a well. 3, 62.

अन्न n. boiled rice. 2, 164.

अन्यभृत m. the Indian cuckoo. 2, 88. See परपुष्ट.

अन्योन्य pron. mutual, reciprocal. 4, 35.

अन्वक्त / अन्वंच् } adj. following. 4, 46.

अन्वय m. race, lineage. 2, 241. 5, 43.

अन्ववाय m. race, lineage. 2, 241.

अन्वासन n. a workshop, a manufactory. 2, 142.

अन्वेषणा n. search, inquiry. 5, 21.

अन्वेष्टृ adj. searching, inquiring. 2, 225.

अप् f. pl. water. 3, 26.

अपकार m. injury, offence. 4, 86.

अपकृष्ट adj. low, inferior. 2, 182.

अपघन m. a limb, a member. 4, 59.

अपचित adj. honoured, respected. 2, 229.

अपज्ञान n. concealment of knowledge. 4, 45.

अपटी f. a screen surrounding a tent. 2, 154.

अपत्य n. offspring, a child, male or female. 2, 342.

अपत्रपा f. bashfulness. 2, 412.

अपदांतर adj. adjoining, contiguous. 4, 8.

अपमित्यक n. debt. 2, 417.

अपर adj. unsurpassed, superior. 4, 4.

अपराजिता f. a plant (clitoria ternatea). 2, 47.

अपराद्धेषु m. an archer who always misses the butt. 2, 316.

अपराध m. a fault, a transgression. 4, 64.

अपराह्ण m. the afternoon. 5, 36.

अपर्णा f. Durgâ. 1, 16.

अपलाप m. concealment of knowledge. 4, 45.

अपवरक n. a lying-in chamber. 2, 137.

अपवर्ग m. exemption from further transmigration, eternal beatitude. 1, 124.

अपवर्जन n. gift, donation. 2, 264.

अपवाद m. censure, blame. 1, 148.

अपवारण n. concealment. 4, 34.

अपवारित adj. covered, concealed. 4, 58.

अपविद्ध adj. rejected. 4, 18.

अपष्ठु adj. contrary, opposite. 4, 71. See अनपष्ठु.

अपसद m. an outcaste. 2, 182.

अपसर्प m. a spy. 2, 270.

अपसव्य adj. not left, right. 4, 71.

अपस्कर m. any part of a carriage. 2, 293.

अपस्नान n. bathing after the performance of a funeral ceremony. 3, 17.

अपहस्तित rejected, despised. 4, 29. This word occurs in the notes to Urvaçî, ed. Bollensen, p. 253.

अपह्नव m. 1) concealment of knowledge. 4, 45. 2) affection. 5, 29.

अपांग m. the outer corner of the eye. 2, 365. 62.

अपाचीन adj. 1) turned away. 4, 72. 2) southern. 1, 103.

अपांच् (अपाङ् अपाची अपाक्) southern. 1, 103.

अपाटव n. sickness, disease. 2, 445.

अपात्यय m. concealment of knowledge. 4, 45.

अपान n. the anus. 2, 358.

अपां पित्त n. fire, 1, 63.

अपार n. the near bank of a river. 3, 45.

अपाश्रय m. a fence or hedge in front of a building. 2, 152.

अपिनद्ध adj. dressed, accoutred. 4, 62. See पिनद्ध.

अपुनर्भव m. exemption from further transmigration, eternal beatitude. 1, 124.

अपूप m. a cake. 2, 164. See पूप.

अप्रधान n. subordination, inferiority. 5, 79.

अप्रलंब adj. quick, expeditious. 4, 98.

अप्रहत adj. untilled, fallow. 2, 3.

अप्सरस् f. a nymph of Indra's heaven. 1, 87. 88.

अफल adj. barren, unprofitable, useless. 4, 75.

अबद्ध adj. unconnected, senseless. 1, 141.

अबला f. a woman. 2, 327.

अब्ज 1) m. the moon. 1, 42. 2) n. a lotus. 3, 57.

अब्द m. 1) a cloud. 1, 58. 2) a year. 1, 115. 116.

अब्रह्मण्य n. used as an exclamation: sacred, not to be hurt. 2, 251.

अभया f. yellow myrobalan (terminalia citrina). 2, 463.

अभिक m. a lover, a husband. 2, 342. See अभीक.

अभिख्या f. 1) beauty. 2, 410. 2) fame, glory. 1, 153.

अभिजन m. family, race. 2, 241.

अभिजात adj. well-born, of noble descent. 2, 234.

अभिज्ञ adj. skilful, clever. 2, 180.

अभिज्ञान n. a sign, a token. 1, 45.

अभिधा f. a name. 1, 152.

अभिधान n. speaking, speech. 1, 138.

अभिधेय n. meaning, signification. 5, 81.

अभिनय m. dramatic action expressive of sentiment. 1, 94.

अभिनव adj. new. 4, 26.

अभिनिर्याण n. march. 2, 306.

अभिनिवेश m. perseverance, determination to accomplish an object. 4, 99. 5, 55.

अभिन्न adj. not different, identical. 2, 16. 280. 4, 9.

अभिप्राय m. 1) intention, purpose. 4, 77. 5, 81. 2) meaning. 5, 64.

अभिभव m. 1) disregard, disrespect. 4, 19. 2) defeat. 5, 59.

अभिमंत्रण n. calling, inviting. 1, 154.

अभिमान m. pride, haughtiness. 5, 35.

अभियाति m. an enemy. 2, 300.

अभियोग m. an attack. 5, 57.

अभिरूप adj. learned. 2, 177.

अभिलाष m. greedy desire after, covetousness. 2, 209.

अभिलाषुक adj. craving, desiring, covetous. 2, 208.

अभिवादन n. salutation, obeisance. 2, 243.

अभिवाद्य adj. to be saluted. 2, 243.

अभिषंग m. 1) connexion. 2) defeat. 3) imprecation. 5, 59.

अभिषव m. sour gruel. 2, 163.

अभिषेणन n. march to attack an enemy. 2, 306.

अभिसंपात m. war, battle. 2, 299.

अभिसार s. सर्वाभिसार.

अभिसारिका f. a woman who makes an assignation. 2, 341.

अभिहार m. 1) robbing. 2) attack. 3) arming, taking up arms. 5, 57.

अभीक m. a lover, a husband. 2, 342. See अभिक.

अभीक्ष्णं adv. repeatedly. 4, 39.

अभीरु f. asparagus racemosus. 2, 454.

अभीशु m. a ray of light. 1, 38.

अभ्यग्र adj. near. 4, 7.

अभ्यर्ण adj. near. 4, 7.

अभ्यवहार m. eating. 2, 170.

अभ्यागम m. war, battle. 2,298.

अभ्यागारिक, adj. diligent in supporting one's family.2,202.

अभ्याश m. vicinity, neighbourhood. 4, 7. v. r. अभ्यास.

अभ्यास m. military practice. 2, 315.

अभ्युत्थान n. dignity, respectability. 4, 93.

अभ्युपगम m. granting, allowing. 5, 100.

अभ्यूष m. slightly parched grain. 2, 430.

अभ्र n. a cloud. 1, 58.

अभ्रमातंग m. Airâvata, Indra's elephant. 1, 61.

अमत्र n. a vessel. 2, 172.

अमर m. an immortal, a god. 1, 4.

अमरावती f. the city of Indra. 1, 55.

अमर्त्यभुवन n. heaven. 1, 3.

अमर्ष m. anger, passion. 2, 207.

अमर्षण adj. angry, passionate. 2, 206.

अम्लानक n. the blossom of globe amaranth (gomphraena globosa). 2,52. vr. अम्लातक.

अमा adv. 1) together. 2) near. 5, 99.

अमात्य m. a minister, a senator. 2, 271.

अमावास्या f. the first day of the first quarter, on which the moon is invisible. 1, 112.

अमित्र m. an enemy. 2, 300.

अमुक्त n. a weapon which is always held in the hand, and not thrown, e. g. a knife. 2, 307. 308. See मुक्तामुक्त, यंत्रमुक्त.

अमुत्र adv. in a future world. 5,91.

अमृत n. 1) the food of the gods. 1, 133. 2) water. 3, 26. 3) final beatitude. 1, 124. 4) f. अमृता a plant (menispermum cordifolium). 2, 460.

अमृताशन m. a god. 1, 4

अंबक n. the eye. 2, 364.

अंबर n. 1) cloth, dress. 2, 393. 2) the sky or heaven. 1,137. 5,15.

अंबरीष m. a frying pan. 2, 158.

अंबा f. a mother. 2, 349.

अंबिका f. Pârvati. 1, 15.

अंबु n. water. 3, 26. 5, 61.

अंबुज n. a lotus (nymphaea nelumbo) 3, 57.

अंबुद m. a cloud. 5, 40.

अंबूकृत adj. sputtered (of speech). 1, 142.

अंभस् n. water. 3, 26. 46. 5, 83.

अय m. good luck. 1,126. (अयानय 'whether producing good or ill luck').

अयन n. 1) a road, a path. 2, 105. 2) a place, a site (?). 4, 77.

अयंत्रित adj. unrestrained, unhindered. 4, 66.

अयस् n. iron. 2, 16.

अयस्कांत m. the loadstone. 2, 14.

अयि a particle introducing a kind enquiry 5 96.

अरं adv. quickly. 4, 12.

अरघट्टक m. a wheel for drawing water with. 3, 63. Hind. ارهٹ.

अरणि m. f. wood used for kindling by attrition the sacrificial fire. 2, 260.

अरण्य n. a wood, a forest. 2, 55.

अरण्यश्वन् m. a wolf. 2, 73.

अरति f. longing, regretting. 4, 57.

अरत्नि m. a cubit, or measure from the elbow to the tip of the little finger. 2, 381.

अरर m. n. the leaf of a door. 2, 133. v. r. अररि.

अरविंद n. a lotus (nymphaea nelumbo). 3, 58.

अराति m. an enemy. 2, 300.

अराल adj. bent, crooked. 4, 11.

अरि m. an enemy. 2, 300.

अरित्र n. a rudder. 3, 50.

अरिष्ट m. 1) a tree (nimba azadaracta). 2, 41. 2) a crow. 2, 90. — n. 3) a natural phenomenon boding misfortune.

1, 127. 4) misfortune. 5, 18. 5) buttermilk. 2, 120.

अरिष्टगृह n. a lying-in chamber. 2, 344.

अरुण adj. red. 4, 48.

अरुंतुद adj. inflicting pain, painful. 2, 216.

अरुस् n. a wound. 3, 8.

अर्क m. the sun. 1, 36. 120. 5, 70.

अर्काश्मन् m. crystal. 2, 21. See सूर्यकांत.

अर्गला f. a bolt to fasten a door. 2, 145.

अर्घ m. 1) price. 2) an oblation given to a venerable person. 5, 49.

अर्चना f. worship, homage. 5, 49.

अर्चा f. 1) worship, homage. 1, 128. 2) an image. 1, 131.

अर्चिष्मत् m. fire. 1, 62.

अर्चिस् n. flame. 1, 65. 67.

अर्जुन 1) adj. (f. ई.) white. 4, 47. 2) m. a tree (pentaptera arjuna). 2, 40. 3) v. r. instead of अंजन. 5, 26. 4) n. grass. 2, 35. 5) f. a cow. 2, 113.

अर्णव m. the ocean. 3, 30.

अर्णस् n. water 3, 26.

अर्त्ति f. pain. 3, 4.

अर्थ 1) cause, motive. 5, 81. 2) intention, purpose. 3) meaning, signification. 4) wealth. 1, 80. 5, 81. Comp. देवतार्थ, युद्धार्थ 2, 291.

अर्थवाद m. praise. 1, 145.

अर्थव्ययसह adj. prodigal. 5, 46.

अर्थागम m. income. 2, 278.

अर्थिन् m. a beggar. 2, 204.

अर्ध 1) adj. half. 2, 407. 2) m. a part. 4, 28.

अर्धगुच्छ m. a necklace consisting according to HC. and Râyam. (गुत्सार्ध) of 24 strings. 2, 407.

अर्धचंद्र m. an arrow with a head like a crescent. 2, 314.

अर्धोरुक adj. reaching to the middle of the thigh, e. g. a petticoat. 2, 392.

अर्भक m. a child, the young of any animal. 2, 347.

अर्यमन् m. the sun. 1, 35.

अर्य m. a master. 2, 188.

अर्वत् 1) m. a horse. 2, 281. 2) f. अर्वती a mare. 2, 285.

अर्वन् adj. bad, inferior. 2, 182.

अर्वाक्कूल n. the near bank of a river. 3, 45.

अर्श n. piles. 2, 451.

अर्शस् n. piles. 2, 450.

अर्शस adj. afflicted with piles or haemorrhoids. 2, 451.

अर्हत् m. a Jaina saint. 1, 86.

अल n. the tail (or rather the sting) of a scorpion. 3, 23.

अलक n. curled hair, a lock. 2, 376.

अलका f. the residence of Kuvera. 1, 83.

अलक्तक m. lac. 2, 400.

अलक्ष्मी f. (nom. अलक्ष्मीः), misfortune, calamity, personified as a goddess. 1, 86.

अलगर्द m. a water snake. 3, 21.

अलंकरण n. an ornament. 2, 403.

अलंकर्मीण adj. skilful, clever. 2, 215.

अलंकार m. an ornament. 2, 384.

अलर्क m. a mad dog. 2, 127.

अलस adj. indolent, lazy. 2, 232.

अलात n. a fire brand. 1, 67.

अलाबू f. a long white gourd (cucurbita lagenaris). 2, 54.

अलि m. a bee. 2, 100.

अलिक n. the forehead. 2, 370.

अलिंजर m. an earthen water jar. 2, 162.

अलिन् m. a bee. 2, 100.

अलिंदक m. a terrace before a house. 2, 144.

अलीक n. untruth, falsehood. 1, 144.

अल्प adj. small. 4, 3.

अवकर m. dust, sweepings. 2, 147.

अवकाश m. opportunity. 5, 85.

अवकीर्ण adj. scattered. 4, 29.

अवकीर्णिन् m. a religious student who has broken his vows by incontinency. 2, 249.

अवकृष्ट adj. vile, inferior. 2, 182. v. r. for अपकृष्ट.

अवकेशिन् m. a tree without fruit. 2, 23.

अवक्रय m. price. 2, 418.

अवगाह m. a bucket (? = जलद्रोणी). 4, 69. The Çkd. of Râdhâkânta reads अवगाद्, but the meaning नौकाजलसेचनपात्र has no authority. The Oxford Ms. of the Çabdamâlâ reads अवयाहो जलद्रोणी.

अवगीत adj. 1) seen frequently, well known, *decantatus*. 2) censured, blamed. 4, 70.*

अवयह m. the forehead of an elephant. 2, 63.

अवग्राहिणी f. See गृह°.

अवचूल m. an ornament hanging downwards from the top of a banner. 2, 303. See उच्चूल.

अवज्ञा f. disregard, contempt. 4, 30.

अवज्ञात adj. despised. 4, 29.

अवट m. a hole or pit. 4, 97. 5, 16.

अवटु 1) f. the nape of the neck. 2, 370. 2) n. (?). a hole, a rent. 3, 2.

अवतंस } m. 1) a garland of
अवतंसक } flowers worn on the crown of the head. 2) an earring. 2, 399.

---

* अवगीतं तु निर्वादे जनूक्तदृष्टे विगर्हिते. Ajaya.

अवतमस n. slight darkness. 1, 110.

अवतोका f. a cow which has miscarried. 2, 115.

अवदंश m. a stimulant to drink. 2, 173.

अवदात adj. white. 4, 47.

अवद्य adj. low, inferior. 2, 182.

अवधारण n. determining, stating or holding with positiveness and assurance. 5, 95. 98.

अवधि m. 1) a boundary, a limit. 2, 104. 2) a hole, a pit. 5, 16. 3) an agreement 5, 32.

अवध्य adj. not to be killed, sacred. 2, 251.

अवध्वस्त adj. scattered. 4, 29.

अवनि f. the earth. 2, 1.

अवंतिसोम m. sour gruel. 2, 163.

अवंती f. Ujjayinî, the modern Oujein. 2, 132.

अवपात m. a hole or pit. 4, 97.

अवभृथ m. a supplementary sacrifice made to atone for any defects in a principal and preceding one. 2, 262.*

अवम adj. low, inferior. 2, 182.

अवयव m. a member, a part. 4, 59.

अवरज m. a younger brother. 2, 351.

अवरोध m. a seraglio, a haram. 2, 325.

अवरोह m. a creeping plant climbing up to the top of a tree. 2, 29.**

---

* प्रधानयागो दीक्षा। तस्यांतः समापको यो ऽपरो यज्ञो न्यूनत्वादिदोषनिरासाय प्रधानयागस्य पूरणाय प्रतिष्ठार्थं क्रियते सो ऽवभृथः॥ Râyam.

** वृक्षमूलात्प्रभृति वृक्षाग्रपर्यंतं गता गुडूच्यादिलताप्यवरोहः। Râyam.

अवर्णवाद् m. censure, blame, reproach. 1, 148.

अवलग्न n. the waist. 2, 362.

अवलीढा f. disregard, contempt. 4, 30.

अवलेप m. pride, haughtiness. 4, 37.

अवलोकन n. looking, seeing. 2, 411.

अवश्यं adv. certainly, positively. 5, 50.

अवश्याय m. frost, hoar frost. 3, 28.

अवष्टंभ m. = सौष्ठव. 4, 74.

अवसर् m. occasion, opportunity. 4, 65. 5, 65. 85.

अवसान n. end, termination. 5, 39. 67. 2, 25.

अवस्कंद् m. assault, attack. 2, 297.

अवस्कर् m. 1) faeces, excrement. 3, 15. 2) a privity, an organ of generation. 5, 37.

अवहार् m. a shark. 3, 34.

अवहित्थ n. dissimulation. 4, 87. अंगविकृतस्य रोमांचादेराच्छादनादवहिःस्थितत्वमवहित्था। अवहित्थमथोच्यतेति भारतात् क्लीवमपि। Râyam.

अवहेल n. disregard, contempt. 4, 30.

अवाक्श्रुति adj. deaf and dumb. 2, 454.

अवाग्भाग m. the part below. 2, 26.

अवाक् 1) n. of अवांच्, down, below, downwards. 1, 102. 2) f. अवाची the south. 1, 101.

अवि m. a sheep. 2, 124.

अविदूस n. ewe's milk. 2, 124.

अविनीता f. an immodest woman. 2, 341.

अविमरीस n. ewe's milk. 2, 124.

अविरत adj. unceasing, continual. 4, 13.

अविसोढ n. ewe's milk. 2,124.

अविस्पष्ट adj. unclear, indistinct .1, 141.

अवी f. (nom. ईः), a woman in her courses. 2, 333.

अवेक्षा f. attention, watchfulness. 4, 97.

अव्यक्त 1) adj. indistinct, unclear. 5, 56. 2) inarticulate. 1, 140. 3) m. the supreme spirit. 5, 56.* 4) a fool. 5,56.

अव्यक्तवाच् adj. speaking indistinctly. 2, 232.

अव्यंजन adj. beardless. 2, 123.

अव्यापार m. vacation from work, state of being unemployed. 5, 65.

अशन n. 1) eating. 2, 170. 2) food. 2, 164. 5, 83.

अशनाया f. hunger. 2, 206.

अशनि m.f. Indra's thunderbolt. 1, 56.

* In this sense it appears generally as a neuter.

अशुभ n. 1) sin. 3, 5. 2) misfortune. 5, 18.

अशोक m. a tree (jonesia asoka). 2, 37.

अश्मगर्भ n. an emerald. 2, 20.

अश्मन् m. a stone. 2, 13.

अश्मंतक n. an oven or stove. 2, 158.

अश्मसार n. iron. 2, 16. अश्मसारं च शस्त्रकमित्यमरमालायां क्लीवमपि. Râyam.

अश्र 1) m. a corner. 4, 42. See अश्रि. 2) a tear. 2, 364. See अश्रु.

अश्रांत adj. continual. 4, 13.

अश्रि f. a corner. 4, 42.

अश्रु n. a tear. 2, 364.

अश्लील adj. coarse, vulgar. 1, 142.

अश्व m. a horse. 2, 281.

अश्वतर m. a mule. 2, 295.

अश्वत्थ m. the holy fig tree. (ficus religiosa) 2, 41.

अश्वमुख m. a Kinnara, an attendant on Kuvera. 1, 82.

अश्वारोह m. a horseman. 2, 235.

अश्विन् m. du. the twin sons of Açvinî, and physicians of the gods. 1, 84.

अष्टापद n. gold. 2, 18.

अष्ठीवत् m. the knee. 2, 360.

असंशय m. absence of doubt, certainty. 5, 99.

असकृत् adv. repeatedly, again. 4, 39.

असक्त adj. continual. 4, 13.

असती f. an unchaste woman. 2, 341.

असन n. a tree (pentaptera tomentosa). 2, 44.

असंपूर्ण adj. incomplete. 4, 28.

असंमत adj. disapproved, despised. 2, 211.

असहन m. an enemy. 2, 300.

असार adj. pithless, empty, vain. 4, 92.

असि m. a sword. 2, 317.

असिक्नी f. a woman in attendance in a haram. 2, 336.

असित 1) adj. black. 1, 50. 4, 49. 2) m. the planet Saturn. 1, 48.

असिधेनु
असिपुत्रिका } f. a knife. 2, 318.

असु m. pl. life. 1, 134.

असुर m. a demon. 1, 5.

असुहृद् m. an enemy. 2, 300.

असृग्धरा f. the skin. 3, 8.

असृज् n. blood. 3, 10.

असेचनक adj. insatiable. 2, 195. According to Amara 'charming to such extent that the eye does not get tired of looking at it.'

असौम्य adj. not pleasing, unfriendly. 4, 87.

अस्तिमत् adj. wealthy. 2, 214.

अस्त्र n. 1) a weapon in general. 2, 307. 2) a bow. 2, 309.

अस्थाग adj. deep. 3, 27.

अस्थि n. a bone. 3, 10. 11.

अस्थिपंजर n. a skeleton. 3, 11.

अस्निग्ध adj. unkind, harsh. 4, 98.

अस्र n. blood. 3, 10.

अस्रु n. a tear. 2, 364.

अस्वप्न m. a god. 1, 4.

अस्वाध्याय m. a brahman who has not read the Vedas previous to his investiture. 2, 250.

अहंयु adj. proud, conceited. 2, 224.

अहंकार m. pride, haughtiness. 4, 37.

अहंकारिन् adj. proud, conceited. 2, 224.

अहत n. new clothes. 2, 395.

अहमहमिका f outdoing a rival. 4, 99.

अहर्पति m. the sun. 1, 37.

अहस् n. a day. 1, 106.

अहार्य m. a mountain. 2, 10.

अहि m. a snake. 3, 18. 20.

अहित m. an enemy. 2, 300.

अहिर्बुध्न m. Çiva. 1, 13.

अहीरणिन् m. a kind of snake. 3, 21. Purushottama writes अहीरणि.

अहोरात्र n. day and night. 1, 105. A day and night of the Pitris last a month, of the gods a year, of Brahman 2000 yugas of the gods. 1, 115.

अह्नाय adv. soon, quickly, speedily. 4, 12.

आ.

आकर m. a mine. 2, 14.

आकर्ष m. 1) a die, dice. 2) playing with dice. 3) a draught-board. 5, 59.

आकल्प m. ornament, decoration. 2, 384.

आकल्य n. sickness, disease. 2, 445.

आकस्मिक adj. (f. ई), sudden. 5, 98.

आकार m. an affection of the body, considered as indicative of mental sentiment or emotion. 4, 87.

आकारण n. calling, inviting. 1, 154.

आकुल adj. filled with. 4, 17.

आकुलक = आकुल adj. confused, disordered. 4, 46.

आकूत n. intention, purpose. 4, 77.

आक्रंद m. war, battle. 2, 298.

आक्रांत adj. = आस्थित. 4, 96.

आक्रोश m. reviling, imprecation. 1, 149. 5, 59.

आक्षेप m. abuse, taunt. 1, 149. 2, 223.

आखंडल m. Indra. 1, 53.

आखात m. a natural pond. 3, 53.

आखु m. a rat, a mouse. 2, 80.

आखुरथ m. Gaṇeça. 1, 18.

आखेटक m. chase, hunting. 2, 280.

आख्या f. a name. 1, 152.

आख्यान n. } a tale, a legend. 1,152.
आख्यायिका f. }

आगंतु m. a guest. 2, 203.

आगम m. sacred science. 1, 9.

आगस् n. offence, transgression. 4, 64.

आगुर् f. assent. 4, 30.

आग्नेयी f. the wife of Agni. v. r. 1, 66.

आघाट m. a boundary, a limit. 2, 104.

आघार m. clarified butter. 2, 120.

आंगिरस m. Bṛihaspati. 1, 47.

आचमन n. sipping water before or after religious ceremonies. 2, 253.

आचार m. custom, usage, practice. 5, 66. 83.

आचारातिक्रम (?). 4, 98.

आचित adj. gathered, accumulated. 4, 17.

आच्छाद m. clothes. 1, 121.

आच्छादन n. 1) clothes. 2, 393. 2) the wooden frame of a roof. 2, 148.

आच्छोदन n. hunting, chase. v. r. 2, 280.

आजानेय m. a horse of a good breed. 2, 284.

आजि f. war, battle. 2, 298.

आजीव m. 1) livelihood, subsistence. 2, 415. See पण्याजीव. 2) a Jaina beggar. 2, 190.

आज्य n. clarified butter. 2, 120.

आटि f. a bird (turdus ginginianus). 2, 94. See आति.

आटोप m. pride. 4, 37.

आडंबर m. 1) the sound of a drum (?). 2) the roaring of elephants (?). 3) = प्रपंच. 5, 55.

आढकी f. a kind of pulse (cytisus cajan). 2, 429.

आढ्य adj. rich, wealthy. 2, 201.

आतंक m. 1) sickness, disease. 2, 445. 2) fear. 4, 40.

आतप m. the heat produced by sunshine. 1, 40.

आतपत्र n. a parasol. 2, 268.

आतर m. money paid for being ferried over a river, fare, freight. 3, 49. The same is expressed, according to Rayam. by आतार and अनुतर.

आतापिन् m. a kite. v.r. 2, 95.

आतायिन् m. a kite. 2, 95.

आति f. a bird (turdus ginginianus). 2, 94.

आतिथेय n.
आतिथेयी f.
आतिथ्य n. } hospitality. 2, 204.

आतोद्य n. a musical instrument. 1, 93.

आत्मज m. a son. 2, 342.

आत्मन् m. 1) the soul. 1, 134. 2) nature, disposition, character. 4, 97. 5, 64.

आत्मभू m. 1) Vishṇu. 1, 24. 2) Kâma. 1, 33.

आत्मीय adj. related, cognate. 2, 354.

आत्रेयिका f. a woman in her courses. 2, 333.

आदर्श m. a mirror. 2, 400.

आदि adj. 1) first. 4, 22. 2) at the end of a compound: et cetera, and so on. 5, 101.

आदित्य m. 1) the sun. 1, 35. 2) a deity in general. 1, 4.

आदिम adj. first. 4, 90.

आदीनव m. a fault. 4, 86.

आदेशिन् m. an astrologer. 2, 248.

आदेष्टृ m. a person instituting the performance of a sacrifice. 2, 265.

आद्य adj. first. 4, 90.

आद्यून adj. voracious. 2, 195.

आधार m. 1) a receptacle. 5, 12. 2) a pond. 3, 54.

आधि m. mental pain, anxiety. 2, 380.

आधोरण m. an elephant-driver. 2, 70.

आनक m. a sort of drum. 1, 97.

आनकदुंदुभि m. Vasudeva, the father of Kṛishṇa. 1, 27.

आनन n. the face. 2, 363. 97.

आनंद m. joy, delight. 1, 123.

आनाय m. a net. 2, 439.

आनाह m. length. 4, 101.

आनुपूर्वी f. order, method, succession. 4, 54.

आपगा f. a river. 3, 43.

आपण m. a shop. 2, 141.

आपन्नसत्त्वा f. a pregnant woman. 2, 343.

आपान n. a liquor shop. 2, 173.

आपीड m. a chaplet worn on the crown of the head. 2, 399.

आपीन n. an udder. 2, 116.

आप्त m. a relation. 2, 354.

आप्लवन n. bathing, ablution. 2, 253.

आबंध m. a thong of leather

which fastens the oxen to the yoke of a plough. 2, 420.

आबंधन n. a tie. 5, 19.

आबाधा f. pain. 3, 4.

आभरण n. an ornament. 2, 384. 404.

आभीर m. a cow-herd. 2, 432.

आभीरपल्ली f. a station of herdsmen. 2, 106.

आभिल adj. formidable, fearful. 4, 20.

आभोग m. fulness, completeness. 4, 70.

आम m. sickness, disease. 2, 445.

आमगंधिक n. the smell of raw meat. 3, 9.

आमंत्रण n. calling to, addressing a person. 5, 97.

आमय m. sickness, disease. 2, 445.

आमलकी f. emblic myrobalan (phyllanthus emblica). 2, 463.

आमिक्षा f. a mixture of boiled and coagulated milk. 2, 261.

आमिष n. 1) meat. 3, 9. 2) a present, a bribe. 2, 279.

आमुक्त adj. dressed, accoutred. 4, 62.

आमुष्यायण m. the son of a celebrated father. 2, 240.

आमोद m. fragrance. 1, 77.

आम्नाय m. sacred doctrine, handed down by oral tradition. 2, 247. 2) the Veda. 1, 9.

आम्र m. the mango tree (mangifera indica). 2, 37.

आम्रेडित n. repetition of a sound or word. 1, 153.

आय m. income, revenue. 2, 278.

आयःशूलिक m. a man who, in order to attain an object, uses forcible, instead of gentle means, as for instance a beggar, who holds a lance to your breast, in begging for alms. 2, 216.

आयत adj. long. 4, 66.

आयतन n. a shed for sacrifices. 2, 138.

आयति f. future time. 1, 118.

आयह्लक n. regretting, longing. 4, 57.

आयाम m. length. 4, 101.

आयुध n. a weapon. 2, 307. 5, 48. 81.

आयुर्वेदिन् m. a physician. 2, 457.

आयुष्मत् adj. long-lived. 2, 226.

आयोधन n. war, battle. 2, 298.

आरकूट m. brass. 2, 15.

आरक्त m. the part beneath the frontal projections on the forehead of an elephant. 2, 63.

आरग्वध m. a tree (cassia fistula). 2, 43.

आरनाल n. sour gruel made from boiled rice after fermentation. 2, 163.

आरंभ m. beginning. 4, 22.

आराग्र n. the head of certain arrows, having the shape of an awl, or an arrow of that kind. 2, 314. Cf. Çârngadhara-paddhati 80, 64. आरामुखं क्षुरप्रं च गोपुच्छं चार्धचंद्रकं। सूचीमुखं च भल्लं च वत्सदंतं द्विभल्लकं॥ कर्णिकं काकतुंडं च तथान्यान्यप्यनेकशः। फलानि देशदेशेषु भवंति बहुरूपतः॥ आरामुखेन वै चर्म क्षुरप्रेण च कार्मुकं। सूचीमुखेन कवचमर्धचंद्रेण मस्तकं। भल्लेन हृदयं वेध्यं etc.

आरात् adv. 1) near. 4, 7. 2) far. 4, 8.

आराधना f. service, worship. 1, 129.

आराम m. a grove in the outskirts of a town. 2, 57.

आरालिक m. a cook. 2, 276.

आरेक m. doubt, uncertainty. 4, 6.

आरोपित adj. placed in or upon. 4, 62.

आरोह m. 1) height. 2, 26. 2) the buttocks. 2, 357.

आरोहण n. a ladder, a staircase. 2, 146.

आर्त्ति f. pain. v. r. 3, 4.

आर्द्रक n. ginger in the undried state. 2, 461.

आर्द्रालुब्धक m. the dragon's tail or descending node. 1, 49.

आर्य m. 1) a respectable, venerable man. 1, 99. 2, 217. 2) a Vaiçya. 2, 415. 3) a guard of the women's apartments. 5, 28. 4) f. आर्या, Pârvatî. 1, 15.

आर्षभ्य m. a bull fit for castration. 2, 109.

आलंभ m. killing, slaughter. 2, 323.

आलय m. a dwelling, a house. 2, 137

आलवाल m. a trench for water dug at the root of a tree. 2, 29.

आलस्य n. idleness, indolence. 4, 72.

आलान n. the post to which an elephant is tied. 2, 66.

आलि m. a scorpion. 3, 23.

आलिंगन n. embracing, an embrace. 2, 413.

आली f. 1) a woman's female friend. 2, 332. 2) a row or range. 4, 36. 3) a causeway, a bridge. 3, 54.

आलेख्यलेखा f. painting. (?). 4, 43.

आलोक m. light, lustre. 1, 66.

आवरण n. a shield. 2, 305.

आवर्त m. a whirlpool. 3, 46.

आवर्हित adj. eradicated. 4, 27.

आवली f. a row or range. 4, 36.

आवसथ m. a dwelling, a house. 2, 136.

आवाप m. 1) a trench for water dug at the root of a tree. 2, 29. 2) a bracelet. 2, 402.

आवाल n. a trench for water dug at the root of a tree. 2, 29.

आवास m. a dwelling, a house. 2, 136. Comp. त्रिदश°

आविक m. (?) a woollen blanket. 2, 396.

आविद्ध adj. crooked. 4, 11.

आवुक m. a father (in theatrical language). 1, 99.

आवेश m. conceit, pride. 4, 37.

आवेशन n. a work-shop. 2, 141.

आवेशिक m. a guest. 2, 203.

आवेष्टक m. an enclosure, a wall. 2, 135.

आशंसा f. wish, desire. 4, 25.

आशंका f. fear. 4, 40.

आशय m. a receptacle. 5, 12.

आशा f. 1) a region. 1, 100. 2) desire. 2, 209.

आशिस् f. (nom. âçis) a serpent's fang. 3, 20.

आशी f. v. r. for आशिस्. 3, 20. (âçîm iva kalâm indoh. Râjaçekhara quoted by R.M.).

आशीर्विष v. r. for आशीविष. 3, 19.

आशीविष m. a snake. 3, 19.

आशु adj. quick, fast. 4, 12.

आशुशुक्षणि m. fire. 1, 63.

आश्चर्य n. a wonder, a marvel. 4, 60.

आश्रम m. 1) a hermitage. 2, 143. 2) a religious order of four kinds, according to the different periods of life. See ब्रह्मचारी, गृहस्थ, वानप्रस्थ, यति. 2, 238.

आश्रय m. support, shelter, refuge. 2, 143.

आश्रयाश m. fire. 1, 64.

आश्लेष m. embracing, an embrace. 2, 413.

आषाढ m. a staff of Palâça wood carried by ascetics on the day of full moon of the month Ashâḍha. 2, 256.

आसन n. 1) a seat in general; a stool, chair, couch, carpet, etc. 1, 121. 2, 155. 256. 2) the withers of an elephant. 2, 62.

आसंदी f. a couch. 2, 156.

आसन्न adj. near. 4, 8.

आसव m. spirituous liquor. 2, 175.

आसार m. a heavy fall of rain. 1, 59.

आसीन adj. sitting. 2, 231.

आसुतीवल m. one who causes a sacrifice to be performed on the day of the new or full moon, etc. 2, 265.

आसुरी f. black mustard (sinapis chinensis, Lin.). 2, 426.

आस्तरण n. a coloured cloth or blanket thrown over the back of an elephant, or a carriage, etc. 2, 153.

आस्थान 1) n. a royal waiting-room. 4, 93. 2) f. आस्थानी, an assembly. 4, 60.

आस्थित = आक्रांत. 4, 96.

आस्य n. the mouth, the face. 2, 363.

आहव m. war, battle. 2, 298.

आहवनीय m. the sacred fire in which oblations are offered. 5, 3.

आहार m. 1) eating. 2, 170. 2) food. 2, 164. Comp. त्रिदश°

आहाव m. a trough or ditch near a well for watering cattle. 3, 62.

आहित adj. placed. 4, 62.

आहितुंडिक m. a snake-catcher. 2, 458.

आहो part. or. 5, 94. (स्थाणुराहो पुरुषः 'is this a trunk of a tree or a man? Kshîrasvâmin).

आहोपुरुषिका f. a vain determination to accomplish an object, vaunting of one's power. 4, 99. (Durgâ is called Indra's Âhopurushikâ i. e. his vaunting in battles. Ânandalahari. 7.) निजभुजबलाहोपुरुषिकाकारंकारं Bhv. I, 79.

आह्वान n. 1) calling, inviting. 1, 154. 2) a name. 1, 152.

इ.

इ m. a name of Kâma. 1, 34.

इचिक्किल m. mud, mire. 3, 56.

इच्छा f. wish, desire. 4, 25. Comp. मलेच्छ.

इङ्गुदल m. a plant (barringtonia acutangula). 2, 40.

इज्याशील adj. performing many sacrifices. 2, 265.

इडा f. 1) earth. 2) heaven. 3) an artery on the left side of the body, one of the three (idâ, pingalâ, sushumnâ) principal channels of vital breath.* 5, 60.

इतर pron. adj. 1) other, different. 2, 325. 2) low, vile, vulgar. 2, 193.

इतरेतर pron. mutual, reciprocal. 4, 35.

इति part. 1) therefore (हन्तीति पलायते 'he strikes, therefore the other runs away.'). 2) thus, similarly (गौरश्वो हस्तीति जातिः 'a cow, a horse, an elephant, and animals of a similar kind form a class.'). 3) it is so. 4, 95.

---

* Comp. Vrihannâradiya-purâṇa Chapter 31: जंतूनां दक्षिणा नाडी पिंगला परिकीर्तिता। सूर्यदैवतका चैव पितृयोनिरिति श्रुता ॥१६६॥ देवयोनिरिति ख्याता इडा नाडी त्वदक्षिणा। तत्राधिदैवतं चंद्रं शृणुध्वं गदतो मम ॥१६३॥ एतयोरुभयोर्मध्ये सुषुम्ना नाडिका स्मृता। अतिसूक्ष्मा गुह्यतमा ज्ञेया सा ब्रह्मदैवता ॥१६४॥ Gorakshaçataka 99. प्राणं चेदिडया पिबेत्परिमितं भूयो ऽन्यया रेचयेत्पीत्वा पिंगलया समीरणमथो बद्धा त्यजेद्वामया। सूर्याचंद्रमसोरनेन विधिना बिंबद्वयं ध्यायतां शुद्धा नाडिगणा भवंति यमिनां मासत्रयादूर्ध्वतः॥

4) and so on (ब्राह्मीत्याद्यास्तु मातरः 'the divine mothers are Brâhmî etc.'). 5) in conclusion, here ends (इति स्वर्गवर्गः 'here ends the chapter of heaven'.). 5, 101.

इतिह part. according to tradition. 5, 91. (इतिह वृद्धेरुक्तमिह वटे यक्षः प्रतिवसतीति 'it is told by old men, a. t. t., that this figtree is inhabited by a Yaksha' R. M.)

इत्वरी f. an unchaste woman. 2, 341.

इध्म m. fuel. 1, 69.

इन m. 1) a master, a lord. 5, 39. 2) a wealthy or powerful man. 2, 201. 3) the sun. 1, 35.

इंदिंदिर m. a bee. 2, 100.

इंदिरा f. Lakshmî. 1, 31.

इंदीवर n. a blue lotus. 3, 59.

इंदु m. the moon. 1, 42.

इंद्र m. the god of heaven and regent of the east quarter. 1, 52. 55. 100.

इंद्रकोश m. a platform. 2, 139.

इंद्रप्रहरण n. Indra's thunderbolt. 1, 56.

इंद्रलुप्त n. a disease producing baldness. 2, 450. Comp. ऐंद्रलुप्तिक.

इंद्राणी f. the wife of Indra. 1, 55.

इंद्रायुध m. a horse marked with black about the eyes. 2, 283. Comp. HC. on IV, 309: मल्लिकाक्षः सितैर्नेत्रैःस्याद्दाइंद्रायुधो ऽसितैः॥

इंद्रावरज m. Vishṇu or Kṛishṇa. 1, 23.

इंद्रिय n. 1) an organ of sense. 2, 380. 2) semen virile. 3, 16.

इंद्रियग्राम m. the senses collectively. 5, 25.

इंधन n. fuel. 1, 69.

इभ m. an elephant. 2, 59.

इरंमद m. a flash of lightning. 1, 70.

इरा f. 1) the earth. 2) water. 3) speech. 4) food. 5, 83.

इरिण n. a spot with saline soil. 2, 3.

इला f. 1) a cow. 5, 48. 2) the earth. 2, 1. 3) speech. 5, 48. Comp. इडा, इरा.

इष m. the month Âçvina (September-October). 1, 114.

इषीका f. a kind of reed (saccharum spontaneum). 2, 36.

इषु m. f. an arrow. 2, 311.

इषुधि m. f. a quiver. 2, 310.

इष्टका f. a brick. 2, 138.

इष्वास n. a bow. 2, 309.

ई.

ई A part. expressive of 1) grief, 2) anger, 3) possibility, 4) proximity. 5, 89.

ईक्षण n. 1) sight, seeing. 2, 411. 2) the eye. 2, 364.

ईडा f. praise. 1, 145.

ईति f. calamity, arising from excessive rain or drought, foreign invasion, or birds, rats, locusts, which destroy the crops. 1, 127.

ईप्सा f. wish, desire. 4, 25.

ईर्म n. a wound. 3, 8.

ईर्वारु v. r. for एर्वारु. 2, 54.

ईर्ष्या f. envy. 4, 55.

ईर्ष्यालु adj. envious. 2, 229.

ईली f. According to Kshîrasvâmin, a single-edged sword, used as a weapon by the Turushkas. 2, 440.

ईश m. a lord, a mighty man. 2, 201.

ईशान m. Çiva. 1, 11.

ईश्वर m. a lord, a powerful man. 2, 201.

ईषत् adv. a little. 5, 96. 2, 412.

ईहामृग m. a wolf. 2, 73.

उ.

उक्षतर m. a large bull. 2, 110. H. C. on IV, 324 explains the word by *hrasita ukshâ*.

उक्षन् m. an ox or bull. 2, 108.

उखा f. a pot. 2, 159. 168.

उख्य adj. boiled in a pot, as e. g. meat. 2, 168.

उग्र m. Çiva. 1, 11.

उग्रधन्वन् m. Indra. 1, 54.

उचित adj. right, proper. 4, 61.

उच्च adj. high. 4, 66.

उच्चंड adj. quick, fast. 4, 98.

उच्चय m. the knot which fastens the lower garments round the loins. 2, 392.

उच्चार m. faeces, excrements. 3, 15.

उच्चावच adj. various, unconnected, digressive. 1, 139.

उच्चूल m. an ornament tied upwards on the top of a banner. 2, 303. Comp. अवचूल.

उच्चैःश्रवस m. the horse of Indra. 1, 61.

उच्चैस्तर adj. higher, louder, very high. 1, 140.

उच्छिष्ट 1) adj. left, rejected. 2) n. remainder. Comp. अनुच्छिष्ट, भुक्तोच्छिष्ट, मधूच्छिष्ट.

उच्छीर्षक n. a pillow. 2, 154.

उच्छृंखल adj. unshackled, unrestrained, free. 4, 66.

उज्जयिनी f. n. pr. of a city the modern Oujein. 2, 132.

उज्ज्वल adj. splendid, bright, pure. 1, 132.

उज्झित adj. left, rejected. 4,29.

उटज n. a hut, a house. 2, 136.

उडु n. a star. 1, 51.

उडुप n. a raft, a float. 3, 49.

उताहो part. or. 5, 94. Comp. आहो.

उत्क adj. desiring or longing for. 2, 231.

उत्कट adj. exceeding, excessive. 4, 59.

उत्कंठा f. regretting, longing. 4, 57.

उत्कंठित adj. desiring or longing for. 2, 231.

उत्कर m. a multitude. 4, 1.

उत्कर्ष m. 1) excellence, eminence, superiority. 5, 50. 67. 2) joy, pleasure (?). 1, 123. Comp. गुणोत्कर्ष.

उत्कलिका f. 1) a wave, a billow. 3, 31. 2) strong desire, longing. 4, 57.

उत्कोच m. a bribe. 2, 279.

उत्क्रोश m. an osprey. 2, 94.

उत्तंस m. 1) a chaplet, a wreath worn on the crown of the head. 2) an earring. 2, 399.

उत्तम adj. chief, principal, best. 4, 5.

उत्तमांग n. the head. 2, 363.

उत्तर adj. 1) future. 1, 118. 2) f. उत्तरा the north. 1, 101.

उत्तरंग n. the lintel of a door. 2, 145.

उत्तरच्छद m. a cover, a wrapper. 2, 153.

उत्तराशापति m. Kuvera. 1, 79.

उत्तरासंग m. an upper garment. 2, 255.

उत्तरीय n. an upper garment. 2, 391.

उत्ताल adj. swift, speedy. 2, 215. 2) high, tall. 5, 14.

उत्पल n. a blue lotus. 3, 59.

उत्पश्य adj. looking upwards. 2, 230.

उत्पाटित adj. torn out, eradicated. 4, 27.

उत्पात m. a portent, any natural prodigy or phenomenon. 1, 127. 5, 54.

उत्पिंजल adj. confounded, confused. 4, 46.

उत्प्रास m. excess (*âdhikya* RM.) Comp. सोत्प्रास.

उत्स m. a spring, a fountain. 3, 55.

उत्संग m. the lap. 2, 373.

उत्सर्ग m. gift, donation. 2, 264.

उत्सव m. a festival. 4, 78. 5, 65.

उत्सादन n. rubbing and cleaning the body with fragrant unguents. 4, 46.

उत्सारक m. a doorkeeper, a porter. 2, 269.

उत्साह m. effort, exertion, energy, magnanimity. 1, 91. 4, 94. Comp. महोत्साह.

उत्साहन n. effort, perseverance. 5, 84.

उत्सुक adj. desiring, longing for, attached to. 2, 198.

उत्सृष्ट adj. thrown away, left. 4, 29.

उत्सेध m. the body. 5, 17.

उदक n. water. 3, 26.

उदक्या f. a woman in her courses. 2, 333.

उदग्भूम m. fertile soil. 2, 5.

उदग्र adj. high, tall. 4, 66.

उदंच् 1) adj. (nom. उदङ्, उदीची, उदक्) northern. 1, 103. 2) f. (udici) the north. 1, 101.

उदंचन n. a lid or cover. 2, 161.

उदंचित adj. thrown upwards. 4, 83.

उदधि m. the ocean. 3, 30.

उदंत m. tidings, intelligence. 1, 146.

उदन्या f. thirst. 2, 208.

उदन्वत् m. the ocean. 3, 30.

उदपान n. a well. 3, 62.

उदर n. the belly. 2, 360. 5, 41.

उदरिल adj. fat, corpulent. 2, 453.

उदर्क m. the future result of actions. 1, 118.

उदलावणिक adj. (f. î), prepared with brine. 2, 167.

उदवसित n. a house, a dwelling. 2, 136.

उदश्वित् n. buttermilk with an equal proportion of water.

2. 120. अर्धं दधि अर्धं जलं यत्र तदुद्श्वित्. Râyam. Comp. the note on तक्र.

उदात्त 1) adj. generous, noble. 2, 201. 2) m. the high accent or acute. 5, 77.

उदार adj. generous, noble. 2, 201.

उदीचीन adj. northern. 1, 103.

उदीरण n. speaking, saying. 1, 138.

उदीर्ण adj. generous, noble. 2, 201.

उडुंबर n. copper. 2, 15.

उद्गमनीय n. bleached clothes. 2, 396.

उद्ग m. fig. a model, a pattern. 2, 223. Bhk. 7, 64 as an adj.

उद्घाटक n. the rope and bucket of a well. 3, 63.

उद्घात m. commencement. 4, 65.

उद्दाम adj. unfettered, unrestrained, free. 4, 66.

उद्दाल m. an inferior grain (paspalum frumentaceum). 2, 425.

उद्द्योत m. light, brilliancy. 1, 66.

उद्धत adj. exceeding, excessive. 4, 59.

उद्धव m. joy, rejoicing. 1, 123.

उद्धान v. r. for *uddhmâna.*

उद्धार m. debt. 2, 417.

उद्धुषण n. erection of the hair of the body. 3, 29.

उद्धृत adj. torn out, eradicated. 4, 27.

उद्ध्मान n. a fire-place; an oven. 2, 158.

उद्ध्य m. a river. 3, 44. Bhk. 6, 59.

उद्धुर adj. budded, blown. 2, 32. Comp. उन्निद्र.

उद्भट adj. excellent. 4, 59.

उद्यान n. a garden, a park. 1, 55. 83. 2, 58.

उद्योग m. exertion, perseverance. Comp. महोद्योग.

उद्वर्तन n. rubbing and cleaning the body with fragrant unguents. 4, 46.

उद्धान v. r. for *uddhmâna.*

उद्वाह m. marriage. 2, 340.

उंदुर m. a rat. 2, 80. v. r. उंदुरु.

उन्न adj. whet. 4, 82.

उन्नत adj. raised, high, tall. 4, 66. 5, 14. 2, 455.

उन्निद्र adj. budded, blown. 2, 32. Çiçup. 4, 13. 31. Comp. उद्बुद्ध.

उन्माथ m. a snare, a trap. 4, 97.

उन्मिश्र adj. variegated. 4, 56.

उन्मिषित }
उन्मीलित } adj. budded, blown. 2, 32.

उन्मुख adj. (f. ई), looking upwards. 2, 230.

उन्मूलित adj. eradicated. 4, 27.

उपकंठ 1) adj. near, neighbouring. 4, 7. 2) n. neighbourhood, vicinity. 2, 56. 58. 3, 32.

उपकरण n. 1) an implement, instrument, tool. 5, 35. 80. 2) retinue. 2, 151.

उपकारिका }
उपकार्या } f. a royal tent 2, 135.

उपकुल्या f. long pepper. 2, 459.

उपक्रम m. beginning. 4, 22.

उपक्रोश m. censure, reproach. 1, 148.

उपगूहन n. embracing, an embrace. 2, 413. Uj. p. 150.

उपग्रहण n. the taking prisoner. 5, 57.

उपग्राह्य n. a present. 2, 279.

उपघ्न m. a contiguous resting place, or shelter (Comp. Bhk. पिप्रायाद्रिगुहोपघ्नान्वानरान्, she fed the monkies who had taken shelter in the cave). 2, 143.

उपचर्या f. the practice of medicine. 2, 457.

उपचार m. 1) attention, courtesy. 1, 129. 2) a present, an offering. 2, 279.

उपजाप m. the stirring up dissension or disunion. 4 95. Çiçup. 2, 99.

उपजिह्वा f. a sort of ant. 3, 23.

उपज्ञा f. the commencement of a thing not previously done. 4, 22. लघुत्वं केकय्युपज्ञं Bhk. 3, 31.

उपताप m. disease. 2, 445.

उपत्यका f. a forest at the foot of a mountain. 2, 56.

उपदंश m. a relish, a stimulant to drink. 2, 173.

उपदा f. a present. 2, 279.

उपदीका } f. a sort of ant. 3, 23. Taittir. Br. I, 1, 3, 4.
उपदेहिका }

उपद्रव m. a disaster, a calamity. 1, 127.

उपधा f. trial of honesty. 4, 72. Bhk. 7, 72.

उपधान n. a pillow. 2, 154.

उपाधि m. imposition, deception. 4, 24.

उपधृति f. a ray of light. 1, 39.

उपनगर n. a suburb. 2, 131.

उपनत adj. approached, near. 4, 65.

उपनिधि m. a deposit, a trust, especially if the goods are not shown to the trustee. 1, 82.

उपनिषद् f. the knowledge of Brahman as the only existent, and the sections of the Veda which treat of this knowledge. 1, 9.

उपपति m. a paramour. 2, 229.

उपप्लव m. an eclipse. 1, 41.

उपबर्ह n. a pillow. 2, 154.

उपभोग m. enjoyment. 4, 70.

उपमर्द m. = विप्रकार. 4, 84.

उपमातृ f. a fostermother, a nurse. 2, 352.

उपमान n. analogy, illustration. 5, 87.

उपयाम m. marriage. 2, 340.

उपराग m. an eclipse. 1, 41.

उपरि adv. and prep. above. 1, 102. 2, 145.

उपरिष्टात् adv. above. 1, 102. 2, 56.

उपल m. a stone. 2, 13.

उपलब्धि f. comprehension, understanding. 2, 179.

उपलिंग n. a portent, boding misfortune. 1, 127.

उपलेपन n. ointment, unguent. 5, 11. गोचर्ममात्रभूमेस्तु स्नुपलेपनजं फलं दत्त्वा। Brihannârad. 34, 43.

उपवन n. a grove, a plantation. 2, 57.

उपवर्तन n. a country. 2, 129.

उपविष्ट adj. sitting. 2, 231.

उपवीत n. the sacrificial cord or piece of cloth worn by the three first classes of Hindus over the left shoulder and under the right. 2, 252. Comp. निवीत, प्राचीनावीत.

उपशल्य n. an open piece of ground near a town or village. 2, 104. Comp. शैलोपशल्य, Çiçup. 5, 8.

उपशाय m. sleeping alternatively. 4, 54. Said of soldiers when mounting guard etc. निशोपशाय, Bhk. 7, 41. Comp. उपशायिका रक्षस्य: Bhk. 8, 123.

उपसंव्यान n. a lower garment. 2, 391.

उपसंग्रहण n. embracing one's feet as a token of respect. 2, 243.

उपसंग्राह्य adj. worthy to be saluted in the described manner. 2, 243.

उपसन्न adj. approached, near. 4, 65.

उपसंपन्न adj. 1) sufficient. 2, 171. 2) dead. 3, 7.

उपसर्ग m. a portent of evil omen, a calamity. 1, 127.

उपसर्जन n. something subordinate, or inferior. 4, 78. उपसर्जनं भार्या 'a wife is subordinate or inferior (with regard to the husband'), Kshîrasvâmin.

उपसर्या f. a cow fit to receive the bull. 2, 117. Bhk. 6, 52.

उपसूर्यक n. the halo round the sun. 1, 41.

उपस्कर m. a particular condiment, consisting of mustard-seed, tamarind, peppers etc. 2, 166.

उपस्थ m. pudendum muliebre. 2, 359.

उपस्थित adj. approached, near, at hand. 4, 65.

उपस्पर्शन n. rincing the mouth, sipping water for the purpose of religious purification. 2, 253.

उपहसित n. ridiculing, derision. 4, 46.

उपहार m. tribute, a present, a gift. 1, 128.

उपह्वर n. 1) vicinity. 5, 5. 2) solitude. 4, 23.

उपांशु adv. privately, secretly. 4, 23.

उपाकृत m. an animal immolated after previous solemn prayers 2, 262.

उपाग्र n. something subordinate or inferior. 4, 78.

उपात्त m. an elephant out of rut. 2, 65.

उपादान n. a present. 2, 279.

उपाधि m. consideration of moral duties. 4, 85.

उपाध्याय m. an expounder of the sacred books, a teacher, a preceptor. 2, 245. यो ऽध्यापयेदेकदेशं श्रुतेरंगान्यथापि वा । वृत्त्यर्थं स उपाध्यायो विद्वद्भिः परिगीयते ॥ Kâçikh. 36, 54.

उपानह् (nom. उपानत्) f. a shoe of leather. 2, 156.

उपांत n. vicinity. 4, 8. Comp. नयनोपांत.

उपायन n. a present, a gift. 2, 279.

उपालंभ m. reproach, censure. 1, 154.

उपासंग m. a quiver. 2, 310.

उपासना, उपास्ति } f. worship, adoration, devotion. 1, 129.

उपेंद्र m. Vishṇu or Kṛishṇa. 1, 23.

उभयव्यंजन adj. having the marks of both sexes. 2, 275.

उमा f. 1) linseed. 2, 427. 2) the wife of Çiva. 1, 16.

उमापति m. Çiva. 1, 11.

उम्य n. a field of linseed. 2, 8. Comp. क्षौमीन.

उरग m. a snake. 3, 18. 1, 119.

उरण } m. a ram. 2, 124.
उरभ्र }

उररी, a particle expressing 1) expansion, (उररीकृत्य पटं, 'having spread out the cloth'); 2) assent or acceptance, (Comp. तद्बल्लेन च किं राज्यं मयेदमुररीकृतं Kâçikh. 45, 93. तद्बीजमुररीकुरु Kâçikh. 59, 36.) 5, 99. Comp. ऊरी.

उरश्छद m. a corselet, a mail. 2, 304.

उरस् n. the breast. 2, 372.

उरसिज m. the female breast. 2, 371. Comp. उरसिरुह्. Çiçup. 8, 59.

उरु 1) adj. (f. उरु or उर्वी), large, great. 4, 14. 2) f. उर्वी, the earth. 2, 1.

उर्वरा f. fertile soil. 2, 3.

उर्वशी f. the name of an Apsaras. 1, 88.

उलप m. 1) a shrub 2, 35. 2) a kind of grass (saccharum cylindricum). 2, 36 Çiçup. 4, 8. 5, 62. Comp. Hindî *ûlûa*.

उलूक m. an owl. 2, 91.

उल्का f. a flame. 1, 67.

उल्मुक n. a fire-brand. 1, 67.

उल्लकसन n. erection of the hair of the body. 3, 29. Probably from उल्ल = ऊर्णा Lat. villus, and कसन.

उल्लाघ adj. recovered from sickness, convalescent. 2, 225.

उल्लाप m. an outcry. 1, 150.

उल्लोच m. an awning, a canopy. 2, 155. उल्लोचैश्चंद्रचारुभिः

Kâçîkh. 3, 12. ध्वजस्तंभपताकाश्च विचित्रोल्लोचकानि च, ibid. 34, 106.

उल्लोल m. a surge, a billow. 3, 31. Comp. कल्लोल.

उल्व n. the uterine germ. 2, 345.

उल्वण adj. exceeding, much. 4, 59.

उशनस् m. (nom. उशना), the planet Venus. 1, 48.

उशीर n. the fragrant root of andropogon muricatum. 2, 467.

उषर्बुध m. a name of Agni. 1, 62.

उषस् n. the dawn. 1, 111.

उषारमण m. a name of Aniruddha, the husband of Ushas. 1, 34.

उष्ट्र m. a camel. 2, 125.

उष्ट्रिका f. an earthen vessel. 5, 4.

उष्ण adj. hot, warm. 1, 40.

उष्णिका f. rice-gruel. 2, 165.

उष्णीष m. n. 1) a turban. 5, 10. 2) a diadem. 2, 410.

उस्र 1) m. a ray of light. 1, 39. 2) उस्रा f. a cow. 2, 113.

ऊ.

ऊधस् n. an udder. 2, 116.

ऊधस्य n. milk. 2, 119.

ऊरव्य m. a man of the third, or agricultural and mercantile caste. 2, 415.

ऊरी, a particle expressing 1) expansion; 2) assent or acceptance. 5, 99. कार्यं दृत्तेणोरीकृतं त्वया, Bhk. 8, 11. Comp. उररी.

ऊरु m. the thigh. 2, 360. 368.

ऊर्ज m. 1) power, energy. 4, 94. 2) the month Kârttika (October-November). 1, 114.

ऊर्णनाभ m. a spider. 2, 101.

ऊर्णायु m. 1) a ram. 2, 124. 2) a woollen blanket. 2, 396.

ऊर्ध्व 1) adj. high, raised up. 2, 231. 2) ऊर्ध्वं, adv. on high, up, upwards. 1, 102. 2, 303. 4, 83.

ऊर्ध्वंदम adj. raised up, standing up. 2, 231.

ऊर्ध्वलोक m. heaven. 1, 3.

ऊर्मि m. f. a wave. 3, 31.

ऊर्मिका f. a finger-ring. 2, 404. दीक्षितेन परिज्ञाता दैवात् द्यूतकृतः करे । उवाच दीक्षितस्त्वं च कुतो लब्धा त्वयोर्मिका ॥ Kâçikh. 13, 69.

ऊर्मिमत् adj. bent, crooked. 4, 11.

ऊषण n. pepper. 2, 461. Comp. त्र्यूषण.

ऊष्मन् m. heat. 1, 67.

ऊषर n. a spot with saline soil. 2, 3.

ऊह m. reasoning. 1, 10.

ऋ.

ऋक्थ n. property, wealth. 1, 80.

ऋक्ष 1) m. a bear. 2, 73. 2) n. a star. 1, 51.

ऋक्षेश m. the moon. 1, 42.

ऋजु adj. straight. 1, 57.

ऋण n. debt. 2, 417.

ऋत n. truth. 1, 144. Comp. अनृत.

ऋति f. a road (?). 5, 29.

ऋतु m. 1) a season of the Hindu year, consisting of two months. 1, 113. 2) the menses. 5, 8.

ऋते prep. with acc. or abl., except, without. 5, 90.

ऋभु m. a god, a deity. 1, 4.

ऋषभ m. a bull. 2, 108.

ऋषि m. a seer, a prophet, a saint. 2, 257.

ऋष्य m. the black antelope. 2, 75. The correct spelling is ऋश्य.

ए.

एककुंडल m. a name of 1) Baladeva. 1, 28. 2) Kuvera. 5, 2.

एकतान adj. intent or bent upon one object. 2, 379. कृष्णैकतानात्मन् Gg. 12, 28.

एकदंत m. a name of Gaṇeça. 1, 18.

एकदृश् m. a crow. 2, 90.

एकदेश m. a part, a portion. 4, 59.

एकपद n. time being, same time. 4, 67. Used chiefly adverbially in the loc.

एकपदी f. a path. 2, 105.

एकयष्टि f. a single string of pearls. 2, 408. Com. एकावली.

एकाग्र adj. turned towards one point, intent upon one object. 2, 379.

एकांत adj. private, secret, hidden. 4, 23.

एकायन adj. = एकाग्र. 2, 379.

एकावली f. a single string of pearls. 2, 408.

एड adj. deaf. 2, 454.

एडगज m. the ringworm-shrub (cassia alata Lin.) 2, 464.

एण m. a kind of deer. 2, 75.

एध m. fuel. 1, 69.

एधस् n. fuel. 1, 69.

एनस् n. sin. 3, 5.

एर्वारु m. f. a cucumber. 2, 54.

एषण 1) m. an iron arrow. 2 312. 2) f. एषणा, begging solicitation. 2, 205.

ऐ.

ऐकागारिक m. a thief. 2, 183.

ऐतिह्य n. oral tradition, a legend. 1, 147.

ऐन्द्र adj. (f. ई), belonging to Indra. 1, 101.

ऐन्द्रलुप्तिक adj. bald in consequence of disease. 2, 453.

ऐरावण m. Indra's elephant. 1, 61.

ऐरावत 1) m. Indra's elephant, placed at the east quarter. 1, 61. 104. 2) f. ऐरावती, lightning. 1, 60.

ऐलविल m. a name of Kuvera. 1, 78.

ओ

ओकस् n. a dwelling, a house. 2, 136.

ओघ m. 1) a stream, a current, a course of water. 3, 47. 2) a multitude. 4, 1.

ओंकार m. the mystic syllable *Om*. 1, 8.

ओजस् n. vitality, power, strength. 4, 38.

ओड्रपुष्प n. the China-rose. 2, 52.

ओतु m. f. a cat. 2, 81.

ओदन m. boiled rice. 2, 164.

ओषधि f. an annual plant. 2, 25.

ओषधीश m. the moon. 1, 42.

ओष्ठ 1) m. the lip. 2, 369. 365. 370. 2) f. ओष्ठी, a plant (bryonia grandis Lin.?) 2, 48.

औ.

औत्सुक्य n. anxiety, eagerness, regret. 4, 57.

औदरिक adj. (f. ई), voracious. 2, 195.

औपयिक adj. (f. ई), fit, proper. 4, 61.

औपवाह्य m. a royal elephant. 2, 69.

औमीन n. a field of linseed. 2, 8. Comp. उम्य.

और्ण m. a woollen blanket. 2, 396.

और्व m. submarine fire. 1, 70.

औशीर n. a couch, serving also the purposes of a chair; or, according to Subhûti: 1) a couch, 2) a chair. 1, 121.

औषध n. any drug or medicament. 2, 458.

क.

क m. 1) the god Brahman. 5, 61. 2) wind. 5, 61. 3) n. the head. 5, 61. 4) water. 3, 26. 5, 61, 5) pleasure. 5, 61.

कंसजित् m. Krishna. 1, 25.

ककुद m. n. 1) the top of a mountain. 5, 35. 2) a bull's hump. 2, 111. 3) eminence, superiority. 5, 35. Also ककुद् f. with the same significations.

ककुद्मत् 1) m. a bull. 2, 108. 2) f. (मती), the hips and loins. 2, 357.

ककुभ् f. a region, a quarter. 1, 100.

ककुभ m. a tree (terminalia arjuna Rox.), 2, 40.

कक्खट adj. hard. 2, 187.

कक्ष m. 1) the hem of a garment tucked into the waistband. 5, 47. 2) a creeping plant. 5, 47. f. कक्षा. 3) the armpit. 2, 370. 4) a girdle. 5) a piece of cloth worn between the legs to conceal the privities. 6) a court in a palace etc. Comp. प्रावेशयत्ततः कक्षां द्वितीयां राजवेश्मनः Devîbhâg. I, ch. 54. 7) a house (? गेहे प्रकोष्ठ seems a mistake of the mss. for गेहप्रकोष्ठे). 5, 56.

कक्षांतर n. an inner court of a palace etc. 2, 149.

कक्षापट m. a piece of cloth serving to cover the privities. 2, 256.

कक्ष्या f. an elephant's girth. 2, 66.

कंकट m. armour, mail. 2, 304.

कंकण m. n. an ornament for the wrist, a bracelet. 2, 403.

कंकत n. a comb. 2, 156.

कंकपत्त्र m. an arrow. 2, 311.

कंकाल n. a skeleton. 3, 11. वक्षः पातु रविः शश्वन्नाभिं सूर्यः स्वयं सदा। कंकालं मे सदा पातु सर्वदेवनमस्कृतः॥ Brahmav. III, 20, 26.

कंकेलि f. the Açoka tree. 2, 37. Anandal. 86.

कंगु f. a kind of millet (panicum italicum Lin.). 2, 427. Hind. *kângni.*

कच m. the hair of the head. 2, 375.

कच्चित्, a particle introducing 1) a direct question with expected positive answer, (कच्चित्त्वं पुराणमधीषे, do you read the Purâna?); 2) a kind enquiry, (कच्चिज्जीवति मे माता, I hope my mother is living?). 5, 93.

कच्छ m. 1) the bank of a river. 3, 45. 2) the hem of a garment tucked into the waistband. 5, 47.

कच्छप m. a tortoise. 3, 34.

कच्छू f. scab or itch. 2, 447.

कज्जल n. lamp-black, and a collyrium prepared from it. 2, 400.

कंचुक m. 1) mail, armour. 2, 397. 2) the skin of a snake. 3, 22.

कंचुकिन m. 1) an attendant on the women's apartments. 2, 272. 2) a snake. 3, 18.

कट m. 1) the hip. 2, 373. 2) the temples of an elephant. 2, 61. 3) the outskirts of a town. 2, 104. 4) = समय. 5, 34.

कटक m. 1) the ridge of a mountain. 2, 11. 2) a bracelet. 2, 402. 3) an army. 5, 4.

कटाक्ष m. a side-glance. 2, 412.

कटाह m. a boiler. 2, 160.

कटि and कटी f. the hip, the loins. 2, 357. 5, 38.

कटिप्रोथ m. the buttocks. 2, 358.

कटिशीर्षक m. the hip, the loins. 2, 373.

कटिसूत्र n. a silk cord worn by females round the loins. 2, 405.

कटीर n. the hip, the loins. 2, 357.

कटु adj. strong-scented, pungent. 5, 27. लोकंपृणैः परिमलैः परिपूरितस्य काश्मीरजस्य कटुतापि नितांतरम्या. Bhâm. 1, 69.

कट्टर adj. contemptible. 2, 223.

कठिन adj. hard, solid. 2, 187. 5, 39.

कठोर adj. hard, solid, 2, 187.

कड adj. dumb. 2, 454.

कडंगर m. chaff, husk. 2, 423.

कडार adj. (f. ई), tawny. 4, 50. पृथ्वीरजः करभकंठकडारं Çiçup. 5, 3.

कण m. 1) a single grain of rice etc. 2, 423. 2) a particle, a small bit. 4, 3. 3) a spark. 1, 67. 4) f. कणा, long pepper. 2, 459.

कणिश n. an ear of corn. 2, 424.

कंटक n. erection of the hair of the body. 3, 29. कंटकवती तव ग्रीवा Anand. 68.

कंटकारिका f. a plant (solanum jacquini Lin.). 2, 464.

कंठ m. the throat, the forepart of the neck. 2, 361. 252. 387.

कंठिका f. a single string of pearls. 2, 408.

कंठीरव m. a lion. 2, 59.

कंडरा f. a principal artery of the body. 3, 12.

कंडू f. itching, scratching, the itch. 2, 448.

कंडूति f. = कंडू. 2, 448. गवा-ङ्रिकंचना दत्तं गोकंडूतिर्नवं कृता Kâçlkh. 7, 34.

कंडूयन n. = कंडू. 2, 448.

कंडूया f. = कंडू 2, 448.

कथन n. saying, telling, relating. 1, 138.

कथा f. a tale, a story. 1, 152.

कदक m. an awning, a canopy. 2, 155. 5, 62.

कदन n. destroying, killing. 2, 323.

कदंब or कदंबक n. a mass, a multitude. 4, 1. कदंबानां कदंबेषु गुंजद्भोल्लंबयुग्मकं Kâçlkh. 32, 94. गोपकदंब Gg. 2, 4. फेनकदंब Gg. 11, 25. मृगाणां कदंबकं Bhk. 2, 17. कलापिकदंबकं Çiçup. 6, 31. गजकदंबक Çiçup. 6, 26. स्त्रीकदंबक Mârk. 6, 8.

कदर्य adj. mean, miserly, stingy. 2, 192.

कदली f. 1) the plantain or banana tree. 2, 37. 2) a flag carried by an elephant. 5, 17. Comp. Çiçup. 5, 2.

कद्रु 1) adj. brown, yellowish. 4, 50. 2) कद्रू f. the mother of the Nâgas. 1, 119.

कद्वद् adj. speaking improperly. 2, 223. प्रियापाये कद्वद्हंसको किलं ज्ञातं Bhk. 6, 75.

कनक 1) n. gold. 2, 19. 2) f. कनका, one of the seven tongues of Agni. 1, 68.

कनकालुका f. a golden vase. 2, 160.

कनिष्ठ 1) m. a younger brother. 2, 351. 2) f. कनिष्ठा or कनिष्ठिका, the little finger. 2, 383. 5, 7.

कनीनिका f. the pupil of the eye. 2, 365.

कंद m. a bulbous root. 2, 28. 3, 60.

कंदर m. कंदरा f. a cave. 2, 12.

कंदर्प m. Kâma. 1, 32.

कंडु m. f. an iron plate or pan for baking cakes etc. 2, 158.

कंधरा f. the neck. 2, 361.

कन्यकुब्जा f. n. pr. of a city, Kanoj. 2, 132.

कन्या f. a young girl. 2, 328.

कन्यापुत्र m. the child of an unmarried girl. 2, 346.

कपट n. deceit, fraud, illusion. 4, 24. 5, 18.

कपर्द m. 1) a small shell used as a coin. 3, 42. 2) the braided hair of Çiva. 1, 14.

कपर्दिन् m. a name of Çiva. 1, 11.

कपाट m. n. the leaf of a door. 2, 133.

कपाल n. 1) a fragment of broken earthen-ware. 5, 18. 2) the skull. 3, 11. Comp. *testa*.

कपालिन् m. a name of Çiva. 1, 12.

कपि m. a monkey. 2, 76. 77.

कपिंजल m. the francoline partridge. 2, 99.

कपिल adj. tawny. 4, 51.

कपिश adj. of a dark brown colour. 4, 50.

कपिशीर्ष n. the coping of a wall. 5, 2.

कपोत m. a dove or pigeon. 2, 99.

कपोतपाली f. a dove-cot. 2, 148. Çiçu. 3, 51.

कपोल m. the cheek. 2, 367. 387.

कफ m. phlegm. 2, 450.

कफणि f. m. the elbow. 2, 378.

कबंध m. a headless trunk ('retaining some power of action'). 3, 8.

कमठ m. a tortoise. 3, 34.

कमंडलु m. an ascetic's or student's water-pot. 2, 256.

कमल 1) n. a lotus. 3, 57. 2) f. कमला, a name of Lakshmî.

1, 31. Brahmav. III, 22, 2. आधिपत्यकमलातिचंचला. Kâçîkh. 15, 34. Gg. 1, 17.

कमलासन m. Brahman. 1, 7. Ks. 7, 70.

कमितृ m. a lover. 2, 342.

कंप m. trembling, tremor. 2, 446.

कंबल m. a blanket. 2, 396.

कंबलवाह्य m. a cart drawn by oxen. 2, 289. This word is m. and n., but कंबलि-वाह्य seems to be the more correct spelling. कंबलिन् is said to signify 'having a dew-lap, an ox'.

कंबु m. a conch, a shell. 3, 42. Bhk. 3, 34.

कंबुग्रीवा f. a neck marked with three lines like a shell. 2, 362. The same is called त्रिवलथा.

कम्र adj. loving, desirous, lust-ful. 2, 226. Bhk. 4, 20. 7, 24.

कर m. 1) the hand. 2, 356. 2) the distance from the elbow to the tip of the middle fin-ger, taken as a measure. 2, 381. 3) a ray of light. 1, 39. 4) tax, impost, revenue. 2, 278.

करक m. 1) hail. 1, 59. 2) an ascetic's waterpot. 2, 162.

करंज m. a tree (dalbergia ar-borea Willd.). 2, 43.

करट m. 1) an elephant's tem-ples. 2, 61. 2) a crow. 2, 90. रटतः करटाः कटु, Kâçîkh. 68, 53. करटो रारटीत्येषः, ibid. 56, 26.

करण n. 1) an instrument or means. 5, 80. 2) an organ of sense. 2, 380. 3) the body. 5, 10.

करणग्राम m. the senses col-lectively. 5, 25.

करपत्त्र n. a saw. 2, 320. वि-दार्यास्य मूर्धानं करपत्त्रेण दारुवत् । Kâçîkh. 8, 60.

करवाल m. a sword. 2, 317.

करभ m. 1) the distance from the wrist to the tip of the

little finger. 5, 7. 2) a young camel. 2, 125.

करमुक्त n. a weapon thrown by the hand, e. g. a dart. 2, 307.

करंब adj. mixed. 4, 56.

करंभ m. barley-meal mixed with curds. 2, 166.

कररुह् m. a finger-nail. 2, 356.

करवीर m. a shrub (oleander or nerium odorum.) 2, 39.

करशाखा f. a finger. 2, 361.

करसीकर m. the water which an elephant ejects from his trunk. 2, 61. Pk. 1, 30.

करहाट n. the bulbous root of a lotus. 2, 28.

कराग्र n. the tip of an elephant's trunk. 2, 64.

कराल adj. great, large. 4, 68.

करिन् m. an elephant. 2, 59. 3, 41.

करिपोत m. a young elephant. 2, 69.

करिमकर m. a fabulous sea-monster. 3, 38.

करिवैजयंती f. a flag carried by an elephant. 5, 17.

करिस्कंध m. a flock of elephants. 5, 25.

करीर 1) m. a jar, a water-vessel. 2, 161. 2) n. the shoot of a bamboo. 5, 42. 3) a shrub (capparis aphylla Rox.) 5, 42. 4) f. करीरी, the root of an elephant's tusk. 2, 68.

करीक n. fight, battle. 4, 76.

करीष n. cowdung. 2, 118.

करुण 1) m. the pathetic sentiment in poetry. 1, 92. 2) f. करुणा, compassion. 4, 39. 5, 7.

करुण m. a tree (citrus decumana) 2, 39.

करेणु 1) m. the male elephant. 2) f. the female elephant. 5, 47.

करोटि f. the skull. 3, 11. Also करोटी. नृकरोटी तव परिकरः Mahi. 24. वत्कंठे नृकरोटीयं Kâçikh. 73, 137.

कर्क m. a white horse. 2, 282.

कर्कट 1) m. a crab. 3, 36. 2) f. कर्कटी, a sort of cucumber (cucumis utilissimus Rox.). 2, 54.

कर्कन्धु m. f. the jujube. 2, 39.

कर्करी f. a waterpot. 2, 162. कर्करी तोयपूरिता Çâradâtil. t.

कर्कश adj. hard, firm. 2, 187.

कर्कारु m. a pumpkin-gourd. 2, 54.

कर्ण m. the ear. 2, 361.

कर्णधार or कर्णधारक m. a pilot, a helmsman. 3, 33.

कर्णपूर m. an ornament for the ear. 2, 399.

कर्णमूल n. the root of the ear. 2, 62.

कर्णमोटी f. the name of a goddess, one of the incarnations of Durgâ. 1, 17.

कर्णवेष्टन n. an earring. 2, 401.

कर्णालंकरण n. an ornament for the ear. 2, 401.

कर्णिका f. 1) any ornament for the ear. 2, 401. 2) the tip of an elephant's trunk. 2, 64. 3) the pericarpium of a lotus. 3, 60.

कर्णिकार m. a tree (pterospermum acerifolium). 2, 44.

कर्णीरथ m. a litter borne on men's shoulders. 2, 290.

कर्णेजप m. a slanderous whisperer, a tale-bearer. 2, 191. Bhk. 3, 7. Ânandalah. 55.

कर्तन n. cutting, clipping, shearing. 4, 44.

कर्तरी f. 1) scissors, shears. 2, 440. 2) the feathered part of an arrow. 2, 313.

कर्दम m. mud, mire 3, 56.

कर्पट m. a rag, ragged clothes. 2, 393.

कर्पर m. a pot, a boiler. 2, 160.

कर्पास m. the cotton-plant. 2, 47.

कर्पूर m. camphor. 2, 390.

कर्बुर 1) adj. greyish, variegated. 4, 56. 2) n. gold. 2, 19.

कर्मठ adj. accomplishing one's work carefully or scrupulously. 2, 214. Bhk. 1, 11. ब्रह्मकर्मसु कर्मठौ Pk. 1, 14. इत्याद्यानादिक्रियाकर्मठो विप्रः Pk. 1, 9. 3, 6.

कर्मण्या f. wages. 4, 43.

कर्मन् n. an act, an action. 4, 88. 2, 228.

कर्मन्दिन् m. a religious mendicant of the Brahminical caste. 2, 254.

कर्मविपाक m. the result of actions done in former stages of existence. 5, 13. Mârk. 10, 71.

कर्मशाला f. a workshop. 2, 142.

कर्मशील adj. able to accomplish a work. 2, 215.

कर्मशूर m. one who accomplishes his work assiduously or scrupulously. 2, 214.

कर्मसंन्यासिक m. one who has cast off all worldly desires, an ascetic. 2, 239.

कर्मसाक्षिन् m. the sun. 1, 37.

कर्षक m. a husbandman. 2, 419.

कर्षू f. a canal. 3, 44.

कल adj. (a note or tone) inarticulate, but melodious. 1, 140.

कलकंठ m. the Indian cuckoo. 2, 88.

कलकल m. the confused noise of a crowd. 1, 139.

कलंक m. (n.) 1) a stain, a spot. 1, 45. 5, 34. 2) a blemish, a fault. 5, 34.

कलत्र n. 1) the hips and loins. 2, 357. 2) a wife. 2, 339.

कलधौत n. 1) gold. 5, 20. Comp. Çiçup. 3, 47. 4, 31. 2) silver. 2, 17.

कलभ m. a young elephant. 2, 69.

कलम m. a sort of rice. 2, 425.

कलंब m. an arrow. 2, 311.

कलल n. 'the uterine germ'. 2, 345.

कलविंक m. a sparrow. 2, 88.

कलश m. a jar, a jug. 2, 161.

कलह m. quarrel, strife, contention. 2, 298. 5, 3.

कलहंस m. a kind of goose with greyish wings. 2, 98.

कला f. a measure of time. 1, 105. According to Manu (— Nârasinhap.) 48 seconds; according to Am. and HC. 8 seconds.

कलाद m. a goldsmith. 2, 433.

कलांतर n. interest on money. 2, 417.

कलाप m. 1) a peacock's tail. 2, 87. 2) a quiver. 2, 310. 3) a zone. 2, 405.

कलापिन् m. a peacock. 2, 86. Çiçu. 6, 31.

कलाय m. peas (pisum sativum). 2, 427.

कलि m. 1) a tree (terminalia belerica). 2, 463. 2) contention, strife. 2, 298. 5, 3.

कलिका f. a bud. 2, 31.

कलिंग m. the fork-tailed shrike. 2, 93.

कलिल adj. impervious, inaccessible, crowded. 4, 92.

कलेवर n. the body. 2, 355.

कल्क n. sin. 3, 5.

कल्प m. a precept, an injunction. 5, 40.

कल्पन n. cutting. 4, 44.

कल्पपाल m. a distiller of spirituous liquors. 2, 438.

कल्पवृक्ष m. a fabulous tree of Svarga, granting every thing desired. 1, 135.

कल्पांत m. the end of a *kalpa*, or of a day and night of Brahman, at the end of which the total destruction of the world ensues. 1, 117. Mârk. 8, 115.

कल्पित adj. (an elephant) armed for war. 2, 66.

कल्मष n. a stain, a blemish, sin. 3, 5.

कल्माष adj. (f. ई), 1) greyish white. 4, 51. 2) variegated. 4, 56.

कल्य 1) adj. well, healthy. 2, 225. 2) n. the dawn, the morning. 1, 111. 3) yesterday. 5, 23. 4) spirituous liquor. 2, 175.

कल्याण 1) adj. (f. ई) lucky, auspicious. 1, 122. 5, 100. 2) n. gold. 2, 18.

कल्लमूक adj. deaf and dumb. 2, 454.

कल्लोल m. a surge, a billow. 3, 31.

कवच n. armour, mail. 2, 304. 5, 9.

कवचित adj. clad in armour. 2, 305.

कवर 1) adj. mixed, blended. 4, 56. Comp. व्याकीर्णमाल्यकवरां कवरीं तरुण्याः Çiçu. 5, 19. 2) f. कवरी, a braid of hair. 2, 375.

कवि 1) adj. wise, clever. 2, 178. 2) m. a name of Çukra. 1, 48.

कविक n. the bit of a bridle. 2, 287.

कशा f. a whip. 2, 287.

कशिपु m. food or clothing, or an object which can serve as well for food as for clothing. 1, 121.

कश्मल adj. foul, dirty. 4, 42.

कश्य n. 1) spirituous liquor. 2, 175. 2) the flank of a horse. 2, 286.

कश्यपनंदन m. a name of Garuḍa. 1, 30.

कषाय adj. 1) of an astringent flavor. 4, 86. 2) fragrant. 5, 27.

कसेरु n. the backbone. 3, 12.

कस्तूरिका f. musk. 2, 389.

कह्लार n. the white water-lily. 3, 59. Mârk. 6, 21.

कांस्य n. brass. 2, 15.

काक m. 1) a crow. 2, 90. 5, 23. 2) a sort of tree. 5, 26.

काकतुंड m. a dark species of agallochum. 2, 390.

काकतुंडिका f. a tree — तापिच्छ (?). 2, 48.

काकपक्ष m. three or five lokes left on the crown or the sides of the head of children (of the military class) at the time of tonsure. 2, 377.

काकु f. a significative alteration of voice. 1, 143. 150.

काकुद n. the palate. 2, 366.

काकोदर m. a snake. 3, 18; e. g. काकोदरसोदरः खलः

काकोल m. 1) a raven. 2, 91. 2) a sort of poison. 3, 25.

कांक्षा f. wish, desire. 4, 25.

काच n. (?) the looped strings by which the articles to be carried are suspended to the cross-pole. 4, 73.

काचित adj. suspended in a *káca*. 4, 83.

कांचन n. gold. 2, 19.

कांचनारक m. a species of ebony (bauhinia variegata). 2,51.

कांची f. a girdle, a zone. 2, 405. 5, 56.

कांचीपद n. the hips and loins. 2, 357.

कांजिक n. sour gruel. 2, 163.

कांड m. n. 1) a stalk, a stem. 2, 424. 2) an arrow. 2, 311. 312. 5, 81. 3) a multitude. 5, 81. 4) season, opportunity. 5, 81. 5) water. 5, 81. 6) used at the end of compounds, to express a censure: bad, inferior. 2, 182. 5, 81.

कांडपट m. — अपटी 2. 154.

कांडस्पृष्ट m. a Brahman, who lives by the profession of arms. 2, 250.

कातर adj. irresolute, timid. 2, 199.

कात्यायनिका f. a middle-aged woman. 2, 330.

कात्यायनी f. Durgâ. 1, 15.

कादंब m. a kind of goose with grey wings. 2, 99.

कादंबरी f. a sort of spirituous liquor. 2, 174.

कादंबिनी f. a series of newly arisen moving clouds. 1, 59.

काद्रवेय m. a snake. 3, 18.

कानन n. a grove, a wood. 2, 55. 5, 13.

कानीन m. the son of an unmarried young woman. 2, 346.

कांत 1) adj. lovely. 4, 4. 2) m. a lover, a husband. 2, 342. 3) f. कांता, a mistress, a wife. 2, 327.

कांतार n. 1) a difficult road. 5, 30. 2) a forest. 2, 55.

कांति f. splendour, beauty. 5, 27.

कांदिशीक adj. not knowing where to resort to (कां दिशं प्रयामीति व्याकुलः Ksh.), put to flight. 2, 324. कांदिशीकमभवज्जगत् Kâçikh. 2, 27. कांदिशीका निशादास्तु विविशुस्तत्र, ibid. 50, 78.

कापाटिक v. r. for कार्पटिक. 2, 194.

कापिशायन n. a sort of spirituous liquor. 2, 175.

कापेय n. the tricks and doings of a monkey. 2, 77.

काम m. 1) wish, desire. 5, 93. 2) the god of love. 1, 32. 3) कामं adv. according to one's wish. 4, 33.

कामध्वंसिन् m. a name of Çiva. 1, 12.

कामना f. wish, desire. 4, 25.

कामपत्नी f. the wife of Kâma. 1, 34.

कामपाल m. a name of Baladeva. 1, 29.

कामांकुश m. a finger-nail. 2, 356.

कामिन् 1) adj. wishing, desiring, lustful. 2, 226. 2) f. कामिनी, a loving or beloved woman. 2, 326.

कामुक adj. desirous, lustful. 2, 226.

काम्बोज m. a horse of the breed of Kamboja. 2, 284. Pk. 4, 174.

काय m. the body. 2, 355. 5, 10. 17.

कायस्थ m. a man belonging to the writer-cast, a copyist, a clerk. 2, 431.

कारण n. = प्रकृति. 5, 78.

कारणा f. torment. 3, 4.

कारणिक adj. (f. आ or ई), investigating, examining. 2, 234.

कारण्डव m. 'a sort of duck.' 2, 99.

कारा f. confinement, captivity. 3, 4.

कारु m. a mechanic, an artisan. 2, 438. 142. 5, 78.

कारुण्य n. compassion. 5, 37.

कार्तस्वर n. gold. 2, 19.

कार्तान्तिक m. an astrologer. 2, 248.

कार्त्तिकेय m. Skanda, the deity of war. 1, 19.

कार्पटिक m. a juggler, a cheat. 2, 194. चाटाः कार्पटिकाः क्रूराः Bhavishyap.

कार्पास n. cotton-cloth. 2, 395.

कार्मण n. sorcery. 4, 31. का चित्कार्मणतत्त्वज्ञा Kâçikh. 45, 9.

कार्मुक n. a bow. 2, 309.

कार्मुककोटि f. the notched end of a bow. 2, 310.

काल m. 1) time. 1, 105. 5, 40. 51. 83. कालक्रियामान n. a measure of the duration of (musical) time. 1, 94. काल-विशेष m. a particular (point of) time. 5, 65. 2) death. 3, 6. 5, 83. 3) Yama. 1, 71. 5, 83. 4) f. काली, a name of Durgâ. 1, 15.

काल adj. (f. ई), black. 4, 49. 5, 83.

कालकूट m. a particular poison. 3, 25.

कालखंड n. the liver. 3, 13.

कालशेय n. buttermilk. 2, 120.

कालायस n. iron. 2, 16.

कालिंदी f. the Yamunâ. 3, 52.

कालिंदीकर्षण m. a name of Baladeva. 1, 29.

कालिंदीसोदर m. a name of Yama. 1, 71.

कालेय n. saffron. 2, 388.

काल्या f. a cow fit to receive the bull. 2, 117.

काव्य m. Çukra. 1, 48.

काश m. a kind of reed (saccharum spontaneum) 2, 36.

काशि f. Benares. 2, 132. Also काशिका, e.g. तद्देव द्विशुभः कालो यद्देवाप्यते काशिका. Kâçîkh. 58, 14. 79, 36.

काश्मीरज n. saffron. 2, 388.

काश्यपी f. the earth. 2, 2.

काष्ठ n. wood. 2, 338.

काष्ठतक्ष् m. (nom. °तट्) a carpenter. 2, 432.

काष्ठा f. 1) a region or quarter of the world. 1, 100. 2) a measure of time, eighteen twinklings of an eye. 5, 51. 3) excellence. 5, 51.

कास m. cough, catarrh. 2, 446.

कासर m. a buffalo. 2, 72.

कासार m. a pond. 3, 53.

किंवदंती f. rumour, report, whether true or not. 1, 147.

किंशारु m. 1) the beard of corn. 2, 424. 2) an arrow. 5, 5.

किंशुक m. a tree (butea frondosa). 2, 42.

किकिदीवि m. the blue jay. 2, 92.

किंकर m. a servant. 2, 210.

किंकिणी f. a small bell, a tinkling ornament. 2, 405.

किंकिरात n. the blossom of a species of amaranth. 2, 52.

किंचन adv. somewhat. 5, 96.

किंचित् adv. 1) somewhat. 5, 96. 2) a little. 4, 3. 5, 96.

किंचुलक m. an earthworm. 3, 39.

किंजल्क n. the filament of the lotus and some other flowers. 3, 60.*

कितव m. a gambler. 2, 233.

किंनर m. a demigod attached to the service of Kuvera. 1, 82. 87. Comp. किंपुरुष.

किंनरेश्वर m. a name of Kuvera. 1, 78.

किंपचान adj. niggardly, avaricious. 2, 192. Comp. मितंपच.

किंपाक m. — महाकाल. 2, 48.

किंपुरुष — किंनर. 1, 82.

किर v. r. for किरि. 2, 71.

किरण m. a ray of light. 1, 38.

* This word is as well n. as m. Comp. HC. 4, 232, where the comm., in explaining किंजल्कं केसरं, says expressely: पुंक्लीबलिंगावेतौ ॥

किरात m. 1) the name of a mountainous savage tribe. 2, 444. Kum. 1, 6. 15. Rgh. 4, 76. 2) a dwarf. 2, 456.

किरि m. a hog. 2, 71.

किरीट m. n. a crest, a diadem. 2, 410.

किर्मीर adj. variegated. 4, 56.

किल adv. 1) as reported (जघान कंसं किल वासुदेवः). 2) probably (अर्जुनः किल जेष्यते कुरून् Kshtrasv.). 5, 88.

किलाट m. 'inspissated milk.' 2, 169.

किलास n. a sort of cutaneous eruption. 2, 447.

किल्विष n. wrong, sin. 3, 5.

किशोर or किशोरक m. a colt. 2, 285.

किसलय n. a sprout, a shoot. 2, 30.

कीकस n. a bone. 3, 10.

कीचक m. a hollow bamboo,

said to be sounding when shaken by the wind. 2, 49.

कीट 1) m. a worm, an insect. 3, 14. 2) n. excrements. 3, 15.

कीनाश 1) adj. niggardly. 2, 192. 2) m. a name of Yama. 1, 71. Ânanda. 26. कीनाशनगरी Kâçîkh. 42, 17. कीनाशनिकेतनं Çiçu. 1, 73.

कीर m. a parrot. 2, 93.

कीर्ण adj. spread over, covered, full. 4, 17.

कीर्ति f. praise, fame, glory. 1, 153.

कील 1) m. a pin, a stake, a post. 5, 11. 2) कीला f. a flame. 1, 65.

कीलक m. a pin, a bolt, a stake. 2, 296. Comp. युग°.

कीलाल n. 1) water. 2) blood. 5, 44.

कीलिका — कीलक. चक्रायकीलिका, the pin of an axle. 2, 293.

कीश m. a monkey. 2, 76. Kâçîkh. 42, 31.

कु f. the earth. 2, 1.

कुकुंदर m. the cavities of the loins. 2, 358.

कुकूल 1) m. conflagration of husks. 2) n. a hole filled with stakes. 5, 44.

कुक्कुट m. a cock. 2, 92. 5, 49.

कुक्कुटि f. (?) hypocrisy. 4, 55.

कुक्षि m. the belly. 2, 360.

कुंकुम n. saffron. 2, 388.

कुच m. the female breast. 2, 371.

कुचमुख n. a nipple. 2, 371.

कुचर adj. (f. ई), malevolent. 2, 234.

कुज m. a tree. 2, 22.

कुंचिताङ्गुलि adj. with bent in fingers. 2, 382.

कुंत m. the jaw. 5, 32.

कुंजर m. an elephant. 2, 59. 5,

11. कुंजरकर m. an elephant's trunk. 5, 20.

कुट 1) m. a jar, a jug. 2, 161. 2) n. a house. 2, 136.

कुटज m. a tree (nerium antidysentericum Lin.). 2, 38.

कुटिल adj. 1) crooked. 4, 11. 2) curly. 2, 376.

कुटिलाशय adj. ill-intentioned, malevolent. 2, 234.

कुटुंबव्यापृत adj. engaged in (the support of) the household. 2, 202.

कुटुंबिन् m. a householder, a husbandman. 2, 419.

कुट्टहारिका f. a female servant. 2, 337. HC. writes कुट°.

कुट्टित adj. pounded, flattened. 2, 430.

कुट्टिनी f. a procuress. 2, 337.

कुट्टिम n. a tesselated pavement. 2, 139. हर्म्याणि यत्र मणिकुट्टिममंजुलानि Pk. 1, 5.

कुठ m. a tree. 2, 22.

कुठार m. an axe. 2, 319.

कुड्मल m. n. an opening bud. 2, 31.

कुणप m. a corpse. 3, 7.

कुणि adj. one whose arm is crippled, or withered. 2, 455.

कुंठ adj. slow at work, inefficient, indolent. 2, 227.

कुंड n. a pot. 2, 159.

कुंडल n. an earring. 2, 401.

कुंडलिन् m. a snake. 3, 19.

कुंडिका f. a waterpot. 2, 256. छत्त्रोपनत्कुंडिकाश्च नाधगाय् समर्पिताः । Kâçîkh. 7, 18.

कुतप m. 1) Kuça-grass. 2) the afternoon. (?) 5, 36. Comp. Matsyap. 22, 79: अह्नो मुहूर्ता विख्याता दश पंच च सर्वदा। तत्राष्टमो मुहूर्तो यः स कालः कुतपः स्मृतः ॥

कुतूहल n. sport, play, amusement. 4, 35. Comp. कौतूहल.

कुत्सा f. censure, abuse. 5, 81.

कुत्सित adj. reproached, despised, contemptible. 2, 223

कुश m. 1) Kuça-grass. 2, 36. 2) कुश m. कुशा f. a variegated blanket. 2, 153. Çiçup. 1, 8. 5, 31. Bhk. 10, 1.

कुद्दाल n. a spade, a hoe. 2, 422.

कुध्र m. a mountain. 2, 10.

कुंत m. a lance. 2, 320.

कुंतल m. a particular mode of dressing the hair. 2, 375.

कुप्य n. any metal except gold and silver, 1, 81.

कुप्रिय adj. detested, base. 4, 85.

कुब्ज m. humpbacked. 2, 456.

कुमार 1) m. (in theatrical language), the heir apparent or crownprince. 1, 98. 2) Skanda. 1, 19. 3) f. कुमारी, a girl. 2, 328.

कुमुद 1) n. the white esculent waterlily. 3, 59. 2) m. the elephant of the south. 1, 104.

कुमुदपत्राभ adj. resembling the leaves of the white waterlily. 4, 53.

कुमुदिनी or कुमुद्वती f. an assemblage of white waterlilies. 3, 61. मुदं कुमुदिनीनां पस्तनोति चंद्रः Kaçikh. 15, 25. Bhk. 2, 4. 6.

कुंभ m. 1) a pot, a jar. 2, 161. 2) the frontal globe on the upper part of the forehead of an elephant. 2, 61. 63. 3) f. कुंभी, a pot. 2, 159.

कुंभकार m. a potter. 2, 435.

कुंभिन् m. an elephant. 2, 59.

कुंभीनस m. a kind of snake. 3, 18.

कुंभीर m. a crocodile. 3, 34.

कुरंग m. a deer, an antelope. 2, 75.

कुरंटक n. the blossom of a species of amaranth. 2, 52. v. r. कुरंटक.

कुरर m. an osprey. 2, 94.

कुरुविंद 1) m. a plant (cyperus rotundus). 2, 467. 2) n. vermilion. 2, 466.

कुर्कुर m. a dog. 2, 126.

कुल n. 1) a crowd, an assemblage of living beings. 4, 1. 2) family, race, lineage. 2, 241. 3) a house. 2, 136.

कुलटा f. an unchaste woman. 2, 341.

कुलबालिका f. a respectable woman. 2, 340. 5, 6.

कुलस्त्री f. a woman of a good family and respectable conduct. 2, 340. 5, 12.

कुलाय m. a nest. 2, 85.

कुलाल m. a potter. 2, 435.

कुलिश 1) n. a thunderbolt. 1, 56. 2) m. a sort of fish. 3, 37.

कुलीन adj. 1) of high descent. 2, 234. 5, 50. 2) of a good breed. 2, 284.

कुलीर m. a crab. 3, 36.

कुल्य n. a bone. 3, 10.

कुल्या f. = kulastrî. 5, 12.

कुल्या f. a canal. 3, 44.

कुवलय n. a blue lotus. 3, 59.

कुवली f. the jujube. 2, 39.

कुविंदक m. a weaver. 2, 435.

कुवेणी f. a fish-basket. 2, 439.

कुवेर m. the god of wealth and regent of the north. 1, 79. 100.

कुश 1) m. sacrificial grass (poa cynosuroides). 2, 36. 2) n. water. 3, 26. 3) कुशा f. a bridle, a rein. 2, 287.

कुशल adj. skilful, clever, expert. 2, 180. 127. 387.

कुशाग्रीयमति adj. one whose understanding is as sharp as the point of a blade of Kuça: acute, penetrating, subtle. 2, 218. कुशाग्रीया बुद्धिः Bhk. 5, 15.

कुशिक m. a ploughshare. 2, 420.

कुशीलव m. an actor, a mime. 2, 437.

कुशूल m. a granary. 2, 157.

कुशेशय n. a lotus. 3, 57.

कुष्ठ n. leprosy. 2, 449.

कुसीद n. usury. 2, 417.

कुसीदिक m. (f. ी) a usurer. 2, 416.

कुसुम n. a flower. 2, 31.

कुसुमायुध m. Kâma. 1, 32. Ks. 6, 44. 7, 67.

कुसुंभ n. safflower (carthamus tinctorius). 2, 465.

कुसृति f. evil practices, magic rites, sorcery. 4, 55. Comp. कौसृतिक.

कुस्तुंबुरु n. coriander-seed. 2, 462.

कुहक m. a cheat, a rogue, a juggler. 2, 194.

कुहन 1) adj. envious. 2, 229. 2) कुहना f. hypocrisy. 4, 55.

कुहर n. a hole. 3, 2.

कुहू f. the new moon. 1, 112.

कूट 1) n. the summit of a mountain. 2, 11. 2) fraud, deceit. 4, 24. 3) m. an ox with broken horns. 2, 112.

कूटयंत्र n. a snare, a trap. 4, 97.

कूप m. a well. 3, 62.

कूपक m. According to some comm., the mast of a vessel; according to others, a tree to which a boat is moored. 3, 33.

कूर n. boiled rice 2, 164.

कूर्चक m. an ornament on the top of a banner. 2, 303.

कूर्चिका f. 'inspissated milk.' 2, 169.

कूर्च n. the space between the eyebrows. 2, 365.

कूर्पर m. the elbow. 2, 378. 381.

कूर्पास m. a bodice, a jacket, a mantle. 2, 397. Comp. कूर्पासक Çiçup. 5, 23.

कूर्म m. a tortoise. 3, 34.

कूल n. a bank, a shore. 3, 45. 46. कूलदेश m. 3, 32.

कूलंकषा f. a river. 3, 43.

कूबर 1) n. the pole of a carriage. 2, 292. 2) कूबरी f. a kind of carriage. 2, 289.

कूष्मांड m. a pumpkin. 2, 54.

कृकलास m. the gecko (lacerta gecko). 2, 79.

कृकवाकु m. a cock. 2, 92.

कृकाटिका f. the nape of the neck. 2, 370.

कृच्छ्र n. distress, danger. 5, 40.

कृतं adv. done with, enough. 5, 3. e. g. कृतमतिविस्तरेण, 'let us have done with too great detail.'

कृतकर्मन् adj. skilful, clever. 2, 180.

कृतपुंख adj. skilled in archery. 2, 316.

कृतमाल m. = आरग्वध. 2, 43.

कृतमुख adj. conversant with the means of success, clever. 2, 180.

कृतहस्त m. handy, dexterous, skilful. 2, 180.

कृतांत m. 1) established truth or doctrine. 1, 10. 2) a name of Yama. 1, 71.

कृताभिषेक adj. anointed. 2, 325.

कृतिन् adj. wise, learned, skilful. 2, 178.

कृत्ति f. hide, skin. 3, 8.

कृत्तिका f. pl. the third of the lunar mansions, consisting of six stars, the Pleiades. 1, 50.

कृत्तिवासस् m. a name of Çiva. 1, 12.

कृत्स्न adj. all, whole, entire. 4, 28.

कृपण adj. miserly, avaricious. 2, 192. Ujj. 2, 79.

कृपा f. pity, compassion. 4, 39.

कृपाण 1) m. a sword. 2, 317. Ujj. 2, 90. 2) कृपाणी f. scissors, shears. 2, 440.

कृपीट n. 1) the belly. 2) water. 5, 41.

कृपीटयोनि m. a name of Agni. 1, 63.

कृमि m. 1) a worm, an insect. 3, 14. 2) a spider. 2, 101. 3) the silkworm. 2, 394. 4) lac. 5, 37.

कृश adj. thin, spare, slender. 4, 32.

कृशानु m. a name of Agni. 1, 62.

कृशाश्विन् m. a dancer, an actor. 2, 437. Pk. 5, 7.

कृषिक m. a husbandman. 2, 419. v. r. कृषक.

कृषीवल m. a husbandman. 2, 419.

कृष्टि m. a wise man. 2, 178.

न चिंतयेद्निष्टानि तस्मात्कृष्टिः (Schol. विद्वान्) कदाचन. Kâçikh. 12, 30.

कृष्ण 1) adj. (f. *â*), black or dark blue. 4, 49. 2, 283. 2) m. Vishṇu, or one of the incarnations of Vishṇu. 1, 21. 3) f. one of the seven tongues of fire. 1, 68. 4) long pepper. 2, 459.

कृष्णकाक m. a raven. 2, 91.

कृष्णपांडुर adj. greyish white. 4, 51.

कृष्णभूम m. a country with black soil. 2, 5.

कृष्णमृत्तिका f. black soil. 2, 5.

कृष्णला f. a plant (abrus precatorius). 2, 48.

कृष्णवक्त्र adj. blackfaced. 2, 77.

कृष्णवर्ण adj. of a black colour. 2, 282.

कृष्णवर्त्मन् m. fire. 1, 63.

कृष्णसार m. the black antelope. 2, 75.

कॢप्तिक n. = प्रक्रय. 2, 418

केका f. a peacock's cry. 2, 87

केकिन् m. a peacock. 2, 86. केकी केकां परित्यज्य मौनं तिष्ठति तद्भयात् Kâçikh. 3, 71.

केणिका f. a tent. 2, 296.

केतन n. a flag, a banner. 2, 303.

केतु m. 1) a ray of light. 1, 39. 2) a comet. 1, 49. 3) a flag, a banner. 2, 303. Comp. धूमकेतु.

केदार n. a field. 2, 419. HC. on IV, 31. says of *vapra* and *kedâra*: पुंस्त्रीवल्लिंगावेतौ.

केयूर n. a bracelet worn on the upper arm. 2, 402.

केलि m. f. play, sport, pastime. 2, 277.

केलिकिल m. a jester, a buffoon. 2, 277.

केवलिन् m. a Jaina deified saint. 1, 86. Pk. 3, 50.

केश m. the hair of the head. 2, 375. 376. 397. 5, 11.

केशघ्न n. a disease producing baldness. 2, 450.

केशपक्ष, केशपाश, केशहस्त m. a fine head of hair. 2, 376.

केशमार्जन n. a comb. 2, 156.

केशव m. Krishṇa or Vishṇu 1, 21.

केसर 1) n. the filament of flowers. 3, 60. 2) m. a tree (mimusops elengi Lin.) 2, 51.

केसरिन् m. a lion. 2, 59.

कैटभारि m. a name of Vishṇu or Krishṇa. 1, 25. Comp. कैटभजित् Çiçup. 9, 30. कैटभद्विष् Çiçup. 1, 23. कैटभभिद् Anandal. 30.

कैतव n. deceit, fraud. 4, 24.

कैरव n. the white esculent waterlily. 3, 59.

कैरविणी f. an assemblage of white waterlilies. 3, 61. कैरवैरुदारैरिंदुर्विकासयति कैरविणीकुलानि. Bhâm. 1, 73.

कैवर्त m. a fisherman. 2, 439.

कैवल्य n. absorption in the deity, eternal emancipation. 1, 124.

कोक m. 1) a wolf. 2, 73. 2) the ruddy goose (anas casarca). 2, 89.

कोकनद् n. the red lotus. 3, 58.

कोकिल m. the Indian cuckoo. 2, 88.

कोटर् m. the hollow of a tree. 2, 27.

कोटि f. 1) the point or extreme part. Comp. कार्मुककोटि. 2) an angle or corner. 4, 42. 3) the tip-top, excellence, eminence. सा स्त्रीसर्गस्य परा कोटिर्निर्ममे विधिना Pk. 3, 19. 4) ten millions. 5, 50.

कोटिपात्र n. a rudder. 3, 50.

कोटीर् m. n. a crest, a diadem. 2, 410. स्वर्णाचलोत्तुंगकोटीरपरिमंडिते द्वीपे Pk. 2, 1. देवोर्द्व्यकोटीरमंडितैः 2, 54. Anandal. 30.

कोटीश n. a harrow. 2, 421.

कोण m. 1) an angle, a corner. 4, 42. 2) a drum-stick, an instrument for striking the cords of the lute, etc. 1, 98.

कोदंड n. a bow. 2, 309.

कोद्रव m. an inferior sort of grain (paspalum frumentaceum). 2, 425.

कोप m. anger, passion. 2, 207. 5, 60.

कोपन adj. inclined to anger, passionate. 2, 206.

कोमल adj. soft, tender. 2, 34.

कोयष्टि m. a sort of aquatic bird. 2, 94.

कोरक m. n. a bud. 2, 31.

कोरदूषक m. an inferior sort of grain (paspalum frumentaceum) 2, 425.

कोल m. a hog. 2, 71. corrupted from क्रोड.

कोलाहल m. the confused noise of a crowd, an uproar. 1, 139.

कोविद् adj. skilled, experienced. 2, 177.

कोविदार् m. a species of ebony. 2, 51.

कोश m. 1) a pod, a seed-vessel. Comp. बीजकोश. 2) a sheath, a scabbard. 2, 318. 3) a storehouse, a treasury. 5, 54. 4) an egg. 2, 85. 5) a testicle. 2, 368. 6) an ordeal, at which either the plaintiff, or the defendant is obliged to sip two handfuls of water, previously consecrated by the bathing of an idol. 5, 54. Yâjn. 2, 95.

कोशातकी f. a cucurbitaceous plant (trichosanthes laciniosa Klein?). 2, 47.

कोशिका f. a sort of drinking vessel. 2, 161.

कोष्ठ m. the intestines, viscera. 5, 31.

कौक्षेयक m. a sword. 2, 317.

कौटवी f. a naked woman. 2, 328.

कौटिक m. one who sells meat of beasts or birds. 2, 440.

कौणप m. a Râkshasa. 1, 73.

कौतुक n. festivity, sport, play. 4, 35.

कौतूहल n. = कुतूहल. 4, 35.

कौद्रवीण n. a field sown with *kodrava*. 2, 7.

कौपीन n. 1) a privy part. 5, 44. 2) a cloth worn over the privy parts. 2, 256. 3) an improper act. 5. 44.

कौमुदी f. moonlight. 1, 44.

कौमोदकी f. the mace of Vishṇu or Krishṇa. 1, 26.

कौलीन n. rumour, report. 1, 147.

कौलेयक m. a dog. 2, 126.

कौबेरी f. the north. 1, 101.

कौशिक m. 1) a name of Indra. 1, 52. Çiçup. 1, 53. 2) an owl. 2, 91.

कौशेय s. धौत°.

कौसीद्य n. indolence. 4, 72.

कौसृतिक m. a juggler, a cheat. 2, 194.

कौस्तुभ m. the jewel suspended on Vishṇu's (or Kṛishṇa's) breast. 1, 27.

क्रकच n. a saw. 2, 320.

क्रकर m. a sort of partridge. 2, 99.

क्रतु m. a sacrifice. 2, 259. 5, 60. 62.

क्रतुपुरुष m. a name of Vishṇu. 1, 22.

क्रन्दित n. crying. 3, 17.

क्रमुक n. the betel-nut. 2, 390. Mâgha 3, 81.

क्रमेलक m. a camel. 2, 125.

क्रव्य n. raw flesh. 3, 9.

क्रव्याद् m. a Râkshasa. 1, 73.

क्रिया f. action, work, business. 2, 227. 4, 98.

क्रियावत् adj. active, industrious, strenuous. 2, 228. क्रतुषु क्रियावान् Bhk. 1, 10.

क्रीडा f. play. 2, 277. 77.

क्रीडारथ m. a pleasure-van. 2, 291.

क्रुञ्च् m. a kind of heron or curlew. 2, 89. Bhk. 6, 73. Comp. क्रौंच.

क्रूर 1) adj. cruel, fierce, savage. 3, 34. 5, 10. 2) hard, solid. 2, 187. 3) v. r. for कूर.

क्रूरकर्मकृत् adj. perpetrating cruel actions. 2, 217.

क्रोड 1) n. the chest, the breast, the bosom. 2, 373. 2) m. a hog. 2, 71. 3) the planet Saturn. 1, 48.

क्रोडीकरण n. embracing, an embrace. 2, 413.

क्रोध m. anger, wrath, passion. 1, 91. 2, 207. 5, 89.

क्रोधन, क्रोधिन् adj. angry, passionate. 2, 206.

क्रोष्टु m. (nom. क्रोष्टा) a jackal. 2, 74.

क्रौंच m. — क्रुंच्. 2, 89.

क्रौंचाराति m. a name of Skanda. 1, 19.

क्लमथु m. fatigue, languor. 2, 446. क्लमथुरित्यपि पाठः Kshîrasv. on Am.

क्लिन्न adj. wet, moist. 4, 82. 2, 452 (dim with rheum).

क्लीव 1) m. a eunuch. 2, 275. 2) adj. emasculated, enervated, impotent. 5, 34. 3) mean, miserly. 2, 192.

क्लेश m. trouble, affliction, distress. 5, 67. 2, 244.

क्लोमन् n. the lungs (Schol. *pupphusa*). 3, 14.

क्षण m. 1) a measure of time, equal to four minutes. 5, 65. 2) leisure. 5, 65. 3) season, opportunity. 4, 65. 5, 62. 65. 4) the middle. 5, 65. 5) a festival. 4, 78. 5, 65. 6) dependence. 5, 65.

क्षणदा f. the night. 1, 107.

क्षणमात्रानुरागिन् adj. one whose affection lasts only a moment. 2, 220.

क्षणिका f. lightning. 1, 60. Comp. चपला.

क्षत n. a wound. 3, 8.

क्षतज n. gore, blood. 3, 10.

क्षतव्रत adj. having broken one's vows. 2, 249.

क्षत्तृ m. 1) a doorkeeper. 2, 269. 2) a charioteer. 2, 293.

क्षत्र n. the military and regal class. 2, 266.

क्षत्रिय m. a man of the military class. 2, 237. 238. 266.

क्षपण m. a Bauddha mendicant. 2, 190.

क्षपा f. the night. 1, 107. क्षपानाथ m. the moon. Mâgha 3, 22.

क्षम 1) adj. able, competent. 2, 231. 2) क्षमा f. forbearance, patience. 4. 40. 3) the earth. 2, 1. Bhk. 3, 22.

क्षय m. a dwelling, a house. 2, 136. Bhk. 6, 7.

क्षय m. 1) the destruction of the universe. 1, 117. 2) pulmonary consumption. 2, 447.

क्षवथु m. cough, catarrh 2, 446.

क्षांति f. patience, forbearance. 4, 40. Gg. 4, 21.

क्षाम adj. thin, spare, emaciated. 4, 32. Comp. क्षीण.

क्षार n. potash. 1, 69.

क्षारणा f. accusation of infidelity, or censure in general. 1, 149. Also क्षारण n.

क्षिति f. the earth. 2, 1. 5, 60.

क्षितिधर m. a mountain. 2, 10.

क्षितिरुह m. a tree. 2, 22. Mâgha 7, 54.

क्षिप्त adj. cast, thrown, thrown at. 4, 82. 83.

क्षिप्र adj. quick, swift. 4, 12.

क्षीण adj. emaciated, thin, slender. 4, 32. Gg. 4, 21. Anand. 80.

क्षीर n. 1) milk. 2, 119. 169. 2) water. 3, 26.

क्षीरोदतनया f. a name of Lakshmî. 1, 31.

क्षीव adj. drunk, intoxicated. 2, 231. Bhk. 8, 31. 6, 143.

क्षुण्ण adj. one who has mastered the principles of a science. 2, 197.

क्षुद्र adj. 1) small, little. 4, 3. 2) poor, indigent. 2, 193. 3) avaricious, niggardly. 2, 192. 4) low, vile, wicked. 2, 191. 5) cruel. 5, 10. क्षुद्रा f. 6) a bee. 2, 101. 7) a dancing girl. 2, 437. 8) a whore, a harlot. 2, 335.

क्षुद्रघंटिका f. a small bell. 2, 405.

क्षुद्रतंडुल m. a grain of rice. 2, 423.

क्षुद्रधान्य n. shrivelled grain. 5, 43.

क्षुद्रनासिक adj. small-nosed. 2, 452. Comp. नःक्षुद्र.

क्षुद्रपक्षिक m. a small bird. 2, 98.

क्षुद्रशंख m. a small shell. 3, 42.

क्षुद्राण्ड adj. having (recently) come out of a small egg. 3, 39.

क्षुद्वत् adj. hungry. 2, 205.

क्षुध् and क्षुधा f. hunger. 2, 206.

क्षुधित adj. hungry. 2, 205.

क्षुप m. 1) a shrub, a bush. 2, 23. 2) a clump of grass (?). 2, 424.

क्षुभित adj. agitated, frightened. 2, 200.

क्षुमा f. linseed. 2, 427.

क्षुरप्र m. a kind of arrow. 2, 314.

क्षुरमार्द्दिन् m. a barber. 2, 434.

क्षुरिका f. a knife, a dagger. 2, 308. 318.

क्षुल्लक 1) adj. miserly, avaricious. 2, 192. 2) m. a small shell. 3, 42.

क्षेत्र n. 1) a field. 2, 7. 9. 419. 2) a wife. 2, 339. 3) the body. 2, 355.

क्षेत्रज्ञ 1) adj. experienced, skilful. 2, 180. 2) the soul. 1, 134.

क्षेत्राजीव m. a husbandman. 2, 419.

क्षेपणी f. an oar. 3, 50.

क्षेमंकर adj. (f. ई), conferring happiness, promoting the welfare of. 2, 185.

क्षैरेयी f. a dish made of milk, rice and sugar. 2, 165.

क्षोणी f. the earth. 2, 1.

क्षोद m. powder, dust. 2, 288. मलयजक्षोद Kâçikh. 33, 93. कर्पूरक्षोद ibid. 34, 51.

क्षौद्र n. honey. 2, 466.

क्षौम n. wove silk. 2, 394.

क्षौर n. shaving. 4, 36. Kulârṇava 12, 85.

क्ष्मा f. the earth. 2, 1.

क्ष्वेड m. poison. 3, 24. Anand. 29.

क्ष्वेडा f. a war-cry. 4, 100.

ख.

ख n. 1) the sky. 1, 137. 2) an organ of sense. 2, 380.

खग m. 1) the sun. 1, 37. 2) a bird. 2, 83. 3) an arrow. 2, 311. 316.

खचित mixed, combined. 4, 56.

खजक m. a churning-stick. 2,121.

खजिका f. a spoon, a ladle. 2, 157.

खंज adj. lame. 2, 455.

खंजन and **खंजरीट** m. a wagtail. 2, 89.

खड्ग m. a sword. 2, 317. 1, 26.

खड्गपिधान n. a sheath, a scabbard. 2, 318.

खड्गफल n. the blade of a sword. 5, 72.

खड्गिन् m. a rhinoceros. 2, 72.

खंड m. n. a fragment, a part. 4, 28.

खंडपरशु m. a name of Rudra. 5, 2. Kâçîkh. 8, 99. 63, 39.

खंडशर्करा f. granulated sugar. 2, 169.

खंडिक m. pease. 2, 427.

खद्योत m. a fire-fly. 2, 102.

खनक m. a rat. 2, 80.

खनि f. a mine. 2, 14.

खर 1) adj. sharp, hot. 1, 40. 2) m. an ass. 2, 125.

खर्जू f. the itch. 2, 448.

खर्वशाख adj. dwarfish. 2, 456.

खल 1) m. a rogue, a scoundrel. 2, 191. 2) n. a threshing-floor. 2, 423.

खलति adj. baldheaded. 2, 453.

खलधान्य n. a threshing-floor. 2, 423. Hind. کهلیان.

खलीन n. the bit of a bridle. 2, 287.

खलूरिका f. a place for military exercise. 2, 315.

खलेवाली f. a post fixed in

the centre of a threshing-floor, to which the cattle are attached as they go round to tread out the corn. 2, 423.

खस m. itch, scab. 2, 447.

खाता f. an artificial pond. 3, 53.

खादन n. eating. 2, 170.

खिल n. waste or fallow land. 2, 3.

खुर m. a hoof. 2, 286.

खेट 1) m. phlegm. 5, 6. 2) n. at the end of a compound: bad, inferior. 2, 182.

खेटक n. 1) a village. 2, 103. 2) a shield. 2, 305.

खेद m. grief, despondency. 4, 69.

खेलन n. play, sport. 2, 277. जलखेलनक Kâçikh. 12, 72.

ग.

गगन n. the sky, the atmosphere. 1, 137. 2, 85.

गंगा f. the Ganges. 3, 51.

गंगाधर m. a name of Çiva. 1, 13.

गज m. an elephant. 2, 59. 60. 5, 47. 55.

गजप्रिया f. the olibanum tree (boswellia thurifera). 2, 44.

गजबंधन n. the place where elephants are tied up. 2, 68.

गजवदन m. a name of Ganeça. 1, 18.

गजाजीव m. an elephant-keeper. 2, 70.

गजारोह m. an elephant-driver. 2, 235. Comp. हस्त्यारोह.

गंज 1) m. a store-room. 5, 11. 2) गंजा f. a mine. 2, 14.

गडु m. a hump on the back. 2, 449.

गडुल adj. humpbacked. 2, 456.

गण m. 1) a multitude. 4, 1. 2) pl. the host of Çiva. 1, 14.

गणक m. an astrologer. 2, 248.

गणपति m. Ganeça. 1, 18.

गणरात्र m. many nights. 1, 108.

गणाधिप m. a name of Çiva. 1, 13.

गणिका f. 1) a harlot. 2, 335. 336. 2) the female elephant. 5, 13.

गंड m. 1) the cheek. 2, 367. 61. 2) a boil, a blister, a pimple. 2, 449.

गंडक m. a rhinoceros. 2, 72.

गंडशैल m. a rock fallen from a mountain. 2, 13. Mâgha 4, 13. 40. 8, 25.

गंडूपद m. a kind of worm. 3, 39. कोटिर्गंडूपदानां मम गृहपटले Kathârnava 6. गंडूपदः किमधिरोहति मेरुशृंगं ibid. 14.

गंडूष m. a handful of water taken for rinsing the mouth. 4, 100. e. c. तत्पुण्यं स्याच्छतगुणं गंगागंडूषपानतः Kaçikh. 27, 103. गंडूषा द्वादश ग्राह्या मुखस्य परिशुद्धये 35, 78.

गति f. 1) going, moving, wandering about. 2, 85. 4, 41. 91. 2) — karmavipâka 5, 13.

गद 1) m. disease, sickness. 2, 445. 2) गदा f. a mace, a club. 2, 321. 1, 26.

गदाग्रज m. a name of Krishṇa. 1, 25.

गदाधर m. Vishṇu or Krishṇa. 1, 24.

गंत्री f. [illegible] drawn by oxen. 2, 289.

गंध m. [illegible] ere scent of a thing, [illegible] 5, 7.

गंधकारि[illegible] a female employed [illegible] the preparation of perfumes. 2, 337.

गंधन n. 1) manifestation. 2) informing against. 3) effort. 5, 84.

गंधमूषिका f. the musk-rat. 2, 80.

गंधर्व m. 1) a celestial musician. 1, 87. 2) a horse. 2, 281.

गंधवह m. the wind. 1, 76.

गंधोत्तमा f. spirituous liquor. 2, 174.

गभस्ति m. a ray of light. 1, 38.

गभीर adj. deep. 3, 27.

गंभीर adj. 1) deep. 3, 27. 2) (of sound) deep, full. 1, 140.

गर m. poison. 3, 19.

गरल n. poison. 3, 19.

गरुड m. the bird and vehicle of Vishṇu, the king of the birds. 1, 30.

गरुत् m. a wing. 2, 84. According to HC. on 4, 384. also n.

गरुत्मत् m. 1) a bird. 2, 82. 2) Garuḍa. 1, 30.

गर्गरी f. a churn. 2, 162.

गर्जन्मेघ m. a thunder-cloud. 5, 32.

गर्जित n. roaring. 5, 55.

गर्त m. a hole. 3, 2. 5, 44.

गर्दभ m. an ass. 2, 125.

गर्धन 1) adj. greedy, covetous. 2, 208. Bhk. 7, 16. 2) गर्धना f. greediness, covetousness. 2, 209.

गर्भ m. 1) the womb. 2, 360. 2) an embryo or foetus. 2, 344. 3) a child. 2, 347.

गर्भक m. a wreath of flowers worn in the hair. 2, 397.

गर्भगृह n. a lying-in chamber. 2, 137.

गर्भाशय m. the womb, the uterus. 2, 345.

गर्भिणी adj. f. pregnant (used only of animals). 2, 114. 343. 5, 23.

गर्व m. pride, arrogance. 4, 37.

गर्हा f. reproach, censure. 1, 148.

गर्ह्यवादिन् adj. speaking in an improper manner. 2, 223.

गल m. the throat. 2, 361.

गलकंबल m. a dewlap. 2, 111.

गलंतिका f. a water-jar. 2, 162.

देवालयेषु ये दद्युर्बहुधारा गलंतिकाः Kâçikh. 12, 55.

गलित adj. fallen. 2, 13.

गल्ल m. the cheek. 2, 367. (corrupted from गंड). एतस्य गल्लावुत्फुल्लौ चुरेण विपाट्य Kâçlkh. 8, 59.

गल्वर्क m. a goblet. 2, 172.

गवल n. a buffalo's horn. 4, 79.

गवाक्ष m. an air-hole, a little round window. 2, 149.

गव्य adj. (anything) produced by a cow, as milk, butter, etc. 2, 118.

गहन 1) adj. impervious, inaccessible. 4, 92. 2) n. a thicket, a wood. 2, 55.

गह्वर n. 1) a thicket. 2, 12. 2) hypocrisy. 5, 5.

गांगेय 1) m. Kârttikeya. 1, 20. 2) n. gold. 2, 18.

गाढ adj. tight, close, compact. 4, 33.

गाणिक्य n. an assembly of harlots. 2, 336.

गात्र n. the body. 2, 355.

गात्रसंकोचिन् m. a polecat. 2, 81.

गान n. singing, a song. 1, 93. Mâgha 9, 54.

गिर् f. speech. 1, 8.

गिरि m. a mountain. 2, 10.

गिरिकर्णी f. = aparâjitâ. 2, 47.

गिरिजा f. Pârvatî. 1, 16. Anandal. 79.

गिरिमल्लिका f. = कुटज. 2, 38.

गिरिश m. a name of Çiva. 1, 11. 5, 51.

गिरिसानु n. table-land. 5, 24.

गिरिसार m. iron. 2, 16.

गीत n. a song. 1, 93. 95.

गीतक्रम m. the arrangement of a song (?). 5, 74. Comp. Ks. 5, 56.

गीर्वाण m. a god, a deity. 1, 4.

गुग्गुलु m. bdellium. 2, 465.

गुच्छ m. a cluster of blossoms. 2, 33. 2) a necklace of 32 strings. 2, 407. 3) a clump of grass (?). 2, 424.

गुच्छक m. a cluster of blossoms. 2, 33.

गुंजा f. a plant (abrus precatorius). 2, 48.

गुडूची f. a plant (menispermum cordifolium). 2, 460.

गुण m. 1) a cord, a string. 2, 442. 5, 79. 2) a bow-string. 2, 309. 5, 79. 3) quality, property, (godness, etc., shape, etc.; heroism, etc.). 5, 79. 4) a subordinate quality or inferior degree. 5, 79. 5) flavour, taste (of which 6 are specified: स्वादम्ललवणतिक्तोषणकषायकाः). 5, 75.

गुणलयनी f. a tent. 2, 296.

गुणवृक्ष m. = kûpaka. 3, 33.

गुणोत्कर्ष m. excellence, superiority. 4, 101.

गुंडित adj. crushed, pounded (?). 4, 83.

गुत्स v. r. for गुच्छ. 2, 33.

गुद m. the anus. 2, 358.

गुदकीलक m. the piles. 2, 450.

गुंद्रा f. a kind of grass (cyperus rotundus). 2, 467.

गुंफ m. stringing a garland. 4, 45.

गुरु 1) adj. (f. *gurvi*), great, large. 4, 14. 2) m. Vrihaspati. 1, 47. 3) गुर्वी f. a pregnant woman. 2, 343.

गुरुक्रम m. oral tradition, handed down from teachers to their disciples. 2, 247.

गुलुंछ m. a cluster of blossoms. 2, 33.

गुल्फ m. the ancle. 2, 360.

गुल्म m. a shrub, a bush. 2, 35.

गुह 1) m. a name of Kârttikeya. 1, 20. 2) गुहा f. a cave, a cavern. 2, 12.

गुह्य 1) adj. to be concealed, to be kept secret. 4, 23. 2) n. an organ of generation. 5, 37. 44.

गुह्यक m. 1) a class of demigods attendant on Kuvera, and guardians of his treasures. 1, 87. 2) Kuvera. 1, 79.

गुह्यपिधान n. a cover over the privities. 5, 56.

गूढपाद् m. a snake. 3, 18.

गूढपुरुष m. a spy. 2, 270.

गूथ n. excrements. 3, 15.

गूवाक m. the betelnut tree (areca faufel or catechu). 2, 45.

गृध्नु adj. greedy, craving. 2, 208.

गृष्टि f. a cow that has had one calf. 2, 118.

गृह 1) n. a house. 2, 136. 138. 2) m. pl. a wife. 2, 339.

गृहगोधिका f. a house-lizard. 2, 102.

गृहबलिभुज् m. a sparrow. 2, 88.

गृहभित्ति f. the wall of a house. 5, 63.

गृहभूमि f. the site of a building. 2, 135.

गृहमेधिन् m. a householder. 2, 217.

गृहवाटी f. a grove near a house. 5, 30.

गृहस्थ m. a householder, a man of the three first classes, who having finished his studies, and been invested with the sacred cord, performs the duties of the father of a family. 2, 239. 238.

गृहस्थान n. a temporary residence. 2, 135.

गृहाधिप m. = गृहमेधिन्. 2, 217.

गृहावग्रहणी f. the threshold. 2, 147.

गृहिणी f. a wife, a matron. 2, 339.

गृहीतदिश् adj. run away, retreated. 2, 324.

गृह्य adj. belonging to a party, confederate. 2, 234. देवगृह्या Bhk. 6, 61.

गृह्यक adj. domesticated, tame. 2, 186.

गेह n. a house. 2, 136. 5, 56.

गेहेनर्दिन् and गेहेशूर m. a poltroon, a dunghill-cock. 2, 212. Bhk. 5, 41.

गैरिक n. 1) mineral, ore. 2, 15. 5, 71. 2) gold. 2, 18.

गो m. 1) a bull. 2, 108. 5, 68.

2) a ray of light. 1, 39. 5, 68. 3) heaven. 1, 3. 5, 68. 4) a thunderbolt. 1, 56. 5, 68. f. 5) a cow. 2, 113. 5, 68. 6) the earth. 2, 1. 5, 68. 7) speech. 1, 8. 5, 68. 8) Sarasvatî. 1, 8. 5, 68. 9) a quarter, a region. 5, 68. 10) an eye. 5, 68. 11) an arrow. 5, 68. 12) pl. water. 5, 68.

गोकर्ण m. a span from the tip of the thumb to that of the ringfinger. 2, 383.

गोकुल n. a station of cattle. 2, 107.

गोचुर m. a plant (ruellia longifolia, Roxb.). 2, 46.

गोत्र m. 1) a mountain. 2, 10. n. 2) family, race, lineage. 2, 241. 5, 43. 3) a name. 5, 43. 4) गोत्रा f. the earth. 2, 1.

गोत्रभिद् m. a name of Indra. 1, 53.

गोदा f. the Godâvarî river. 3, 52.

गोदारण n. a spade, a hoe. 2, 422.

गोदावरी f. a river rising in the Deccan, and falling into the bay of Bengal. 3, 52.

गोधन n. a multitude of cattle. 2, 107.

गोधा f. a kind of lizard. 2, 79.

गोनास m. a large species of snake. 3, 20.

गोपति m. 1) a name of Sûrya. 1, 35. 2) of Indra. 1, 52.

गोपानसी f. a beam supporting the framework of a roof. 2, 148. Mâgha 3, 49.

गोपाल m. a cowherd. 2, 432.

गोपुच्छ m. a necklace, consisting, according to HC., of two strings. 2, 407.

गोपुर n. the gate of a city. 2, 133. आबद्धतोरणोत्तुंगं गोपुरं Pk. 4, 5.

गोप्य m. the son of a female slave. 2, 346.

गोमत् m. rich in cattle. 2, 107.

गोमतल्लिका f. a tractable cow. 2, 115.

गोमय n. cowdung. 2, 118.

गोमायु m. a jackal. 2, 74.

गोमिन् adj. = gomat. 2, 107.

गोमुख n. ointment, unguent. 5, 11. गोमयगोमुखानि Çiçup. 3, 48.

गोयुग n. a yoke of oxen or other beasts, e. g. उष्ट्र° 2, 128.

गोलांगूल m. a blackfaced monkey with a tail like that of a cow. 2, 77.

गोविंद m. 1) the superintendent of cowherds. 2, 107. 2) a name of Krishṇa. 1, 22.

गोवृंद n. a multitude of cattle, a cow-station: 2, 107.

गोष्ठ 1) n. a cowpen, a cow-station. 2, 107. 2) गोष्ठी f. an assembly. 5, 12. Comp. यान°.

गोष्ठश्व m. the dog in the manger. 2, 213.

गोसंभव adj. coming from, or produced by, a cow. 2, 118.

गोसर्ग m. the break of day. 1, 111.

गोस्तनी f. the vine. 2, 38.

गोस्वामिन् m. a possessor of herds. 2, 107.

गौडी f. rum distilled from molasses. 2, 169.

गौधेर m. the young of the *godhâ* lizard. 2, 79.

गौर 1) adj. (f. *î*), white. 4, 47. 2) गौरी f. Pârvatî. 1, 15.

गौरव n. dignity, respectability. 4, 93.

गौरीपुत्र m. a name of Skanda. 1, 19.

ग्रंथ m. 1) a composition, a book, a code. 2) a line in a manuscript, consisting of about 32 syllables. 3) substance. 5, 58.

ग्रंथन n. stringing a garland, composing a book. 4, 45.

ग्रंथि m. 1) a joint or knot of a reed. 2, 34. 2) a knot. 2, 392.

ग्रस्त adj. slurred, uttered with

the omission of letters or syllables. 1, 142.

ग्रह m. 1) a planet. 2) an imp, an evil spirit. 3) perseverance. 5, 55.

ग्रहक m. a captive, a prisoner. 4, 74.

ग्राम m. 1) a village, a hamlet. 2, 103. 106. 129. 2) at the end of compounds: a group of organically connected things. 5, 25. Comp. indriya°, karaṇa° etc.

ग्रामणी adj. chief, principal. 4, 5.

ग्रामाधान n. a village. 2, 103.

ग्रामांतिक n. the neighbourhood of a village. 2, 104.

ग्रामीण and ग्रामेयक adj. born or living in a village. 2, 103.

ग्राम्य adj. 1) rustic. 2, 103. 2) (of speech) coarse, vulgar. 1, 142.

ग्राम्यधर्म m. copulation. 5, 52.

ग्रावन् m. 1) a stone. 2, 13. 2) a mountain. 5, 20.

ग्राह m. a shark. 3, 34.

ग्रीवा f. the neck. 2, 361. 362. 398. 403.

ग्रीष्म m. the hot season, about June-July. 1, 113. 116.

ग्रैवेयक n. an ornament for the neck. 2, 403.

ग्लह m. a stake at play. 4, 74.

ग्लानि f. fatigue, languor. 2, 446.

घ.

घट 1) m. a jar. 2, 161. 5, 18. 2) घटा f. an assembly. 5, 12. 3) a troop of elephants arrayed for battle. 2, 66.

घटना f. assembling, arranging. 2, 66.

घटयोनि m. a name of Agastya. 2, 258. Brahmap. Utt. 17.

घटीयंत्र n. the rope and bucket of a well. 3, 63.

घंटिका f. a small bell. 2, 405.

घन 1) adj. solid, compact. 4, 32. 2) m. the body. 2, 355. 3) a cloud. 1, 58.

घनरस m. water. 3, 26.

घनसार m. camphor. 2, 390. Cat. 158.ª

घनाघन m. 1) Indra. 2) a rainy cloud. 5, 40. ताडिद्द्वासैर्वर्षति स्म घनाघनः Pk. 6, 51.

घनोपल m. hail. 1, 59.

घर्म m. heat. 1, 40.

घस्मर adj. gluttonous. 2, 195. Bhk. 2, 38. दावानलो घस्मरः Bhv. 1, 32.

घस्र m. a day. 1, 106. Pk. 4, 12.

घाटा f. the nape of the neck. 2, 370.

घातक adj. murdering, destroying. 2, 217.

घातन n. killing, slaying. 2, 322.

घातनस्थान n. a slaughtering-place. 2, 440.

घास m. grass for fodder. 2, 36.

घुंट or घुंटक m. the ancle. 2, 360.

घुसृण n. saffron. 2, 388.

घृणा f. 1) tenderness, compassion. 4, 39. 2) disgust, contempt. 5, 14.

घृणि m. a ray of light. 1, 38. f. Anand. 96.

घृत n. clarified butter. 2, 120. 5, 75.

घृताची f. the name of an Apsaras. 1, 88.

घृष्टि m. a hog. 2, 71.

घोटक m. a horse. 2, 281.

घोणा f. 1) the nose. 2, 366. 2) the nostrils of a horse. 2, 286.

घोर adj. terrible, frightful. 4, 20.

घोष m. 1) sound, noise, roar. 1, 138. 2) a station or ward inhabited by herdsmen. 2, 106.

घोषवती f. the Vîṇâ. 1, 96.

घ्राण n. the nose. 2, 366.

च.

चकित adj. afraid, timid. 2, 199.

चकोर m. the francolin partridge (perdix rufa. Lath.). 2, 99.

चक्र n. 1) a wheel. 2, 292. 2) a discus used as a missile weapon. 2, 321. 1, 26. 3) a circle, a multitude. 4, 2. 4) a host, an army. 2, 302. 5) the bend of a river. 3, 49. 6) m. the ruddy goose. 2, 89.

चक्रधारा f. the periphery of a wheel. 2, 292.

चक्रमर्दक m. ringworm shrub (cassia alata Lin.). 2, 464.

चक्रवर्तिन् m. a universal monarch, an emperor. 2, 267.

चक्रवाक m. the ruddy goose (anas casarca). 2, 89.

चक्रवाल n. a circle, a multitude. 4, 2.

चक्रांग m. a gander. 2, 96.

चक्रिन् m. a snake. 3, 18.

चक्रीवत् m. an ass. 2, 125. Mâgha 5, 8.

चक्षण n. a stimulant to drink. 2, 173.

चक्षुष्य adj. pleasing, handsome. 2, 212. Mâgha 8, 57.

चक्षुस् n. the eye. 2, 364. 5, 24.

चंचरीक m. a bee. 2, 100. Bhv. 1, 46.

चंचल adj. trembling, shaking, unsteady. 4, 10.

चंचु or चंचू f. the beak or bill of a bird. 2, 85. Bhv. 1, 56.

चटक 1) m. a sparrow. 2, 88. 2) चटिका f. a hen-sparrow. 2, 98.

चटु n. pleasing discourse. 1, 146. Mâgha 4, 6. Comp. चाटु.

चटुल adj. trembling, shaking. 4, 10.

चंड 1) adj. hot. 1, 40. 2) चंडी Durgâ. 1, 16.

चंडातक n. a short petticoat. 2, 392.

चंडाल m. an outcaste, a man of a low tribe, born from a Çûdra father and Brahman mother. 2, 443. 5, 28.

चंडिल m. a barber. 2, 434.

चतुःशाल n. a square formed by four houses. 2, 137. Matsyap. 241,1. Also चतुःशाली f.

चतुर adj. dexterous, clever. 2, 180.

चतुर्भुज m. Vishṇu or Kṛishṇa. 1, 22.

चतुर्वक्त्र m. Brahman. 1, 7.

चतुर्विध fourfold. 2, 307. 394. 5, 73.

चतुष्पथ n. a place where four roads meet. 2, 134.

चत्वर n. a court or yard. 5, 31.

चंदन n. sandal wood. 2, 389. Comp. लोहित°.

चंद्र 1) m. the moon. 1, 42. 120. 2) n. gold. 2, 18.

चंद्रक m. the eye in the feathers of a peacock's tail. 2, 87. Comp. चंद्रकिन् m. a peacock. Mâgha 3, 49.

चंद्रदार m. pl. the 27 lunar stations. 1, 51.

चंद्रमस् m. the moon. 1, 42.

चंद्रशाला f. a room on the top of a house, an upper story. 2, 149.

चंद्रहास m. a sword. 2, 317.

चंद्रातप m. चंद्रिका f. moon light. 1, 44.

चंद्रोदय m. an awning, a cloth spread over an open hall. 2, 155. Hind. *chandwá.*

चपल 1) adj. wavering, unsteady, fickle. 4, 10. 2) swift, speedy. 4, 12. 3) चपला f. lightning. 1, 60.

चमू f. an army. 2, 302.

चय m. a collection, a mass, a multitude. 4, 1.

चर m. a spy, a secret emissary. 2, 270. Comp. चार.

चरण m. the foot. 2, 356. 97.

चरणाभरण n. an ornament for the foot. 2, 406.

चरणायुध m. a cock. 2, 92.

चरम adj. last, final. 4, 22.

चरित n. conduct, behaviour. 2, 241.

चरित्र n. conduct, behaviour. 2, 241. Comp. चारित्र.

चरु m. 1) a pot. 2, 159. 2) an oblation consecrated by prayers, or the vessel in which such an oblation is offered. 2, 261.

चर्चा f. 1) smearing the body with sandal and other unguents. 2, 385. 2) reflexion, consideration. 5, 8. e. g. तत्त्वचर्चा, अष्टांगयोगचर्चा Sinhâsana. 3) the name of a goddess, one of the incarnations of Durgâ. 1, 17.

चर्मकृत् m. a currier, a shoemaker. 2, 441. Comp. चर्मकर्तृ Taitt. Br. 1, 2, 6, 7.

चर्मदंड m. a whip. 2, 287.

चर्मन् n. 1) skin, hide, leather. 3, 8. 2) a shield. 2, 305.

चर्मप्रसेवक m. a bellows. 4, 79.

चलाचल adj. movable, unsteady. 4, 10.

चषक m. a drinking vessel, a goblet. 2, 172. Bhk. 8, 39. Mâgha 10, 4. 11. 24.

चाटु n. pleasing discourse. 1, 146.

चांडाल v. r. for चंडाल. 2, 443.

चातक m. a bird (cuculus melanoleucus). 2, 93.

चांद्रमसायन m. the planet Mercury. 1, 46.

चाप n. a bow. 2, 309. 1, 26.

चामर n. a chowrie, the tail of the bos grunniens used as a whisk. 2, 268.

चामीकर n. gold. 2, 19.

चामुंडा f. a goddess, an incarnation of Durgâ. 1, 17.

चार m. a spy, a secret emissary. 2, 270. Comp. चर.

चारण m. a strolling actor, a bard. 2, 437.

चारभट m. a valorous warrior. 2, 199.

चारित्र n. conduct, behaviour. 2, 241. Comp. चरित्र.

चारु adj. beautiful. 4, 4.

चाष m. the blue jay. 2, 92.

चिकित्सक m. a physician. 2. 457.

चिकित्सा f. the practice of medicine. 2, 457.

चिकुर m. the hair of the head. 2, 375.

चिता f. a funeral pile. 3, 16.

चित्त n. the mind. 2, 379.

चित्या f. a funeral pile. 3. 16.

चित्र adj. 1) variegated. 4, 56. 2) n. a wonder, a marvel. 4,60.

चित्रक n. the sectarian mark on the forehead. 2, 386.

चित्रकाय m. a tiger. 2, 71.

चित्रकृत् m. a painter. 2, 436.

चित्रपुंख m. an arrow. 2, 311.

चित्रभानु m. 1) the sun. 1, 37. 2) fire. 1, 62.

चित्रशिखंडिन m. pl. the constellation of Ursa Major. 1,50.

चित्रशिखंडिप्रसूत m. a name of Vṛihaspati. 1, 47.

चिद्रूप adj. intelligent, thoughtful. 2, 218. (Schol. वस्तुतत्त्व-ज्ञानयुक्त).

चिंता f. thought, reflexion. 5, 8.

चिपिट m. grain flattened after boiling. 2, 430.

चिबुक n. the chin. 2, 370.

चिरं, चिरात्, चिराय, चिरेण adv. a long time. 5, 87.

चिरंजीविन् m. a crow. 2, 90.

चिरंटी f. a young woman, whether married or not. 2, 329. Kshîrasvâmin quotes another form: चरंटी.

चिररात्र 1) m. a great many nights, a very long period. 1, 108. 2) dat. चिररात्राय adv. a long time. 5, 87.

चिर्भट m. a sort of cucumber (cucumis utilissimus). 2, 54.

चिलिचिम m. = नलमीन, a sort of fish. 3, 36. Explained by वह्नीगत, चलदंग, वृद्धदंचल. चिलिचिमस्त्रिदोषकृदिति वैद्याः। Sv.

चिल्ल 1) adj. blear-eyed. 2, 452. 2) m. the Bengal kite (falco cheela Lath.). 2, 95.

चिह्न n. a mark, a sign. 1, 45.

चीर n. tattered clothes. 2, 393.

चीरिल्लि m. a sort of large fish. 3, 38.

चीरी f. a cricket. 2, 101.

चुण्टी f. a small well. 3, 62.

चुंदी f. a procuress. 2, 337.

चुंबक m. a loadstone. 2, 14.

चुरी f. a small well. 3, 62.

चुल्ल adj. blear-eyed. 2, 452.

चुल्ली f. an oven, a fire-place. 2, 158.

चूचुक m. n. a nipple. 2, 371.

चूडा f. 1) a peacock's crest. 2, 87. 2) the head. 5, 13.

चूडामणि m. a jewel worn in a crest or diadem. 2, 409.

चूत m. the mango tree. 2, 37.

चूतक m. a small well. 3, 62.

चूर्ण n. powder, dust. 2, 288.

चूलिका f. the base of an elephant's ear. 2, 62.

चूषा f. an elephant's girth. 2, 66.

चेट 1) m. a servant. 2, 210. 2) चेटी f. a female servant. 2, 337.

चेतन m. a sentient being. 1, 134

चेतस् n. intellect, mind. 2, 379.

चेल 1) n. clothes. 2, 393. 2) at the end of compounds (f. *i*): bad, contemptible. 2, 182.

चेष्टा f. motion, action. 5, 64.

चैतन्य n. consciousness. 5, 36.

चैत्य n. 1) a temple. 2) a building containing an image of a Buddha (or Jina). 5, 45. e. g. श्रीमत्तीर्थंकराणां प्रतिदिवसमहं तत्र चैत्यानि वंदे.

चैत्र m. the first month of the year (March-April). 1, 114.

चैत्ररथ n. the garden of Kuvera. 1, 83.

चोद्य n. surprise, wonder. 4, 60.

चौर m. a thief. 2, 183. 184.

चौर्य n. stealing, theft. 2, 184. 5, 24.

छ.

छग m. a goat. 2, 122. Comp. छाग.

छगलक m. a goat. 2, 122.

छत्त्र n. a parasol, an umbrella. 2, 268.

छत्त्रक n. a mushroom. 5, 45.

छद m. 1) a wing. 2, 84. Comp. श्वेतच्छद. 2) a leaf. 2, 30.

छदन n. 1) a wing. 2, 84. 2) a leaf. 2, 30.

छद्मन् n. disguise, fraud, deceit. 4, 24.

छन्दस् n. the Vedas. 1, 9.

छन्न adj. covered, full. 4, 17.

छल n. disguise, sham, deceit. 4, 24.

छाग m. a goat. 2, 122.

छात्त्र m. a pupil, a disciple. 2, 245.

छान्दस m. a brahman conversant with the Vedas. 2, 240.

छायातनय m. the planet Saturn. 1, 48.

छिद्र n. 1) a hole, a rent. 3, 2. 2) a foible, a weak side. 5, 85.

छुच्छुंदरी f. the musk-rat. 2, 80.

छेक adj. shrewd, clever. 2, 230

छेदन n. cutting, breaking, tearing. 4, 44.

ज.

जगच्चक्षुस् m. the eye of the world, the sun. 1, 37. जगच्चक्षुस्तमोनुदः Kâçîkh. 46, 44.

जगत् 1) n. the world, the universe. 1, 133. 2) जगती f. the earth. 2, 1. 3) the king and his subjects. 5, 8.

जगत्कर्तृ m. the creator of the world, Brahman. 1, 7.

जगत्प्राण m. wind. 1, 75.

जगद्विनाश m. the destruction of the universe. 1, 117.

जगन्नाथ m. Vishṇu or Krishṇa. 1, 24.

जगर m. armour, mail. 2, 304.

जग्धि f. eating. 2, 170.

जघन n. the loins. 2, 357.

जघनकूपक m. the cavities of the loins. 2, 358.

जघन्य adj. low, base, wicked. 4, 85.

जंघा f. the leg. 2, 360.

जंघाल adj. light-footed, fleet, swift. 2, 203. Also जंघिल.

जटा f. 1) matted hair as worn by ascetics. 2, 377. 2) a fibrous root. 2, 28.

जटाबंध m. a knot or tuft of matted hair. 1. 14.

जठर 1) adj. hard, firm, solid. 2) old. 5, 39. 3) m. n. the belly. 2, 360.

जड adj. 1) dull, slow, stupid, *hebes*. 2, 232. 181. 2) dumb. 2, 454.

जडक्रिय adj. slow at work, sluggish, dilatory. 2, 228.

जतु n. lac. 2, 400.

जत्रु n. the collar bone, the clavicle. 2, 368.

जन m. man, mankind, people. 2, 129.

जनक m. a father. 2, 349.

जनंगम m. a man of a low caste, a Cândâla. 2, 443.

जननी f. a mother. 2, 349.

जनपद m. an inhabited country. 2, 129.

जनवाद m. जनश्रुति f. popular talk, rumour, tidings. 1, 147.

जनार्दन m. Vishṇu or Krishṇa. 1, 23.

जनाश्रय m. a temporary shed or hall. 2, 143.

जनी f. a daughter-in-law. 2, 349.

जंतु m. a creature, a living being. 3, 3.

जन्मन् n. birth, origin. 5, 64.

जन्य n. war, combat. 2, 299.

जपा f. the China-rose (hibiscus rosa Sinensis Lin.). 2, 52. 4, 53.

जंपती m. du. husband and wife. 1, 120. Comp. दंपती.

जंबाल m. mud, mire. 3, 56. Pk. 1, 45.

जंबीर m. common lime. 2, 39.

जंबुक m. a jackal. 2, 74.

जयंत m. the son of Indra. 1, 55.

जरत् adj. (f. *ti*) old. 4, 26.

जरद्गव m. an old ox. 2, 110.

जरा f. old age. 2, 348.

जरायु m. the womb, the uterus. 2, 345.

जर्तिल m. sesame growing wild. 2, 428.

जल n. 1) water. 3, 26. 5, 41. 44. 72. 81. Prefixed to the name of animals living on the continent, it signifies a corresponding aquatic animal, e. c. जलमार्जार, an otter. 3, 41. 2) — ह्रीवेर. 2, 467.

जलचर m. a fish. 3, 35.

जलद m. a sort of grass (cyperus rotundus). 2, 467. Any term for cloud signifies the same.

जलद्रोणी f. = avagâha. 4, 69.

जलपद्धति f. a water-course, a gutter, a drain. 3, 63.

जलरंकु m. a species of water-bird = *dâtyûha.* 2, 94.

जलराशि m. the ocean. 3 30.

जलवायस m. the diver. 2, 95.

जलव्याल m. a water-snake. 3, 21.

जलशयन m. a name of Vishṇu. 1, 22.

जलशूक n. the green moss-like substance growing on the surface of stagnant water, duckweed. 3, 61.

जलाधिदैवत n. the supreme deity of the waters, Varuṇa. 1, 74.

जलावतार m. a landing-place at a river's side. 5, 76.

जलोच्छ्रास m. a drain, a sluice. 3, 55. Comp. *parivâha.*

जलौका f. sg. and जलौकस् pl. f. a leech. 3, 39. जलौकयोपमीयंते प्रमदा मंदबुद्धिभिः मृगदृशां जलौकानां विचारान्महदंतरं ॥ जलौका केवलं रक्तमाददाना तपस्विनी । प्रमदा सर्वमादत्ते चित्तं वित्तं बलं सुखं ॥ Kâçîkh. 36, 85. 86.

जव m. speed, velocity. 2, 288.

जवन adj. fleet, swift. 2, 203.

जवनिका (corrupted from *yavanikâ*) f. a curtain, a screen, a veil. 2, 154. Mâgha 4, 54.

जागरण n. जागरा and जागर्या f. waking, being awake. 2, 448. Often used of religious vigils.

जागुड n. saffron. 2, 388.

जांगल n. flesh. 3, 9.

जांगुलिक m. a dealer in antidotes, a poison-doctor. 2,

458. जांगुलिको विषविद्याविशारदः Kâçikh. 46, 17.

जात n. a mass, a multitude. 4, 2. पदजात n. a mass of words, a period. 1, 143. अर्घ्यपात्रजातं Bhk. 3, 33. अस्त्रजातं Bhk. 2, 22. Rgh. 5, 1.

जातरजस् adj. f. having the catamenia. 2, 333.

जातरूप n. gold. 2, 18.

जातवेदस् m. Agni. 1, 63.

जाति f. 1) birth, descent, caste. जातिमात्रोपजीविन् adj. one who gets a living only by the merit of his caste. 2, 251. 2) species. 2, 99. 321. 3) great-flowered jasmin. 2, 50.

जात्य adj. 1) of noble descent. 2) excellent. 5, 50.

जानु m. the knee. 2, 360.

जाबाल m. a goatherd. 2, 226.

जामातृ m. a daughter's husband, a son-in-law. 2, 350.

जामि f. 1) a sister. 2, 352. 2) a virtuous or respectable woman. 5, 6.

जामेय m. a sister's son. 2, 352.

जांबूनद n. gold. 2, 19.

जाया f. a wife. 2, 339. 353.

जायाजीव m. an actor. 2, 437.

जायापति m. du. husband and wife. 1, 120.

जायु m. a medicament, medicine. 2, 458.

जार m. a paramour, an adulterer. 2, 229.

जाल n. 1) a net. 2, 439. 2) a window. 2, 149. 3) entanglement, deception. 5, 18. 4) a heap, a multitude. 4, 2.

जालक n. 1) a window. 2, 149. 2) a bud. 2, 31.

जालिक m. 1) a fisherman. 2, 439. 2) a spider. 2, 101. 3) a knave, a rogue. 2, 194. 4) जालिका f. a net. Comp. मृग.° 5) an iron corselet. 2, 304.

जाल्म adj. acting inconsiderately or foolishly. 2, 181.

जाहक m. a pole-cat. 2, 81.

जाह्नवी f. the Ganges. 3, 51.

जिघत्सा f. appetite, hunger. 2, 206.

जिघत्सु adj. hungry. 2, 205.

जिघांसु m. an enemy. 2, 300.

जितकाशिन् । जिताहव adj. victorious, triumphant. 2,324.

जिन m. 1) a Buddha. 1, 85. 2) Vishṇu or Krishṇa. 1, 25.

जिनेंद्र m. a Jaina saint. 1, 86. Pk. 2, 33.

जिष्णु m. 1) Indra. 1, 52. 2) Vishṇu or Krishṇa. 1, 25.

जिह्म adj. 1) wry, crooked. 4, 11. 2) slow, tardy. 2, 232.

जिह्मग m. a snake. 3, 19.

जिह्वा f. 1) the tongue. 2, 366. 2) a tongue or flame of fire. 1, 67. 68.

जिमूत m. 1) a cloud. 1, 58. 2) a mountain. 5, 9.

जीरक m. cummin-seed. 2, 461.

जीर्ण adj. old. 2, 395. 4, 26.

जीव m. 1) a living being, a creature. 3, 41. 5, 73. 2) life. 1, 134. 3) a name of Vṛihaspati. 1, 47. Kâçlkh. 17, 44. 4) जीवा f. life. 1, 134. 5) a bowstring. 2, 309.

जीवक m. a Jain mendicant. 2, 190.

जीवंजीव m. a species of pheasant or partridge. 2, 99.

जीवतोका f. a woman whose children are living. 2, 331.

जीवत्पति f. a woman whose husband is living. 2, 331.

जीवधन n. live-stock, property consisting of cattle. 1, 81.

जीवन n. living, means of subsistence, livelihood. 2, 415.

जीवनीय n. water. 3, 26.

जीवसू f. a woman whose children are living. 2, 331.

जीवस्थान n. a vital member or organ. 2, 374.

जीवित n. life. 1, 134.

जुगुप्सा f. disgust. 1, 91. 148. 5, 14.

जैतृ adj. victorious, triumphant. 2, 291.

जेमन n. eating. 2, 170.

जैत्ररथ m. a triumphal car. 2, 291. Comp. Rgh. 12, 85. Rv. I, 102, 3. 5.

जैन m. (f. *î*), a follower of the Jaina doctrine. 2, 190. Comp. स्वयं गत्वा जिनांतिकं प्रव्रज्यां जगृहे जैनीं. Pk. 2, 36.

जैनाश्रम m. a Jain monastery. 5, 21.

जैवातृक 1) adj. long-lived. 2, 226. 2) the moon. 1, 43.

जोषं adj. 1) joyfully, happily. 1, 123. तदा जोषमासुः सामाजिकास्तदा: Pk. 3, 168. 2) silently. 5, 97. जोषं स्थिते मुनौ तत्र मद्दाकालसाधसात् Kâçkh. 89, 19.

ज्ञ adj. knowing, possessed of knowledge. 2, 177.

ज्ञाति m. a kinsman, a relation. 2, 354.

ज्ञान n. knowledge. 5, 62.

ज्ञानिन् m. an astronomer or astrologer. 2, 248.

ज्या f. 1) a bowstring. 2, 309. 2) the earth. 2, 1.

ज्येष्ठ 1) m. the first-born son, an elder brother. 2. 351. 2) ज्येष्ठा f. a house-lizard. 2, 102.

ज्योतिरिंगण v. r. for द्योतिरिंगण.

ज्योतिषिक m. an astronomer. 2, 248.

ज्योतिस् n. 1) light. 1, 65. 2) a star. 1, 51. 3) the eye. 5, 24.

ज्योत्स्ना f. moonlight. 1, 44.

ज्वलन m. fire. 1. 62.

ज्वाला f. a flame. 1, 65. 67.

झ.

झंझावात m. a violent storm with rain. 1, 77. आसारैर्झंझामारुतभीषणैः Pk. 6, 52. *Jhanjhânila* Kâçîkh. 88, 98.

झटिति adv. quickly, at once, on the spot. 4, 12.

झष m. a fish. 3, 35.

झषकेतन m. a name of Kâma. 1, 32. Comp. झषध्वज Bhk. 8, 48.

झाबुक m. a tree (tamarix indica?). 2, 40.

झिंटी f. a plant (barleria cristata). 2, 50.

झिल्लिका f. a cricket. 2, 101.

ट.

टंक m. 1) a stonemason's hammer. 2) pride, conceit. 5, 35.

ड.

डमर m. a scuffle, a turmoil. 1, 127. जिनेश्वरे संनिहिते क्क वैरिडमरः Pk. 4, 186.

डयन n. 1) flying in the air. 2, 85. 2) a litter carried upon men's shoulders. 2, 290.

डिंडिम m. a kind of small drum or tambour. 1, 97. Gg. 11, 7.

डिंडीर m. cuttle-fish bone, considered as being the foam of the sea. 3, 46.

डिंब m. = डमर. 1, 127.

डिंभ m. any young animal. 2, 347.

त.

तक्र n. buttermilk with a fourth part of water. 2, 120. द्विगुणांबु श्वेतरसमर्धोदकमुदश्वितं। तक्रं भवेत्पादजलं केवलं मथितं स्मृतं॥ Dhânv. Nigh. यत्पादांबु घोलं तत्तक्रं। भागत्रयं यत्र दध्नश्चतुर्थो भागो जलस्य तत्तक्रं। RM*

तक्षन् m. a carpenter. 2, 432.

तट n. 1) the declivity or side of a hill. 2, 11. 56. 2) a bank or shore. 3, 45.

तटिनी f. a river. 3, 43.

तडाग n. a pond, a pool, a reservoir. 3, 54.

तडित् f. lightning. 1, 60.

तंडक n. a period containing many compound words. 1, 143.

तंडु m. one of the chief attendants of Çiva, and original teacher of the ballet. 1, 14. 5, 51.

तत्काल 1) m. time being, present time. 5, 98. 2) तत्कालं adv. at the time being. 1, 118.

तत्कालोत्पन्नधी adj. possessed of presence of mind. 2, 221.

तत्क्षणं adv. at the time being, at the same time, forthwith. 4, 67. 3, 27.

तत्पर adj. intent on. 2, 197. स्त्रीभोगादौ भेषजे तत्परः प्राणी Pk. 5, 75.

तत्रभवत् adj. (f. *tî*), venerable, respectable. Used in speaking of a person not present. 1, 155.

तथा adv. yes, it is so. 4, 95.

तथागत m. a Buddha. 1, 85.

तथ्य adj. true. 1, 144.

तदात्व n. time being, present time. 1, 118.

* Correct accordingly my translation of *takra* in the glossary to Urv.

तद्गत adj. bent or intent on. 2, 379.

तद्दल m. a sort of arrow. 2, 312.

तनय 1) m. a son. 2, 342. 2) f. (*â*) a daughter. 2, 350.

तनु 1) adj. (f. *u*, *û*, or *vî*), thin, slender. 4, 32. 2) small, little. 4, 3. 3) f. (*u* or *û*), the body. 2, 355.

तनुज m. a son. 2,342.

तनुत्राण n. armour, mail. 2, 304.

तनूनपात् m. a name of Agni. 1, 63.

तनूरुह n. 1) the hair of the body. 2, 369. 2) the wing of a bird. 2, 84.

तंतु m. a thread, a string. 5, 79. 84.

तंतुवाय m. a weaver. 2, 435.

तंत्र n. 1) a thread, a string. 2) established doctrine, a scientific treatise. 3) mystic prayers. 5, 84. 4) a medicament. 2, 458. 5) retinue. 6) the quality of being chief or principal. 5, 84. 7) तंत्री f. (nom. *is*), the string or wire of a lute, etc., or a string in general. 1, 96. 2, 442.

तपन m. the sun. 1, 35.

तपनीय n. gold. 2, 19.

तपस् 1) n. penance, austerity. 2, 244. 2) m. the month Mâgha. 1, 114.

तपस्य 1) m. the month Phâlguna. 1, 114. 2) f. (*â*), religious penance, mental devotion. 4, 91.

तपस्विन् 1) adj. engaged in religious austerities, subst. an ascetic, a religious mendicant. 2, 189. 254. 2) exciting pity, pitiable. 5, 7.

तपात्यय m. the rainy season. 1, 116.

तमंग m. a platform. 2, 139.

तमस् n. 1) darkness. 1, 110. 5, 60. 2) Râhu. 1, 49. 3) sin. 3, 5.

तमस्विनी f. night. 1, 107.

तमालपत्त्र n. the sectarial mark on the forehead. 2, 386.

तमिस्र n. 1) darkness. 1, 110. 2) तमिस्रा f. darkness. 1,110. Rgh. 5, 13. Mâgha 6, 70. 3) night. 1, 107.

तमी f. night. 1, 107. Mâgha 9, 23.

तमोघ्न m. fire. 1, 64.

तरक्षु m. a tiger, or rather a hyena. 2, 71.

तरंग m. a wave. 3, 31.

तरंगिणी f. a river. 3, 43.

तरणि m. the sun. 1, 35.

तरपण्य n. money paid for being ferried over a river. 3, 49.

तरल 1) adj. tremulous, unsteady. 4, 10. 2) m. the central gem of a necklace. 2, 409. 3) तरला f. rice-gruel. 2, 165.

तरलित adj. undulating, dangling, tremulous, unsteady. 4, 61. कुचकलशोपरितरलितहारा Gg. 7, 14.

तरवारि m. a sword. 2, 317.

तरस् n. 1) speed, velocity. 2, 288. 2) power, strength. 4, 38.

तरस n. flesh. 3, 9.

तरी f. (nom. *ts*), a boat, a ship. 3, 50.

तरु m. a tree. 2, 22.

तरुण adj. (f. *i*), young. 2, 348. 123.

तरुषंड m. a group of trees. 2, 57.

तर्क m. doubt. 5, 93. 2) the science of logic. 1, 10. (Lit. *turning and twisting,* Lat. tricae.)

तर्णक m. a calf. 2, 109.

तर्दू f. a wooden ladle. 2, 157.

तर्पण n. fuel for lighting a sacrificial fire. 1, 69.

तर्ष m. thirst. 2, 208.

तर्षित adj. thirsty. 2, 207. Comp. तृषित.

तल m. 1) the palm with extended fingers. 2, 382. 2) the palmyra tree (borassus flabelliformis). 2, 37. Comp. ताल.

तलिन 1) adj. thin. 4, 32. 2) n. a bed or couch. 2, 152.

तल्प n. 1) a bed or couch. 2, 152. 2) a wife. 5, 24. 3) a raft or float. 3, 49.

तल्ल n. a small pond. 3, 53.

तस्कर m. a robber. 2, 183.

ताडंक m. ताडपत्त्र n. an earring. 2, 401.

तांडव n. dance accompanied with violent gesticulations. 1, 93.

तात m. a father. 2, 349.

तापस m. an ascetic. 2, 254.

तापिच्छ m. a tree (xanthocymus pictorius). 2, 48.

तामरस n. a lotus. 3, 57.

तांबूली 1) f. the betel-plant (piper betel). 2, 45. 2) तांबूल n. the betel-nut. 2, 390.

ताम्र 1) adj. (f. *i*) of a dark red or coppery colour. 2, 97. 4, 48. 2) n. copper. 2, 15.

ताम्रचूड m. a cock. 2, 92.

तार adj. high-sounding, soprano, shrill. 1, 140. ताम्रचूडधनिस्तारः Pk. 3, 41. इंडुभयस्तारं दधनुः Pk. 3, 133.

तार (corrupted from स्तार) 1) m. a principal pearl in a necklace, or a large pearl. 5, 12. 2) n. silver. 2, 17. 3) तारा f. a star. 1, 51. 2, 365 (the pupil of the eye).

तारक n. तारका f. a star. 1, 51.

तारकारि m. a name of Skanda. 1, 19.

तारापथ m. the starry path, the sky. 1, 137.

तार्क्ष्य m. 1) a name of Garuḍa. 1, 30. 2) a horse. 2, 281.

ताल m. 1) musical time or measure. 1, 94. 2) a span measured by the distance between the extended thumb and middle finger. 2, 383. 3) the palmyra tree. 2, 37.

तालध्वज m. a name of Baladeva. 1, 28.

तालवृंत n. a fan. 2, 155.

तालु n. the palate. 2, 366.

तिक्त adj. fragrant. 5, 27. Mâgha 5, 33.

तिग्म adj. fiery, hot. 1, 40.

तिग्मांशु m. the sun. 1, 35.

तितिक्षा f. forbearance, patience, resignation. 4, 40.

तिमि m. 1) a fish in general. 3, 35. 2) a fabulous fish of an enormous size. 3, 38.

तिमिंगिलगिल m. a fabulous fish of an enormous size. 3, 38.

तिमिर n. darkness. 1, 110.

तिमिररिपु m. the sun. 1, 36.

तिरस्करिणी f. a curtain, a veil. 2, 154. Ks. 1, 14. U. p. 27.

तिरस्कार n. disregard, disdain. 4, 19.

तिरोधान n. concealment. 4, 34.

तिर्यक् adv. obliquely, transversely, awry. 2, 65. 145. 398.

तिल m. sesame. 2, 428.

तिलक 1) n. the sectarial mark on the forehead. 2, 386. 2) the lungs. 3, 14. 3) m. a kind of tree. 5, 26.

तिलपिंज and तिलपेज m. barren sesame. 2, 428.

तिलित्स m. a kind of snake — *gonâsa.* 3, 20.

तिलोत्तमा f. the name of an Apsaras. 1, 88.

तिल्य n. a sesame-field. 2, 8. Comp. तैलीन.

तिष्य m. the eighth lunar asterism. 1, 51.

तीक्ष्ण 1) adj. hot, fiery. 1, 40. 2) n. iron. 2, 16. 3) m. (?) poison. 3, 24.

तीक्ष्णोपाय m. a forcible means, a strong measure. 2, 216.

तीर 1) n. a bank, a shore. 3, 45. 2) तीरी f. an arrow, the shaft of which consists of reed and a fourth part of iron. 2, 312.

तीर्थ n. 1) a landing place at a river's side. 5, 76. 2) a holy place in the vicinity of sacred streams or springs. 5, 72. 76. 3) a vessel (तीर्थं द्रव्यकव्ययोः Ksh.). 4) pudendum muliebre. 5) a minister and 17 other officers of state in whom a king ought not to place implicit confidence. Comp. Mhb. 2, 172. Pancat. p. 156. Rgh. 17, 68. Mâgha 2, 111. 6) a school of philosophy. 5, 76.

तीव्र adj. fierce, hot. 1, 40. तीव्रता f. exceedingness. 2, 315.

तु part. 1) but. 2) indeed. 5, 95.

तुक् m. (तुकौ, तुकः), offspring, children. 2, 342. 5, 50.

तुंग adj. high. 4, 66.

तुच्छ adj. empty. 4, 92.

तुंड n. the beak of birds, the mouth. 2, 363.

तुंडि f. a prominent navel. 2, 455.

तुंडिका f. a plant — श्रोष्ठी, विम्बी. 2, 48.

तुंद n. the belly. 2, 360.

तुंदिल adj. gorbellied, corpulent. 2, 453.

तुन्न adj. hurt, injured. 4, 82.

तुन्नवाय m. a tailor. 2, 435.

तुमल m. tumult. 1, 139.

तुंबी f. a long white gourd (cucurbita lagenaris). 2, 54.

तुरग m. a horse. 2, 281. 3, 41.

तुरंग m. a horse. 2, 281. 5, 25. 69. 70.

तुरंगम m. a horse. 2, 281.

तुरंगस्कंध m. a troop of horses. 5, 25.

तुरासाह् (nom. तुराषाट्) m. a name of Indra. 1, 53.

तुरीयवर्ण adj. belonging to the fourth caste. 2, 237.

तुलाकोटि m. an ornament for the feet of women. 2, 406.

तुल्य adj. similar. 4, 9.

तुवर 1) adj. astringent. 4, 86. 2) f. *tuvari* a kind of pulse (cytisus cajan). 2, 429.

तुषाग्नि m. a fire of the husks of corn. 5, 44.

तुषार n. frost, cold. 3, 28.

तुश्रोदक n. sour gruel. 2, 163.

तुहिन n. frost. 3, 28.

तूण n. तूणी f. a quiver. 2, 310.

तूणीर n. (?) a quiver. 2, 310.

तूर्ण adj. quick, fleet. 2, 198. 4, 12.

तूर्णोदित adj. spoken rapidly. 1, 142.

तूलक n. cotton. 2, 47.

तूवर m. 1) a bull without horns. 2) a man without beard. 2, 123.

तूष्णीं adv. silently. 5, 97.

तृण n. grass. 2, 35.

तृणधान्य n. corn growing wild. 2, 429.

तृणराज m. the palmyra tree (borassus flabelliformis). 2, 37.

तृतीया प्रकृति f. a hermaphrodite. 2, 275.

तृप्ति f. satisfaction. 2, 171. 195.

तृष् f. thirst. 2, 208.

तृषित adj. thirsty. 2, 207. Comp. तर्षित.

तृष्णक adj. craving, longing for 2, 208.

तृष्णा f. 1) thirst. 2, 208. 2) desire, wish. 2, 209.

तेजस् n. 1) radiance, splendor, light. 1, 65. 5, 12. 2) might, power. 4, 38.

तेजित adj. sharpened, whetted. 2, 319.

तैजस n. any metal. 2, 21.

तैलीन n. a sesame-field. 2, 8.

तोक n. offspring, children. 2, 342.

तोत्त्र n. a goad for driving cattle. 2, 422.

तोय n. water. 3, 26. 27.

तोयनिधि m. the sea. 3, 30.

तोयाशय m. a lake. 3, 48.

तोरण n. a festoon suspended across gateways on festive occasions. 2, 146.

त्यक्त adj. left, forsaken. 4, 29.

त्यक्ताग्नि m. a brahman who has neglected his household fire. 2, 249.

त्रपा f. shame, bashfulness. 2, 412.

त्रपु n. tin. 2, 17.

त्रयी f. the Ric, Yajus and Sâmaveda collectively. 1, 8.

त्रयीतनु m. the sun. 1, 37.

त्रस्त adj. frightened. 2, 199.

त्रास m. 1) fright. 4, 40. 2) a defect in a jewel. 5, 22.

त्रिकटु n. the aggregate of three spices, viz. black and long pepper, and dry ginger. 2, 462. Comp. त्र्यूषण.

त्रिकंटक m. = gokshura. 2, 46.

त्रिकस्थान n. the part below the spine. 2, 357.

त्रिकालदर्शिन् adj. acquainted with the past, present, and future. 2, 257.

त्रिकालविद् m. a Jaina saint. 1, 86.

त्रितय n. a triad. 1, 93. 2, 463.

त्रिदश m. a god. 1, 4. 5, 64.

त्रिदशदीर्घिका f. a name of the Ganges. 3, 51.

त्रिदशाचार्य m. a name of Vṛihaspati. 1, 47.

त्रिदशालय m. the mountain Meru. 1, 136.

त्रिदशावास m. heaven. 1, 3.

त्रिदशाहार m. the food of the gods, ambrosia. 1, 133.

त्रिदिव n. heaven. 1, 3.

त्रिनयन m. a name of Çiva. 1, 11.

त्रिपत्त्रक m. a tree (butea frondosa). 2, 42.

त्रिपथगा f. the Ganges. 3, 51.

त्रिपुरांतक m. a name of Çiva. 1, 11.

त्रिफला f. the three species of myrobalan. 2, 463.

त्रियामा f. night. 1, 107.

त्रिविष्टप n. heaven. 1, 3.

त्रिविष्टपसद् m. a deity. 1, 4.

त्रुटि f. a small part. 4, 3.

त्रेता f. the aggregate of the three sacred fires, or the southern, household and sacrificial fires. 5, 3.

त्रोटि f. the beak or bill of a bird. 2, 85.

त्र्यूषण n. = त्रिकटु. 2, 462.

त्वक्सार m. a bamboo. 2, 49.

त्वच् f. 1) bark. 2, 28. 394. 2) hide, skin. 3, 8. 22.

त्वचिसार m. a bamboo. 2, 49.

त्वरित 1) adj. quick, speedy, expeditious. 2, 198. 215. 2) त्वरितं adv. quickly. 4, 12.

त्वष्टृ m. 1) a carpenter. 2, 432. 2) n. pr. the architect of the gods. 1, 84.

त्वाष्ट्र m. Vṛitra, the son of Tvashṭṛi. 5, 60.

त्विष् f. light. 1, 65.

त्सरु m. the hilt or handle of a sword and similar weapons. 2, 318.

द.

दंशन n. armour, mail. 2, 304.

दंशित adj. armed, mailed. 2, 305.

दंष्ट्रा f. a large tooth, a tusk, a fang. 3, 20.

दंष्ट्रिन् m. a hog. 2, 71.

दक n. water. 3, 26. नाभिमात्रदके स्थित्वा. Phetk. 17.

दक्ष 1) adj. dexterous, skilful. 2, 180. 2) m. the name of a saint. 3) a cock. 5, 49.

दक्षाध्वरध्वंसकृत् m. a name of Çiva. 1, 11.

दक्षिण 1) adj. right, not left. 4, 71. 2, 252. 2) straightforward, candid. 2, 230. 3) दक्षिणा f. the south. 1, 101. 4) presents given to Brahmans upon festal occasions: दत्तसर्वस्वदक्षिण, one who has given all his property to the priests. 2, 263.

दक्षिणस्थ m. a charioteer, who stands on the right of his master. 2, 293.

दक्षिणाशापति m. Yama, the regent of the south. 1, 72.

दंड m. 1) a stick, a staff, a rod.

2, 256. 4, 41. 2) a kind of weapon. 2, 321. 3) punishment. 4) an army. 5, 36.

दंडधर m. a name of Yama. 1, 72.

दंडासन, a kind of arrow. 2, 312.

दंडाहत n. buttermilk. 2, 120.

दंडिन् m. a staff-bearer, a door-keeper. 2, 269.

दंडोत्पल m. a plant=*sahadevâ*. 2, 44.

दद्रुघ्न m. ringworm-shrub (cassia alata Lin.). 2, 464.

दद्रुण or दद्रुरोगिन् adj. afflicted with ringworms. 2, 452.

दधि n. coagulated or curdled milk. 2, 120. 167.

दधिमंड m. the liquid part of curdled milk. 2, 166.

दधिसक्तु m. pl. barley-meal mixed with curds. 2, 166.

दधिसार n. fresh butter. 2, 119.

दनु f. the mother of the Dânavas. 1, 119.

दंत m. 1) a tooth. 2, 372. 2) an elephant's tooth, ivory. 2, 63. 338.

दंतच्छद m. a lip. 2, 369.

दंतमूल n. the root of a tooth. 2, 68.

दंतवासस् n. a lip. 2, 369.

दंदशूक m. a snake. 3, 18.

दभ्र adj. small, little. 4, 3.

दमन n. subduing, restraining. 5, 36.

दमुनस् m. a name of Agni. 1, 63.

दंपती m. du. man and wife. 1, 120.

दंभ m. hypocrisy. 4, 55. 5, 5.

दंभोलि m. a thunderbolt. 1, 56.

दम्य m. a young bullock. 2, 109.

दया f. tenderness, compassion. 4, 39.

दयित 1) adj. cherished, beloved. 2, 212. 2) दयिता f. a beloved woman. 2, 327.

दर 1) m. fear. 4, 40. 2) दर m. n. दरा, दरी f. a cave, a cavern. 2, 12. 3, 2. 3) दरं adv. a little. 2, 430.

दरित adj. frightened, timid. 2, 199.

दरिद्र adj. poor. 2, 193.

दरोदर n. a die, dice. 2, 233. v. r. for दुरोदर.

दर्दुर m. a frog. 3, 40.

दर्प m. pride. 4, 37.

दर्पक m. a name of Kâma. 1, 33.

दर्पण m. a looking-glass. 2, 400.

दर्भ m. Kuça grass (poa cynosuroides). 2, 36. 5, 16. 36.

दर्वी f. a spoon or ladle. 2, 157.

दर्वीकर m. a snake. 3, 18.

दर्शन n. 1) seeing, sight. 2, 411. 2) a system or school of philosophy. 5, 76.

दल n. a leaf. 2, 30.

दव m. 1) a wood on fire. 1, 70. 2) a forest. 5, 13. Comp. दाव.

दवथु m. burning, fever. 2, 446.

दशन m. a tooth. 2, 62. 372.

दशबल m. a Buddha. 1, 85.

दशा 1) f. pl. the unwoven threads of a web of cloth. 2, 396. 2) f. the result of actions. 5, 13.

दस्यु m. a thief. 2, 183.

दस्र m. du. the Açvins. 1, 84.

दहन m. fire. 1, 62.

दहनोपल m. crystal. 2, 21.

दाक्षायणी f. 1) a name of Durgâ. 1, 16. 2) f. pl. the 27 lunar mansions. 1, 51.

दाक्षायणीरमण m. the moon. 1, 43.

दाण्डाजिनिक m. one who wears a staff and deerskin—the insignia of sanctity—for fraudulent purposes, a hypocrite, a rogue. 2, 194.

दात adj. cut, reaped. 2, 422.

दात्यूह m. a species of water-bird, belonging to the order of Grallae (gallinula Madraspatana). 2, 94.

दात्र n. a sickle. 2, 422.

दाधिक adj. (f. ī), dressed with curdled milk. 2, 167.

दान n. a gift, a donation. 2, 264. 5, 58.

दान n. the juice that flows from the temples of an elephant when in rut. 2, 62.

दानव m. a kind of Titans, the offspring of Danu. 1, 5. 119.

दानशील adj. liberal, generous. 2, 211.

दांत adj. subdued, enduring with resignation the privations imposed by austerities. 2, 244.

दामन् n. दामनी f. a rope for tying cattle. 2, 122.

दामोदर m. Vishṇu or Kṛishṇa. 1, 23.

दाय m. 1) a special present, e. g. that which bride and bridegroom receive on their marriage. 2) patrimony. 3) taking, receiving (?). 5, 58.

दायाद m. 1) male offspring, a son. 2) a kinsman entitled to participate in the offering of funeral oblations to deceased relatives. 5, 50.

दार m. pl. a wife. 2, 339. 5, 24

दारक m. a child. 2, 348.

दारद m. a sort of poison produced in the Darad (Sindhu) country. 3, 24.

दारु n. wood, timber. 2, 145. 148.

दारुण adj. heart-rending, horrible, terrific. 4, 20.

दारुहस्तक m. a wooden spoon or ladle. 2, 157.

दार्वाघाट m. the woodpecker. 2, 89. 5, 9.

दाव m. = द्रव. 1, 70. 5, 13.

दाशार्ह m. Vishṇu or Kṛishṇa. 1, 22.

दास 1) m. a servant. 2, 210 2) a fisherman. 2, 439. 3) दासी f. a female servant. 2, 337.

दासीसुत m. the son of a female slave. 2, 346.

दासेरक m. 1) the son of a female slave, a servant. 2, 210. 2) a camel. 2, 125. Mâgha 5, 66.

दिक्पाल m. the regent of a quarter of the universe. 1, 100.

दिग्गज m. an elephant supposed to be placed at one of the quarters of the compass. 1, 104.

दिग्वासस् m. a naked Bauddha mendicant. 2, 190.

दिति f. the mother of the Daityas. 1, 119.

दिदीवि m. boiled rice. 2, 164.

दिधिषू f. a woman in her second marriage 2, 330.

दिन n. a day. 1, 106.

दिनकर m. the sun. 1, 35.

दिनकरात्मजा f. a name of the Yamunâ. 3, 52.

दिनमणि m. the sun. 1, 35.

दिव् f. See द्यो.

दिवस m. a day. 1, 106.

दिवसमुख n. the begin of day, break of day. 1, 111.

दिवस्पति m. Indra. 1, 54.

दिवा adv. by day. 1, 106.

दिवाकीर्ति m. 1) a barber. 2, 434. 2) a man of an impure cast. 5, 28. दीक्षितो ऽपि दिवाकीर्तिःपंडितोवाप्यपंडितः। तुल्यो मे मोक्षदीक्षायां संप्राप्य मणिकर्णिकां ॥ Kâçîkh. 79, 87.

दिवावसान n. the end of day. 1, 109.

दिव्य n. an ordeal. 5, 54.

दिश् f. a region, a point of the compass. 1, 100—102. 5, 68.

दिष्ट m. time. 1, 105.

दिष्टांत m. death. 3, 6.

दिष्ट्या adv. auspiciously. 5, 86.

दीक्षित adj. having commenced the preparatory rites for sacrifice. 2, 265.

दीधिति f. a ray of light. 1, 38. 5, 68.

दीप्ति f. 1) brilliancy, light. 1, 38. 65. 2) the rapid flight of an arrow. 2, 315.

दीर्घ adj. long. 4, 66.

दीर्घकाल m. a long time. 5, 87.

दीर्घदृष्टि adj. far-sighted. 2, 221.

दीर्घनिद्रा f. the long-lasting sleep, death. 3, 6. Mârk. 7, 13. महाश्मशाने ये प्राप्ता दीर्घनिद्रां Kâçikh. 32, 14.

दीर्घपृष्ठ m. a snake. 3, 19.

दीर्घसूत्र adj. spinning a long yarn, dilatory. 2, 228. अदीर्घसूत्रश्च भवेत्सर्वकर्मसु पार्थिवः। दीर्घसूत्रस्य नृपतेः कर्महानिर्भवेद्ध्रुवं ॥ Matsyap. 206.

दीर्घिका f. a long pond. 3, 54.

दुःख n. unhappiness, pain, affliction. 3, 4. 5, 48. 89.

दुःस्थ adj. hard up, poor. 2, 193.

दुःस्फोट m. a sort of weapon. 2, 321.

दुकूल n. woven silk. 2, 394.

दुग्ध n. milk. 2, 116. 119. 124.

दुग्धिका f. the name of a plant. 2, 54.

दुण्डुभ m. a sort of snake — राजिल. 3, 21.

दुंदुभि m. a large kettle-drum. 1, 98.

दुराचार adj. ill-conducted, wicked. 2, 249.

दुरित n. evil ways, sin. 3, 5.

दुरोदर n. playing at dice, gambling. 2, 233.

दुर्गत adj. poor, indigent. 2, 193.

दुर्गति f. hell. 3, 3.

दुर्गमार्ग m. a difficult pass or road. 5, 30.

दुर्गा f. the wife of Çiva. 1, 16.

दुर्जन m. a bad man, a scoundrel. 2, 191.

दुर्दिन n. a dark, cloudy day. 1, 59.

दुर्मुख adj. foul-mouthed. 2, 222.

दुर्विध adj. embarrassed, poor. 2, 193.

दुर्विनीत adj. ill-trained. 2, 285.

दुली f. the female tortoise. 3, 34.

दुश्चर्मन् adj. leprous. 5, 31. Yâjnav. 3, 209.

दुश्च्यवन m. a name of Indra. 1, 52.

दुष्कृत n. a misdeed, sin. 3, 5.

दुष्टगज m. a vicious elephant. 2, 70.

दुहितृपति m. a son-in-law. 2, 350.

दुहितृ f. a daughter. 2, 350.

दूती f. a female messenger, a go-between. 2, 336.

दूर adj. far, remote. 2, 57. 4, 8.

दूरार्थ m. a remote or recondite object. 2, 221.

दूर्वा f. a sort of grass (agrostis linearis Lin.). 2, 36.

दूष्य n. a tent. 2, 296. Mâgha 5, 21.

दृक्श्रुति m. a snake. 3, 18. Comp. चक्षुःश्रवस् Kâçikh. 58, 161. Kir. 16, 42.

दृढ adj. firm, solid, compact. 2, 187. 4, 33.

दृति m. a pair of bellows. 4, 79.

दृश् f. the eye. 2, 364.

दृषद् f. a stone. 2, 13.

दृष्टि f. 1) seeing, sight. 2, 411. 2) the eye. 2, 364. 5, 68.

दृष्टिविक्षेप m. casting one's looks obliquely, a sideglance. 2, 412.

देव m. 1) a god. 1, 4. 2) a title added to names by way of respect. 1, 155, e. g. कुमारपालदेव. 3) देवी f. (in theatrical language) the queen. 1, 98.

देवखात m. a natural pond. 3, 53.

देवचिकित्सक m. du. a name of the Açvins. 1, 84.

देवच्छंद m. a necklace of pearls consisting of a hundred strings. 2, 407.

देवता f. a deity, a god. 1, 4. 2, 138. 291. 5, 28.

देवतायतन n. a temple. 5, 45.

देवमातृक adj. (a country) fertilized by rain. 2, 6.

देवयुग n. an age or period of the gods, comprising the four ages (yuga) of mankind. Two of these form a day and night of Brahman. 1, 115. Comp. Manu I, 71. 72.

देवयोनि m. a being of divine origin. 1, 87. 5, 73.

देवरथ m. a car for carrying the images of the gods in a procession. 2, 291.

देववर्धकि m. Tvashṭṛi, the carpenter of the gods. 1, 84.

देवाश्व m. a horse of the gods. 1, 61.

देवृ m. a husband's brother. 5, 54.

देश m. a country. 2, 129. 6. 5, 52.

देह m. n. the body. 2, 355. 5, 63.

देहली f. the threshold of a door. 2, 147.

दैतेय m. the offspring of Diti, a giant or Titan. 1, 5.

दैत्य — **दैतेय**. 1, 5. 119.

दैत्यगुरु m. Çukra, the preceptor of the Daityas. 1, 48.

दैत्यारि m. Vishṇu or Krishṇa. 1, 22.

दैन्य n. depression, low-spiritedness, grief. 5, 60.

दैव n. fate, accident. 1, 126.

दैवज्ञ m. an astrologer. 2, 248.

दैवत n. a deity, a god. 1, 4.

दैवपर adj. trusting to fate, believing in predestination 2, 222.

दोला f. a swing. 4, 78.

दोष m. a blemish, a fault. 4, 86. 5, 34.

दोषग्राहिन् adj. fault-finding, censorious, vituperative. 2, 191.

दोषज्ञ 1) adj. knowing (and avoiding) faults, wise. 2, 177. 2) m. a physician. 2, 457.

दोषा adv. at night. 1, 107.

दोस् m. the arm. 2, 367.

दोहद n. the longing of pregnant women. 2, 343.

दौर्मंद्य n. a fight, a battle. 4, 76.

दौर्हृद n. = दोहद. 2, 343. This word was invented by some crazy etymologer.

दौवारिक m. a doorkeeper, a porter. 2, 269.

दौहित्र m. a daughter's son. 2, 350.

द्यावाभूमी f. du. heaven and earth. 1, 121.

द्यु m. 1) a day. 1, 106. 2) the heaven, the sky. 1, 137.

द्युति f. 1) brilliancy, light. 1, 38. 2) a ray of light. 1, 65.

द्युमणि m. the sun. 1, 36.

द्युम्न n. 1) wealth. 1, 80. 2) strength, power. 4, 38.

द्यूत n. play, gambling. 2, 233. 5, 59. 66.

द्यूतकार m. a gambler. 2, 233.

द्यूतकारक m. the keeper of a gambling-house. 2, 233.

द्यो f. 1) heaven. 1, 3. 2) sky, atmosphere. 1, 137.

द्योतन n. sight, seeing. 2, 411.

द्योतिरिंगण m. a fire-fly. 2, 102.

द्रंग m. a town. 2, 130.

द्रप्स n. diluted curds. 2, 120.

द्रव m. play, sport. 2, 277.

द्रविण n. property, wealth. 1, 80. 5, 80.

द्रव्य n. substance, property. 1, 80. 2, 184. 5, 58. 81.

द्राक् adv. quickly, instantly, soon. 4, 12. Pk. 2, 47. 5, 78. (Perhaps from दृश्.)

द्राक्षा f. the vine. 2. 38.

द्राग्भृतक n. water just drawn out of the well. 3, 27.

द्रु m. a tree. 2, 22.

द्रुघण m. a mallet, a hammer. 2, 320.

द्रुणा f. a bow-string. 2, 309.

द्रुत 1) adj. liquid, melted. 2, 121. 2) m. a scorpion. 3, 23. 3) द्रुतं adv. quickly. 4, 12.

द्रुम m. a tree. 2, 22.

द्रुहिण m. a name of Brahman. 1, 7.

द्रोण m. a raven. 2, 91.

द्रोणदुघा f. a cow that yields much milk. 2, 116.

द्रोह m. offence, injury. 4, 86.

द्वंद्व n. 1) a pair. 4, 15. 2) quarrel, strife. 2, 298.

द्वाःस्थ m. a doorkeeper, a porter. 2, 269.

द्वादशात्मन् m. the sun. 1, 37.

द्वापर m. doubt. 5, 3.

द्वार् f. द्वार n. a door, a gate. 2, 145. 5, 2.

द्वारपाल m. a doorkeeper, a porter. 2, 269.

द्विज m. 1) a brahman. 2, 236. 2) a bird. 2, 83. 3) a tooth. 2, 372.

द्विजन्मन् m. a brahman. 2, 236.

द्विजराज m. the moon. 1, 43.

द्विजाति m. a man belonging to one of the three first classes. 2, 237.

द्विजिह्व adj. double-tongued, insincere. 2, 191. Mâgha 1, 63.

द्विजोत्तम m. a brahman. 2, 236.

द्वितय n. a pair, two. 4, 15.

द्वितीयवयस् adj. having arrived at the second period of age. 2, 329.

द्वितीया f. a wife. 5, 16.

द्वित्व n. a pair, a couple. 2, 128.

द्विप m. an elephant. 2, 59.

द्विमुख m. a sort of snake. 3, 21.

द्विरद m. an elephant. 2, 59.

द्विरदकराग्र n. the tip of an elephant's trunk. 5, 72.

द्विरसन m. a snake. 3, 18.

द्विरेफ m. a bee. 2, 100.

द्विषत् m. an enemy. 2, 301.

द्विसीत्य adj. double-furrowed, plowed first lengthways and then across. 2, 421.

द्वीप n. an island. 3, 48.

द्वीपवती f. a river. 3, 44.

द्वीपिन् m. a tiger. 2, 71.

द्वेष m. hate, enmity. 5, 29.

द्वेषिन् m. an enemy. 2, 301.

द्वेष्य adj. odious, hateful. 2, 211.

द्वैगुणिक m. a usurer. 2, 416.

द्वैपायन m. a name of Vyâsa. 2, 258.

ध.

धन n. property, wealth. 1, 80. 81. 2, 107. 5, 64. 67.

धनंजय m. a name of Agni. 1, 64.

धनद m. a name of Kuvera. 1, 78. 100.

धनवत् adj. wealthy, rich. 2, 201. 214. 138.

धनाध्यक्ष m. the god of riches, Kuvera. 1, 78.

धनाया f. the desire of obtaining riches, covetousness. 2, 209.

धनिन् 1) adj. wealthy, opulent. 2, 201. 2) m. a name of Kuvera. 1, 79.

धनिष्ठा f. the twenty third lunar mansion. 1, 51.

धनुस् m. n. a bow. 1, 151. 2, 309.

धन्वन् 1) m. a desert. 2, 3. 2) n. a bow. 2, 309.

धमनि f. the throat. 2, 361.

धम्मिल्ल m. the braided hair of women. 2, 375.

धर 1) m. a mountain. 2, 10. 2) धरा f. the earth. 2, 1.

धरणीधर m. a name of Vishṇu. 1, 22.

धरणी f. the earth. 2, 1.

धरात्मज m. the planet Mars. 1, 46.

धराधारा f. the earth. 2, 2.

धरित्री f. the earth. 2, 1.

धर्म m. 1) virtue. 1, 125. 2) natural condition. 4, 97.

धर्मचिंता f. consideration of moral duties. 4, 85.

धर्मध्वज m. one who hangs out the flag of righteousness for selfish purposes, a religious hypocrite. 2, 250.

धर्मराज m. a name of Yama. 1, 72.

धर्षिणी or धर्षणी f. a harlot. 2. 341. The Brahmavaivarta II, 28, 4. gives the following gradation of women: 1) पतिव्रता = एकपत्नी. 2) कुलटा. 3) धर्षिणी. 4) पुंश्चली. 5. 6) वेश्या. 7. 8) पुंगी. 9) महावेश्या.

धव m. 1) a husband. 2, 342. 2) a sort of tree (मधुरत्वच). 5, 26.

धवल adj. white. 4, 47.

धवलित adj. whitened. 2, 139.

धातु m. 1) natural condition. 5, 71. 2) a mineral. 2, 15. 5, 71. 3) metal, ore. 5, 71. 4) an element, of which five are enumerated. 5, 71. 5) a constituent part of the body: blood, marrow, fat, flesh, bones, the medullary substance, and the seminal fluid. 5, 71. 75. 6) a bone. 3, 10.

धातृ 1) m. Brahman. 1, 6. 2) f. धात्री, the earth. 2, 1. 3) Emblic myrobalan (phyllanthus emblica Lin.). 2, 463.

धात्री f. a foster-mother, a nurse. 2, 352.

धाना f. pl. fried barley. 2, 430.

धान्य n. corn, grain. 2, 430.

धान्यक n. coriander seed. 2, 462.

धान्यकोष्ठक m. a granary. 2, 157.

धान्यशीर्षक n. the ear of corn. 2, 424.

धान्यशूक n. the beard of corn. 2, 424.

धान्याम्ल n. sour gruel. 2, 163.

धामन् n. 1) a house. 2, 136. 2) radiance, brilliancy. 5, 12. 3) a ray of light. 1, 39.

धारा f. a stream, a current of water. 3, 47.

धाराग्र n. the broad-edged head of some arrows. 2, 314.

धाराधर m. a cloud. 1, 58.

धारासंपात m. a heavy fall of rain. 1, 59.

धार्तराष्ट्र m. a sort of goose with black legs and bill. 2, 97.

धिषण 1) m. a name of Vrihaspati. 1, 47. 2) धिषणा f. the intellect. 2, 179.

धिष्ण्य 1) m. a name of Çukra. 1, 48. 2) n. a house. 2, 136. 3) a star. 1, 51.

धी f. the intellect. 2, 179.

धीमत् and धीर adj. intelligent, wise. 2, 177.

धीवर m. a fisherman. 2, 439.

धुनी f. a river. 3, 43.

धुर् f. the shaft of a carriage. 2, 110.

धुर्य m. the bullock carrying, or attached to, the shaft. 2, 110. Comp. *dhaureya*.

धूमकेतु m. 1) a meteor. 2) a name of Agni. 5, 54.

धूमध्वज m. a name of Agni. 1, 62.

धूमयोनि m. a cloud. 1, 58.

धूमल adj. of a dark red colour. 4, 52. Comp. *dhûmra*.

धूमसंहति and धूम्या f. a mass of smoke. 1, 66.

धूम्याट m. the fork-tailed shrike. 2, 93.

धूम्र adj. of a dark red colour.

4, 52. भूरेणवश्चक्रीवदङ्गरूढधूम्ररुचः Mâgha 5, 8.

धूर्जटि m. a name of Çiva. 1, 12.

धूर्त adj. subtle, crafty. 2, 194.

धूली f. dust. 2, 288.

धूसर adj. of a greyish or dusky white colour. 4, 52. 2, 98.

धृष्ट adj. bold, saucy. 2, 216.

धेनु f. a cow that has lately calved. 2, 114.

धेनुका f. the female elephant. 5, 13.

धोरण n. a vehicle, any means of conveyance. 2, 294.

धौत adj. 1) washed. 2, 253. 396. 2) polished, whetted. 2, 319.

धौतकौशेय n. bleached silk-cloth. 2, 394.

धौरेय m. = *dhurya*. 2, 110. धुरं वहति धौरेयो न जातु चन गौर्गलिः Pk. 2, 12.

ध्माकार m. a smith. 2, 433.

ध्रुव adj. constant, continual. 1, 125.

ध्रुवक m. a post, a pale, a stake. 2, 296.

ध्वज m. a flag, a banner. 2, 303. 5, 69.

ध्वजिनी f. an army. 2, 302.

ध्वनि m. sound, or noise in general. 1, 140. 143. 151. Comp. ध्वान.

ध्वांक्ष m. 1) a crow. 2, 90. 2) a crane. 5, 21.

ध्वांक्षाराति m. an owl. 2, 91.

ध्वान m. sound, or noise in general. 1, 138.

ध्वान्त n. darkness. 1, 110.

न.

नःक्षुद्र adj. small-nosed. 2, 452.

नकुल m. an ichneumon. 5, 30.

नक्तंचर m. a nocturnal fiend, a Râkshasa. 1, 73.

नक्तमाल m. a tree (dalbergia arborea Willd.). 2, 43.

नक्तमुखा f. the night. 1, 107.

नक्र m. a crocodile. 3, 34.

नक्षत्र n. a star. 1, 51.

नक्षत्रमाला f. a necklace of 27 pearls. 2, 408.

नख or नखर m. a nail of a finger or toe. 2, 356.

नखरायुध m. a lion. 2, 59.

नग m. 1) a mountain. 2, 10. 2) a tree. 2, 22. Comp. अग.

नगर n. नगरी f. a town. 2, 130. 1, 55. 83. 2, 57.

नगौकस् m. a bird. 2, 83.

नग्ना f. a naked woman. 2, 328.

नग्नाट m. a Bauddha mendicant. 2, 190.

नग्निका f. a girl before the time of menstruation. 2, 329.

नट 1) m. an actor. 2) नटी f. an actress. 2, 437.

नटीसुत f. the son of a dancing girl. 2, 346.

नड्वल adj. abounding in reeds. 2, 4.

नत adj. bent, crooked. 4, 11. 75.

नद m. नदी f. a river. 3, 44. 43. 5, 52.

नदीमातृक adj. (a country) watered by rivers. 2, 6.

नद्ध adj. bound, tied. 2, 185.

नद्ध्री f. a leather thong. 2, 441.

नद्यम्बुजीवन adj. deriving its sustenance from river-water. 2, 6.

ननु a particle introducing 1) a question (nonne); 2) an affirmation (surely). 5, 98.

नंदक m. the sword of Vishnu. 1, 26.

नंदन 1) m. a son. 2, 342. 2) n. Indra's pleasure-ground. 1, 55.

नंदिकेश्वर m. Çiva's chief attendant. 1, 14.

नंद्यावर्त m. 1) a palace built in the shape of the anagram

of the same name; according to the Matsyap. a *catuhçâla* without a western gate. 2, 150. 2) a tree (tabernaemoutana coronaria). 5, 26. 3) a sort of large fish. 3, 37.

नपुंसक m. a eunuch. 2, 275.

नप्तृ m. a grandson. 2, 350.

नभस् 1) n. the sky, the atmosphere. 1, 137. 2) m. the month Çrâvana (July-August). 1, 114.

नभस्य m. the month Bhâdra (August-September). 1, 114.

नभस्वत् m. wind. 1, 76.

नमस्या f. reverence, adoration. 4, 91.

नम्र adj. bent. 4, 75.

नयन n. the eye. 2, 364. 365. 369. 5, 66.

नयनच्छद m. an eyelid. 5, 6.

नयनजल n. a tear. 2, 364.

नयनोपांत n. the corner of the eye. 2, 365.

नर m. a man 2, 176. 3, 41.

नरक m. hell. 3, 3.

नरदेव m. a king. 2, 266.

नरवाहन m. a name of Kuvera. 1, 79.

नरस्कंध m. a multitude of men. 5, 25.

नरेंद्र m. 1) a king. 5, 54. 2, 138. 2) a conveyor of news or intelligence. (?) 5, 54.

नर्तनस्थान n. a dancing-place. 1, 97.

नर्मदा f. a river rising on the Amarakanthaka in the Vindhya mountains, and falling into the gulf of Cambay. 3, 52.

नर्मन् n. play, jest, joke. 2, 277.

नल m. n. a reed. 2, 4.

नलक n. the radius of the arm. 3, 12.

नलकूवर m. the son of Kuvera. 1, 83.

नलमिन m. a sort of fish. 3, 36. Some read नलमीन.

नलिन n. a lotus. 3, 57.

नलिनी f. a place abounding in lotuses. 3, 60.

नव adj. new. 4, 26. 2, 395.

नवत n. a cover, a blanket, a wrapper. 2, 153.

नवनीत n. fresh butter. 2, 119.

नवप्रसूता adj. f. who has lately brought forth. 2, 114.

नवमालिका f. many-flowered nyktanthes. 2, 52.

नवीन and नव्य adj. new, recent, modern. 4, 26.

नश्यत्प्रसूति adj. whose offspring perishes. 2, 333.

नष्ट adj. run away, fled. 2, 324.

नस्तित and नस्योत adj. (a beast of burden) that has a rein strung through its nose. 2, 112.

नाक m. heaven, sky, atmosphere. 1, 3. 5, 15.

नाकु m. an ant-hill. 3, 22.

नाग m. 1) a snake. 3, 18. 2) an elephant. 5, 11.

नागकेसर m. a tree (mesua ferrea Lin.). 2, 51.

नागर n. dry ginger. 2, 460.

नागलोक m. the abode of serpents, hell. 3, 1.

नागवल्ली f. the betel-plant. 2, 45.

नाटेर m. the son of a dancing girl. 2, 346.

नाट्य n. the combination of singing, instrumental music and pantomimic dancing; a dramatic representation, a play. 1, 93. 92. 95. 98.

नाडी and नाडि f. 1) an artery. 5, 60. 2) a period of twenty-four minutes. 1, 105.

नाडिंधम m. a goldsmith. 2,433.

नाद m. sound or noise in general. 1, 138.

नाना adv. variously. 5, 98.

नापित m. a barber. 2, 434.

नाभि f. 1) the navel. 2, 455. 2) the nave of a wheel. 2, 292.

नाम adv. agreed. अस्तु नाम स धनी मे किंचिद्दाति 'granting that this rich man will make me a present' (but I know that he is too covetous to do any such thing). 5, 100.

नामधेय n. a name, an appellation. 1, 152.

नामन् n. a name. 1, 152. 5, 43.

नायक m. 1) a leader, a chief. 2, 188. 2) the central gem of a necklace. 2, 409. Mâgha 2, 92.

नारक (f. ई) adj. abiding in hell. 3, 3.

नाराच m. an iron arrow. 2, 312.

नारायण m. a name of Vishṇu. 1, 24.

नारी f. a woman. 2, 326. 329. 333. 334.

नाल n. a stalk. 2, 424.

नावारोह and नाविक m. a passenger on board ship, a sailor, etc. 2, 235.

नाव्य adj. navigable. 3, 27.

नाश m. destruction, death. 3, 6.

नासत्य m. du. the two Açvins. 1, 84.

नासा and नासिका f. the nose. 2, 366.

नाहल m. pl. the name of a barbarous tribe. 2, 444.

निःशलाक adj. private, solitary. 4, 23.

निःशेष adj. without remainder, entire, whole. 4, 85.

निःशोध्य adj. what does not require cleansing, clean, pure. 4, 85.

निःश्रेणि f. a ladder, a flight of stairs. 2, 146.

निःश्रेयस n. supreme felicity in the life to come. 1, 124.

निःसरण n. the egress or outlet from a building, market-place, etc. 2, 134.

निकर् m. a multitude. 4, 1.

निकषा f. the mother of the *Piçitâçana* fiends. 1, 119.

निकषा adv. (joined with the acc.) near. 5, 93. प्रयागतीर्थं निकषा प्रासादो विद्रुमप्रभ: Kâçikh. 69,127. लंकां निकषा Mâgha 1, 68.

निकाय m. a gathering, an assembly of coordinate persons, a set. 4, 1. e. c. श्रमणनिकाय Ksh. शत्रुनिकाय Bhk. 7, 44.

निकाय्य n. (?) a dwelling, a house. 2, 136. Bhk. 6, 66.

निकार् m. putting down, humiliation, injury, insult. 4, 19.

निकुंज n. a place overgrown with shrubs and creepers, a thicket, an arbour, etc. 2, 12.

निकुरंब n. a mass, a multitude. 4, 1. स योगिनीनां निकुरंब: Kâçikh. 44, 68. आकीर्णपुष्पनिकुरंब Matsyap. 167, 32. चिकुरनिकुरंब, किरणनिकुरंब Anandal. 43. 20. लतानिकुरंब Gg. 11, 5. नीलोत्पलनिकुरंबकै: Kâçikh. 20, 94.

निकृत adj. humbled, injured, insulted. 2, 228. Comp. निकार.

निकृति f. deception, fraud. 4, 55.

निकृष्ट adj. base, vulgar. 2, 182.

निकेतन n. a habitation, a house. 2, 136. Comp. वैरोचननिकेतन.

निक्षेप m. a deposit, a trust. 1, 82. स्वं द्रव्यं यत्र विश्रंभान्निक्षिपत्यविशंकित:। निक्षेपो नाम तत्प्रोक्तं Nârada.

निखिल adj. all, whole. 4, 28.

निगड m. the chain used to secure the hindfeet of an elephant, a shackle in general. 2, 68. Mâgha 5, 48.

निगम m. 1) a road. 2, 105. 2) a town. 2, 130. 3) the Veda. 5, 10.

निगूहन n. concealing. 4, 87.

निग्रंथन n. killing, destroying. 2,323. Probably, a corruption of निर्ग्रंथन.

निघ्न adj. subject, dependent. 2, 186. शर्म यद्य परनिघ्नम॑त्यजस्तत्स्वनिघ्नमभिकांत्तसे भूर्श। Pk. 5, 104.

निचित adj. overspread, covered, full of. 4, 17.

निचुल m. a plant (barringtonia acutangula). 2, 40.

निचोलक m. a bodice, a jacket, a mantle. 2, 397. Gg. 5, 11. 8, 11. 11, 11,

नितंब m. 1) the ridge of a mountain. 2, 11. Bhk. 2, 8. 7, 58. 2) the buttocks. 2, 357.

नितंबिनी f. γυνὴ καλλίπυγος. 2, 327.

नितांत adv. exceedingly. 4,33.

नित्य adj. perpetual, continual, eternal. 1, 125. 4, 13. (adv.).

नित्यत्व n. perpetuity. 5, 101.

निदाघ m. 1) heat. 1, 40. 2) the hot season. 1, 116.

निदान n. 1) the primary cause (of disease). 2, 457. 2) end, termination. 5, 39.

निदिग्धिका f.=कंटकारिका. 2, 464.

निधन n. death. 3, 6.

निधि m. a hoard, a treasure. 1, 82.

निधुवन n. sexual intercourse. 2, 414.

निध्यान n. looking at, beholding. 2, 411.

निंदा f. reproach, censure. 1 148. 5, 92.

निप m. a water-jar. 2, 161.

निपात m. a particle, the grammatical term for adverbs, conjunctions and interjections. 5, 86.

निपान a place near a well for watering cattle. 3, 62.

निभ n. a sham, a trick. 4, 24.

निभालन n. seeing. 2, 411.

निमित्त n. an archer's butt. 2, 313.

निमीलन n. closing the eyes in death, dying. 3, 6.

निमेष m. the twinkling of an eye, taken as a measure of time. 5, 83.

निम्न n. a gap or chasm in the ground. 3, 2. Yv. 2, 151.

निम्नगा f. a river. 3, 43.

नियतं adv. decidedly, positively. 4, 25.

नियति f. destiny, fate. 1, 86. Mâgha 4, 34.

नियंतृ m. a charioteer. 2, 293.

नियमस्थिति f. steady observance of religious obligations. 4, 91.

निरंतर adj. without intervening space, compact, dense. 4, 32. Comp. Mâgha 9, 66.

निरय m. hell. 3, 3.

निरर्थक adj. purposeless. 4, 89.

निरवग्रह adj. unchecked, uncontrolled. 2, 224.

निरसन n. extermination, destruction. 2, 322.

निरस्त adj. 1) hurriedly uttered. 1, 142. 2) rejected. 4, 18.

निराकृत adj. removed, set aside, rejected. 4, 18.

निराकृति m. a Brahman who neglects the duties of his caste (आकृति) by not going through a regular course of studies. 2, 250.

निरामय adj. free from illness, hale. 2, 225.

निर्ऋति f. misfortune personified as a goddess. 1, 86.

निर्गुंडी f. a shrub (vitex negundo or trifolia). 2, 45.

निर्ग्रंथ m. a Jain beggar. 2, 190.

निर्जर m. a god, a deity. 1, 4.

निर्झर m. a waterfall, a cataract. 2, 11.

निर्झरिणी f. a river. 3, 43.

निर्णिक्त adj. washed, cleansed. 2, 253.

निर्णेजक m. a washerman. 2, 438.

निर्निमित्त adj. without reason or motive. 4, 89.

निर्मंथकाष्ठ n. the wood used for kindling by friction the sacrificial fire. 2, 260.

निर्मोक m. the cast off skin or slough of a snake. 3, 22. M. XIII, 5539. Urv. p. 25.

निर्याण n. the outer corner of an elephant's eye. 2, 62. Mâgha 5, 41.

निर्याम m. a sailor, a pilot. 3, 33.

निर्यास m. any exudation, like gum, resin, juice, etc. 5, 75.

निर्ल्वयनी f. the slough of a snake. 3, 22. Brihadâr. p. 871.

निर्वपण n. spending freely, bestowing presents. 2, 264. Comp. निर्विवत्सु, Bhk. 3, 42.

निर्वाण n. extinction of individual existence, and consequent union with the deity. 1, 124.

निर्वाद m. obloquy, censure. 1, 148.

निर्वापण n. extinction, annihilation. 2, 323.

निर्वासन n. expulsion, annihilation. 2, 323.

निर्वीरा f. a woman who has lost her husband and children. 2, 331.

निर्वेद m. self-disparagement, despondency. 4, 69.

निर्वेश m. enjoyment. 4, 70. e. c. *stry annam pânam nirveçah.* Ksh.

निर्व्यथन n. a chasm, a hole. 3, 2.

निलय m. a place of abode, a dwelling. 2, 136.

निवर्हण n. eradication, annihilation. 2, 322.

निवसन n. 1) a dwelling, a habitation. 2, 137. 2) clothes in general. 2, 393. 3) a lower garment. 2, 391.

निवह m. a multitude. 4, 1.

निवाप m. oblations and presents given in memory of deceased relations. 3, 17.

निविड and **निविरीश** adj. tight, close, compact. 4, 33. Mâgha 7, 20.

निवीत n. the sacrificial cord or cloth hanging down from the neck. 2, 252. Comp. उपवीत, प्राचीनावीत.

निवृत adj. surrounded. 4, 27.

निवृत्त adj. ceased. 2, 244.

निवेश m. a halting-place, a camp. 2, 297.

निवेशन n. a habitation, a dwelling. 2, 136.

निशरण n. destruction, annihilation. 2, 322.

निशा f. night. 1, 107. 108.

निशाटन m. an owl. 2, 91.

निशात adj. sharpened, whetted. 2, 319. Comp. निशित.

निशांत n. a habitation, a dwelling. 2, 136.

निशामन n. becoming aware of, looking at, seeing. 2, 411.

निशित adj. sharpened, whetted, pointed. 2, 319.

निशीथ m. midnight. 1, 109.

निशीथिनी f. night. 1, 107.

निशीथिनीनाथ m. the moon. 1, 43.

निशुंभन n. killing, slaying. 2, 322.

निश्चय m. certainty, positiveness. 5, 62.

निश्चित 1) adj. decided, established. 5, 93. 2) निश्चितं adv. decidedly, positively. 4, 25.

निषंग m. a quiver. 2, 310.

निषद्वर m. mud, mire. 3, 56.

निषाद m. the name of a barbarous tribe, said to be the offspring of a Brâhmaṇa and Çûdrî. 2, 443. Manu 10, 8.

निषादिन् m. an elephant-driver. 2, 70. 235. Mâgha 5, 41.

निषेध m. prohibition, hinderance. 5, 48.

निष्क n. gold. 2, 18.

निष्कला f. a woman who has past the time of menstruation. 2, 332.

निष्कास m. waning, disappearance. 1, 106.

निष्कुट m. 1) the hollow of a tree. 2, 27. (निष्कुष्यते निष्कुष्णते वा निष्कुहः। निष्कुट इत्येके Sv.). 2) a garden attached to a house. 5, 30.

निष्ट्य m. an outcast, a barbarian. 2, 444.

निष्ठा f. 1) conclusion, end. 2) trouble, affliction. 3) a religious obligation. 4) = *vyavasthâ*. 5) eminence. 5, 67.

निष्ठीव m. spitting. 1, 142.

निष्ठुर adj. (of sound or language) gruff, rough. 1, 140. वचस्तस्य वज्रनिर्घातनिष्ठुरं Çivapur. Sk. 16, 90. संरब्ध-हस्तिपकनिष्ठुरचोदनाभिः Mâgha 5, 49.

निष्णात adj. *imbûtus*, conversant with, skilful. 2, 180.

निष्पावक m. a sort of pulse (phaseolus radiatus). 2, 429.

निस्तल adj. globular, round. 4, 68. Ks. 1, 43.

निस्त्रिंश m. a sword. 2, 317.

निहित adj. placed with, deposited. 4, 62.

नीच adj. low, base, mean. 2, 191.

नीचकी f. the head of cattle. 2, 112.

नीड m. a nest. 2, 85.

नीडज m. a bird. 2, 83.

नीर n. water. 3, 26.

नील adj. dark blue, black. 4, 49. 2, 50.

नीलकंठ m. a sparrow. 2, 88.

नीलग्रीव m. a name of Çiva. 1, 12.

नीलंगु m. a worm growing in the inside of animals. 3, 14.

नीललोहित m. a name of Çiva. 1, 13.

नीलांबर m. a name of Baladeva. 1, 28.

नीलिका f. = *jalaçûka*. 3, 61.

नीलीराग adj. one whose affection is as lasting as the colour of indigo. 2, 219. Comp. Sâhityad. 80, 8.

नीलोत्पल n. a blue lotus. 3, 59.

नीवार m. rice growing wild. 2, 429.

नीवी f. 1) the knot which fastens the lower garments round the loins. 2, 392. 2) capital, stock. 5, 38.

नीवृत् f. (m.) an inhabited country. 2, 129.

नीव्र n. the edge or side of a sloping roof, eaves. 2, 148.

नीहार m. frost. 3, 28.

नु adv. 1) now (interrogatively), e.g. को नु धावति, who is it pray that runs? 2) or, भीमो नु फाल्गुनो नु स्यात्, is it Bhîma or Arjuna? 5, 94.

नुति f. laudation, praise. 1, 145.

नुन्न adj. propelled, thrown. 4, 82.

नूतन and नूत्न (f. *î*) adj. recent, modern, new. 4, 26.

नूनं adv. 1) perhaps. 2) surely. 5, 93.

नूपुर n. an anklet. 2, 406.

नृ m. a man. 2, 176.

नृत्य n. pantomimic dancing. 1, 93.

नृप m. a king. 2, 266. 5, 54.

नृपति m. a prince, a king. 4, 93.

नृशंस adj. hurtful, mischievous. 2, 217.

नेतृ m. a leader, a chief. 2, 188.

नेत्र n. 1) the eye. 2, 283. 364. 2) the root of a tree. 5, 23.

नेपथ्य n. decoration, ornament. 2, 384.

नेम pr. half. 4, 28.

नेमि f. 1) the periphery of a wheel. 2, 292. 2) the windlass of a well. 3, 62.

नैकषेय m. a race of Rākshasas, the offspring of Nikashā. 1,73.

नैगम m. 1) a trader, a merchant. 2, 416. 2) a road (?). 5, 29.

नैचिकी f. a cow showing on her head excellent marks. 2, 116.

नैर्ऋत m. 1) the ruler of the southwest quarter. 1, 100. 2) a race of Rākshasas, the offspring of Nirriti. 1, 73.

नौ f. a ship. 3, 50. 27.

नौदंड m. an oar. 3, 50.

न्यक्ष adj. whole, entire. 4, 85.

न्यग्रोध m. the Indian fig tree. 2, 41.

न्यंकु m. a kind of deer. 2, 75.

न्यंचित adj. bent or cast down. 4, 83.

न्यस्त adj. 1) put, placed. 2, 398. 2) placed with, deposited. 4, 62.

न्याय adj. fitness, justice, equity. 2, 274.

न्याय्य adj. adapted, fit, proper. 4, 61.

न्युब्ज adj. bent downwards. 2, 230.

प.

पक्कण m. the abode of savage tribes. 2, 106. मध्ये विंध्याटवि पुरा पक्कणस्थितनायणीः। पक्षीपतिरभूद्यः पिंगाक्ष इति विश्रुतः Kâçîkh. 12, 16.

पक्क adj. cooked. 2, 121. 430.

पक्कश m. the name of a barbarous tribe. 2, 443.

पक्ष m. 1) a side. 5, 63. 2) a partisan, a follower. 2, 234. 5, 63. 3) neighbourhood. 5, 63. 4) a wall. 5, 63. 5) the half of the lunar month, a fortnight. 1, 50. 5, 63. 6) a wing. 2, 84. 98. 5, 63. 7) (in composition with words signifying hair) a quantity. 2, 376. Comp. पक्षः पार्श्वगरुत्साध्यसहायबलभित्तिषु. Vaijayantî.

पक्षति f. पक्षमूल n. the tip of a bird's wing. 2, 84.

पक्षिन् m. a bird. 2, 83. 99.

पक्षिराज m. Garuḍa, the king of birds. 1, 119.

पक्ष्मन् n. an eyelash. 2, 369.

पंक m. mud, mire. 3, 56.

पंकज n. a lotus. 3, 58.

पंक्ति f. a line, a row, a range. 4, 36.

पङ्गु 1) adj. lame. 2, 455. 2) m. he planet Saturn. 1, 48.

पज्ज m. a Çûdra. 2, 431.

पंचजन m. man. 2, 176.

पंचजनीन. 2, 213.

पंचत्व n. dissolution into the five elements, death. 3, 6.

पंचशाख m. the hand. 2, 356.

पंचानन m. a lion. 2, 59.

पंचेषु m. the five-arrowed god of love. 1, 32.

पट m. cloth. 2, 393.

पटकुटी f. a tent. 2, 296.

पटचौर m. a clothes-stealer, a shoplifter. 2, 185. HC. on 3, 45.

पटच्चर n. old or ragged clothes. 2, 395.

पटल n. 1) a roof. 2, 148. 2) a multitude. 4, 2.

पटह m. a sort of drum. 1, 97. 5, 55.

पटु adj. fierce, hot. 1, 40.

पटोली f. — *koçâtakî*. 2, 47.

पट्टिस m. a sort of weapon. 2,321.

पण m. a wager, a stake at play. 4, 74.

पणव m. a small drum or cymbal, one used for the accompaniment of singing. 1, 97.

पंडक m. a eunuch. 2, 275. Yâjn. 3, 273.

पंडित adj. learned. m a learned man, a scholar. 2, 177.

पण्यविक्रयशाला f. a hall for buying and selling. 2, 141.

पण्यांगना f. a prostitute. 2, 335.

पण्याजीव m. a tradesman. 2, 416.

पतग m. a bird. 2, 82.

पतंग m. 1) a bird. 2, 82. 2) a moth. 2, 102. Comp. Kum. 3, 64. 4, 20. 40. and Hind. پتنگ. 3) the sun. 1, 35.

पतत् m. a bird. 2, 82.

पतत्र n. a wing. 2, 84. 5, 63.

पतत्रिन् m. a bird. 2, 82.

पताका f. a flag, a banner. 2, 303.

पताकिनी f. an army. 2, 302.

पति m. a husband. 2, 342.

पतिंवरा f. a young woman who has the privilege of choosing her husband. 2, 328.

पतित adj. 1) fallen. 4, 82. 2) defeated in battle. 2, 324.

पतिवत्नी f. a woman whose husband is living. 2, 331.

पतिव्रता f. a faithful wife. 2, 340.

पत्तन n. a town. 2, 130.

पत्ति m. a pedestrian, a foot-soldier. 2, 295.

पत्त्र n. 1) a wing. 2, 84. 2) a leaf. 2, 30. 3) a blade, a sort of long knife. 2, 318. 4) a vehicle, a carriage. 2, 294.

पत्त्रपाली f. the feather of an arrow. 2, 313.

पत्त्ररथ m. a bird. 2, 82. Kâçlkh. 59, 11.

पत्त्रवल्ली f. a patch of musk and other ointments with

which women adorn their persons. 2, 387. Mâgha 8, 59.

पत्त्रशिरा f. the vein of a leaf. 4, 98.

पत्त्रिन् m. 1) a bird. 2, 82. 2) an arrow. 2, 311.

पत्त्रोर्ण n. bleached silk. 2, 394.

पत्नी f. a wife. 2, 339. 5, 16.

पथकल्पना f. jugglery, delusion. 4, 55.

पथिक m. a traveller, a wanderer. 2, 202.

पथिदेय n. (toll) levied on public roads. 5, 42.

पथिन् m. a road, a way. 2, 105.

पथ्या f. yellow myrobalan (terminalia citrina). 2, 463.

पदग m. a pedestrian, a foot-soldier. 2, 295.

पदवी f. a path, a road. 2, 105.

पदात, पदाति, पदातिक, पद्ग m. = *padaga*. 2, 295.

पद्धति f. 1) a path. 2, 105. 2) a row, a line. 2, 374.

पद्म 1) n. a lotus. 3, 58. 5, 72. 2) red spots on the body of elephants. 2, 64. (पद्मप्रतिकृतिरक्तत्वात्पद्मकं। तारुण्ये हि हस्तिनो देहे रक्तविंदवः स्युः Kshîrasv.). 3) m. a sort of tree. 5, 26. 4) पद्मा f. Lakshmî. 1, 31.

पद्मनाभ m. a name of Vishṇu. 1, 21.

पद्मभू m. a name of Brahman. 1, 6.

पद्मराग m. a ruby. 2, 20.

पद्मवासा f. a name of Lakshmî. 1, 31.

पद्य 1) m. a Çûdra. 2, 431. 2) पद्या f. a road, a path. 2, 105.

पन्न adj. fallen. 4, 82.

पन्नग m. a snake. 3, 18.

पयस् n. 1) water. 3, 26. 46. 2) milk. 2, 119.

पयोधर m. 1) a cloud. 1, 58. 2) a breast. 2, 371.

पर 1) adj. opposite. 3, 45. 2) other. 2, 213. 3) distant, far. 4, 8. 4) surpassing, excellent. 4, 4. 5) m. an adversary, an enemy. 2, 300.

परच्छंद adj. subject to the will of others, dependent. 2, 186.

परजात adj. maintained by strangers, one who depends on others for his sustenance. 2, 196.

परतंत्र adj. dependent, subject. 2, 186.

परपिंडाद adj. eating the food of strangers, a parasite, a hanger-on. 2, 196.

परपुष्ट m. a cuckoo. 2, 88.

परभाग m. the upperhand, superiority, excellence. 4, 101.

परमात्मन् m. the supreme spirit. 5, 56.

परमान्न n. — *kshaireyi*. 2, 165.

परमेश्वर m. Çiva. 1, 11.

परमेष्ठिन् m. Brahman. 1, 6.

परवत् adj. standing under the command of another, dependent. 2, 186.

परवश adj. dependent, subject. 2, 186.

परशु m. an axe, a hatchet. 2, 319.

परशुधर m. a name of Gaṇeça. 1, 18.

परश्वध m. an axe, a hatchet. 2, 319.

परस्पर adv. mutually. 4, 35. 2, 353.

परस्वहरण n. depriving others of their property. 5, 57.

पराक्रम m. prowess, valour. 4, 38.

पराग m. 1) dust, powder. 5, 23. 2) the pollen of flowers. 2, 33.

पराङ्मुख (f. *â* and *i*), and पराचीन adj. turned away, averted. 4, 72.

पराधीन adj. subject to another, dependent. 2, 186.

परान्न adj. eating the food of others, sponging. 2, 196.

पराभव m. defeat, overthrow. 4, 19.

परायत्त adj. dependent, submissive. 2, 186.

परायण adj. devoted to, bent on. 2, 197.

परार्ध्य adj. best, excellent. 4, 5. Mâgha 4, 11. 3, 58. 8, 45. Rgh. 3, 27.

परासु adj. dead. 3, 7.

परास्कंदिन् m. a robber, a thief. 2, 183.

परिकर m. 1) retinue, followers. 2, 151. 2) a cloth worn round the loins. 2, 255.

परिकूट n. = *hastinakha.* 2, 133.

परिक्रम m. walking about. 4, 41.

परिक्षिप्त adj. surrounded. 4, 27.

परिखा f. a moat. 3, 54.

परिग्रह m. retinue, attendants. 2, 151. 5, 63.

परिघ m. 1) a bolt. 2, 145. 2) an iron club. 2, 320.

परिघातन m. an iron club. 2, 320.

परिचय m. acquaintance, intimacy. 4, 88. Mâgha 7, 61, काव्यपरिचयो लक्ष्यज्ञत्वं Vâmana.

परिचर्या f. waiting upon, attendance, service. 1, 129.

परिच्छद m. 1) retinue, attendants. 2, 151. 5, 84. 2) goods, property. 5, 10.

परिणत 1) adj. mature, advanced in age. 5, 39. 2) m. an elephant who gives a side-blow with his tusks. 2, 65. Mâgha 4, 29.

परिणयन n. marrying, marriage. 2, 340.

परिणाह m. breadth, width. 4, 101.

परितस् adv. all round, from all sides. 5, 88. 3, 54 (with acc.).

परिताप m. burning, fever, pain. 2, 446.

परिदेवन n. lamentation. 3, 17.

परिधान n. a lower garment. 2, 391. 392.

परिधि m. 1) the halo round the sun or moon. 1, 41. 2) a branch. 5, 21.

परिपण n. capital, stock. 5, 38.

परिपंथिन् m. an enemy. 2, 300.

परिपाटी f. regular course or succession. 4, 54.

परिपूर्णता f. completeness. 4, 70.

परिप्लव adj. wavering, shaking, unsteady. 4, 10. Mâgha 14, 68. Comp. पारिप्लव.

परिभव m. slight, contempt. 4, 19.

परिमल m. 1) the pounding of fragrant substances. 4, 84. 2) fragrance, scent. 1, 77.

परिमाण n. measure. 5, 15.

परिमोषिन् m. a thief. 2, 183.

परिरंभण n. embracing, an embrace. 2, 413.

परिवर्त m. 1) the completion of the cycle of four ages. 1. 117. 2) a year. 5, 15.

परिवर्ह m. retinue. 2, 151.

परिवाद m. obloquy, taunt. 1, 148.

परिवादिनी f. a vinâ with seven strings. 1, 96. Mâgha 6, 9.

परिवार m. retinue. 2, 151.

परिवृढ m. a superior, a master. 2, 188.

परिवृत्त adj. encircled, surrounded. 4, 27.

परिवृत्ति m. exchange, barter. 2, 418.

परिवेष m. the halo round the sun or moon. 1, 41.

परिव्रज्या f. exercising the duties of a religious mendicant. 4, 91.

परिव्राजक m. a religious mendicant. 2, 254.

परिषद् f. an assembly. 4, 60.

परिष्कार m. embellishment, ornament. 2, 385.

परिष्कृत adj. arranged, purified. 2, 260.

परिष्वंग m. embracing, an embrace. 2, 413.

परिसर m. surrounding country, bounds. 2, 104.

परिसर्प m. walking about. 4, 41.

परिस्कंद m. a messenger, a servant. 2, 214.

परिस्तोम m. a coloured cloth thrown over the back of an elephant, put on a carriage, etc. 2, 153.

परिस्पंद m. retinue. 2, 151.

परिस्रुत् and परिस्रुता f. spirituous liquor. 2, 174. 175.

परिहार्य m. a bracelet. 2, 402.

परिहास m. merriment, jest, sport. 2, 277.

परिहृत adj. set aside, removed, rejected. 4, 18.

परीक्षक adj. investigating, examining. 2, 234.

परीक्षण n. putting to the test, trying. 4, 72.

परीवाह m. a drain, a sluice. 3, 55.

परीष्टि f. reverence, respect. 1, 129.

परुष adj. harsh, rough, rude. 4, 98.

परुस् n. the knot or joint of a reed. 2, 34. Comp. पर्वन्.

परेत adj. dead. 3, 7.

परेष्टुका f. a cow that has many calves. 2, 117.

परैधित adj. maintained by others. 2, 196.

पर्जन्य m. 1) a thunder-cloud. 5, 32. 2) Indra. 1, 52.

पर्ण n. a leaf. 2, 30.

पर्यंक m. 1) a bedstead, a couch. 2, 152. 2) a cloth worn round the loins. 2, 255.

पर्यनुयोग m. a reproof, a reprimand. 1, 154. e. g. Mit. on Yv. 3,254. उत्कर्षहेतोरधीयानस्य

किं पठसि नाशितं त्वयेत्येव पर्यनुयोगप्रदानं.

पर्यंत m. *confinium*, bounds, border. 2, 104. 365.

पर्यवस्थातृ m. an antagonist, an adversary. 2, 301.

पर्यस्तिका f. = *paryanka*. 2, 255.

पर्याण n. a saddle. 2, 287.

पर्याप्त adj. sufficient, abundant, enough. 2, 171. 4, 33. 5, 3.

पर्याय m. progression, succession. 4, 54.

पर्याह्वार m. a lath provided with slings at each end, used for carrying various articles across the shoulders. 4, 73.

पर्युदंचन, n. debt. 2, 417.

पर्वत m. a mountain. 2, 10. 5, 9. 52. 53.

पर्वन् n. the knot or joint of a reed. 2, 34. Comp. परुस्.

पल n. flesh. 3, 9. Yv. 3, 215.

पलगंड m. a plasterer. 2, 436.

पलंकष m. bdellium. 2, 465.

पलल n. flesh. 3, 9. Comp. पल.

पलाश 1) m. a tree (butea frondosa). 2, 42. 2) n. a leaf. 2, 30.

पलिक्नी f. a cow with calf. 2, 118.

पलित n. grey hair. 2, 377.

पल्ययन n. a saddle. 2, 287.

पल्लव n. a sprout, a shoot. 2, 30.

पल्लवक m. 1) a libertine, a gallant. 2, 227. 2) a sort of fish. 3, 37.

पल्लवांकुर m. the germ of a bursting leaf. 2, 29.

पल्वल n. a small pond. 3, 53.

पवन m. wind. 1, 75.

पवनाशन m. a snake. 3 18.

पवनाशनाश m. a name of Garuda. 1, 30.

पवमान m. wind. 1, 75.

पवि m. a thunderbolt. 1, 56.

पवित्र 1) adj. pure. 1, 132. 2) n. *kuça* grass. 5, 16.

पशु m. a beast (especially domesticated). 2, 122. 123. 128. 262. 78. 5, 68.

पशुपति m. a name of Çiva. 1, 11.

पश्चात् adv. behind. 4, 22.

पश्चात्ताप m. remorse, repentance. 4, 31.

पश्चिम adj. hindmost. 2, 373. 5, 41.

पश्यतोहर m. a thief who steals in the very sight of the possessor. 2, 184. e. g. पश्यतोहरः शत्रुयशसां.

पस्त्य n. a house. 2, 136.

पांशु m. dust, powder. 2, 288.

पांशुला f. an unchaste woman. 2, 341.

पाक m. 1) the young of any animal. 2, 347. 2) maturity, ripeness. 2, 25.

पाकशासन m. a name of Indra. 1, 54.

पाकस्थान n. a cooking-place. 2, 140.

पांचजन्य m. the conch of Vishṇu or Krishṇa. 1, 26. Mâgha 3, 21.

पांचालिका f. a doll. 2, 338.

पाटच्चर m. a shoplifter. 2, 185.

पाटल adj. pale red, pink-coloured. 4, 48.

पाठीन m. a sort of fish (silurus boalis). 3, 36. Manu 5, 16.

पाणि m. the hand. 2, 356. 382.

पाणिग्रहण n. marrying, marriage. 2, 340.

पाणिज m. a finger-nail. 2, 356.

पाणिमुक्त m. = *karamukta*. 2, 308.

पाणिमूल n. the extremity of the arm. 2, 378.

पांडर and **पांडु** adj. pale, yellowish white. 4, 47.

पांडुभूम m. a country with a yellowish soil. 2, 5.

पांडुर 1) adj. pale, white. 4, 47. 52. 2,377. 2) n. leprosy. 2, 449.

पातक n. sin. 3, 5.

पाताल n. hell. 3, 1.

पातालनिलय m. an Asura. 1, 5.

पात्र n. 1) a vessel in general. 2, 172. 2) a sacrificial vessel. 2,260. 3) a fit person. 5,76. 4) the channel of a river. 3, 46.

पाथस् n. water. 3, 26

पाथेय n. provisions for a journey, viaticum. 2, 203.

पाद m. 1) a foot. 2, 356. 67. 2) It is added to proper names as a title of respect, e. g. कुमारिलपादाः the venerable Kumârila. 1, 155. 3) the hills around a mountain. 2, 12. 4) the root of a tree. 2, 28. 5) a ray of light. 1, 39.

पादकटक m. an ornament for the ankle. 2, 406.

पादचारिन् adj. walking on foot. 2, 295.

पादप m. a tree. 2, 22. 5, 25.

पादबंध m. any tie for the foot. 2, 68.

पादरक्षण n. a shoe. 2, 156.

पादवल्मीक m. elephantiasis. 2, 449.

पादाग्र n. the extremity of the foot, the metatarsus. 2, 374.

पादात m. = पदात. 2, 295.

पादावर्त m. an engine for drawing water out of wells. 3, 63.

पादुका f. a wooden shoe. 2, 156.

पादुकाकार m. a shoemaker. 2, 441.

पान n. a water-conduit. 3, 63.

पानगोष्ठी f. a carousal, or a place where one is held. 2, 173.

पानीय n. water. 3, 26.

पानीयशाला f. a shed on the roadside for the accommodation of passengers with water. 2, 142.

पांथ m. a traveller, a wanderer. 2, 202.

पाप 1) adj. bad, wicked. 2, 182. 2) n. sin, crime. 3, 5. 5, 18.

पापर्द्धि f. getting a living by hunting. 2, 280.

पाप्मन् m. sin. 3, 5.

पामन् f. scab. 2, 447.

पामर adj. shabby, low, vulgar. 2, 193.

पायस n. = *kshaireyi*. 2, 165.

पायु m. the anus. 2, 358.

पार n. the opposite shore. 3, 45.

पारतंत्र्य n. dependence. 5, 65.

पारद m. quicksilver. 5, 75.

पारंपर्य n. oral tradition. 2, 247.

पारशव m. n. iron. 2, 16.

पारसीक m. a horse of Persian breed. 2, 284. Pk. 4, 137.

पारायण n. reading a book from one end to the other. 2, 246.

पारावार m. the ocean. 3, 30.

पाराशरिन् m. a religious mendicant of the Brahminical caste. 2, 254.

पाराशर्य m. a name of Vyâsa. 2, 258.

पारिजातक m. the coral-tree, supposed to be one of the five trees in heaven. 1, 135.

पारिपंथिक m. a thief, a robber. 2, 183.

पारिप्लव adj. (f. *î*), movable, tremulous, unsteady. 4, 10. Rgh. 3, 11.

पारिभद्रक m. the coral-tree (erythrina fulgens). 2, 45.

पारियानिक m. a carriage for travelling. 2, 290.

पारिरक्षिक m. a religious mendicant. 2, 254.

पार्थिव m. a king. 2, 266.

पार्वती f. the mountain-born wife of Çiva. 1, 15.

पार्श्व n. a side, vicinity. 4, 8.

पार्ष्णि m. f. 1) the rear of an army. 2) the rear of a battle. 5, 41.

पालाश (f. *i*) adj. green. 4, 49.

पाली f. a causeway, a bridge. 3, 54.

पावक m. fire. 1, 62.

पावन adj. purifying, pure. 1, 132.

पाश m. 1) a rope. 2, 442. 2) in composition with synonyms of 'hair', it signifies abundance. 2, 376, e. g. शिरसिज-पाश Mâgha 7, 62.

पाशपाणि m. a name of Varuṇa. 1, 74.

पाषाण m. a stone. 2, 13.

पाषाणसंधि m. a chasm in a rock. 2, 12.

पिक m. the Indian cuckoo. 2, 88.

पिंग adj. tawny. 4, 51.

पिंगल adj. brown, tawny. 4, 50. 51.

पिचंड n. the belly. 2, 360.

पिचंडिल adj. gorbellied. 2, 453. स्वाहाकारैर्वषट्कारैः सुरा जाताः पिचंडिलाः Kâçîkh. 87, 122.

पिचव्य and पिचु m. the cotton-plant. 2, 47.

पिचुमंद m. the *Neem* tree. 2, 41. Mâgha 5, 66. पिचुमंदः फलाढ्यो ऽपि काकैरेव हि भुज्यते Vrihann. 34, 12.

पिचुल m. = *jhâbuka*. 2, 40.

पिच्छ n. a wing. 2, 84.

पिच्छिल = विज्जपिल. 3, 56. Comp. पिच्छिलानि दधीनि, schol. *sasnigdhâni*. Kedâra 1, 7.

पिंजर adj. of a reddish yellow colour. 4, 52.

पिटक m. a boil, a blister. 2, 449.

पिठर n. a pot. 2, 159.

पिंड n. the body. 2, 355.

पिंडिका f. the nave of a wheel. 2, 292.

पिंडीशूर् m. a poltroon. 2, 212.

पितामह् m. Brahman. 1, 7.

पितृ m. a father. 2, 349. 1, 99.

पितृतर्पण n. oblations giving satisfaction to deceased relations. 3, 17.

पितृपति m. a name of Yama. 1, 71.

पितृवन n. a cemetery. 3, 16.

पित्त n. bile. 2, 450.

पित्र्य adj. 1) paternal. 5, 58. 2) of the manes. 1, 115.

पिधान n. a cover, a lid. 2, 161.

पिनद्ध adj. put on, dressed. 4, 62.

पिनाक n. Çiva's bow. 1, 14.

पिनाकिन् m. a name of Çiva. 1, 12.

पिपासा f. thirst. 2, 208.

पिपासिन, पिपासु adj. wishing to drink, thirsty. 2, 207.

पिप्पल 1) m. the holy fig tree. 2, 41. 2) पिप्पली f. long pepper. 2, 459.

पिल्ल adj. bleareyed. 2, 452.

पिशंग adj. (f. ई), tawny. 4, 51.

पिशाच m. a fiend, a demon. 1, 87.

पिशित n. flesh. 3, 9.

पिशिताशन m. a sort of cannibal demons, the offspring of Nikashâ. 1, 119.

पिशुन adj. πικρός, harsh, cruel, wicked. 2, 191.

पिहित adj. covered. 4, 58.

पीठ n. a seat, a chair. 2, 155.

पीडा f. pain. 3, 4. 2, 380.

पीडित adj. hurt, injured. 4, 82.

पीत adj. yellow. 4, 50. 2, 50.

पीतरक्त adj. of a reddish yellow colour. 4, 52.

पीतवासस् m. Vishnu or Krishna. 1, 21.

पीतसाल m. a tree (pentaptera tomentosa). 2, 44.

पीन adj. fat, robust. 2, 187.

पीनस m. catarrh affecting the nose. 2, 450.

पीनोध्नी f. a cow with a large udder. 2, 116.

पीयूष n. 1) milk. 2, 119. 2) nectar. 1, 133.

पीयूषरुचि m. the moon. 1, 43.

पीलु m. 1) an elephant. 2) a tree (careya arborea, or salvadora persica, Roxb.). 5, 47.

पीवन् (f. *pivari*), and पीवर (f. ई) adj. fat, stout. 2, 187.

पीवरस्तनी f. a cow with a large udder. 2, 116.

पुंश्चली f. an unchaste woman. 2, 341.

पुंस् m. a male or man. 2, 176. 123. 215. 218. 219.

पुंख m. the feathered part of an arrow. 2, 313.

पुच्छ n. a tail. 2, 286.

पुच्छमूल n. the tip of the tail. 2, 64.

पुंज m. a heap, a mass, a multitude. 4, 1. तिमिर° Gg. 5, 11. तमः° Gg. 11, 10. पक्षि° Mârk. 8, 82. पुण्य° Pk. 3, 11.

पुटभेद m. the bend of a river. 3, 49.

पुटभेदन n. a town, a city. 2, 130.

पुंडरीक 1) n. the white lotus. 3, 58. 2) m. a tiger. 2, 71. 3) the elephant of the south-east quarter. 1, 104.

पुंडरीकाक्ष m. Vishṇu or Krishṇa. 1, 24.

पुंड्र n. a mark made on the fore-head with sandal, etc. 2, 386. 5, 69.

पुण्य 1) adj. pure. 1, 132. 1) n. righteousness, virtue. 1, 125.

पुण्यक्षेत्र n. a holy place. 5, 76.

पुण्यजन m. a Râkshasa. 5, 4.

पुण्यजनेश्वर m. a name of Kuvera. 1, 79.

पुत m. du. the buttocks. 2, 358.

पुत्र 1) m. a son. 2, 342. 2) पुत्री f. a daughter. 2, 350.

पुत्रवधू f. a son's wife. 2, 349.

पुत्रिका f. a doll. 2, 338.

पुनर्नव m. a finger-nail. 2, 356.

पुनर्भू f. a woman who has married a second time. 2, 330.

पुन्नाग m. a tree (rottleria tinctoria Roxb.). 2, 53.

पुर् f. a town. 2, 130.

पुर 1) n. a town. 2, 130. 2) the body. 2, 355. 3) m. bdellium. 2, 465. 4) पुरी f. a town. 2. 130.

पुरद्वार n. the gate of a city. 2, 133.

पुरंदर m. a name of Indra. 1, 53.

पुरंध्री f. a woman. 2, 326.

पुरस् adv. in front, before, at first. 4, 22. 2, 398.

पुरा adv. formerly. 4, 22.

पुराण (f. i), and पुरातन (f. i) adj. old, ancient. 4, 26.

पुरीतत् n. an entrail. 3, 13.

पुरीष n. excrements. 3, 15.

पुरु adj. much. 4, 14.

पुरुत (?) adj. much. 4, 16.

पुरुष m. 1) a man, mankind. 2, 176. 2) the soul. 1, 134. Comp. पूरुष.

पुरुषोत्तम m. Vishṇu or Kṛishṇa. 1, 25.

पुरुहूत m. a name of Indra. 1, 53.

पुरोग adj. preceding, chief, principal. 4, 5.

पुरोधस् m. the family or domestic priest. 2, 271.

पुरोभागिन् adj. censorious. 2, 191.

पुरोहित m. the domestic or family priest. 2, 271.

पुलक m. 1) erection of the hair of the body. 3, 29. 2) any insect bred upon or in the body of animals. 3, 14.

पुलाक n. 1) shrivelled grain.

2) a lump of boiled rice. 5, 43.

पुलिन n. a mound in the middle of a river, an islet. 3, 48.

पुलिंद m. 1) m. — *manga*. 3, 50. 2) the name of a barbarous tribe. 2, 444.

पुष्कर n. 1) the sky, the atmosphere. 1, 137. 5, 72. 2) water. 3, 26. 5, 72. 3) a place of pilgrimage in the province of Ajmere. Lat. 26° 30', long. 74° 40'. 4) a lotus. 3, 57. 5, 72. 5) the tip of an elephant's trunk. 2, 64. 5, 72. Mâgha 5, 30. 6) the blade of a sword. 7) the head of a drum. 8) a species of costus. 5, 72. 9) m. the Indian crane. 2, 89.

पुष्करिणी f. an artificial pond. 3, 53.

पुष्कल and पुष्ट adj. much, abundant. 4, 16.

पुष्प n. a blossom, a flower. 2, 31. 32. 24.

पुष्पक n. the chariot of Kuvera. 1, 83.

पुष्पदंत 1) m. the elephant of the north-west quarter. 1, 104. 2) m. du. sun and moon. 1, 120.

पुष्पधन्वन् m. Kâma. 1, 33.

पुष्पपत्त्र m. a kind of arrow. 2, 314.

पुष्परथ m. a pleasure-van. 2, 291. Comp. Mâghâ 3, 22.

पुष्परस m. honey. 2, 466.

पुष्पलक m. a pin, a stake, a peg. 2, 296.

पुष्पलिह् m. a bee. 2, 100.

पुष्पवती adj. f. (a woman) during menstruation. 2, 333.

पुष्पवाटी f. a flower-garden. 2, 58.

पुष्पहीना adj. f. (a woman with whom menstruation has ceased. 2, 332.

पुष्य m. the eighth lunar asterism. 1, 51.

पुस्तकर्मन् n. using a mixture of earth, lime, cowdung, and water, as a mortar or plaster. 2, 436.

पूग m. 1) the betelnut tree. 2, 45. 2) a multitude. 4, 1. गुणपूग Mâgha 9, 64. पापपूग Kâçikh. 26, 108.

पूजा f. worship. 1, 128.

पूजित adj. respected, worshipped. 2, 229.

पूज्य adj. respectable, venerable. 2, 229. 1, 155.

पूप m. पूपलिका f. a rich cake of wheaten flour. 2, 164.

पूर m. the rising of waters, the swelling of rivers. 3, 46.

पूरुष m. a man, mankind. 2, 176.

पूर्ण adj. full. 4, 17.

पूर्णमासी f. the day of the full moon. 1, 112.

पूर्वं adv. at first, formerly. 4, 22.

पूर्वा f. the east quarter. 1, 101.

पूर्वज m. the first born, an elder brother. 2, 351.

पूर्वदिक्पति m. Indra, the regent of the east quarter. 1, 53.

पूर्वदेव m. an Asura. 1, 5.

पूर्वरंग m. the prelude to a drama. 1, 95.

पूषन् m. the sun. 1, 35.

पृक्थ n. wealth. 1, 80.

पृतना f. a host, an army. 2, 302.

पृतनाषाह् m. a name of Indra. 1, 53.

पृथक् prep. with instr. acc. or abl. without. 5, 90. Bhk. 8, 109.

पृथग्जन m. a man of low profession or character. 2, 193.

पृथिवी f. the earth. 2, 1. Earth considered as one of the five elements. 5, 71. 73.

पृथु 1) adj. (f. पृथु or पृथ्वी), broad, large, great. 4, 14. 2) पृथ्वी f. the earth. 2, 1.

पृथुक m. 1) rice which has first been scalded with hot water, then dried over the fire, and lastly ground in a mortar. 2, 430. 2) the young of any animal. 2, 347. Mâgha 3, 30.

पृथुरोमन् m. a fish. 3, 35.

पृथुल adj. broad, large, great. 4, 14. Mâgha 10, 65.

पृदाकु m. a snake. 3, 18.

पृश्नि m. f. a dwarf. 2, 456.

पृषत् (only n. according to the best authorities), a drop of water. 3, 55.

पृषत m. 1) a drop of water. 3, 55. 2) the hog-deer. 2, 75.

पृषत्क m. an arrow. 2, 311.

पृषदश्व m. a name of Vâyu. 1, 75.

पृष्ठ n. the back. 2, 373. 3, 12. 5, 6.

पृष्ठग्रंथि m. a hump on the back. 2, 449.

पृष्ठवाह्य m. an ox that carries burdens on his back. 2, 111.

पृष्ठास्थि n. the backbone. 5, 17.

पेचक m. the tip of an elephant's tail. 2, 64.

पेटक n. a multitude, a company. 4, 2. नर्तकपेटकं Bharataka 9.

पेटा f. a basket, a chest. 2, 157.

पेलव adj. thin, slender. 4, 32.

पेशल adj. beautiful. 4, 4.

पेशीकोश m. an egg. 2, 85.

पोगंड m. a man deformed in body, by having more or fewer limbs than usual. 2, 232.

पोटा f. 1) a hermaphrodite. 2, 275. 2) a female servant. 2, 337. Comp. वाटा.

पोत m. 1) the young of any animal. 2, 347. 2) a colt. 2, 285. 3) a boat. 3, 33. 4) cloth. 2, 393.

पोतवणिज् m. a sea-trader. 3, 33.

पोताधान n. small fry. 3, 39.

पोत्र n. 1) the snout of a hog. 2) a ploughshare. 5, 46.

पोत्रिन् m. a hog. 2, 71.

पौत्र m. a grandson. 2, 350.

पौर m. a citizen. 5, 78.

पौरुष 1) adj. (f. î), equal in

height or length to a man when he has extended his hands. 5, 19. 2) n. manliness. 4, 38.

पौरोगव m. the superintendent of the kitchen. 2, 276.

पौलस्त्य m. a name of Kuvera. 1, 78.

पौलोमी f. Indra's wife. 1, 55.

पौष्प adj. (f. *i*), belonging or relating to flowers. 2, 33.

प्रकट adj. open, clear, manifest. 4, 67.

प्रकर m. a heap, a multitude. 4, 1.

प्रकर्ष m. a high degree, eminence, excellence. 5, 51.

प्रकांड m. the lower stem of a tree, the part between the root and the first branches. 2, 27. 2) the part between the elbow and the shoulder, the upper arm. 2, 378. 3) n. (at the end of compounds) excellent. 2, 223. रक्षःप्रकांडकौ Bhk. 5, 6.

प्रकामं adv. to one's heart's content, exceedingly. 4, 33.

प्रकार m. similarity. 4, 9. 5, 101.

प्रकाश 1) adj. clear, manifest. 4, 67. Rgh. 1, 68. Yv. 2, 176. 2) m. manifestation. 5, 95. 3) light, lustre, splendor. 1, 66. 4) (at the end of a compound) similar. 4, 9.

प्रकाशन n. making manifest. 5, 84.

प्रकीर्णक n. a whisk, a fan. 2, 268.

प्रकृति f. 1) the natural form or constitution of a thing. 5, 78. 2) nature. 5, 16. 3) the equipoise of the three qualities of nature: 'goodness, foulness, and darkness.' 4) the five elements. 5) the seven elements of regal administration (enumerated in Manu 9, 294). 5, 78. 6) an artisan, a mechanic. 2, 438. 5, 78.

प्रकृतिगुण m. one of the three constituent qualities of nature. 5, 82.

प्रकोष्ठ 1) m. the fore-arm, the part of the arm between the wrist and the elbow. 2, 378. 2)

n. an inner court in a building. 2, 149. 5, 56.

प्रक्रय m. 2, 418.

प्रक्षालित adj. washed. 2, 253.

प्रक्ष्वेडन m. an iron arrow. 2, 312.

प्रख्य (at the end of compounds), similar, like. 4, 9.

प्रख्यात adj. famed, renowned. 2, 240.

प्रगल्भ adj. bold, confident. 2, 231.

प्रगल्भता f. resoluteness, decision. 4, 94.

प्रगे adv. in the morning. 1, 111. Mâgha 12, 1.

प्रग्रह m. 1) any kind of tie, a rein, a rope, etc. 5, 19. 2) a ray of light. 1, 39. 3) a captive, a prisoner. 4, 74.

प्रघण m. a terrace before a house. 2, 144.

प्रघाण m. 1) = प्रघण. 2, 144. 2) the upper part of the stem of a tree. 2, 27.

प्रघात m. a battle, a fight. 2, 299.

प्रचल adj. movable, unsteady. 4, 10. Kum. 5, 35.

प्रचलाक m. a peacock's tail. 2, 87.

प्रचलाकिन् m. a peacock. 2, 86.

प्रचुर adj. abundant, much. 4, 16. 2, 116. 117.

प्रचेतस् m. a name of Varuṇa. 1, 74.

प्रच्छद m. a cover, a wrapper. 2, 153.

प्रच्छन्न adj. covered, hidden, secret. 4, 23.

प्रच्छादन n. an upper garment. 2, 391.

प्रच्छादित adj. covered. 4, 96.

प्रजन m. पशूनां गर्भग्रहणकाल. 2, 117.

प्रजा f. pl. people, the inhabitants of a country, subjects. 2, 129.

प्रजागर m. watching, being awake. 2, 448.

प्रजाता adj. f. one who has brought forth a child. 2, 345.

प्रजापति m. 1) Brahman. 1, 7. 2) a king. 2, 266.

प्रजावती f. a brother's wife. 2, 349.

प्रज्ञा f. understanding, knowledge. 2, 179.

प्रणति f. salutation, obeisance. 4, 64.

प्रणय m. 1) affection, favour. 4, 88. 2) affectionate solicitation. 5, 24.

प्रणव m. the mystic syllable *Om*. 1, 8.

प्रणाय्य adj. contemptible. 2, 211. Bhk. 6, 66.

प्रणाली f. a gutter, a drain. 3, 63.

प्रणिधान n. profound meditation. 1, 128. Rgh. 1, 74.

प्रणिधि m. a spy. 2, 270.

प्रणिपात m. submission, obeisance. 4, 64.

प्रणीत m. fire consecrated by prayers and other rites. 2, 260.

प्रतति f. a climbing plant. 2, 25.

प्रतन (f. *i*) adj. ancient. 4, 26.

प्रतल m. the palm of the hand with extended fingers. 2, 382.

प्रतानिनी f. a climbing plant. 2, 25.

प्रताप m. power, energy. 4, 38.

प्रतारण n. overreaching, cheating. 4, 63.

प्रति prep. 1) as, like. रामः संग्रामे नारायणतः प्रति. Bhk. 8, 88. 2) *pradhâne*. 5, 95.

प्रतिकर्मन् n. embellishment, toilet. 2, 384. Kum. 7, 6. Mâgha 5, 27. 9, 43.

प्रतिकाय m. a likeness, an image. 1, 130.

प्रतिकूल adj. contrary, opposed. 4, 58. 71. 5, 22.

प्रतिकृत adj. retaliated. 4, 80.

प्रतिकृति f. a likeness, an image. 1, 130.

प्रतिक्षणं adv. repeatedly. 4, 39.

प्रतिक्षिप्त adj. rejected. 4, 18.

प्रतिग्रह m. the rear of an army. 5, 6.

प्रतिघ m. anger, passion, rage. 2, 207. प्रतिघारुणा Pk. 4, 154. Magha 15, 53.

प्रतिच्छंद m. प्रतिच्छाया f. a reflection, a likeness, an image. 1, 130.

प्रतिजागर m. watchfulness, attention. 4, 97.

प्रतिज्ञा f. assent, promise, agreement. 4, 30.

प्रतिनिधि m. a substitute, a likeness. 1, 130. Rgh. 5, 63.

प्रतिनिर्यातन n. retaliation. 4, 80.

प्रतिपक्ष m. an opponent, an adversary. 2, 300.

प्रतिपत्ति f. 1) resolution, decision. 4, 94. 2) intelligence, understanding. 5, 14.

प्रतिपद् f. intelligence, understanding. 5, 14.

प्रतिपादन n. producing, exciting. 5, 7.

प्रतिबंध m. an impediment, an obstacle. 4, 84.

प्रतिभय adj. exciting fear, formidable. 4, 20.

प्रतिभा f. intelligence, genius. 2, 179.

प्रतिभान्वित adj. intelligent. 2, 219.

प्रतिभू m. a surety, a sponsor. 2, 225.

प्रतिमा f. 1) a likeness, an image. 1, 131. 2) (at the end of a compound) like, similar. 4, 9.

प्रतिमान n. 1) resemblance, likeness. 1, 130. 2) the space between an elephant's tusks. 2, 63.

प्रतियत्न m. 1) elaboration. सुगंधितामप्रतियत्नपूर्वां Mâgha 3, 54. 2) desire, wish. 3) the taking prisoner. 5, 57.

प्रतियातना f. a likeness, an image. 1, 130. Mâgha 3, 34.

प्रतिरूप n. a counterfeit, a likeness. 1, 130.

प्रतिरोधक m. a robber. 2, 183.

प्रतिलोम adj. against the grain, contrary. 4, 58.

प्रतिवत्सरं adv. every year. 2, 117.

प्रतिबिंब n. a reflected image; a likeness. 1, 130.

प्रतिश्याय m. = *pinasa*. 2, 450.

प्रतिश्रय m. an alms-house. 2, 142.

प्रतिश्रव m. a promise, an agreement. 4, 30.

प्रतिसर m. n. a string tied, as a charm, by women round the wrist, at weddings, etc. 2, 403.

प्रतिसीरा f. a curtain, a veil. 2, 154.

प्रतिसूर्यशयानक m. the gecko. 2, 79.

प्रतिहार m. a door, a gate. 5, 2.

प्रतीक m. a part, a limb. 4, 59.

प्रतीक्ष्य adj. deserving of consideration, respectable. 2, 229. Mâgha 2, 108.

प्रतीचीन adj. western. 1, 103.

प्रतीप adj. contrary, reversed. 4, 58.

प्रतीपदर्शिनी f. a woman. 2, 327.

प्रतीष्ट adj. 4, 96.

प्रतीहार m. a doorkeeper. 2, 269.

प्रतूर्ण adj. quick, fleet. 2, 198.

प्रतोद m. a goad for driving cattle. 2, 422.

प्रतोली f. the carriage-road, the high-road. 2, 134. Mâgha 3, 64.

प्रत्न adj. former, ancient. 4, 26.

प्रत्यक्ष adj. visible, perceptible, evident. 5, 88. 89.

प्रत्यगाशापति m. Varuṇa, the regent of the west quarter. 1, 74.

प्रत्यग्र adj. recent, new. 4, 78.

प्रत्यंच् (प्रत्यङ्, प्रतीची, प्रत्यक्) 1) adj. western. 1, 103. 2) प्रतीची f. the west. 1, 101.

प्रत्यनीक m. an enemy. 2, 301.

प्रत्यंतपर्वत m. a mountain contiguous to another. 2, 12.

प्रत्यय m. 1) apprehension, understanding. 2) cause, motive (स्त्रीप्रत्ययः कलहः, बीजप्रत्ययो ऽंकुरः). 3) certainty, positiveness. 5, 62. 4) trust, confidence. 4, 95. 5, 62. 5) an oath. 5, 62.

प्रत्यर्थिन् m. an opponent, an adversary. 2, 301.

प्रत्यवसान n. eating. 2, 170.

प्रत्यवाय m. privation. 5, 38.

प्रत्याकार m. a sheath, a scabbard. 2, 318.

प्रत्याख्यात, प्रत्यादिष्ट adj. rejected, set aside. 4, 18.

प्रत्यारंभ m. entering on (an action) repeatedly. 5, 90.

प्रत्यासार m. the rear of an army. 5, 41.

प्रत्युत्पन्नमति adj. endowed with presence of mind. 2, 221.

प्रत्यूष n. daybreak, morning. 1, 111.

प्रत्यूह m. an impediment, an obstacle. 2, 246.

प्रथम num. first. 4, 22.

प्रदर m. an arrow. 2, 311.

प्रदिश् f. an intermediate point of the compass. 1, 102.

प्रदीपन m. a sort of poison. 3, 24. प्रदीपनस्तु दहनो रक्तवर्णो ऽंजनाद्रिजः॥ RM.

प्रदेश m. a spot, a place. 2, 5.

प्रदेशन n. a gift, a donation. 2, 264.

प्रदेशिनी f. the forefinger. 2, 383.

प्रदोष m. the first part of the night, the first hour after sunset. 1, 109.

प्रद्युम्न m. a name of Kâma. 1, 32.

प्रद्योत m. a ray of light. 1, 38.

प्रद्योतन m. the sun. 1, 35.

प्रधन n. war, a battle. 2, 298.

प्रधान n. 1) first rate, main, chief, principal 4, 5. 5, 8. 35. 69. 84. 95. Late writers employ the word as an adjective. Comp. यथा च भूतेषु महती प्रधाना Vâmanap. 12. तेषु प्रधाना शक्तिः स्यात् Pk. 4, 124. 2) a principal officer of state. 2, 272. 3) nature. 5, 16.

प्रधि m. 1) the periphery of a wheel. 2, 292. 2) (incorrectly for प्रह्नि) a well. 3, 62.

प्रपंच m. 1) copiousness, detail. 4, 81. 2) = आडंबर. 5, 55.

प्रपद n. the extremity of the foot, the metatarsus. 2, 374.

प्रपा f. a shed on the roadside for accommodating passengers with water. 2, 142.

प्रपात m. 1) an assault, a sortie. 2, 297. 2) a bank, a shore. 3, 45.

प्रपुनाट m. ringworm shrub (cassia alata Lin.). 2, 464.

प्रबुद्ध adj. informed, enlightened. 2, 177.

प्रबोधक m. a bard whose office consisted in awakening his chief by music. 2, 280. Comp. Oxf. Catal. p. 56. n. 1.

प्रभंजन m. storm, wind. 1, 75.

प्रभविष्णुता f. supremacy, power, dominion. 4, 100.

प्रभा f. 1) light, radiance. 1 65. 2) a ray of light. 1, 38.

प्रभाकर m. the sun. 1, 36.

प्रभात n. dawn, morning. 1, 111.

प्रभाव m. power, dignity. 5, 69.

प्रभावता f. power, supremacy, dominion. 4, 100.

प्रभिन्न m. an elephant in rut. 2, 65.

प्रभु m. a lord, a master. 2, 188.

प्रभुता f. lordship, power, dominion. 4, 100.

प्रभूत adj. much, great, large. 4, 16.

प्रभ्रष्टक n. a wreath of flowers fastened to the lock on the crown of the head. 2, 398.

प्रमथ m. pl. the host of Çiva. 1, 14.

प्रमद् 1) m. joy, delight. 1, 123. 2) प्रमदा f. a woman. 2, 327.

प्रमदवन n. a royal garden attached to the haram. 2, 58.

प्रमया f. destroying, killing. 2, 323. Also m. and n.

प्रमाद m. inadvertence, neglect. 4, 69.

प्रमापण n. killing, slaying. 2, 322. Yv. 2, 277.

प्रमीत adj. dead. 3, 7.

प्रमुख adj. chief, principal. 4, 5.

प्रमोद m. joy, delight. 1, 123.

प्रयत adj. pious, virtuous. 2, 247.

प्रयाण n. a march, an expedition. 2, 297.

प्रयोग m. application, employment. 4, 9. 5, 79. 80.

प्रयोजन n. a motive. 5, 81.

प्रलंबघ्न m. a name of Baladeva. 1, 28.

प्रलाप m. senseless talk. 1, 150.

प्रवण adj. prone or inclined to, engrossed by. 2, 197.

प्रवयस् adj. of an advanced age, old. 2, 348.

प्रवर, प्रवर्ह adj. chief, principal, best. 4, 5.

प्रवहण n. 1) a litter, borne on men's shoulders. 2, 290. 2) a boat, a ship. 3, 33. प्रचलत्तुंगतरंगशिखाग्रगप्रवहणा जलधावपि सार्थपाः। Pk. 4, 193.

प्रवारण n. a grant of all things desired. 4, 88.

प्रवाल m. a germ, a sprout, a shoot. 2, 29.

प्रवासन n. killing, slaying. 2, 322.

प्रवाह m. a stream, a current. 3, 47.

प्रविदारण n. war, battle. 2, 298.

प्रवीण adj. accomplished, skilful, clever. 2, 180. Kum. 7, 48.

प्रवृत्ति f. intelligence, news. 1, 146.

प्रवेक adj. select, superior. 4, 4.

प्रवेणी f. a coloured cloth or blanket thrown over the back of an elephant, etc. 2, 153.

प्रवेश m. entrance, commencement. 1, 106.

प्रवेष्ट m. the arm. 2, 367.

प्रशंसा f. praise. 1, 145. 2, 223.

प्रशमन n. extinction, destruction. 2, 322.

प्रशस्त adj. praiseworthy, excellent. 2, 4. 4, 96.

प्रश्न m. a question, an enquiry. 1, 154. 5, 93. 94. 96 98.

प्रष्ठौही f. a cow pregnant with her first calf. 2, 114.

प्रसक्त adj. attached or addicted to. 2, 209.

प्रसन्ना f. spirituous liquor. 2, 174.

प्रसभं adv. by force, violently. 4, 74.

प्रसर m. 1) speed, velocity. 2, 288. 2) affectionate solicitation. 5, 24.

प्रसव m. a flower. 2, 31.

प्रसवबंधन n. the stalk of flowers or fruit. 2, 30.

प्रसव्य adj. contrary, opposed. 4, 58.

प्रसाद m. affection, favour. 4, 88.

प्रसादना f. propitiation, devotion. 1, 129.

प्रसाधन n. embellishment, decoration. 2, 384.

प्रसूता adj. f. one who has brought forth offspring. 2, 345. 285. 118.

प्रसूति f. offspring, children. 2, 342. 117.

प्रसूनक n. a flower, a blossom. 2, 31.

प्रसृत (v. r. प्रसित) 1) adj. attached to, longing for. 2, 198. 209. 2) प्रसृता f. the leg 2, 360.

प्रसृति f. the palm of the hand hollowed. 2, 382.

प्रस्कन्न adj. defeated in battle. 2, 324.

प्रस्तर m. 1) a couch. 5, 32. 2) a stone. 2, 13.

प्रस्तरघटनोपकरण n. an instrument for cleaving stones. 5, 35.

प्रस्ताव m. 1) commencement. 4, 65. 2) occasion, opportunity. 5, 81. 3) = हेला. 5, 19.

प्रस्थ 1) n. tableland on the top of a mountain. 2, 11. 2) m. a measure of quantity, containing four *kudava*. 5, 15.

प्रस्थान n. a march, an expedition. 2, 297.

प्रस्रव m. a fall of water. 2, 11.

प्रस्रवण n. a spring, a fountain. 3, 55.

प्रह्वत्त adj. conversant with the principles of science. 2, 197.

प्रहर m. the eighth part of a day and night. 1, 106.

प्रहरण n. 1) a weapon. 2, 307. 2) war, battle. 2, 298.

प्रहार m. a blow. 2, 65.

प्रहेलिका f. an enigma, a riddle. 1, 152.

प्रह्व adj. 1) bent, stooping. 5, 53. 2) bent on, intent upon. 2, 197.

प्रह्लीका f. an enigma, a riddle. 1, 152. The correct reading is प्रवल्हिका.

प्रांशु adj. high, tall. 4, 66.

प्राकार m. a rampart. 2, 133.

प्राकाराग्र n. the coping of a wall. 5, 2.

प्राकृत adj. vulgar, low, base. 2, 193.

प्राग्भाग m. the front-part. 2, 373.

प्राग्र n. the top, the summit. 2, 26.

प्राग्रहर, प्राग्र्य adj. chief, principal. 4, 4.

प्राघुणक m. a guest. 2, 203.

प्रांगण n. a court, a yard. 2, 144. 5, 31.

प्राचिका f. a sort of falcon (?). 2, 98.

प्राचीन adj. eastern. 1, 103.

प्राचीनबर्हिस् m. a name of Indra. 1, 52.

प्राचीनावीत n. the sacrificial cord or cloth, when worn over the right shoulder and under the left. 2, 252. Comp. उपवीत, निवीत.

प्राचेतस m. a name of Vâlmîki. 2, 257.

प्राजन n. a goad for driving cattle. 2, 422.

प्राजित् m. a charioteer. 2, 293.

प्राज्ञ adj. intelligent, wise. 2, 177.

प्राज्य adj. much, abundant. 4, 16.

प्रांच् 1) adj. eastern. 1, 103. 2) प्राची f. the east. 1, 101. 3) प्राक् adv. at first. 4, 22.

प्राड्विवाक m. a judge. 2, 274. Mitâksh. on Yv. 2, 3.

प्राण m. 1) pl. life. 1, 134. 2) power, strength. 4, 38.

प्राणाधिनाथ m. a lover, a husband. 2, 342.

प्राणिद्यूत n. a fight of beasts, exhibited for sport. 5, 4.

प्राणिन् m. a living being. 5, 77.

प्रातर् adv. in the morning, at break of day. 1, 111.

प्रातिहारिक m. 2, 434.

प्राथमकल्पिक m. a pupil who has begun to receive instruction in science. 2, 245.

प्रादुस adv. 1) arising, appearing. 2) manifestly. 5, 95.

प्रादेश m. a span measured by the distance between the extended thumb and forefinger. 2, 383.

प्राध्वं adv. 1) crookedly. 2) बंधने. 5, 53. P. I, 4, 78.

प्रांतर n. an intervening long tract of country between two villages. 2, 106.

प्रापणिक m. a trader, a merchant. 2, 416. Mâgha 4, 11.

प्राप्त adj. fit, proper. 4, 61.

प्राप्तरूप adj. learned, wise. 2, 177.

प्राभृत n. an offering, a present. 2, 279.

प्रामाणिक adj. (f. ी) serving as a measure. 2, 381.

प्राय m. abstinence from all food. 4, 75.

प्रार्थना f. request, solicitation. 2, 205.

प्रालंबक n. a garland worn round the neck. 2, 398.

प्रालेय n frost, cold. 3, 28.

प्रालेयांशु m. the moon. 1, 42. Mâgha 9, 87.

प्रावरण n. an upper garment. 2, 391.

प्रावृष् f. the rainy season. 1, 113. 116.

प्रास m. a lance. 2, 320.

प्रासाद m. a palace, a temple. 2, 138.

प्रिय adj. beloved, pleasing. 2, 212. 4, 4. 1, 141. 146.

प्रियंगु f. 1) the name of a medicinal plant. 2, 38. 2) Italian millet. 2, 427.

प्रियवाच् adj. affable in address. 2, 211.

प्रीति f. 1) affection, friendship. 4, 21. 2) joy. 1, 123.

प्रेक्षा f. 1) viewing. 1, 95. 2) intellect. 2, 179.

प्रेंखा f. प्रेंखोलन n. a swing. 4, 78.

प्रेङ्खित, प्रेङ्खोलित adj. swung, shaken. 4, 61.

प्रेत 1) adj. deceased, dead. 3, 7. 2) m. a spirit abiding in hell. 3, 3.

प्रेतपति m. a name of Yama. 1, 71.

प्रेत्य adv. in the life to come. 5, 91.

प्रेष्ठ adj. dearest, best. 4, 4.

प्रेष्य 1) m. a messenger, a servant. 2, 214. 2) प्रेष्या f. a female messenger. 2, 336.

प्रोक्षित adj. immolated, slaughtered. 2, 262.

प्रोथ m. the nostrils of a horse. 2, 286.

प्रोष्ठी f. a sort of carp. 3, 36.

प्रौढ adj. 1) grown up. 2, 114. 328. 2) bold. 2, 231.

प्लव m. a float, a raft. 3, 49.

प्लवक m. 1) a frog. 3, 40. 2) an outcast. 2, 443.

प्लवग m. 1) a frog. 3, 40. 2) a monkey. 2, 76.

प्लवंग m. a monkey. 2, 76.

प्लवंगम m. 1) a frog. 3, 40. 2) a monkey. 2, 76.

प्सा f. hunger. 2, 206.

प्सात adj. hungry. 2, 205.

फ.

फटा f. फण m. फणा f. the hood of a snake. 3, 19.

फणभृत् m. a snake. 3, 18.

फल n. fruit. 2, 23. 25. 1, 118. 4, 92.

फलक n. a shield. 2, 305.

फलवत्, फलिन्, फलिन adj. bearing fruit. 2, 23.

फलिनी f. — प्रियंगु. 2, 38.

फल्गु adj. pithless, worthless. 4, 92. अफल्गु भांडं Mâgha 3, 76.

फाणित n. raw sugar. 2, 169.

फांट adj. readily prepared, e.g. a medicine. 4, 89. यद्अपितमपिष्टमुदकसंपर्कमात्राद्विमक्तरसमौषधं कषायादि अग्निना तप्तं यद्दीषदुष्णं तत्फांटमित्येके। यथा। फांटाभिरद्भिरावपेदिति । कदुष्णाभिरित्यनायासो गम्यते। अनायासः पुरुषो ऽन्यो वा फांटशब्देनाभिधीयत इत्यन्ये। यथा। फांटाश्चित्रास्त्रपाणयः (Bhk. 9, 17.) इति n HC. स चौषधीभिः फांटाभिः स्नात्वाद्भिः पावनैरपि। Rigvidh. 2, 17.

फाल m. a ploughshare. 2, 420.

फेन m. froth, foam. 3, 46.

फेरंड, फेरव, फेरु m. a jackal. 2, 74.

फेलिका f. the leavings of food. 2, 171.

ब.

बदरी f. the jujube. 2, 39.

बद्ध adj. 1) bound, tied. 2, 185. 2) put on, dressed. 4, 62.

बद्धभूमिक adj. having an inlaid floor. 2, 139.

बद्धमुष्टिकर m. the fore-arm with closed fist. 2, 381.

बधिर adj. deaf. 2, 454.

बंध m. a tie, a fastening. 2, 375.

बंधन n. 1) binding. 5, 53. 2) any kind of tie or fetter. 2, 122. 3) confinement, captivity. 3, 4.

बंधनग्रंथि m. a noose. 2, 442.

बंधु m. a relation, a kinsman. 2, 354.

बंधुक 1) m. a bastard. 2, 346. 2) बंधुकी f. an unchaste woman. 2, 341. 346.

बंधुजीव n. the name of a plant, or rather of its blossom, (pentapetes phoenicia). 2, 53.

बंधुर adj. bent, crooked. 4, 75.

बंधूक n. = *bandhujîva.* 2, 53.

बंध्य 1) adj. barren, fruitless. 4, 75. 2, 23. 2) बंध्या f. a barren cow. 2, 114.

बभ्रु 1) adj. brown. 4, 51. 2) m. an ichneumon. 5, 30. 3) Vishṇu or Krishṇa. 1, 23.

बर्हिर्ज्योतिस् m. a name of Agni. 1, 62.

बर्हिस् n. 1) Kuça grass. 2, 36. 2) a sacrifice. 2, 259.

बल 1) n. strength, power. 4, 38. 2) semen virile. 3, 16. 3) forces, a host, an army. 2, 302. 4) m. Baladeva. 1, 29.

बल m. a crow. 5, 23.

बलज n. the gate of a city. 2, 145.

बलदेव, बलभद्र m. the elder brother of Krishṇa. 1, 28.

बलवत् adj. strong. 2, 226.

बलसूदन m. a name of Indra. 1, 52.

बलाका f. a sort of crane. 2, 95.

बलाहक m. a cloud. 1, 58. Kum. 1, 4. Mâgha 4, 54.

बलि m. 1) a present, an oblation. 1, 128. 2) tax, impost, revenue. 2, 278.

बलिपुष्ट, बलिभुज् m. a crow. 2, 90.

बलीमुख m. an ape. 2, 76.

बलीवर्द m. an ox or bull. 2, 108.

बहिर्योग m. connexion with the exterior. 5, 85.

बहु (f. *bahu* or *bahvi*) adj. much, many. 4, 16. 1, 108.

बहुल n. multitude. 2, 376.

बहुरूपा f. one of the seven tongues of Agni. 1, 68.

बहुल 1) adj. παχυλός, fat, corpulent, stout. 2, 187. 2) dense, compact. 4, 32. 3) much, abundant. 4, 16. 4) m. the dark half of a lunar month. 1, 50. Kum. 4, 13. 7, 8. 5) a name of Agni. 1, 62. 6) बहुला f. a cow. 2, 113. 7) f. pl. the Pleiades. 1, 50.

बहुव्ययिन् adj. spending much. 2, 210.

बाण m. an arrow. 2, 311. 5, 68.

बाणमुक्ति f. shooting an arrow. 2, 315.

बाणाश्रय m. a quiver. 2, 310.

बाणासन n. a bow-string. 2, 309.

बादर 1) m. the cotton plant. 2, 47. 2) n. cotton-cloth. 2, 395.

बाधा f. 1) opposition, hinderance. 2) pain, trouble. 5, 48.

बांधव m. a relation, a kinsman. 2, 354.

बाल 1) adj. young. 5, 20. 2) ignorant, foolish. 2, 181. 3) m. the young of any animal. 2, 347. 4) a boy. 2, 377.

बालगर्भिणी adj. f. (a cow) with calf. 2, 118.

बालतृण n. young grass. 2, 35.

बालवायज n. the lapis lazuli. 2, 20.

बालिश adj. 1) young. 5, 20. 2) ignorant, foolish. 2, 181.

बालेय m. an ass. 2, 125.

बाहु m. f. the arm. 2, 367.

बाहुमूल n. the extremity of the upper arm. 2, 370. 402.

बाहुलेय m. a name of Skanda. 1, 19.

बिब्बोक m. (in erotic poetry) affectation of indifference towards a beloved person, through pride and conceit. 1, 89. गर्वाभिमानसंभूतो विकारो ऽनादरात्मको बिब्बोकः । Rasatar. 6, 13.

बिल n. a hole. 3, 2.

बीज n. seed, sperma. 3, 16.

बीजकोश 1) m. the pericarpium of a flower. 3, 60. 2) बीजकोशी f. a pod. 2, 34.

बीभत्स m. the disgusting, one of the nine *rasas*. 1, 92.

बुक्क n. the heart. 3, 14.

बुद्ध m. a Buddha. 1. 85.

बुडाडक. 5, 45.

बुद्धि f. intellect, understanding. 2, 179.

बुद्धिसहाय m. a councillor, a minister. 2, 271.

बुध m. 1) a wise man. 2, 178. 2) the planet Mercury. 1, 46.

बुध्न m. the root of a tree. 2, 26.

बुभुक्षा f. appetite, hunger. 2, 206.

बुभुक्षित adj. hungry. 2, 205.

बुश m. chaff, husks. 2, 423.

बेडा f. a boat. 3, 50.

बोधि m. the holy fig tree. 2, 41.

ब्रध्न m. 1) the sun. 1, 37. 2) Çiva. 5, 51. 3) one of Çiva's attendants. 5. 51.

ब्रह्मचर्य n. the controlling of all senses, sanctity. 2, 242.

ब्रह्मचारिन् m. 1) a Brahman from his investiture with the sacrificial thread until his marriage. 2, 239. 238. 2) a name of Skanda. 1, 20.

ब्रह्मण्य adj. fit for a Brahman. 2, 251.

ब्रह्मन् 1) n. the supreme spirit, the deity. 5, 82. 2) final union with the deity. 1, 124. 3) holy scripture, the Veda. 5, 82. 4) m. Brahman, the principal god of the Hindu triad. 1, 6. 5, 61. 82. 5) a Brahman. 5, 82. 2, 251.

ब्रह्मपुत्र m. a sort of poison. 3, 24. Comp. Yv. 2, 110.

ब्रह्मबंधु m. a contemptible Brahman. 2, 250. Chând. U. p. 282.

ब्रह्मवर्चस n. divine splendor, the glory obtained by the practice of religious ordinances and the study of the Vedas. 2, 242.

ब्रह्मवृक्ष m. the butea frondosa. 2, 42.

ब्रह्मसूत्र n. the sacrificial thread, worn by the three first classes. 2, 252.

ब्रह्माणी f. one of the seven divine mothers. 1, 17. See मातृ.

ब्राह्म 1) adj. (f. *i*) belonging to the god Brahman. 1, 115. 2) ब्राह्मी f. a name of the goddess Sarasvatî. 1, 8.

ब्राह्मण m. a Brahman. 2, 236. 237. 5, 74. 82.

ब्राह्मणब्रुव m. one who calls himself a Brahman, a Brahman by cast without attending to its observances. 2, 251.

भ.

भ n. a star. 1, 51.

भक्त n. boiled rice. 2, 164.

भक्तसिक्थ m. a lump of boiled rice. 5, 43.

भक्ति f. devotion. 1, 129.

भक्षक adj. gluttonous. 2, 195.

भक्षण n. eating. 2, 170.

भग m. 1) the sun. 1, 35. 2) the vulva. 2, 359. 5, 41.

भगवत् 1) adj. venerable. 1,155. 2) भगवती f. a name of Durgâ. 1, 16.

भगिनी f. a sister. 2, 352.

भगिनीपति m. a sister's husband. 1, 99.

भग्नशृंग (f. *i* and *â*) adj. having broken horns. 2, 112.

भंग m. a wave. 3, 31.

भंगि f. = व्याकृति. 4, 77.

भंगुर adj. bent, crooked. 4, 11.

भंग्य n. a field of hemp. 2, 8.

भट m. 1) a warrior. 2, 199. 2) a man of a barbarous tribe. 2, 444.

भटित्र adj. (meat) roasted on a spit. 2, 168.

भट्टारक adj. venerable. 1, 155. Added to names by way of respect, e. g. अर्हद्भट्टारकः

भट्टिनी f. any one of a king's wives besides the anointed one. 2, 325.

भद्र 1) adj. auspicious, prosperous. 1, 122. 2) good, excellent. 2, 115. 3) m. a bull. 5, 21. 4) one of the three species of elephants. 2, 60.

भद्राकरण n. shaving. 4, 36.

भद्रासन n. a golden throne. 2, 268.

भय n. fear, terror. 1, 91. 4, 40.

भयद्रुत adj. running away, put to flight. 2, 324.

भयानक 1) adj. frightful, terrible. 4, 20. 2) m. the fearful, one of the nine sentiments in poetry. 1, 92.

भयावह adj. fearful, frightful. 4, 20.

भरत m. an actor, a mime. 2, 437.

भरद्वाज m. a skylark. 2, 93.

भरित adj. full. 4, 17. दिगंतानातेने मधुपकुलझंकारभरितान्। Bhv. 1, 31. वकुलो जगज्जालं कर्ता कुसुमभरसौरभ्यभरितं। Bhv. 1, 52.

भर्त्रटक n. roasted meat. 2, 168.

भर्ग m. a name of Çiva. 1, 12.

भर्तृ m. a husband. 2, 342.

भर्तृदारक m. (in theatrical language) the crownprince. 1, 98.

भर्म n. gold. 2, 18.

भल्लूक m. a bear. 2, 73. Comp. भाल्लूक.

भव m. 1) mundane existence. 5, 20. 2) a name of Çiva. 1, 11.

भवन n. a house, a dwelling. 2, 136.

भवानी f. the wife of Çiva. 1, 15.

भवांतर n. another world. 5, 91.

भविक adj. auspicious, prosperous. 1, 122.

भवितव्यता f. destiny, fate. 1, 126.

भव्य adj. = भविक. 1, 122. Kum. 1, 22.

भषण m. a dog. 2, 126.

भसित, भस्मन् n. ashes. 1, 69.

भा f. a ray of light. 1, 38.

भाग m. a part. 2, 373. 5, 6. 41.

भागधेय 1) m. impost, revenue. 2, 278. 2) n. fate, destiny. 1, 126.

भागार्ह adj. to be divided according to shares. 5, 58.

भागिनेय m. a sister's son. 2, 352.

भागीरथी f. a name of the Ganges. 3, 51.

भाग्य n. fate, destiny. 1, 126.

भांगीन n. a field of hemp. 2, 8.

भाजन n. a vessel. 2, 172.

भाटक m. price, pay, wages. 2, 418. e. g. शकटं भाटकेन धान्यादिवहनद्वारेण जीवनहेतुः । Mitâksh. on Yv. 3, 42.

भांडागार n. a magazine, a store-room, a treasury. 5, 11. Yv. 1, 327.

भांडादिरत. 2, 213.

भानु m. 1) a ray of light. 1, 39. 2) the sun. 1, 36.

भानुमत् m. the sun. 1, 36.

भामिनी f. a woman (inclined to be passionate). 2, 326.

भार m. = *paryâhâra*. 4, 73.

भारती f. the goddess of speech. 1, 8.

भारयष्टि m. f. a pole for carrying burdens. 4, 73.

भार्गव m. a name of Çukra. 1, 48.

भार्या f. a wife. 2, 339. 3, 34.

भाल्लूक m. a bear. 2, 73. Comp. भल्लूक.

भाव m. 1) origin. 2) existence, state. 3) disposition, character. 4) meaning, purport. 5) action. 5, 64. 6) emotion, defined as a change of the mind depending upon (called forth by) extraneous things. 1, 90. 7) (in dramatic poetry) a learned man. 1, 99.

भावन n. apprehension, perception. 5, 89.

भावुक 1) adj. auspicious, prosperous. 1, 122. 2) m. (in theatrical language) a sister's husband. 1, 99.

भाषण n. talking. 1, 150.

भाषा f. speech. 1, 8.

भास् f. a ray of light. 1, 38.

भास m. a vulture. 2, 92.

भास्कर, भास्वत् m. the sun. 1, 35.

भिक्षु m. a religious mendicant. 2, 254.

भिक्षुकी f. a female beggar. 2, 332.

भित्त n. a fragment, a bit. 4, 28.

भिदुर n. a thunderbolt. 1, 56.

भिद्य m. a kind of river. 3, 44. Bhk. 6, 59.

भिंदिमाल (?) m. an iron-bound club, used as a weapon. 2, 321.

भिंदु f. a woman who loses her children by death. 2, 333.

भिल्ल m. pl. the name of a barbarous tribe. 2, 444.

भिषज् m. a physician. 2, 457.

भिस्सा f. boiled rice. 2, 164.

भीत adj. timid. 2, 199.

भीम 1) adj. terrible. 4, 20. 2) a name of Çiva. 1, 12.

भीरु 1) adj. timid. 2, 199. 2) f. a timid woman. 2, 326.

भीषण, भीष्म adj. terrible, terrific. 4, 20.

भुक्तशेष n. remains of food. 2, 171.

भुक्ति f. enjoyment. 5, 42.

भुक्तोच्छिष्ट n. the rejected leavings of food. 2, 171.

भुग्न adj. bent, crooked. 4, 11.

भुज m. भुजा f. the arm. 2, 367.

भुजग m. a snake. 3, 18.

भुजंग m. 1) a snake. 3, 18. 22. 2) a libertine, a gallant. 2, 227.

भुजंगम m. a snake. 3, 18.

भुजमध्य n. the chest, the breast. 2, 372.

भुजशिखर n. m. the shoulder. 2, 387.

भुजाग्र n. the shoulder. 2, 370.

भुजिष्य m. a servant. 2, 210.

भुवन n. 1) the world. 1, 133. 2) water. 3, 26.

भू f. earth. 2, 1. 3. 5, 83.

भूच्छाया f. darkness 1, 110.

भूत 1) adj. passed, gone by. 5, 73. 2) n. a living being. 5,73. 82. 3) an element. 5, 73. 71. 4) m. an evil spirit in attendance on Rudra. 5, 73. 55. 1, 87.

भूतग्राम m. the complex of beings or things. 5, 25. भूतग्रामस्य सर्वस्य स्थावरस्य चरस्य च. Matsyap. 1, 14.

भूतधात्री f. the earth. 2, 2.

भूति f. 1) might, grandeur. 5, 23. Kum. 5, 76. 2) ashes. 1, 69. 3) roasted meat. 2, 168.

भूतेश m. a name of Çiva. 1, 11.

भूपति m. a king. 2, 266. 150.

भूमि f. 1) the earth. 2, 1. 5, 68. 2) ground in general. 2, 260. 4, 77.

भूमिदेव m. a brahman. 2, 236.

भूमिस्पृश् m. a Vaiçya. 2, 415.

भूयस् adv. repeatedly, again. 4, 39.

भूरि 1) adj. much. 4. 16. 2) n. gold. 2, 18.

भूरिमाय m. a jackal. 2, 74.

भूषण n. embellishment, ornament. 2, 384. 385.

भूषा f. = भूषण. 5, 69.

भृकुटि f. = भ्रुकुटि. 4, 94.

भृगु m. a cliff, a precipice. 2, 11.

भृंग m. 1) the humble bee. 2, 100. 2) the fork-tailed shrike. 2, 93.

भृंगार m. a golden vase. 2, 160. Pk. 3, 125. 169. Mârk. 8, 203.

भृति, भृत्या f. wages. 4, 43.

भृशं adv. much, exceedingly. 4, 33. 5, 50.

भृष्ट n. roasted meat. 2, 168.

भेक m. a frog. 3, 40.

भेद m. 1) rupture, disunion, embroiling. 4, 95. 2) difference. 5, 95. 3) division, kind, species. 1, 105. 2, 67. 237. 3, 25.

भेरी f. a large kettle-drum. 1, 98.

भेषज n. a remedy, a drug, a medicament. 2, 458.

भैरव 1) adj. (f. *î*) formidable, terrific. 4, 20. 2) भैरवी f. one of the manifestations of Durgâ. 1, 17.

भैषज्य n. = *bheshaja*. 2, 458.

भोक्तृ m. a lover, a husband. 2, 342.

भोग m. the coil of a snake. 3, 20. भुजंगभोगसंसक्ता कलत्रं तव मेदिनी । Daṇḍin 2, 345.

भोगिन् m. a snake. 3, 18.

भोजन n. 1) eating. 2, 170. 2) food. 1, 121.

भोजनत्याग m. abstinence from food. 4, 75.

भो भोस् a particle used in addressing a person. 5, 97. Mârk. P. 3, 52. 8, 50.

भौम m. the planet Mars. 1, 46.

भ्रम m. rotation. 3, 46.

भ्रमर m. a large black bee. 2, 100.

भ्रमरक n. curls hanging down on the forehead. 2, 376.

भ्रातृ m. a brother. 2, 353.

भ्रातृज, भ्रातृपुत्र m. a brother's son. 2, 351.

भ्रातृवधू f. a brother's wife. 2, 349.

भ्रातृव्य m. 1) a brother's son. 2, 351. 2) an enemy. 2, 301.

भ्रात्रीय m. a brother's son. 2, 351.

भ्रांति f. perplexity, doubt. 4, 6.

भ्रामक m. a sort of loadstone. 2, 14.

भ्राष्ट्र m. a frying-pan. 2, 158.

भ्रुकुटि f. knitting of the brows, a frown. 4, 94.

भ्रू f. an eyebrow. 2, 365.

भ्रूण m. 1) a foetus or embryo. 2, 344. 2) = गर्भिणी. 5, 23.

म.

मकर m. a fabulous marine monster. 3, 38.

मकरध्वज m. a name of Kâma. 1, 32.

मकरंद m. the nectar of flowers. 2, 33.

मख m. a sacrifice. 2, 259.

मघवन् m. a name of Indra. 1, 52.

मंक्षु adv. quickly. 4, 12. Mâgha 5, 37.

मंग m. the head of a boat (?) 3, 50.

मंगल adj. auspicious, prosperous. 1, 122. 5, 86. 101.

मंगलपाठक m. a bard. 2,280. कल्याणि ते ऽस्तु सुप्रातमनघे वीरसूर्भव । इति प्रबोधयामासुः पाठैर्मंगलपाठकाः ॥ Pk. 3, 43.

मंगल्यक m. a sort of pulse or lentils. 2, 426.

मंगिनी f. a boat. 3, 50.

मज्जन् m. marrow, pith. 2, 28. 5, 67.

मंजरी f. a branching flower-stalk. 2, 30.

मंजीर n. an anklet. 2, 406.

मंजु adj. pleasing, lovely, charming. 4, 4.

मंजुकेशिन् m. Vishṇu or Kṛishṇa. 1, 21.

मंजुघोषा f. the name of an Apsaras. 1, 88.

मंजुल adj. = *manju*. 4, 4. कूजितं कलहंसानां वर्धते मदमंजुलं । Daṇḍin 2, 332. Gg. 11, 2.

मंजूषा f. a chest, a basket. 2, 157.

मठ m. a building inhabited by a devotee and his disciples, a monastery. 2, 143.

मणि m. f. a precious stone, a jewel. 2, 21. 1, 27.

मणिक m. a small water-jar. 2, 162. Mhbh. 16, 37.

मणिकार m. a jeweller. 2, 433.

मणित n. murmur libidinosum. 2, 414. Mâgha 10, 75. 76.

मणिदोष m. a defect in a jewel. 5, 22.

मणिबंध m. the wrist. 2, 378. 5, 7.

मंडन n. embellishment, ornament. 2, 384.

मंडप m. a temporary shed or hall erected on festive occasions. 2, 143.

मंडल 1) n. a circle, a globe, a ball. 2, 387. 2) the disk of the sun or moon. 1, 44. 3) the halo round the sun. 1, 41. 4) an assembly, a multitude. 4, 2. 5) मंडली f. whirling, circular motion. 1, 77.

मंडलाग्र n. a sword. 2, 317. मंडलाग्रोग्रधारेव Pk. 3, 171.

मंडलिन् m. a polecat. 2, 81.

मंडलेश्वर m. the governor of a province or district. 2, 267.

मंडूक m. a frog. 3, 40. 5, 70.

मति f. intellect, understanding. 2, 179.

मतिमत् adj. intelligent, sensible. 2, 178.

मत्त adj. 1) drunk, inebriated. 2, 231. 2) furious, insane. 2, 65. 334.

मत्तकाशिनी f. a woman of excellent qualities. 2, 334.

मत्तवारण m. = *apâçraya*. 2, 152.

मत्सरिन् adj. insincere, hostile. 2, 191. Mâgha 2, 115.

मत्स्य m. a fish. 3, 35. 38.

मत्स्यंडी (corrupted from मधुस्यंदी?) f. granulated sugar. 2, 169.

मत्स्यबंधन 1) n. a fish-hook. 4, 79. 2) मत्स्यबंधनी f. a fish-basket. 2, 439.

मत्स्यबंधिन् m. an angler. 2, 439.

मत्स्यसंघात m. a multitude of fish. 3, 39.

मथित n. buttermilk without admixture of water. 2, 120.

मथिन् (nom. मंथाः) m. a churning stick. 2, 121.

मद m. 1) the juice that flows from the temples of an elephant when in rut. 2, 62. 65. 2) pride, arrogance. 4, 37.

मदन m. love. 1, 32.

मदिरा, मदिष्ठा f. spirituous liquor. 2, 174.

मद्गु m. the diver bird. 2, 95.

मद्गुर m. a sort of fish. 3, 37.

मद्य n. spirituous liquor. 2, 175.

मधु n. 1) honey. 2, 466. 2) the nectar of flowers. 2, 33. 3) mead, spirituous liquor. 2, 175. 4) m. the month Caitra (March-April). 1, 114.

मधुक n. 1) liquorice root (glycyrrhiza glabra Lin.). 2, 460. 2) tin. 2, 17.

मधुकर, मधुप m. मधुमक्षिका f. a bee. 2, 100. 101.

मधुमथन m. Vishṇu or Krishṇa. 1, 22.

मधुर adj. sweet, pleasing, lovely. 4, 4. 1, 140. 141.

मधुरवाच adj. of gentle or pleasing discourse. 2, 210.

मधुव्रत m. a bee. 2, 100.

मधुसख m. a name of Kâma 1, 32.

मधूच्छिष्ट n. bee's wax. 2, 400.

मध्य n. 1) the middle, the centre. 2, 63. 286. 365. 378. 397. 3, 46. 48. 5, 65. 85. 2) the waist. 2, 362.

मध्यंदिन adj. middle, central. 4, 90.

मध्यम 1) adj. middle, central. 4, 90. 1, 109. 2) n. the waist. 2, 362. 3) m. the ruler of a district or province. 2, 267. 4) मध्यमा f. the middle finger. 2, 383.

मध्यमीय adj. middle. 4, 90.

मध्यांगुली f. the middle finger. 2, 381.

मध्वासव m. spirituous liquor. 2, 174.

मनस् n. the mind. 2, 379.

मनसिज, मनसिशय m. love. 1, 32. 33.

मनाक् adv. somewhat, a little. 5, 96.

मनीषा f. intellect, wisdom. 2, 179.

मनीषिन् adj. intelligent, wise. 2, 177.

मनुज, मनुष्य m. man. 2, 176. 1, 115.

मनुष्यधर्मन् m. a name of Kuvera. 1, 78.

मनोभव m. love, affection. 1, 33.

मनोरथ m. a desired object, a wish. 2, 380.

मनोहर adj. captivating charming. 4, 4.

मंतु m. offence, transgression. 4, 64.

मंत्र m. prayer. 2, 262. 5, 84.

मंत्रज्ञ m. a secret agent, a spy. 2, 270.

मंत्रिन् m. a councillor, a minister. 2, 271. 5, 76.

मंथ m. a churning stick. 2, 121. मथित्वा ज्ञानमंथेन वेदाग-ममहार्णवं । Kulârnava 2, 10.

मंथनी f. a churn. 2, 162.

मंथर adj. slow, languid. 2, 232. Mâgha 5, 62. 6, 40. 7, 18. 9, 78.

मंथान m. a churning stick. 2, 121.

मंद 1) adj. slow, lazy, indolent. 2, 232. 227. 5, 47. 2) dull, stupid. 2, 181. 3) m. one of the three species of elephants. 2, 60.

मंदाकिनी f. the Ganges. 3, 51.

मंदाक्ष n. bashfulness. 2, 412.

मंदार m. the coral-tree (erythrina fulgens). 2, 45. Considered also as one of the five trees in paradise. 1, 135.

मंदिर n. a house. 2, 136.

मंदुरा f. a stable. 2, 141.

मंद्र adj. (of sound) deep, base, low, hollow. 1, 140.

मन्मथ m. love. 1, 32.

मन्या f. the tendon of the trapezium muscle forming the nape of the neck. 2, 361. Comp. Vs. 25, 2. Bhk. 3, 28. 6, 30.

मन्यु m. 1) depression, sorrow. 2) anger. 3) a sacrifice. 5, 60. For the last meaning Kshîrasv. gives the hardly apposite example: शतमन्युरिंद्रः। Comp. Rv. X, 103, 7.

मय m. a camel. 2, 125.

मयु m. = *kinnara.* 1, 82.

मयूख m. a ray of light. 1, 39.

मयूर m. a peacock. 2, 86.

मरकत n. an emerald. 2, 20.

मरण n. dying, death. 3, 6.

मरिच n. black pepper. 2, 461.

मरीचि m. f. a ray of light. 1, 39.

मरु m. 1) a region destitute of water, a desert. 2, 3. 5, 52. 2) a mountain. 5, 52.

मरुत् m. 1) wind. 1, 75. 100. 2) a god, a deity. 1, 4

मरुत्वत् m. a name of Indra. 1, 54.

मरुद्वर्त्मन् n. the atmosphere. 1, 137.

मर्कट m. 1) an ape. 2, 76. 77. 5, 70. 2) a spider. 2, 101.

मर्त्य m. a mortal, a man. 2, 176.

मर्मन् n. a vital member or organ. 2, 374.

मर्मर m. the rustling of dry leaves. 1, 151. Kum. 3, 31.

मर्यादा f. 1) a limit, a boundary. 2, 104. 2) a shore. 3, 32.

मर्ष m. forbearance, patience. 4, 40.

मल n. any sort of impure matter. 3, 15.

मलधारिन् m. a Jain mendicant. 2, 190.

मलयज n. sandal wood. 2, 389.

मलिन adj. 1) stained, foul, dirty. 4, 42. 2) brown (*kincid dhūmra*) 2, 97.

मलिम्लुच m. a thief, a robber. 2, 183.

मलीमस adj. stained, foul, dirty. 4, 42. Mágha 1, 38.

मल्लिक 1) m. a species of geese with black bills and legs. 2, 97. 2) मल्लिका f. Arabian jasmine. 2, 51. मल्लिकामालाभारिण्यो ऽभिसारिकाः Dandin 2, 214. 3) a sort of drinking vessel. 2, 161.

मल्लिकाक्ष m. a horse marked with white about the eyes. 2, 283.

मसूर m. — *mangalyaka*. 2, 426.

मस्कर m. a bamboo. 2, 49.

मस्करिन् m. a Brahman who, having entered on the fourth order, lives as a mendicant. 2, 254. Bhk. 5, 63.

मस्तक m. n. the skull, the head 2, 363. 5, 61.

मस्तकस्नेह m. मस्तिष्क n. the brain. 3, 13.

मस्तु n. the liquid part of curdled milk, whey. 2, 166.

महत् adj. (f. *tī*) great. 4, 14.

महत्त्व n. greatness. 3, 31.

महस् n. a festival. 4, 78.

महाकाल m. 2, 48. 'the name of a plant of the cucurbitaceous order the fruit of which is as beautiful as an orange outwardly, but the pulp resembles cowdung (trichosanthes palmata, also cucumis colocynthus).' Carey.

महातेजस् m. a name of Skanda. 1, 20.

महात्मन् adj. magnanimous. 2, 201.

महादान n. a great donation, giving different kinds of presents to the priests. 4, 88.

महादेव 1) m. a name of Çiva. 1, 13. 2) महादेवी f. his wife. 1, 16.

महानंद m. the great joy obtained by deliverance from further transmigration. 1, 124.

महानस n. a kitchen. 2, 140.

महानिशा f. midnight. 1, 109.

महाप्रलय m. the destruction of the universe at the end of a *kalpa*. 1, 117.

महाबल m. wind, storm. 1, 76.

महामत्स्य m. a large fish, a sea-monster. 3, 37. 38.

महामनस् adj. high-minded. 2, 200.

महामात्र m. an elephant keeper. 2, 70. Hind. مهاوت. 2) a principal officer of state. 2, 272.

महारजत n. gold. 2, 19.

महारजन n. safflower. 2, 465.

महावृक्ष m. a plant (euphorbia tortilis). 2, 42.

महाशालि m. a species of rice. 2, 425.

महाशूद्र m. the cow-herd. 2, 432.

महासेन m. a name of Skanda. 1, 20.

महास्नायु m. a principal artery of the body. 3, 12.

महिला f. a woman. 2, 327.

महिष 1) m. a buffalo. 2, 72. 2) महिषी f. the anointed wife of a king. 2, 325.

महिषाक्ष m. a kind of bdellium. 2, 465.

मही f. the earth. 2, 1.

महीभृत् m. a mountain. 2, 56.

महेच्छ adj. of lofty aspirations, high-minded. 2, 200.

महोक्ष m. a large bull. 2, 110. Rgh. 4, 22. Mâ ha 5, 63.

महोत्पल n. a lotus. 3, 57.

महोत्साह, महोद्योग adj. possessing great perseverance. 2, 200.

महोदया f. a name of Kanyakubjâ. 2, 132.

महौषध n. dry ginger. 2, 460.

मा f. a name of Lakshmî. 1, 31.

मांस n. flesh, meat. 2, 168. 3, 9.

मांसविक्रयिन् adj. selling meat. 2, 440.

मांसादिन् adj. eating meat. 2, 196.

माक्षिक n. honey. 2, 466.

मागध 1) m. the bard or panegyrist, by cast the offspring of a Vaiçya and Kshatriyâ. 2, 280. Manu 10, 11. Yv. 1. 94. 2) मागधी f. jasmine (jasminum auriculatum). 2, 50. 3) long pepper. 2, 459.

माञ्जिष्ठ adj. (f. î) red as the dye made from *manjishthâ* 4, 48. कुतस्त्वच्छाटकः पलि माञ्जिष्ठः । Kâçikh. 13, 84.

माठी f. armour, mail. 2, 304.

माढि f. the vein of a leaf. 4, 98.

माणवक m. 1) a lad. 2, 347. 2) a necklace of twenty or sixteen strings. 2, 407.

मणिमंथ n. salt brought from the mountain Maṇimantha. 2, 459.

मातंग m. 1) an elephant. 2, 59. 2) a man of a barbarian tribe. 2, 443.

मातरिश्वन् m. wind. 1, 76.

मातलि m. the charioteer of Indra. 1, 61.

मातृ f. 1) a mother. 2, 349. 1, 119. 2) a mystic deity, representing the energy of the principal gods. 1, 17. Seven or eight are enumerated. Oxf. Catal. p. 191. 184. ब्रह्माणी वैष्णवी रौद्री वाराही नारसिंहिका । कौमारी चापि माहेन्द्री चामुंडा चैव चंडिका ॥ Kâçîkh. 83, 33. ब्राह्मी माहेश्वरी चैव कौमारी वैष्णवी तथा । वाराही च तथेंद्राणी चामुंडा सप्त मातरः ॥ Comm. on Bhuvaneçvarîstotra.

मातृमुख, मातृशासित m. a blockhead, a fool. 2, 222. 181.

मात्र 1) n. a small quantity, a particle. 4, 3. Rather मात्रा f. Comp. Manu 1, 16. 19. 27. Rgh. 3, 11, etc. 2) मात्रा f. substance, property. 5, 10. Bhk. 5, 62.

माधव 1) m. the month Vaiçâkha (April-May). 1, 114, 2) a plant (gaertnera racemosa). 2, 53. Also माधवीलता. विवाहं कचिदिच्छेति माधवीलतया तरोः । Bhavishyottara ch. 113.

माधवक m. **माधीक** n. spirituous liquor. 2, 174. 175.

मान m. pride. 4, 37.

मान n. measure. 5, 19.

मानव m. man in general. 2, 176.

मानस 1) adj. (f. *i*) mental. 1, 90. 2, 380. 4, 88. 2) n. the mind. 2, 379.

मानसौकस् m. a goose or swan. 2, 96.

मानुष m. man. 2, 176.

मांद्य n. invalidity, sickness. 2, 445.

मापत्य n. a name of Kâma. 1, 34.

माया f. illusion, jugglery, sorcery. 4, 55.

मायाविन्, मायिक, मायिन् adj. illusive, deceitful. 2, 194.

मायु m. bile. 2, 450.

मार m. a name of Kâma. 1, 32.

मारजित् m. a Buddha. 1, 85.

मारण n. killing, slaughter. 2, 322.

मारिष m. (in dramatic poetry) a venerable person. 1, 99.

मारुत m. wind. 1, 75.

मार्ग m. 1) searching. 5, 21. 2) a road, a way, a path. 2, 105.

मार्गण m. an arrow. 2, 311.

मार्गणक m. a suppliant, a beggar. 2, 204.

मार्जार m. a cat. 2, 81.

मार्तंड m. the sun. 1, 35.

मार्ष्टि f. smearing the person with oily or fragrant substances. 2, 385.

माल 1) m. pl. the name of a barbarous tribe. 2, 444. 2) माला f. a row, a series. 1, 59. 3) a wreath, a garland. 2, 397.

मालती f. great-flowered jasmine. 2, 50.

मालाकार, मालिक m. a flower-seller. 2, 434.

मालूर m. a tree (crataeva religiosa). 2, 39.

माल्य n. a wreath, a garland. 2, 397.

माषीण, माष्य n. a field of kidney-beans. 2, 8.

मास m. a month of thirty days. 1, 113.

मासार्ध n. (against P. II, 2, 2. Comp. Kum. 1, 51.) a half-month. 5, 63.

माहिष adj. (f. î) of a buffalo. 4, 79. माहिषं वपुराददे Kaçikh. 72, 22. त्यक्ता माहिषं वेशं 72, 27.

माहेयी f. a cow. 2, 113.

मितंपच adj. niggardly, avaricious. 2, 192. Bhk. 6, 97. Comp. *kimpacâna*.

मित्र 1) n. a friend. 2, 273. 2) m. the sun. 1, 37.

मिथस् adv. mutually, reciprocally. 4, 35. 1, 150.

मिथिला f. the residence of king Janaka, an ancient city in the province of Tirhut. 2, 132.

मिथुन n. a couple, male and female. 4, 15.

मिथ्या adv. falsely. 1, 144.

मिथ्याचर्या f. hypocrisy. 4, 55.

मिष n. a sham, a disguise, a trick. 4, 24. शंभारूह्णोरश्रुमिषेण गच्छति वह्निर्गंगातरंगावलिः। Rasatar. 5, 13.

मिष्टान्न n. savoury food, a dainty dish. 2, 166.

मिहिका f. frost. 3, 28.

मिहिर m. the sun. 1, 36.

मीन m. a fish. 3, 35.

मीमांसा f. investigation, discussion, especially the investigation of the Veda (*vedavâkyavicâra*) in so far as it enjoins religious duties (pûrva), or leads to a knowledge of the one deity (uttara). 1, 10. Brihadâr. I, 5, 21: अथातो व्रतमीमांसा, 'now, therefore, the investigation of religious obligations'. Çankara: उपासनकर्मविचारणा.

मुकुट n. a crest, a diadem. 2, 410.

मुकुंद m. Vishṇu or Krishṇa. 1, 21.

मुकुर m. a looking-glass. 2, 400.

मुकुल m. n. an opening bud. 2, 31.

मुक्ता f. a pearl. 3, 42. मुक्तागुण m. an excellent pearl. 5, 12.

मुक्तामुक्त adj. (a weapon) which may be either hurled or kept in hand, as a club. 2, 307. 308. यंत्रमुक्ते पाणिमुक्ते विमुक्ते मुक्तधारिते । अस्त्राचार्यो निरुद्वेगः कुशलश्च विशिष्यते ॥ Matsyap. 202, 40.

मुक्तास्फोट m. a pearl-oyster. 3, 42.

मुक्ति f. 1) giving up, abandoning. 5, 49. 2) release from further transmigration. 1, 124.

मुख n. 1) the fore-part or front in general. 5, 46. Of arrows, the head. 2, 314. Comp. यस्या इष्वा अयो मुखं । Rv. VI, 75, 15. 2) the face, the mouth. 2, 363. 369. 3) the entrance into a building, a market-place, etc. 2, 134.

मुखंडी f. a sort of weapon. 2, 321.

मुखपूरण n. a mouthful. 4, 100.

मुखर adj. foulmouthed. 2, 222.

मुख्य adj. chief, principal. 4, 5. 2, 334.

मुंज m. a sort of grass (saccharum munja Rox.). 2, 36

मुंड 1) n. m. the (bald) head. 2, 363. 2) मुंडा f. a female beggar. 2, 332.

मुंडन n. shaving. 4, 36.

मुद् f. joy, delight. 1, 123.

मुद्ग m. a sort of kidney-bean (phaseolus mungo). 2, 7.

मुद्गर m. a hammer. 2, 320.

मुधा adv. in vain, to no purpose. 4, 75.

मुनि m. 1) a holy man who has made the vow of silence, an inspired saint. 2, 257. 5, 49. 2) an ascetic. 2, 189. 143. This word is more likely to be connected with *mûka,* than with *man.*

मुरज m. a small drum. 1, 97.

मुरारि m. Vishṇu or Kṛishṇa. 1, 21.

मुशलिका f. the house-lizard. 2, 79.

मुशलिन् m. a name of Baladeva. 1, 28.

मुष्क m. a testicle. 2, 368.

मुष्टि f. m. 1) the fist, the closed hand. 2, 368. 382. 2) the hilt of a sword. 2, 318.

मुष्टिक m. a goldsmith. 2, 433.

मुस्तक m. a plant (cyperus rotundus Lin.). 2, 467.

मुहुर्भाषा f. saying over again, tautology. 1, 150.

मुहुस् adv. several times, repeatedly. 4, 39. 5, 90.

मूक adj. dumb. 2, 454.

मूढ adj. confused, foolish, stupid. 2, 181.

मूर्ख m. a fool, a blockhead. 2, 181. 5, 56.

मूर्छा f. stupor, loss of consciousness. 5, 53.

मूर्त्ति f. shape, figure, body. 2, 355.

मूर्धज m. the hair of the head. 2, 375.

मूर्धन् m. the head. 2, 363.

मूर्धपिंड m. either of the globes on the forehead of an elephant. 2, 61.

मूर्धवेष्टन n. a turban. 5, 10.

मूर्धाभिषिक्त m. a king. 2, 266.

मूल n. a root. 2, 28. 5, 23.

मूलीकर्मन् n. sorcery practised with charmed herbs or roots. 4, 31.

मूल्य n. price, wages. 4, 43. 5, 49.

मूषक m. a mouse. 2, 80.

मृग m. 1) any quadruped. 5, 30. 2) the spots on the moon, represented as a hare. 1, 44. Hence the moon is called मृगधर, Mâgha 9, 34. 3) one of the three divisions of elephants. 2, 60. For a long, but not precise description of all three species, see the 78. chapter of the Çârngadh. Paddhati. 4) a deer, an antelope. 2, 75.

मृगजालिका f. a snare for catching beasts. 2, 442.

मृगदंश m. a dog. 2, 126.

मृगधूर्तक m. a jackal. 2, 74.

मृगनाभि m. musk. 2, 389.

मृगपति m. a lion. 2, 59.

मृगमद m. musk. 2, 389.

मृगया f. hunting, chase. 2, 280.

मृगयु m. a huntsman. 2, 441.

मृगरिपु m. a lion. 2, 59.

मृगव्य n. hunting, the chase. 2, 280. 127.

मृगांक m. the moon. 1, 43.

मृगारि m. a tiger. 2, 71.

मृड m. a name of Çiva. 1, 13.

मृडानी f. the wife of Mṛiḍa. 1, 15.

मृणाल n. the creeping root of a lotus. 3, 60.

मृत adj. dead. 3, 7.

मृतस्नान n. = *apasnâna*. 3, 17.

मृत्तिका f. clay, earth. 2, 4.

मृत्यु m. death. 3, 6. 5, 83.

मृत्सा, मृत्स्ना f. excellent soil. 2, 4. गंगातटोद्भवा मृत्स्ना Kâçîkh. 28, 98.

मृद् f. clay, earth, soil. 2, 4.

मृदंग m. a small drum. 1, 97.

मृद्भांड n. an earthen vessel. 5, 4.

मृद्वीका f. the vine. 2, 38.

मृध n. war, battle. 2, 298.

मृषा adv. falsely. 1, 144. Yv. 1, 66. 2, 75. 3, 285—287.

मेकलकन्या f. a name of the Narmadâ river. 3, 52.

मेखला f. 1) a girdle, a zone. 2, 405. 2) the loins (?). 5, 38.

मेघ m. a cloud. 1, 58.

मेघतिमिर n. darkness produced by clouds in the sky. 1, 59.

मेघपुष्प n. water. 3, 26.

मेघवह्नि m. a flash of light proceeding from a cloud. 1, 70.

मेघवाहन m. a name of Indra 1, 54. Mâgha 13, 18.

मेचक 1) adj. black. 4, 49. Mâgha 6, 26. 2) m. the eye in the feathers of a peacock's tail. 2, 87.

मेठि m. — *khalevâlî*. 2, 423. मेठीभूतस्तु (viz. *Dhruvo*) वै सर्वान्वायुपाशैर्नियंत्रितान्। आकल्पं तत्पदं तिष्ठन्भ्रामयन् ज्योतिषां गणान्॥ Kâçikh. 21, 80.

मेढ्र m. the penis. 2, 359.

मेंढ m. a ram. 2, 124.

मेदस् n. the serum or lymph of the flesh. 3, 13. Schol. *mânsarasa*.

मेदिनी f. the earth. 2, 1.

मेधा f. understanding, wisdom. 2, 179.

मेधाविन् adj. intelligent, wise. 2, 178.

मेध्य adj. ritually pure. 1, 132.

मेनका f. the name of an Apsaras. 1, 88.

मेनकात्मजा f. a name of Pârvatî. 1, 16.

मेरु m. the name of a fabulous mountain in the centre of the seven continents, the Indian Olympos. 1, 135. 136. The name, as far as I know, occurs first in the Uṇâdisûtras.

मेष m. a ram. 2, 124.

मेहन n. the penis. 2, 359.

मैत्रावरुणि m. a name of Vâlmîki. 2, 257.

मैत्री f. friendship. 4, 21.

मैथुन n. 1) pairing. 2) sexual intercourse. 5, 52.

मैरेय n. a sort of spirituous liquor. 2, 175. मैरेयं धातकीपुष्पगुडधान्याम्लसंस्कृतं। Mâdhava cited by RM.

मोक्ष m. 1) liberation from individual existence. 1, 124. 2) a plant (bignonia suaveolens). 5, 26.

मोघ adj. useless, purposeless, vain. 4, 75.

मोचा f. the plantain or banana tree (musa sapientum). 2, 37.

मोह m. 1) stupor, loss of consciousness. 2) bewilderment, folly. 5, 53.

मोहन n. sexual intercourse. 2, 414. Mâgha 6, 76. 10, 85.

मौकलि m. a raven. 2, 91.

मौक्तिक n. a pearl. 3, 42. 2, 408.

मौढ्य n. folly. 5, 53.

मौद्गीन n. a field of *mudgas*. 2, 7.

मौन n. taciturnity, silence. 5, 97.

मौर्वी f. a bow-string. 2, 309.

मौलि m. the head. 2, 363.

मौहूर्तिक m. an astrologer. 2, 248.

म्लान adj. foul, dirty. 4, 42.

म्लिष्ट adj. (of speech) indistinct. 1, 141. अम्लिष्टनाद् Bhk. 9, 17. Comp. Lat. *blaesus.*

म्लेच्छ n. a barbarian, a man who talks any language but Sanskrit. 2, 444. Comp. Çat. Br. III, 2, 1, 24.

य.

यकृत् n. the liver. 3, 13.

यक्ष m. 1) a name of Kuvera. 1, 79. 2) a sort of friendly demon in attendance on Kuvera. 1, 87.

यजमान m. one who institutes a sacrifice. 2, 265.

यज्ञ m. a sacrifice. 2, 259.

यज्ञांत m. the conclusion of a sacrifice. 2, 262.

यज्वन् m. one who performs the sacrifices prescribed by the Veda. 2, 265.

यत n. spurring or guiding an elephant with the feet. 2, 67.

यति m. 1) an ascetic, a devotee. 2, 189. 2) the Brahman who has entered on the fourth order, when, casting off all worldly shackles, he lives as a religious mendicant. 2, 238. 239.

यथाकामिन् adj. acting according to one's own will, independent. 2, 224.

यथातथं adv. agreeably to truth. 1, 144.

यथार्थवर्ण m. a spy, a secret agent. 2, 270.

यथाविधि adv. duly. 2, 243.

यथोद्गत adj. silly as a child, stupid. 2, 181.

यदृच्छा f. following one's own impulse, self-will, spontaneity. 4, 89.

यद्भविष्य adj. believing in the power of fate. 2, 222.

यद्वद् adj. talking no matter what. 2, 222.

यंत्रमुक्त adj. (a weapon) thrown by any kind of machine. 2, 308.

यम 1) m. the ruler of the subterranean world, and regent of the south quarter. 1, 72. 100. 5, 70. 83. 2) n. a pair, a couple. 4, 15.

यमल n. a pair. 4, 15.

यमुना f. the Jumna river. 3, 52.

यव m. barley. 2, 430.

यवस m. grass for fodder. 2, 36.

यवागू f. rice-gruel. 2, 165.

यव्य n. a field of barley. 2, 8.

यशस् n. splendour, glory, renown. 1, 153.

यष्टि m. f. 1) a pole, a staff. 4, 41. 2) a club, a mace. 2, 308. 321. 3) a string (of pearls). 2, 407.

यष्टिमधु n. = *madhuka*. 2, 460.

यष्टृ m. one who performs a sacrifice. 2, 265.

याग m. a sacrifice. 2, 259.

याचक m. a petitioner, a beggar. 2, 204.

याचना, याच्ञा f. a petition, a request. 2, 205.

यात n. guiding an elephant with a hook. 2, 67.

यातना f. torment. 3, 4. 5, 80.

यातयाम adj. one who has run the race of life, aged, old. 2, 348. Bhk. 5, 39.

यातु n. यातुधान m. an evil spirit, a Râkshasa. 1, 73.

यातृ f. a husband's brother's wife. 2, 353.

यात्य m. a spirit subject to the torments of hell. 3, 3.

यात्रा f. 1) a march, an expedition. 2, 297. 2) = अनुवृत्ति. 5, 33.

यादस् n. a sea-monster, κῆτος. 3, 34.

यादसां नाथ m. a name of Varuṇa. 1, 74.

यान n. a vehicle, any means of conveyance. 2, 294.

याप्ययान n. a litter, a palanquin. 2, 295.

याम m. a watch of three hours, the eighth part of a day and night. 1, 106.

यामिनी f. the night. 1, 107.

याम्य adj. belonging to Yama. 1, 101.

यायजूक m. a performer of frequent sacrifices. 2, 265. Bhk. 2,20. यायजूका वसंत्यत्र यज्ञ-विद्याविशारदाः । Kâçikh. 10, 27. 3, 95. 52, 35.380, 17.

यावक m. lac. 2, 400.

युक्त adj. adapted, suitable, fit, proper. 4, 61. 5, 94.

युग n. a pair, a couple. 4, 15.

युगकीलक m. the pin of a yoke. 2, 420.

युगंधर n. the pole of a carriage. 2, 292.

युगल n. a pair, a couple. 4, 15.

युगांत m. the end of the four ages, at which the world is destroyed. 1, 117.

युग्म n. a pair, a couple. 4, 15.

युग्य n. a vehicle. 2, 294.

युद्ध n. a fight, a battle, war. 2, 298. 291. 4, 76. 5, 4.

युध् f. war, battle. 2, 298.

युयु m. a horse. 2, 281. Probably, a misspelling of ययु.

युवन् 1) adj. (f. युवति or युवती) young. 2, 348. 2) युवति f. a young woman. 2, 327.

यूथ n. a flock, a herd. 4, 1.

यूथिका f. jasmine (jasminum auriculatum). 2, 50.

योक्त्र n. the thongs by which a beast of burden is attached to the pole of a vehicle. 2, 420. Rv. III, 33, 13. V, 33, 2. Çatap. Br. I, 3, 1, 13, etc.

योग्यता f. fitness. 2, 109.

योग्या f. military exercise, drill. 2, 315.

योग्यारथ m. a carriage employed at military exercise. 2, 290.

योनि m. f. pudendum muliebre. 2, 359. 5, 76.

योषा, योषित् f. a woman. 2, 326.

र.

रंहस् n. speed, velocity. 2, 288.

रक्त 1) adj. red. 4, 48. 2, 282. 3, 58. 2) n. blood. 3, 10. 3) **रक्ता** f. one of the seven tongues of fire. 1, 68.

रक्तशालि m. a red species of rice. 2, 425.

रक्तश्याम adj. dark red. 4, 52.

रक्ताक्ष m. a buffalo. 2, 72.

रक्षस् n. a malignant demon, in continual war with gods and men. 1, 73. 5, 4.

रक्षा f. ashes. 1, 69.

रक्षिवर्ग m. a bodyguard. 2, 278.

रंकु m. a species of deer. 2, 75.

रंग m. a dancing place, a stage. 1, 97.

रंगाजीव m. a painter. 2, 436.

रचना f. disposing, arranging in general, as that of flowers in a garland, of the parts of a literary composition, of troops in a particular order, etc. 4, 45. 5, 9.

रजक m. a washerman. 2, 438.

रजत n. 1) silver. 2, 17. 5, 5. 2) a necklace. 5, 5. Kshîrasv. on Am. III, 4, 82. reads *rajatam hemni.*

रजनिकर m. the moon. 1, 43.

रजनी f. the night. 1, 107. 106.

रजनीमुख n. the beginning of the night. 1, 109.

रजस् n. 1) dust. 2, 288. 33. 5, 23. 2) the menses. 2, 329.

रजस्वला f. = *udakyâ.*

रजोहरणधारिन्. 2, 189.

रज्जु f. a cord, a rope. 2, 442.

रण n. war, battle. 2, 298. 5, 32. 41.

रणरणक n. longing, regretting. 4, 57. उत्कंठा संतापो रणरणको जागरस्तनोस्तनुता । फलमिदमहो मयाप्तं सुखाय मृगलोचनां दृष्ट्वा ॥ Sarasvatik. 3, 7.

रतकूजित n. — मणित. 2, 414.

रतार्थिन् adj. concubitus appetens. 2, 330.

रति f. 1) love. 1, 91. 2) sexual intercourse. 2, 414. 5, 42. 3) the wife of Kâma. 1, 34.

रतिपति m. a name of Kâma. 1, 32.

रत्न n. a gem, a jewel. 2, 21. 409. 5, 64.

रत्नगर्भा f. the earth. 2, 2.

रत्नसानु m. the mountain Meru. 1, 136.

रत्नाकर m. the ocean. 3, 30.

रत्नि m. f. the distance from the elbow to the end of the closed fist, taken as a measure. 2, 381. This word has been forged by a false etymology of *aratni*, just so as *sura* from *asura.*

रथ m. a carriage. 2, 289.

रथकार m. a coachmaker, a carpenter. 2, 432.

रथगोपन n. — *varûtha.* 2, 294.

रथांग 1) n. (mss. *m.*) any part of a carriage. 2, 293. 2) a wheel. 2, 292. 3) m. the ruddy goose. 2, 89.

रथांगपाणि m. Vishṇu or Krishṇa. 1, 22.

रथावयव m. a part of a carriage. 5, 66.

रथिन् m. one who rides in a carriage. 2, 235.

रथ्या f. a carriage-road. 2, 134.

रद, रदन m. a tooth. 2, 372.

रदिन् m. an elephant. 2, 59.

रंध्र n. a rent, a flaw, a hole. 3, 2. 5, 49.

रमण 1) m. a lover, a husband. 2, 342. 2) रमणी f. a woman. 2, 327.

रंभ 1) m. a staff, a stick. 4, 41. Rv. VIII, 45, 20. 2) रंभा f. the plantain or banana tree (musa sapientum). 2, 37. 3) the name of an Apsaras. 1, 88.

रय m. 1) a stream, a current. 3, 47. 2) speed, velocity. 2, 288.

रल्लक m. a woollen blanket. 2, 396.

रव m. sound or noise in general. 1, 138. 139. 5, 55.

रवण m. a camel. 2, 125. Mâgha 12, 9.

रवि m. 1) the sun. 1, 35. 5, 34. 53. 2) a mountain. 5, 53.

रश्मि m. 1) a bridle, a rein. 2, 287. 420. 2) a ray of light, or light in general. 1, 38. 65.

रस m. 1) any kind of fluid or liquid. 2) melted butter. 3) quicksilver. 4) semen virile. 5, 75. 5) poison. 3, 24. 5, 73. 6) a constituent part of the body. s. 5. *dhâtu*. 5, 71. 75. 7) taste, flavour. 8) affection. 5, 75. 9) a sentiment in poetry, of which nine are enumerated. 1, 90. 92. 5, 75.

रसज्ञा f. the tongue. 2, 366.

रसना f. 1) the tongue. 2, 366. 2) a girdle. 2, 405.

रसवती f. a kitchen. 2, 140.

रसा f. the earth. 2, 1.

रसातल n. hell. 3, 1.

रहस् n. 1) secrecy. 5, 51. 2) sexual intercourse. 2, 414. 3) adv. secretly. 4, 23.

रहस्य 1) adj. secret. 4, 23. 2) n. the recondite part of the Veda, the doctrine of the Upanishads. 1, 9. Manu 2, 140. 165.

रहित adj. deprived. 2, 331.

राका f. 1) full moon. 1, 112. 2) a girl who has arrived at the age of puberty. 2, 333.

राक्षस m. = *rakshas.* 1, 73. 87.

राग m. affection. 5, 75.

राज् m. a king. 2, 266.

राजधानी f. a royal residence, a capital. 2, 131.

राजन् m. 1) a king. 2, 266. 135. 325. 2) the moon. 1, 42. 3) राज्ञी f. a queen. 1, 98.

राजन्य m. a man of the regal and military cast. 2, 266.

राजयक्ष्मन् m. pulmonary consumption. 2, 447. Mâgha 2, 96.

राजराज m. a name of Kuvera. 1, 79.

राजवाह्य m. a royal elephant. 2, 69.

राजसर्प m. a large species of serpent. 3, 21.

राजसर्षप m. black mustard. 2, 426.

राजसूय m. a sacrifice performed by a king who has obtained universal empire. 2, 267.

राजहंस m. a flamingo. 2, 97.

राजिका f. black mustard. 2, 426.

राजिल m. a sort of snake. 3, 21.

राजी f. a row, a range. 4, 36.

राजीव 1) m. a sort of fish. 3, 37. Manu 5, 16. 2) n. a lotus. 3, 58.

राढा f. splendour, beauty. 2, 410.

रात्रि f. the night. 1, 108. 109.

राद्धांत m. a demonstrated conclusion, an established doctrine, a dogma. 1, 10.

राम 1) adj. black. 4, 49. 2) white. 5, 22. 3) m. a name of Baladeva. 1, 29. 4) रामा f. a woman. 2, 326.

रामठ m. asafoetida. 2, 462.

राशि m. a heap, a mass. 4, 1.

रासभ m. an ass. 2, 125.

राहु m. the ascending node. 1, 49.

राहुसंस्पर्श m. an eclipse. 1, 41.

रिक्त adj. empty. 4, 92.

रिक्थ n. = ऋक्थ. 5, 58.

रिपु m. an enemy. 2, 300.

रिष्ट n. 1) misfortune. 2) sin. 5, 18.

रिष्टताति adj. causing happiness, auspicious. 2,185. There is reason to doubt that *rishta* ever meant *kshema*.

रिष्टि f. m. a sword. 2, 317.

रीढा f. slight, contempt. 4, 30. तपस्विरीढाकारी Pk. 5, 67. सरीढं पुनरथाह्व Kâçlkh. 76, 49.

रीति f. brass. 2, 15.

रुक्म n. gold. 2, 18.

रुच् f. 1) light. 1, 65. 2) a ray of light. 1, 38.

रुचक m. — *saurarcala*. 2, 462.

रुचि f. 1) a ray of light. 1, 38. 2) wish, desire. 4, 25.

रुचिर adj. pleasing, handsome. 4, 4.

रुच्य m. a lover. 2, 342.

रुज्, रुजा f. sickness, disease. 2, 445.

रुंड m. a headless trunk. 3, 8.

रुदित n. crying, lamenting. 3, 17.

रुद्र m. 1) a name of Çiva. 1, 11. 5, 2. He is the regent of the north-east quarter. 1, 100. 2) adj. (?) great, large. 4, 14.

रुद्राणी f. the wife of Rudra. 1, 15.

रुधिर n. blood. 3, 10. 5, 44.

रुमा f. a salt-pit. 2, 14.

रुरु m. a species of deer. 2, 75.

रूप n. 1) shape, form, figure 5, 79. 2) a beast. 5, 30.

रूपाजीवा f. a harlot. 2, 335.

रूप्य n. silver. 2, 17. 1, 81.

रूषित adj. crushed, pounded (?). 4, 83.

रेखा f. a line. 2, 386. 362.

रेणु m. f. dust. 2, 288.

रेतस् n. semen virile. 3, 16.

रेफस् adj. base, vile, contemptible. 2, 182.

रेवतीरमण m. a name of Baladeva. 1, 29.

रेवा f. the Narmadâ river. 3, 52.

रै f. 1) property, wealth. 1, 80. 2) gold. 2, 18.

रोक n. an aperture, a hole. 3, 2.

रोग m. disease, sickness. 2, 445. 225.

रोगित adj. diseased. 2, 127.

रोचिस् n. a ray of light. 1, 38.

रोदन n. tears. 2, 364.

रोदस् f. du. (nom. रोदसी or रोदस्यौ), रोदसी f. sg. heaven and earth. 1, 121.

रोधस् n. a bank, a shore. 3, 45.

रोधोवप्र m. 3, 44.

रोप m. an arrow. 2, 311.

रोमन् n. the hair of the body. 2, 369. 394.

रोमविकार, रोमहर्ष, रोमांच, रोमोद्गम m. erection of the hair of the body. 3, 29.

रोष m. wrath, anger, passion. 2, 207.

रोषण adj. passionate, angry. 2, 206.

रोहणद्रुम m. the sandal tree. 2, 389.

रोहिणी f. a cow. 2, 113.

रोहिणीवल्लभ m. the moon. 1, 42.

रोहित 1) n. the rainbow appearing in a straight form. 1, 57. 2) a fish (cyprinus rohita Ham.). 3, 37.

रोहिताश्व m. a name of Agni. 1, 64.

रौद्र 1) m. the terrible sentiment in poetry. 1, 92. 2) n. hot weather, heat. 1, 40.

रौहिणेय m. 1) a name of Baladeva. 1, 29. 2) the planet Mercury. 1, 46.

ल.

लक्षण n. a sign, a mark, a characteristic. 1, 45.

लक्ष्मणा f. the female of the Indian crane. 2, 89.

लक्ष्मन् n. = लक्षण. 1, 45. 5, 69.

लक्ष्मी f. (nom. *is*) 1) the goddess of prosperity and wife of Vishṇu. 1, 31. This word occurs first Rv. X, 71, 2. 2) beauty. 5, 27.

लक्ष्य n. an archer's mark, a butt. 2, 313. 316.

लगुड m. a stick, a staff. 4, 41.

लग्न m. an elephant in rut. 2, 65.

लग्नक m. a surety, a bondsman. 2, 225.

लघु adj. quick, swift. 4, 12.

लघुहस्त adj. a dead shot. 2, 316.

लज्जा f. shame, bashfulness. 2, 412.

लंचा f. a bribe. 2, 279. According to HC. also m.

लता f. 1) a climbing plant. 2, 25. 2) = *vásanti*. 2, 53.

लतोद्गम m. the upward climbing of a creeper. 2, 29.

लपन n. the mouth. 2, 363.

लब्धवर्ण adj. lettered, skilful. 2, 177. सुभाषितलब्धवर्ण. Pk. 5, 47.

लब्धि f. receiving, obtaining. 5, 58.

लंपट adj. hankering after, addicted to. 2, 198. परस्त्रीलंपट Brahmavaiv. II, 55, 30. करटिकोटिविपाटनलंपटो हरिः Pk. 4, 189.

लंबोदर m. a name of Gaṇeça. 1, 18.

लय m. equal time in music and dancing. 1, 94.

ललना f. a woman. 2, 327.

ललाट n. the forehead. 2, 370. 63. 376.

ललाटपट्ट n. the plate of the

forehead, a poetical expression (like *kapolaphalaka)* for the forehead itself. 2, 386. ललाटपट्टमस्याभाद्र्धचंद्रनिभं विभोः। Pk. 4, 50. Also ललाटपट्टिका, ibid. 5, 32.

ललाटिका f. a coloured mark on the forehead. 2, 386. Kum. 5, 55.

ललाम (or ललामन्) 1) n. a mark or sign. 2) a mark on the forehead. 3) an ornament, beauty. Rgh. 5, 64. Mâgha 4, 28. 4) a flag, a banner. कपिलललामो ऽर्जुनः Kshir. 5) a tail. 6) a horn (?). 7) power, dignity. 8) eminence. वृषललामः Kshir. 9) m. a horse. 5, 69.

ललामक n. a wreath of flowers worn on the forehead. 2, 398.

ललित n. gracefulness of gait. 1, 89. सकलांगसमीचीनभूषणविन्यासो ललितं Rasatar. 6, 14.

लव m. a bit, a small part, a little. 4, 3. अश्रुलव Rgh. 15, 97. लवमपि लवंगे न रमते Sarasvatîk. 1.

लवण adj. salt. 5, 75.

लवणाकर m. a salt-pit. 2, 14.

लवणोत्तम n. river-salt. 2, 459.

लवणोदक n. salt-water. 2, 167.

लवित्र n. a sickle. 2, 422.

लहरी f. a surge, a billow. 3, 31.

लाक्षा f. lac, a red dye. 2, 400. 5, 37.

लांगल n. a plough. 2, 420. Rv. IV, 57, 4.

लांगलपद्धति f. the track made by the ploughshare. 2, 421.

लांगूल n. a tail. 2, 286. 3, 23. 5, 69.

लाज m. pl. parched grain. 2, 430. Rgh. 2, 10. 4, 27. Kum. 7, 69. 80.

लाञ्छन (corrupted from लक्षण) n. a mark, a stain, a spot. 1, 27. 44. 45. 2, 283. 5, 34.

लालस 1) adj. longing or craving for. 2, 198. Kum. 7, 56.

Mâgha 4, 6. 2) लालसा f. the longing of a pregnant woman. 2, 343.

लास्य n. a dance, in which the emotions of love are mimically represented. 1, 93.

लिंग n. the phallus. 5, 80.

लिंगवृत्ति m. one who wears the symbols of sanctity for selfish purposes, a religious hypocrite. 2, 250.

लिंगिन् m. an ascetic. 2, 189.

लिपि f. 1) the line of a letter. 2) a line of writing. 4, 43.

लिपिकर् m. a writer a copyist. 2, 431.

लिपिसंख्या f. the number of written characters. 5, 58.

लिप्सा f. wishing to obtain, desire. 2, 209. 5, 57.

लिप्सु adj. desiring to obtain, covetous. 2, 208.

लीला (corrupted from क्रीडा) f. playful imitation of a lover's manners in his absence. 1, 89.

लुप्तपद adj. wanting whole words. 1, 142.

लुब्ध adj. greedy, covetous. 2, 208.

लुब्धक m. a huntsman. 2, 441.

लुलाय m. a buffalo. 2, 72. खुरविधुतधरित्रीचित्रकायो लुलायः। RM.

लुलित adj. shaking, trembling. 4, 61.

लूता f. a spider. 2, 101.

लून 1) adj. cut, reaped. 2, 422. 2) n. (erroneously for *lûma*) a tail. 2, 286.

लेख 1) m. a deity. 1, 4. 2) लेखा f. a line. 2, 387. 4, 43.

लेखक m. a writer, a copyist, a secretary. 2, 431.

लेपक m. a plasterer. 2, 436.

लेप्य n. plastering, smearing over. 2, 436.

लेप्यमय adj. (f. *î*), made of mortar or clay. 2, 338.

लेश m. a small part, a little. 4, 3. 5, 7.

लोक m. 1) the world. 1, 133. 2) people. 2, 58. 129. 5, 8.

लोकपाल m. a king. 2, 266.

लोचन n. the eye. 2, 364.

लोपामुद्रापति m. a name of Agastya. 2, 258.

लोप्त्र n. stolen property. 2, 184. Yv. 2, 266.

लोल adj. 1) shaking, movable, fickle. 4, 10. 2) eager, desirous. 2, 198.

लोलुप, लोलुभ adj. hankering after, cupidinous. 2, 198. Mâgha 1, 40. 2, 17. 7, 49.

लोष्ट, लोष्टक m. a clod of earth. 2, 421.

लोष्टभेदन n. a harrow. 2, 421.

लोह n. 1) any metal. 2, 21. 5, 71. 1, 131. 2) iron. 2, 16.

लोहकार m. a smith. 2, 433.

लोहल adj. speaking indistinctly. 2, 232.

लोहित 1) adj. (f. *ni*, or *tâ*) red. 4, 48. 2) n. blood. 3, 10. 3) लोहिनी f. (in erotic poetry) the rose-red lady. 4, 53.

लोहितचंदन n. saffron. 2, 388.

लोहितांग m. the planet Mars. 1, 46.

लौल्य n. fickleness, unsteadiness. 2, 244.

व.

वंश m. 1) a bamboo. 2, 49. 2) the spine. 5, 17. 3) race, family. 2, 241.

वंशांकुर m. the shoot of a bamboo. 5, 42.

वक m. a crane. 2, 95. 5, 21.

वकुल m. a tree (mimusops elengi Lin.). 2, 51.

वकोट m. a crane. 2, 95.

वक्त्र n. the mouth, the face. 2, 363.

वक्र 1) adj. crooked. 4, 11. 2) m. the planet Mars. 1, 46.

वक्रसंस्थ adj. placed transversely. 2, 148.

वक्षस् n. the chest, the breast. 2, 372. 368. 398. 1, 27.

वक्षोरुह m. the female breast. 2, 371.

वंक्षण m. the iliac region. 2, 368. Yv. 3, 97.

वंग n. tin. 2, 17.

वचनीयता f. ill report. 1, 147. Comp. Kum. 4, 21. 5, 82.

वचस् n. speech. 1, 139. 150.

वज्र n. a thunderbolt. 1, 56. 5, 68.

वज्रज्वाला f. the flash accompanying thunder. 1, 57.

वज्रधर m. a name of Indra. 1, 52.

वज्रनिर्घोष m. a thunderclap. 1, 57.

वंचन n. cheating, deceit. 4, 63.

वंजुल m. 1) the ratan. 2, 46. 2) a kind of bird. 2, 99.

वट m. 1) the Indian fig-tree. 2, 41. 2) a rope. 2, 442.

वटु m. a lad. 2, 347.

वडवा f. a mare. 2, 285.

वडवामुख 1) m. submarine fire. 1, 70. 2) n. hell. 3, 1.

वडिश n. a fish-hook. 4, 79.

वणिज् m. a trader, a merchant. 2, 416.

वणिज्य n. वणिज्या f. trade, traffick. 4, 76.

वत, a particle expressing 1) surprise, 2) disapproval. 5, 92.

वत्स 1) n. the breast, the chest. 2, 372. 2) m. a calf. 2, 109. 114.

वत्स m. a year. 5, 22.

वत्सकामा f. a cow fond of her calf. 2, 115.

वत्सतर m. a steer. 2, 109.

वत्सनाभ m. a sort of poison. 3, 25.

वत्सला f. a cow fond of her calf. 2, 115.

वत्सादनी f. = गुडूची. 2, 460.

वदन n. the mouth, the face. 2, 363.

वदान्य adj. 1) affable. 2) munificent, liberal. 2, 211.

वद्री f. a leather thong. 2, 441. The correct spelling is *vardhri*.

वधू f. 1) a woman, a wife. 2, 327. 339. 3, 40. 2) a daughter-in-law. 2, 349.

वधूटी f. = चिरंटी. 2, 329.

वन n. 1) a wood, a forest. 2, 55. 3, 32. 2) water. 3, 26.

वनचर (f. *i*) adj. living in the forest. 2, 78.

वनमालिन् m. a name of Krishṇa. 1, 24.

वनराजी f. a tract of forest. 2, 56. Rgh. 1, 38. 3, 3. Mâgha 12, 29.

वनवह्नि m. a wood on fire. 1, 70.

वनस्पति m. a tree that bears fruit without any apparent blossom (Manu 1, 47), and a tree in general. 2, 22. 24.

वनायुज m. a horse of the breed of the Vanâyu country. 2, 284.

वनाश्रय m. a raven. 2, 91.

वनिता f. a beloved woman. 2, 327.

वनीपक m. a beggar. 2, 204.

वनौकस् m. an ape. 2, 76.

वंदनमाला f. a festoon suspended across gateways on festive occasions. 2, 146. बद्धाः प्रतिगृहद्वारं यत्र वंदनमालिकाः । Pk. 4, 7.

वंदना f. worship, adoration. 4, 91.

वंदिन् m. a bard, a panegyrist. 2, 280.

वंदी f. a captive, a prisoner. 4, 74. Kum. 2, 52. 42. 61. This word is borrowed from the Persian بندة.

वपन n. shaving. 4, 36.

वपा f. 1) a gap, a hole. 3, 2. 2) = *medas*. 3, 13.

वपुस् n. the body. 2, 355. 373.

वप्तृ m. a father. 2, 349.

वप्र 1) n. a field. 2, 419. 2) table-land on a mountain. 5, 24. 3) m. n. a rampart. 2, 133.

वमथु m. = *karasikara*. 2, 61.

वम्री f. an ant. 3, 23.

वम्रीकूट n. an ant-hill. 3, 22.

वयस् n. a bird. 2, 82.

वयस्य 1) m. a companion of equal age, a friend. 2, 273. 2) वयस्या f. a female friend. 2, 332.

वर 1) adj. choice, excellent. 4, 4. 2) m. a lover, a bridegroom, a husband. 2, 342.

वरटा f. a goose. 2, 96.

वरण m. a causeway, a bridge. 3, 49.

वरत्रा f. an elephant's girth. 2, 66.

वरयितृ m. a lover, a husband. 2, 342.

वरला f. a goose. 2, 96.

वरस्त्री f. a noble or excellent woman. 2, 334. 392.

वरांग n. cunnus. 2, 359.

वराट m. 1) a cord, a rope. 2, 442. 2) a small shell used as a coin. 3, 42.

वरारोहा f. a high lady. 2,334.

वराह m. a boar, a hog. 2, 71.

वरिवस्या f. adoration, worship. 1, 129.

वरिष्ठ adj. very large. 4, 14.

वरुण m. the deity of the waters and regent of the west. 1, 74. 100.

वरूथ n. a sort of ledge round a carriage serving as a *protection* against collision. 2,294.

वरूथिनी f. an army. 2, 302. Mâgha 12, 77.

वरेण्य adj. superior, excellent. 4, 4.

वर्कर m. any young domestic animal, a kid, a lamb. 2, 123.

वर्ग m. a class, a set. 2, 353.

वर्चस् n. light, lustre. 1, 65.

वर्चस n. वर्चस्क m. excrements. 3, 15. 5, 49.

वर्ज्ञन n. killing. 2, 322.

वर्ण m. 1) colour. 5, 74. 83. 4, 51. 2) splendour, beauty. 3) dress, decoration. 5, 74. 4) a letter of the alphabet. 5, 74. 77. 5) a class, a caste. 5, 74. 2, 237. 6) religious observance. 7) praise. 8) = *gitakrama*. 5, 74. 9) a coloured blanket for an elephant, etc. 2, 153. 10) n. saffron. 2, 388.

वर्णन 1) n. description, exposition. 1, 150. 2) वर्णना f. praise. 1, 145.

वर्णपुष्प n. the blossom of globe amaranth. 2, 52.

वर्णिन् 1) m. the religious student. 2, 239. 2) वर्णिनी f. a woman. 2, 326.

वर्तमान adj. at the time being, present. 5, 94.

वर्तनी f. a road, a path. 2, 105.

वर्ति f. the unwoven threads of a web of cloth. 2, 396.

वर्तुल adj. round. 4, 68.

वर्त्मन् n. 1) a road, a path. 2, 105. 2) an eyelid. 5, 6.

वर्धकि m. a carpenter. 2, 432.

वर्धन 1) n. cutting. 4, 44. 2) वर्धनी f. a brush, a broom. 2, 147. 3) a water-jar. 2, 162.

वर्धमान m. 1) a platter, a dish. 2, 160. 2) a palace or temple built in the shape of the diagram of like name. 2, 150. चतुःशालं दक्षिणद्वारहीनं तु वर्धमानमुदाहृतं । Matsyap. 241.

वर्मन् n. armour, mail. 2, 304.

वर्मित adj. clad in armour. 2, 305.

वर्य 1) adj. excellent. 4, 4. 2) वर्या f. a girl who has the privilege of choosing her husband. 2, 328.

वर्वर m. a barbarian. 2, 193.

वर्ष 1) n. m. a year. 2) वर्षा f. pl. the rainy season. 1, 116.

वर्षधर m. a eunuch. 2, 275.

वर्षाभू f. the female frog. 3. 40. *varshâhû* Vâj. 24, 38.

वर्षुकाबुद m. a rain-cloud. 5, 40.

वर्ष्मन् n. the body. 2, 355.

वर्ह m. 1) a peacock's tail. 2, 87. 2) n. a leaf. 2, 30.

वर्हिण m. a peacock. 2, 86.

वर्हिणवाहन m. a name of Skanda. 1, 20. = *varhiyâna*. Kâçîkh. 32, 1.

वलक्ष adj. white. 4, 47. Mâgha 6, 34.

वलभी f. the wooden frame of a roof. 2, 148.

वलय n. a bracelet. 2, 402.

वलयित adj. surrounded. 4, 27. Gg. 2, 3. 5. 11, 26.

वलीक n. m. the eaves of a roof. 2, 148. Mâgha 3, 53.

वल्क, वल्कल n. the bark of a tree. 2, 28.

वल्गा f. a bridle, a rein. 2, 287.

वल्गु adj. handsome. 4, 4. Rgh. 5, 68.

वल्भन n. eating. 2, 170.

वल्मीक m. an anthill. 3, 22. Yv. 1, 278. 2, 151.

वल्ल m. = *nishpâvaka*. 2, 429.

वल्लकी f. the Indian lute. 1, 96. Mâgha 4, 57.

वल्लभ adj. dear, beloved. 2, 212.

वल्लरि f. a branching footstalk. 2, 30.

वल्लव m. 1) a cowherd. 2. 432. 2) a cook. 2, 276.

वल्ली f. a climbing plant. 2, 25.

वल्वज m. a sort of grass (saccharum cylindricum). 2, 36. Manu 2, 43.

वशा f. 1) a female. 2, 327. 2) a barren cow. 2, 114. 3) the female elephant. 2, 70.

वशीकरण n. subjecting others to one's will by magic rites. 4, 31.

वषट्कृत adj. (an oblation)

burnt in fire with the exclamation *vashaṭ* ('may he carry it to the gods'). 2, 262

वष्कयणी f. a cow that has already grown up calves. 2, 114. *Vashkaya* (Rv. I, 164, 5) is, according to Çâkaṭâyana, a calf one year old; *μόσχος, μοσχάς?*

वसति f. 1) a Jain monastery. 5, 21. 2) night. 1, 108.

वसंत m. springtime. 1, 113.

वसा f. the lymph or serum of the flesh (*mânsasneha*). 3, 13.

वसु 1) n. wealth. 1, 80. 5, 64. 2) a gem, a jewel. 2, 21. 5, 64. 3) m. a ray of light. 1, 39. 5, 64. 4) a name of Agni. 1, 62. 5, 64. 5) m. pl. a class of gods eight in number, who seem to represent the eight *yâmas* of the day. 5, 64.

वसुदेव m. the father of Krishna 1, 27.

वसुधा, वसुंधरा, वसुमती f. the earth. 2, 1. 2.

वस्त m. a goat. 2, 122.

वस्ति f. = *varti.* 2, 396.

वस्त्र n. dress, clothes. 2, 393. 395. 5, 85.

वह m. the shoulder of an ox. 2, 112.

वह्नि m. fire. 1, 62.

वह्निरेतस् m. a name of Çiva. 1, 12.

वा part. 1) or. 2) as if. 5, 87. Mâgha 7, 64. मुखेंदोश्चंद्रिका वास्य शिशोर्मुग्धस्मितं बभौ । Pk. 4, 18.

वाक्य n. a sentence, speech. 1, 141. 146.

वागुरा f. a snare, a net. 2, 442.

वागुरिक m. one who uses nets for catching deer, etc. 2, 441.

वागुस m. a sort of large fish. 3, 37.

वाच् f. speech, or the goddess of speech. 1, 8. 5, 48. 68. 83.

वाचंयम m. a holy man observing rigid taciturnity. 2, 257.

वाचस्पति m. a name of Vṛihaspati. 1, 47.

वाज m. 1) speed, velocity. 2, 288. 2) a wing. 2, 84. 3) the feather of an arrow. 2, 313.

वाजिन् m. 1) a horse. 2, 281. 1, 151. 2) a bird. 2, 83. 3) वाजिनी f. a mare. 2, 285.

वाजिशाला f. a horse-stable. 2, 141.

वांक्षा f. wish, desire. 4, 25.

वांक्षित adj. wished for. 2, 380.

वाट m. an enclosure. 2, 135.

वाडव m. 1) submarine fire. 1, 70. 2) a brahman. 2, 236.

वाडवेय m. a bull. 2, 108.

वाढं adv. 1) much, exceedingly. 2) surely, positively. 5, 50.

वाण m. a species of Barleria with blue blossoms. 2, 50. Mâgha 6, 46. 12, 37.

वाणिज्य n. = वणिज्य. 4, 76.

वाणिनी f. 1) a shrewd woman. 2) a passionate one. 2, 334.

वाणी f. speech, voice. 1, 8. 2, 87.

वात m. wind. 1, 75. 77. 59.

वातकिन्, वातरोगिन् adj. afflicted with rheumatism. 2, 451.

वातप्रमी m. f. (nom. *is*) a sort of antelope. 2, 75.

वातायन m. an air-hole, a window. 2, 149. Kum. 7, 59. *jâlavâtâyana* Mâgha 11, 50.

वात्या f. a whirlwind. 1, 77.

वादनदंड m. a stick for striking a musical instrument. 1, 98.

वाद्य n. a musical instrument. 1, 93. 95.

वाद्यभांडमुख n. the upper part of a musical instrument. 5, 72.

वाध्रीणस m. a rhinoceros. 2, 72.

वान adj. dry (fruit). 2, 34.

वानप्रस्थ m. a Brahman of the third order who, after having fulfilled the duties of a householder, lives as a hermit. 2, 239. Manu VI, 1—32.

वानर m. a monkey. 2, 76.

वानस्पत्य m. a tree bearing fruit from blossoms. 2, 24.

वानीर m. the ratan. 2, 46. Gg. 4, 1.

वापी f. a pond. 3, 62.

वाम 1) adj. pleasing, handsome. 4, 4. 2) वामा f. a handsome woman. 2, 326. 3) वामी f. a mare. 2, 285.

वाम adj. 1) adverse, opposed. 5, 22. Bhk. 6, 17. 2) left, *laevus*. 4, 71.

वामदेव m. a name of Çiva. 1, 12.

वामन m. 1) a dwarf. 2, 456. 2) the elephant of the western region. 1, 104.

वामनेत्रा f. a woman with beautiful eyes. 2, 326.

वामलूर m. an ant-hill. 3, 22. मुनयः प्ररूढवामलूराङ्गाः Kâçîkh. 22, 19.

वायस m. a crow. 2, 90.

वायु m. wind, air. 1, 75. 5, 61. 70. As a god, Vâyu is considered the regent of the north-west quarter. 1, 100.

वायुसख m. fire. 1, 62.

वार् n. water. 3, 26.

वार m. 1) a turn, an opportunity. 4, 65. 2) a multitude. 4, 2. वायान्निर्यातो बाणवारः Pk. 4, 151.

वारण m. an elephant. 2, 59. 1, 151.

वारमुख्या f. a royal courtezan. 2, 335.

वारला f. a goose. 2, 96.

वारवाण m. 1) a bodice, a jacket. 2, 397. Mâgha 15, 84. 2) a cuirass, mail. 5, 9. Rgh. 4, 55.

वारस्त्री f. = *vâramukhyâ*. 2, 335. Rgh. 3, 19. Mâgha 11, 20.

वाराणसी f. Benares. 2, 132.

वारि n. water. 3, 26. 32. 5, 68. 1, 59.

वारी f. the place where elephants are tied up. 2, 68. Rgh. 5, 45.

वारुणी f. 1) the west. 1, 101. 2) spirituous liquor. 2, 175. Both meanings appear in the following stanza: रागमादर्शयन्नेष वारुणीयोगवर्धितं। तिरोभवति घर्मांशुरङ्गजस्तु विजृम्भते ॥ Dandin 2, 316.

वार्त्त 1) adj. hale, healthy. 2, 225. 2) वार्त्ता f. news, tidings, report. 1, 146. 5, 88. 3) livelihood, profession. 2, 415.

वार्त्तिक m. = *narendra*. 5, 54.

वार्धुषिक m. a usurer. 2, 416.

वाल m. hair. 2, 375.

वालक n. = *hrivera*. 2, 467.

वालधि, वालहस्त m. a hairy tail. 2, 286.

वालुका f. sand, gravel. 3, 48.

वालुकी f. a species of cucumber. 2, 54.

वाल्मीकि m. the reputed author of the Râmâyaṇa. 2, 257.

वाष्प 1) m. steam. 1, 67. 2) m. n. a tear. 2, 364.

वासतेयी f. the night. 1, 108.

वासना f. the realizing of past perceptions. 4, 95. प्राग्जन्मवासनायोगात्सापि राज्ञी कलावती। Kâçîkh. 34, 103. शिवलिंगस्य संस्थाने कस्यासम्यग्वासना। Sarasvatik. I. Kulârn. 1, 115. Gg. 3, 1.

वासंतिक m. a jester, a buffoon. 2, 277.

वासंती f. a plant (gaertnera racemosa). 2, 53.

वासर m. a day. 1, 106.

वासव m. a name of Indra. 1, 52. 5, 70.

वासस् n. dress, clothes. 2, 392. 393. 395.

वासा f. a tree (justicia adhatoda Lin.). 2, 43.

वासागार n. sleeping apartments. 2, 140. पिहिते वासागारे तमसि च सूचीमुखाग्र-

संभेद्यो। मयि च निमीलितनयने तथापि कान्तामुखं व्यक्तं ॥ Sarasvatik. II, 19.

वासिता f. a woman. 2, 326.

वासुदेव m. a name of Vishṇu. 1, 23.

वास्तु 1) n. a habitation, a house. 2, 136. 2) m. a building-place. 2, 135.

वास्तोष्पति m. a name of Indra. 1, 52.

वाह m. a horse. 2, 281.

वाहन n. a vehicle, a carriage. 2, 294.

वाहस m. the boa constrictor. 3, 20.

वाहिनी f. a host, an army. 2, 302.

वाहिनीपति m. a general, a commander. 2, 278.

वाह्लिक m. a horse from *Balkh.* 2, 284. *atha vânâyujâḥ pârasikakâmbojavâhlikâ hayâḥ praceluḥ* Pk. 4, 137.

वि m. a bird. 2, 83.

विकट adj. 1) large, broad. 4, 68. Mâgha 10, 42. 2) excellent. 5, 8.

विकत्थन n. boasting, praise. 1, 145.

विकर्तन m. the sun. 1, 35.

विकलपाणिक adj. one whose arm is injured, maimed, etc. 2, 455.

विकलांग adj. (f. *i*) deformed in body. 2, 232.

विकल्प m. an alternative. 4, 6. 5, 87.

विकार m. alteration, modification. 1, 90.

विकाश m. opening, bursting (of flowers). 2, 32. Kum. 3, 29.

विकिर m. a bird. 2, 83.

विकृति f. change of form. 2, 169.

विक्रम m. valour, courage. 4, 38.

विक्रमहीन adj. wanting in courage, craven. 5, 34.

विक्रांत adj. brave, valiant. 2, 199.

विक्रुष्ट adj. (of sound or speech) harsh, gruff, rough. 1, 140.

विक्लव adj. agitated, excited, alarmed. 2, 231. Kum. 4, 11. 6, 92. Mâgha 12, 63. यावत्स्वस्थो ऽस्ति मे देहो यावन्नेंद्रियविक्लवः । Kâçikh. 7, 38.

विगान n. evil report, defamation. 1, 147.

विग्र adj. noseless. 2, 455.

विग्रह m. 1) expansion, extension. 5, 19. 2) the body. 2, 355. 3) quarrel, war. 2, 299.

विघस m. the remnants of food which have been offered to the gods, deceased ancestors, a guest, a spiritual guide, etc. 2, 171. Manu 3, 285.

विघ्न m. an obstruction, an impediment. 2, 246.

विघ्नराज m. a name of Gaṇeça. 1, 18.

विचकिल m. Arabian jasmine. 2, 51.

विचक्षण adj. far-sighted, wise. 2, 178.

विचारणा f. investigation. 1, 10.

विचिकित्सा f. option, doubt. 4, 6. Çat. Br. II, 2, 4, 9.

विच्छंदक m. a structure, an edifice. 2, 150. *vichandakaprabhedâ racanâviçeshâs*, Kshîr.

विजन adj. lonely, solitary. 4, 23.

विजपिल — *pichila*. 3, 56.

विजाता adj. f. (a woman) who has born. 2, 345.

विजृंभित adj. burst, budded, blown. 2, 32.

विट m. a libertine, a gallant. 2, 227. कामतंत्रकलापक्को विटो विटः । Rasamanj.

विटंक m. n. a dove-cot. 2, 148. Mâgha 3, 55.

विटप m. 1) the spreading branches and foliage of a tree.

2, 26. Mâgha 4, 48. 2) a far spreading creeper. 2, 35.

विटपिन् m. a tree. 2, 22.

विडाल m. a cat. 2, 81. Etym. perhaps 'that has his habitation with man.'

विडौजस् m. a name of Indra. 1, 54.

वितथ adj. untrue, false. 1, 144.

वितरण n. a gift, a donation. 2, 264.

वितर्क m. considering all possible contingencies, deliberation, doubt. 4, 6. 5, 90.

वितर्दिका f. a raised square piece of ground in the centre of a house or temple, a kind of terrace. 2, 144. Comp. Mâgha 3, 55.

वितस्ति f. m. a span measured by the distance between the extended thumb and little finger. 2, 383.

वितान n. 1) spreading, expanse. 5, 62. Mâgha 11, 28. Gg. 2, 16. 2) a multitude. 4, 1. Mâgha 4, 2. 11, 43. 3) an awning, a canopy. 2, 155. 5, 62. Urv. 76. Mâgha 3, 50. Kum. 7, 12. Bhk. 5, 101. 4) the spreading of the sacred fires, a sacrifice. 2, 259. 5, 62. Mâgha 14, 10. 5) season, opportunity. 6) adj. empty, vacant. 5, 62. Mâgha 3, 50.

वित्त n. property, wealth. 1, 80.

विदग्ध m. shrewd, clever, knowing (somewhat like a cat after having burnt its paws). 2, 230. 334.

विदिश् f. an intermediate point of the compass. 1, 102.

विदुल m. the ratan. 2, 46.

विदेहा f. = *Mithilâ*. 2, 132.

विद्याधर m. a kind of spirit residing in the air and assuming any shape. 1, 87.

विद्युत् f. lightning. 1, 60.

विद्वस् (nom. *vidvân*, *vidushî*, *vidvat*) adj. learned, wise. 2, 177. 1, 99.

विधवा f. a widow. 2, 332.

विधि m. 1) an ordinance. 5, 40. 2) fate, destiny. 1, 86. 3) time. 5, 40. 4) a name of Brahman. 1, 6. 5) a name of Vishṇu. 1, 25.

विधु m. the moon. 1, 43.

विधुंतुद m. Râhu. 1, 49.

विधुर adj. 1) separated. 2) deprived. 5, 38.

विनता f. the mother of Garuḍa and Aruṇa. 1, 119. Mhbh. 1, 1091.

विना prep. (with instr. acc. or abl.) without. 5, 90.

विनायक m. Gaṇeça, the remover of all obstacles. 1, 18.

विनिमय m. exchange, barter. 2, 418. Rgh. 1, 26. Mâgha 7, 65.

विनोद m. (killing time), pastime, amusement. 4, 35.

विंदु (corrupted from *vandu*) m. a drop of water or any other fluid. 3, 55.

विंदुजालक n. a mass of dots or spots. 2, 64.

विपक्क adj. cooked, dressed. 2, 168.

विपक्ष m. an adversary, an opponent, an enemy. 2, 300.

विपंची f. the Indian lute. 1, 96.

विपणि f. a shop, a stall. 2, 141. Mâgha 5, 24. तपःपणेन स (वरः) क्रय्यः सुतीर्थविपणौ क्वचित्। Kâçikh. 59, 60.

विपरीत adj. reversed, contrary. 4, 72.

विपर्यय, विपर्यास m. inversion, reverse. 4, 44.

विपश्चित् adj. intelligent, wise. 2, 177.

विपाक m. destiny, fate. 1, 126.

विपिन n. a grove, a wood. 2, 55.

विपुल 1) adj. broad, large. 4, 14. 2) विपुला f. the earth. 2, 1.

विप्र m. a Brahman. 2, 236.

विप्रकार m. hurt, injury. 4, 84.

विप्रकृष्ट adj. remote, distant. 4, 8.

विप्रतिसार m. repentance. 4, 31. Mâgha 10, 20.

विप्रलब्ध adj. hurt, injured. 2, 228.

विप्रलंभ, विप्रलाप m. infraction of engagements or promises, deception. 4, 63.

विप्रिय n. offence, injury. 4, 64.

विप्रुष् f. a drop of any fluid. 3, 55. Mâgha 2, 18. 8, 40.

विप्लव m. scuffle, turmoil. 1, 127.

विबुध m. a god. 1, 4.

विभव m. 1) power, might. 5, 23. 2) wealth. 1, 80.

विभववत् adj. possessed of power, wealthy. 2, 58.

विभा f. a ray of light. 1, 38.

विभाग m. a part. 5, 7.

विभात n. dawn, morning. 1, 111.

विभावरी f. the night. 1, 107.

विभावसु m. a name of Agni. 1, 63.

विभीत, विभीतक m. terminalia belerica. 2, 463. 5, 66.

विभूषण n. an ornament. 2, 402.

विभूषा f. splendour, beauty. 2, 410.

विभ्रम m. 1) flurry, described as that state of an enamoured woman, when, through hurry, she puts her ornaments in the wrong places. 1, 89. Comp. Mâgha 13, 32. 2) doubt. 4, 6. 3) charm, beauty. 5, 27. Mâgha 6, 46. 7, 47.

विमल adj. spotless, pure. 1, 132.

विमान n. a chariot of the gods. 1, 83.

विंब 1) n. the disk of the sun or moon. 1, 44. 2) विंबी f. — श्रोष्ठी. 2, 48.

वियत् n. the sky, the atmosphere. 1, 137.

वियात adj. bold, impudent. 2, 216.

वियुतार्थक adj. void of meaning. 1, 141.

वियोग m. separation. 4, 57.

विरंचि m. a name of Brahman. 1, 7.

विरलेतर adj. dense, compact. 4, 32.

विरह m. separation. 4, 57.

विरागार्ह adj. qualified for (the state of) freedom from passion. 2, 214.

विरिंच m. a name of Brahman. 1, 6.

विरूक्षण n. = क्षारणा. 1, 149.

विरूपाक्ष m. a name of Çiva. 1, 13.

विरोक m. a ray of light. 1, 39.

विरोचन m. the sun. 1, 36.

विरोधिन् m. an opponent, an adversary, an enemy. 2, 300.

विलग्न n. the waist. 2, 362.

विलाप m. lamentation. 3, 17.

विलास m. coquettishness, defined as the sudden alteration of bodily actions (of a loving dame), *tâtkâlikavikâro 'ngakriyâdishu.* 1, 89.

विलीन adj. melted, liquid. 2, 121.

विलेपन n. unguent for perfuming the person. 2, 390.

विलेपिका f. rice-gruel. 2, 165.

विल्व m. a tree (crataeva religiosa). 2, 39.

विवक्षित adj. handsome. 5, 16.

विवध m. = *vivadha.* 4, 73.

विवर n. any sort of opening or gap. 3, 2.

विवरण n. explanation, comment. 2, 245.

विवर्ण adj. unlettered, ignorant, stupid. 2, 181.

विवस्वत् m. 1) the sun. 1, 35. 2) a deity. 5, 28.

विवाह m. marriage, wedding. 2, 340.

विश् m. 1) man in general, people. 2, 176. 2) a Vaiçya. 2, 415.

विशङ्कट adj. broad, large. 4, 68. Bhk. 2, 50. Mâgha 13, 34.

विशद adj. 1) bright, clear, pure. 1, 132. 2) clear, manifest. 4, 67.

विशसन n. butchering, slaughter. 2, 322.

विशाख m. a name of Skanda. 1, 19.

विशाय m. = *upaçâya*. 4, 54.

विशारद adj. accomplished, learned. 2, 178.

विशाल adj. broad, great, large. 4, 14. 68.

विशालता f. width, breadth. 4, 101.

विशिख 1) m. an arrow. 2, 311. 2) विशिखा f. a carriage-road. 2, 134. Mâgha 15, 70.

विशेष m. 1) difference. 5, 85. 2) species, kind. 2, 14. 150, etc.

विशेषक m. a characteristic ornamental or sectarial mark on the forehead. 2, 386. Mâgha 3, 63. 10, 84. Rgh. 3, 55.

विशेषण n. distinction. 5, 95.

विश्रब्ध adj. reliable, trustworthy. 2, 215.

विश्रंभ m. reliance, trust, confidence. 4, 84.

विश्राणन n. gift, donation. 2, 264. Rgh. 2, 54. निर्वाणविश्राणन Kâçikh. 7, 84.

विश्लेष m. disunion, separation. 5, 38.

विश्व 1) pr. every one, all. 4, 28. 2) विश्वा f. dry ginger. 2, 460.

विश्वकद्रु m. a hunting dog. 2, 127.

विश्वकर्मन्, विश्वकृत् m. a name of Tvashṭri. 1, 84.

विश्वभेषज n. dry ginger. 2, 460.

विश्वंभरा f. the earth. 2, 1.

विश्वरूप m. Vishṇu or Kṛishṇa. 1, 21.

विश्वस्ता f. a widow. 2, 332.

विश्वास m. trust, confidence. 4, 84. 5, 62.

विष् f. excrements. 3, 15.

विष n. poison. 3, 19. 24. 5, 75.

विषधर m. a snake. 3, 18.

विषभिषज् m. a poison-doctor. 2, 458.

विषमायुध m. a name of Kâma. 1, 33.

विषमोन्नत adj. unevenly raised. 4, 68.

विषय m. a district, a province. 2, 129.

विषयग्राम m. the complex of visible objects. 5, 25.

विषाण 1) n. the horn of an animal. 2, 112. 2) m. the tusks of an elephant. 2, 62. Mâgha 1, 60.

विष्कंभ m. an impediment, an obstacle. 4, 84.

विष्किर m. a bird (of prey). 2, 83.

विष्टप n. the world. 1, 133.

विष्टर m. 1) a couch, a seat. 2, 155. 2) a tree. 2, 22.

विष्टरश्रवस् m. Vishṇu or Krishṇa. 1, 24. Mâgha 14, 12.

विष्ठा f. excrements. 3, 15.

विष्णु m. the second god of the Hindu triad. In modern mythology he is identified with Krishṇa. 1, 21. 5, 70.

विष्णुपद 1) n. the sky, the atmosphere. 1, 137. 2) विष्णुपदी f. the Ganges. 3, 51.

विष्वक् adv. everywhere. 5, 88.

विष्वक्सेन m. Vishṇu or Krishṇa. 1, 21. Mâgha 10, 55.

विस n. the fibrous root of a lotus. 3, 60.

विसंवाद m. the infraction of an engagement, deception. 4, 63.

विसकंठिका f. a sort of crane. 2, 95.

विसप्रसून n. a lotus. 3, 57. Mâgha 5, 28.

विसर् m. a multitude. 4, 1.

विसर्ग m. 1) dismissing, giving up. 2) excrements. 5, 49.

विसार् m. a fish. 3, 35.

विसिनी f. a place abounding in lotuses. 3, 60.

विस्तर् m. copiousness, prolixity. 4, 81.

विस्तार् m. 1) expanse, diffusion. 4, 81. 5, 62. 99. 2) the spreading branches and foliage of a tree. 2, 26.

विस्तीर्ण adj. outspreading, large. 4, 14.

विस्फार् m. the twang of a bow-string. 1, 151.

विस्फुलिंग m. a sort of poison. 3, 25.

विस्मय m. surprise, amazement. 1, 91. 4, 60. 5, 92.

विस्र n. the smell of raw meat. 3, 9.

विस्रसा f. the decrepitude of old age. 2, 348.

विहग, विहंग, विहंगम m. a bird. 2, 82.

विहंगराज m. a name of Garuḍa. 1, 30.

विहंगिका f. a porter's yoke. 4, 73.

विहस्त adj. confused, bewildered. 2, 227. Rgh. 5, 49.

विहापित n. a gift, a donation. 2, 264. Pk. 4, 1.

विहायस् n. 1) the sky, the atmosphere. 1, 137. 2) (n.?) a bird. 2, 82.

विहायसा adv. in the air. 1, 137.

विहार् m. walking, walk. 4, 41.

विह्वल adj. agitated, excited, alarmed. 2, 231.

वीकाश m. 1) manifestation, display. 2) disappearance, privacy. 5, 51.

वीखा f. walking. 4, 41.

वीची f. a wave. 3, 31.

वीणा f. the Indian lute. 1, 96.

वीत n. driving an elephant as well with a goad as by spurring him with the feet. 2, 67. Mâgha 5, 47.

वीतराग m. a Jain saint. 1, 86. *tvam arhan vîtarâgas tvam*, Pk. 2, 27.

वीतिहोत्र m. a name of Agni. 1, 64.

वीथी f. a row, a range, a line. 4, 36.

वीध्र adj. bright, pure. 1, 132.

वीर m. 1) a hero. 2, 199. 2) the heroic sentiment in poetry. 1, 92.

वीरणीमूल n. = *uçîra*. 2, 467.

वीरहन् m. a Brahman who has suffered the sacred fire to become extinct. 2, 249.

वीरुध् f. a far spreading creeper. 2, 35. 5, 47.

वीर्य n. semen virile. 3, 16. 5, 75.

वीवध m. = *paryâhâra*. 4, 73.

वृंहित n. the roaring of elephants. 1, 151.

वृक m. a wolf. 2, 73.

वृक्ष m. a tree. 2, 22. 24. 5, 26. 42. 45. 47.

वृक्षोत्पल m. a tree (pterospermum acerifolium). 2, 44.

वृजिन 1) adj. curved, crooked. 4, 11. 2) n. wrong, sin. 3, 5. 3) m. curled hair. 5, 11.

वृति f. an enclosure. 2, 135.

वृत्त 1) adj. round. 4, 68. 2) n. (good) conduct. 2, 242.

वृत्तांत m. tidings, intelligence. 1, 146.

वृत्ति f. livelihood, profession. 2, 415.

वृत्र m. 1) shrouding darkness. 2) a son of Tvashṭṛi, the perpetual enemy of Indra. 3) an enemy in general. 5, 60.

वृत्रारि m. a name of Indra. 1, 52.

वृथा adv. vainly, uselessly. 4, 99.

वृद्ध adj. 1) old. 2, 348. 2) wise, learned. 2, 177. 1, 155.

वृद्धश्रवस् m. a name of Indra. 1, 52.

वृद्धि f. 1) growth, increase. 3, 32. 46. 2) interest upon lent goods. 2, 417.

वृद्धिजीवन n. usury. 2, 417.

वृद्धोक्ष m. an old bull. 2, 110. Kum. 5, 70.

वृद्ध्याजीव m. a usurer. 2, 417.

वृंत n. 1) the stalk of flowers or fruit. 2, 30. Rgh. 5, 69. 2) a nipple. 2, 371.

वृंद n. a flock, a multitude. 4, 1. Kum. 7, 52. Bhk. 8, 10. 31.

वृंदारक m. a god, a deity. 1, 4. Pk. 3, 228.

वृश्चिक m. a scorpion. 3, 23.

वृष m. 1) a bull. 2, 108. 2) justice, virtue. 1, 125. इदमेव व्रतं स्त्रीणामयमेव परो वृषः Kâçîkh. 4, 30. न च श्रिया वियुज्येत संयुज्येत वृषेण च ibid. 60, 2. Mârk. 5, 21. 3) a mouse or rat. 2, 80. 4) वृषा f. a tree (justicia adhatoda Lin.). 2, 43.

वृषण m. a testicle. 2, 368.

वृषदंश m. a cat. 2, 81.

वृषन् m. a name of Indra. 1, 52.

वृषभ m. a bull. 2, 108. 114. 5, 21.

वृषल m. a Çûdra. 2, 431.

वृषस्यंती f. mulier concubitus appetens. 2, 330.

वृषाकपि m. a name of Vishṇu. 1, 22.

वृषांक m. a name of Çiva. 1, 12.

वृषी f. the seat of an ascetic. 2, 256. Mhbh. 14, 2726. Mârk. 6, 26.

वृष्टि f. rain. 2, 6. 1, 77.

वृष्णि m. 1) a ram. 2, 124. Vâj. 14, 9. 2) a ray of light. 1, 39.

वृहत् adj. (f. *tî*) great. 4, 14.

वृहतिका f. an upper garment. 2, 255.

वृहत्कुक्षि adj. gorbellied. 2, 453.

वृहद्भानु m. a name of Agni. 1, 64.

वृहस्पति m. the preceptor of the gods. 1, 47.

वृहस्पतिसव m. the name of a sacrifice. 2, 263.

वेग m. speed, velocity. 2, 288. 315.

वेगिन् adj. swift, speedy. 2, 203.

वेणी f. 1) a plain braid of hair, worn by widows or women in absence of their husbands. 2, 375. Kum. 2, 61. Mâgha 14, 30. 2) a stream, a current. 3, 47.

वेणु m. a bamboo. 2, 49.

वेतन n. wages, hire. 4, 43.

वेतस m. the ratan. 2, 46.

वेता f. = *vetana,* 4, 43.

वेत्रधर m. a doorkeeper. 2, 269.

वेत्रासन n. a chair of wicker-work. 2, 156.

वेद m. the sacred writings of the Hindus. 1, 9. 8. 2, 238 5, 82.

वेदना f. 1) perception. 5, 33. 2) pain, agony. 3, 4.

वेदान्त m. the scope of the Vedas, that science which treats of God as the only really existent. 1, 9.

वेदिका f. 1) a signet ring. 5, 37. 2) a raised square piece of ground in the centre of a house or temple. 2, 144.

वेदी f. a raised piece of ground purified for ritual purposes. 2, 260.

वेधस् m. 1) Brahman. 1, 6. 2) Vishṇu. 1, 25.

वेध्य n. a mark, a butt. 2, 313.

वेपथु m. trembling, tremour. 2, 446.

वेला f. tide, alternate course of ebb and flow of the sea. 3, 32. 5, 53.

वेलावन n. a wood (?) at the sea-coast. 3, 32.

वेल्लज n. black pepper. 2, 461.

वेल्लित adj. bent, crooked. 4, 11.

वेशंत m. a small pond. 3, 53.

वेश्मन् n. a house. 2, 136. 144. 150.

वेश्या f. a courtezan. 2, 335.

वेश्यापति m. the husband of a courtezan. 2, 227.

वेष m. decoration, ornament. 2, 384. 5, 74.

वेषवार m. a particular condiment, consisting of mustard-seeds, tamarind, peppers, etc. 2, 166.

वेष्टित adj. surrounded. 4, 27.

वेसर m. a mule. 2, 295. Mâgha 12, 19.

वेहत् f. a cow that has taken the bull. 2, 114.

वैकक्ष n. an upper garment. 2, 255.

वैकक्षक n. a garland worn scarf-like (in the same way as the *upavita*) across the chest. 2, 398.

वैकटिक m. a jeweller. 2, 433.

वैकुंठ m. Vishṇu or Kṛishṇa. 1, 22.

वैखानस m. = *vânaprastha*. 2, 239.

वैजनन m. the last month of pregnancy. 2, 344.

वैजयंती f. a flag, a banner. 2, 303.

वैणव m. a bamboo-stick. 4, 41.

वैतंसिक m. a butcher. 2, 440.

वैतालिक m. a bard. 2, 280. Mâgha 5, 67.

वैडूर्य n. the lapis lazuli. 2, 20.

वैदेह 1) m. a merchant. 2, 416. 2) वैदेही f. long pepper. 2, 459.

वैद्य m. a physician. 2, 457.

वैधेय (f. *î*) adj. foolish, ignorant. 2, 181. Urv. p. 30.

वैनतेय m. a name of Garuḍa. 1, 30.

वैनयिक m. — *yogyâratha*. 2, 290.

वैपरीत्य n. contrariety, reverse. 4, 44.

वैमेय m. exchange, barter. 2, 418.

वैरंगिक m. a passionless saint. 2, 214. Pk. 5, 92.

वैरिन् m. an enemy. 2, 301.

वैरोचननिकेतन n. hell. 3, 1.

वैवस्वत m. a name of Yama. 1, 71.

वैशाख m. a churning stick. 2, 121.

वैश्य m. a man of the agricultural and mercantile cast. 2, 237. 415.

वैश्रवण m. a name of Kuvera. 1, 78. 5, 2.

वैश्वानर m. a name of Agni. 1, 62.

वैसारिण m. a fish. 3, 35.

वैहासिक m. a jester, a buffoon. 2, 277.

वोटा f. a female servant. 2, 337.

व्यंसक adj. deceitful, crafty. 2, 194.

व्यक्त adj. wise, learned. 2, 178.

व्यंजन n. a fan. 2, 155.

व्यंजन n. condiment, sauce. 2, 166.

व्यतिरेक m. exclusion, exception. 5, 90.

व्यत्यय m. contrariety, reverse. 4, 44.

व्यथक adj. inflicting pain. 2, 216.

व्यथा f. pain, affliction. 3, 4.

व्यपदेश m. pretence, sham, deceit. 4, 24.

व्यलीक n. 1) fault, offence. 4, 64. Mâgha 9, 85. 2) deception. 4, 63. Mâgha 7, 54.

व्यवच्छेद m. shooting an arrow. 2, 315.

व्यवधान n. 1) intervention, intervening space. 5, 85. Mâgha 9, 51. 2) covering, concealment. 4, 34.

व्यवस्था f. 1) continuance of good conduct. 5, 33. 67. 2) a judicial decision, a rule. 5, 51.

व्यवस्थान n. distribution. 5, 53.

व्यवहित adj. separated, distant. 4, 8.

व्यवाय m. 1) an obstacle, an impediment. 2, 246. 2) sexual intercourse. 5, 29.

व्याकुंचित adj. curved, crooked. 4, 11.

व्याकुल adj. 1) confused, tumultuous. 1, 139. 2) confused, perplexed, bewildered. 2, 227.

व्याकूति = *bhangi*. 4, 77.

व्याकोश adj. budded, blown. 2, 32. Mhbh. 12, ·899. Mâgha 4, 46.

व्याख्या f. a commentary. 2, 245.

व्याघ्र 1) m. a tiger. 2, 71. 78. 2) व्याघ्री f. a plant (solanum jacquini Lin.). 2, 464.

व्याघ्राट m. a skylark. 2, 93.

व्याज m. pretence, sham, fraud. 4, 24.

व्याध m. a huntsman. 2, 441.

व्याधाम m. a thunderbolt. 1, 56.

व्याधि m. disease, sickness. 2, 445.

व्यापादन n. killing, slaughter. 2, 323.

व्याप्त adj. pervading, full. 4, 17.

व्याम m. a fathom measured by both hands being extended to their full length, ὀργυιά. 5, 19. Çatap. Br. I, 2, 5, 14.

व्याल m. 1) a beast of prey. 5, 46. Manu 1, 39. 2) a vicious elephant 2, 70. Mâgha 12, 28. 3) a snake 3, 18. 4) a prodigal. 5, 46.

व्यालग्राहिन् m. a snake-catcher. 2, 458. व्यालग्राही यथा व्यालं बिलाडुद्धरति बलात् Brahmavaiv. 3, 28, 5 = Kâçîkh. 57. व्यालग्राहिण्यभूत्काचित् Kâçîkh. 45, 7.

व्यास m. 1) expanse, diffusion

detail. 4, 81. 5, 19. 2) the supposed diaskeuastes of the Vedas and Purânas. 2, 258.

व्याहरण n. व्याहार m. uttering, pronouncing. 1, 153. 138.

व्युत्थान n. independance of action. 4, 93.

व्युत्पन्न adj. conversant with the principles of science. 2, 197.

व्युष्ट n. dawn, morning. 1, 111.

व्युष्टि f. product, result. 4, 92. व्युष्टिं ब्राह्मणपूजायां Mhbh. 13, 7355.

व्यूढ adj. extended, broad, large. 4, 14.

व्यूह m. 1) the array or arrangement of troops in particular positions, τάξις. 5, 9. 2) a mass, a multitude. 4, 2. विघ्नव्यूह Pk. 4, 168.

व्योमकेश m. a name of Çiva. 1, 12.

व्योमन् n. the ether, the atmosphere. 1, 137. 5, 72.

व्योष n. = *trikaṭu*. 2, 462.

व्रज m. 1) a cowpen, a station of cowherds. 2, 107. Mâgha 2, 64. 2) a multitude. 4, 1. Rgh. 6, 7. Mâgha 12, 31. 4, 32. 6, 6. 12, 43. 14, 33.

व्रज्या f. walking, going. 4, 91. Comp. Bhk. 7, 70.

व्रण m. a bruise, a wound. 3, 8.

व्रत n. a *voluntary* (*vrata* = *vṛita*) act of religious merit, a pledge, a vow. 5, 67. 74.

व्रतति f. a climbing plant. 2, 25.

व्रतादान n. taking upon oneself the obligations of a devotee. 4, 91.

व्रतिन् m. 1) a man engaged in the observance of any particular religious pledge, an ascetic, a devotee. 2, 143. 189. 254. 256. 377. 2) one engaged in the performance of a sacrifice. 2, 265.

व्रात m. a multitude. 4, 1.

व्रात्य m. a man who has lost

his title to cast in consequence of the neglect of sacramental rites in his youth. 2, 249. Manu 2, 39.

व्रीडा f. shame, bashfulness. 2, 412.

व्रीहि m. 1) corn or grain in general. 2, 424. 5, 28. 2) rice. 2, 7.

व्रैहेय n. a field of rice. 2, 7.

श.

शं ind. joy, pleasure. 1, 123.

शकट m. a cart. 2, 289.

शकल n. 1) any fragment, a potsherd, an egg-shell, etc. 4, 28. 5, 18. 2) the scull. 3, 11.

शकलिन् m. a fish. 3, 35. Comp. *çalkin.*

शकुन m. a bird. 2, 83.

शकुनि m. 1) a bird. 2, 82. 2) a kite. 2, 95.

शकुंत m. 1) a bird. 2, 82. 2) a vulture. 2, 92.

शकुंति m. a bird. 2, 82.

शकुल m. a sort of fish. 3, 37.

शकृत् n. excrements. 3, 15.

शक्त adj. able, competent. 2, 231.

शक्ति f. a dart, a spear. 2, 321. 308.

शक्तिपाणि m. a name of Skanda. 1, 19.

शक्र m. a name of Indra. 1, 54. 5, 40.

शक्रक्रीडाचल m. the mountain Meru. 1, 136.

शक्रशरासन n. a rainbow. 1, 57.

शक्रसारथि m. Mâtali, the charioteer of Indra. 1, 61.

शंकर m. a name of Çiva. 1, 11.

शंका f. hesitation, doubt. 4, 6.

शंकित adj. afraid. 2, 200.

शंकु m. 1) a post, a pale, a stake. 2, 296. 2) a javelin. 2, 321.

शंकुमत् adj. filled with spikes. 5, 44.

शंख m. a conch, a shell. 3, 42. 1, 26.

शची f. the wife of Indra. 1, 55.

शतधार n. a thunderbolt. 1, 56.

शतपत्त्र 1) n. a lotus. 3, 57. 2) m. the woodpecker. 5, 9.

शतमख m. a name of Indra. 1, 52.

शतमूलिका f. = *abhiru*. 2, 464.

शतह्रदा f. lightning. 1, 60. Kum. 7, 39.

शतांग m. a carriage. 2, 289.

शतानंद m. a name of Brahman. 1, 6.

शत्रु m. an enemy. 2, 301. 5, 60.

शनैश्चर m. the planet Saturn 1, 48.

शपथ m. an oath. 5, 62.

शफ m. a hoof. 2, 286.

शफरी f. = प्रोष्ठी. 3, 36. Mâgha 8, 24.

शबर m. the name of a barbarous tribe (the black). 2, 444.

शबरालय m. the abode of savage tribes. 2, 106.

शबल adj. (f. *i*) variegated, speckled. 4, 51. 56. Some poets, in defiance of grammar, use in the fem. *çabalâ*, and say e. g. तटभुवः शबलाः।

शब्द m. 1) sound in general. 1, 138. 2) speech. 4, 81.

शब्दग्राम m. the compass of the audible. 5, 25.

शम m. quietism. 1, 91.

शमन m. a name of Yama. 1, 71.

शमल n. excrements. 3, 15.

शमी f. a pod. 2, 34.

शंपा f. lightning. 1, 60.

शंब m. a thunderbolt. 1, 56.

शंबर 1) m. a sort of deer. 2, 75. दष्टाप्युदंडकोदंडं शबरं

शंवरो मृगः । धृष्टो न वर्त्म त्यजति Kâçîkh. 3, 46. 2) n. water. 3, 26.

शंबरसूदन m. a name of Kâma. 1, 32.

शंबल n. provender for a journey. 2, 203.

शंबाकृत adj. double-furrowed = *dvisitya*. 2, 421. P. v, 4, 58. व्योमनि शंबाकुरुते चित्रं निर्माति यत्नतः सलिले। स्नपयति पवनं सलिलैर्यस्तु खले चरति सत्कारं ॥ Bhâm. 1, 93.

शंबूक m. a cockle. 3, 42.

शंभली f. a procuress. 2, 337.

शंभु m. 1) Brahman. 1, 7. 2) Vishṇu. 1, 25. 3) Çiva. 1, 11.

शम्या f. the pin of a yoke. 2, 420.

शय m. the hand. 2, 356.

शयन n. a couch. 2, 152. 1, 121.

शयनस्थान n. a sleeping apartment. 2, 140.

शयु m. the boa constrictor. 3, 20.

शय्या f. a couch. 2, 152.

शर m. 1) an arrow. 2, 311. 308. 5, 5. 2) a sort of grass (saccharum sara Rox.). 2, 36.

शरजन्मन् m. a name of Skanda. 1, 20.

शरण n. a house. 2, 137.

शरद् f. a year. 1, 116.

शरदा f. the autumnal season, comprising the months Açvina and Kârttika. 1, 113.

शरव्य n. an aim, a butt. 2, 313. Mâgha 7, 24.

शरारि m. a bird (turdus ginginianus). 2, 94.

शरारु adj. hurtful, mischievous. 2, 217.

शराव m. a platter, a dish. 2, 160. Çat. Br. v, 1, 4, 13.

शरीर n. the body. 2, 355. 3, 11. 20. 5, 71.

शर्मन् n. joy, happiness. 1, 123.

शर्व m. a name of Çiva. 1, 11. Kum. 6, 14.

शर्वरी f. the night. 1, 107. Rgh. 3, 2. Mâgha 11, 5.

शर्वाणी f. the wife of Çarva. 1, 15.

शल n. the quill of a porcupine. 2, 78.

शलभ m. a moth. 2, 102.

शलल 1) m. a porcupine. 2) n. the quill of a porcupine. 2, 78.

शलाका f. a spike, a pin, a quill, any *piercing* object. 5, 48.

शलाटु adj. (of fruit) fresh, moist, raw. 2, 34. *çalâṭuḥ karkaṭî, çalâṭavo mâshâḥ, çalâṭûni phalâni*. RM.

शल्किन् m. a fish. 3, 35.

शल्य n. 1) = *çalâkâ*. 2) a javelin. 5, 48. The Çatap. Br. writes *çalpa*.

शल्यक m. a porcupine. 2, 78. Manu 5, 18. *çalpaka* Vs. 24, 35.

शव n. a corpse. 3, 7. Etym. either 'the burnt', or 'the stinking'.

शशांक, शशिन् m. the moon. 1, 42. 112.

शशिशेखर m. a name of Çiva. 1, 11.

शश्वत् adv. perpetually, always. 4, 13. Etym. an irregular (for *çuçvat*) participle of *çu*, to swell.

शष्प n. young grass. 2, 35. 5, 14.

शस्त्र n. 1) iron. 2, 16. 2) a weapon. 2, 307. 321.

शस्त्राजीव adj. living by the profession of arms. 2, 250.

शस्त्रिका f. a knife, a blade. 2, 318.

शाक n. m. any pot-herb or vegetable. 2, 9. Yv. 1, 214.

शाकशाकट, शाकशाकिन n. a field of vegetables. 2, 9.

शाक्य m. a Buddha. 1, 85.

शाक्कर m. a bull. 2, 108.

शाखा f. a branch. 5, 21.

शाखानगर n. a suburb. 2, 131.

शाखामृग m. an ape. 2, 76.

शाखास्थि n. the bone of the arm. 3, 12.

शाखिन् m. a tree. 2, 22.

शाड्वल adj. green with young grass. 2, 4. Rgh. 2, 17.

शात adj. thin, spare. 4, 32.

शातकुंभ n. gold. 2, 18. 5, 20. Mâgha 9, 9.

शात्रव m. an enemy. 2, 301. Bhk. 5, 81. Mâgha 14, 44.

शाद m. 1) young grass. 5, 14. 2) mud, mire. 3, 56.

शांत 1) adj. becalmed, arrested. 4, 82. 2) keeping one's senses in complete control, and m. a saint of that description. 2, 244. 189. 3) m. the quietistic sentiment in poetry. 1, 92.

शाप m. reviling, curse, imprecation. 1, 149.

शांबरी f. illusion, jugglery, sorcery. 4, 55. शांबरीमिंद्रजालं वा मायामेतेन वारयेत् Rigvidh. 4, 23. मायां स्वीकृत्य शांबरीं Kâçikh. 65, 30.

शार adj. mixed, blended. 4, 56.

शारद adj. diffident, modest. 2, 220.

शार्ङ्ग n. the bow of Vishṇu. 1, 26.

शार्ङ्गिन् m. Vishṇu or Kṛishṇa. 1, 21.

शार्दूल m. a tiger. 2, 71.

शाल m. 1) a tree (shorea robusta) = *sâla*. 5, 26. Rgh. 1, 13. 38. 2) a tree in general. 2, 22. 3) a sort of fish. 3, 37. 4) a rampart. 2, 133.

शाला f. 1) an upper or main-branch of a tree. 2, 27. 2) a house. 2, 136.

शालाजिर m. a platter, a dish. 2, 160.

शालावृक m. a dog. 2, 126.

शालि m. rice of several species. 2, 425. 7.

शालिन् adj. excellent. 2, 220.

शालीन adj. diffident, modest. 2, 220. Bhk. 4, 23.

शालूर m. a frog. 3, 40. तपति वृष्टिसंयोगाच्छालूर इव कोटरे। उल्ललास स योगीन्द्रः Kâçìkh. 63, 28.

शालेय n. a field of *çâli*. 2, 7.

शाव m. any young animal. 2, 347. From the same root as *çiçu*.

शाश्वत adj. (f. ी) perpetual, eternal. 1, 125.

शास्त्र n. an institute of science, a scientific book. 5, 58.

शास्त्रविद् adj. versed in science. 2, 244.

शिक्य n. = *kâca*. 4, 73.

शिक्षित adj. 1) learned, accomplished, skilful. 2, 180. 2) skilled in archery. 2, 316.

शिक्षितायुध adj. skilled in (handling) weapons. 2, 218.

शिखंड m. a peacock's tail. 2, 87.

शिखंडिका f. = *kâkapaksha*. 2, 377.

शिखंडिन् m. a peacock. 2, 86.

शिखर n. 1) the peak of a mountain. 2, 11. 2) the top of a tree. 2, 26.

शिखरिन् m. 1) a mountain. 2, 10. 2) a tree. 2, 22. 3) = कोयष्टि. 2, 94.

शिखा f. 1) a lock of hair on the crown of the head. 2, 377. 398. 2) a peacock's crest. 2, 87. 3) the head. 5, 13. 4) a flame. 1, 65. Kum. 1, 28. Mâgha 15, 7. 5) a nipple. 2, 371.

शिखावल m. a peacock. 2, 86

शिखिन् m. 1) a peacock. 2, 86. 2) a comet. 1, 49. 3) fire. 1, 62.

शिति adj. black. 4, 49. Mâgha 15, 48.

शिथिल adj. loose, lax. 4, 92. A corruption of *slathila.*

शिपिविष्ट 1) leprous. 5, 31. 2) baldheaded. 2, 453. 3) m. a name of Çiva. 1, 13.

शिफा f. the root of a tree or plant. 2, 28. 23.

शिंबा f. a pod. 2, 34.

शिरस् n. 1) the head. 2, 363. 112. 399. 409. 3, 11. 5, 13. 2) the top of a tree. 2, 26.

शिरसिज m. the hair of the head. 2, 375. Mâgha 7, 62.

शिरा f. a vein. 3, 12. Yv. 3, 81. 100. 101.

शिरोगृह n. a room on the top of a house. 2, 149.

शिरोधरा f. the neck. 2, 361. Mâgha 7, 20.

शिरोरुह m. the hair of the head. 2, 375.

शिला f. a stone, a rock. 2, 13.

शिलींध्र 1) n. a mushroom. 2) a sort of tree. 5, 45. Comp. Mâgha 6, 32. 72.

शिलीमुख m. 1) an arrow. 2, 311. Kum. 5, 54. 2) a bee. 2, 100. Rgh. 4, 57.

शिलोच्चय m. a mountain. 2, 10.

शिल्पिन् m. an artist, an artisan. 2, 438. Yv. 2, 249.

शिल्पिशाला f. a workshop. 2, 141.

शिव 1) adj. prosperous, auspicious. 1, 122. 2) m. Çiva, the third god of the Hindu triad, the modern representative of the Vaidic Rudra. 1, 11. 3) **शिवा** f. the wife of Çiva. 1, 16. 4) a jackal. 2, 74. 3) emblic myrobalan. 2, 463.

शिवक m. a post, a pale, a stake. 2, 296.

शिवंकर, शिवताति adj. propitious, auspicious. 2, 185.

शिविका f. a litter, a palanquin. 2, 295. Mhbh. 5, 458.

शिविर n. a camp. 2, 297. Mâgha 5, 68. 15, 71.

शिशिर 1) n. cold, frost. 3, 28.

2) the cold season, comprising the months Mâgha and Phâlguna. 1, 113.

शिशु m. the young of any animal. 2, 347. Derived, like *çâva*, from the root *çu*, *κύω*.

शिश्न m. the penis. 2, 359.

शिश्विदान adj. sinful, wicked. 2, 249.

शिष्य m. a disciple, a pupil. 2, 245.

शीघ्र 1) adj. quick, speedy. 5, 96. 2) शीघ्रं adv. quickly, rapidly. 4, 12.

शीघ्रवेधिन् adj. promptly hitting the mark, a dead shot. 2, 316.

शीत m. the ratan. 2, 46.

शीतक adj. cold, dull, slow, apathetic. 2, 232.

शीतांशु m. the moon. 5, 70.

शीधु n. spirituous liquor. 2, 174.

शीन adj. thickened, coagulated, congealed. 2, 121.

शीर्ष n. the head. 2, 363.

शील n. disposition, character conduct. 2, 241. 5, 43.

शुक m. a parrot. 2, 93. 4, 53.

शुक्त n. sour gruel. 2, 163. This word, as well as *çukra*, *çuci*, *çukla*, is wrongly spelled with ç.

शुक्ति f. a pearl-oyster. 3, 42. Mâgha 8, 9.

शुक्र 1) m. the month Jyaishṭha. 1, 114. Vs. 7, 30. 2) the planet Venus, considered as the spiritual guide of the Daityas. 1, 48. 3) n. semen virile. 3, 16 5, 67.

शुक्रशिष्य m. an Asura. 1, 5.

शुक्ला adj. bright, white. 5, 22. 74.

शुचि 1) adj. bright, white. 5, 22. 2) pure. 1, 132. 3) m. a name of Agni. 1, 62. 4) the month Âshâḍha. 1, 114.

शुंठी f. dry ginger. 2, 460.

शुंडा f. 1) spirituous liquor. 2, 174. 2) an elephant's trunk. 5, 20.

शुद्धांत n. 1) a royal harem. 2, 325. 2) a king's mistress. 2, 58.

शुनक 1) m. a dog. 2, 126. 2) शुनकी f. a bitch. 2, 127.

शुभ adj. 1) handsome. 4, 4. 2) auspicious. 1, 122.

शुभंयु, शुभसंयुत adj. blissful, happy. 2, 224. Bhk. 1, 20. सन्ह देवकुमारैस्तैरासांचक्रे शुभंयुभिः। Pk. 4, 41.

शुभ्र adj. bright, white. 4, 47.

शुल्क n. 1) toll, duty, customs. Yv. 2, 47. 261. 263. 2) the property settled on a woman by her bridegroom before marriage. 5, 42. Yv. 2, 144. Comp. Bhk. 5, 36.

शुल्व 1) n. copper. 2, 15. 2) शुल्वा f. a rope. 2, 442.

शुश्रूषा f. obedience, attention, diligent service. 1, 129.

शुषिर n. a hole, a chasm. 3, 2.

शुष्कपर्ण n. a dry leaf. 1, 151.

शुष्कफल n. dry fruit. 2, 34.

शुष्मन् n. strength, power. 4, 38. जंतूनां ह्रदयध्वांतशुष्मणां Kâçikh. 81, 12.

शूक n. pity, compassion. 4, 39.

शूकर m. a hog. 2, 71. 5, 46.

शूद्र m. a man of the fourth or servile cast, in reality an individual of the aborigines of India. 2, 237. 238. 431. In the Rv. this word occurs only in that Brahminical interpolation, called the *purusha-sûkta*, in the Av. and Vs. we find the distinction between *âryas* and *çûdra*, *râjan* and *brahmân* (Av. X, 1, 3. Vs. 26, 2.).

शून्य adj. empty. 5, 62.

शूर m. a hero. 2, 199.

शूर्पकाराति m. a name of Kâma. 1, 33.

शूल n. m. a spit. 2, 168.

शूलक m. an ill-trained, unbroken horse. 2, 285.

शूलिन् m. a name of Çiva. 1, 11.

शूल्य n. meat roasted on a spit. 2, 168.

शृगाल m. a jackal. 2, 74. Etym. κραγέτης.

शृंखल m. a chain for securing an elephant, etc. 2, 68. Rgh. 5, 72. Gg. 3, 1.

शृंखलक m. a camel. 2, 125. Mâgha 12, 7.

शृंग n. 1) a horn. 2, 112. 123. 4, 79. 5, 69. 2) the top of a mountain. 2, 11. 5, 35. 3) शृंगी f. a sort of fish. 3, 37.

शृंगवेर n. ginger. 2, 461.

शृंगाटक m. a place where several roads meet. 2, 134.

शृंगार m. the erotic sentiment. 1, 92. 5, 75.

शृंगारचेष्टा f. an outward or bodily action by which love is manifested. 1, 89. Comp. Rgh. 6, 12—19.

शृंगारयोनि m. a name of Kâma. 1, 32.

शृंगिक m. a sort of poison. 3, 25.

शृत adj. boiled. 2, 121. 261.

शेखर m. a chaplet, a wreath worn on the head. 2, 399. Kum. 7, 32. Mâgha 11, 46.

शेफ, m. शेफस् n. the penis. 2, 359.

शेमुषी f. intellect, understanding, judgment. 2, 179. वाचमाचारसदृशीं गिरा च सदृशं मनः। शेमुषी (resolve) मनसा तुल्यां Brahmap. Utt. 22. न वै कार्या भवता शेमुषीदृशी Kâçîkh. 95, 51.

शेलु m. a tree (cordia latifolia or myxa Rox.). 2, 42.

शेवधि m. a hoard, a treasure. 1, 82. Rv. 2, 13, 2. निरपत्या च दुःशीला सा भवेद्दुःखशेवधिः Kâçîkh. 37, 49.

शेवाल n. a waterplant (vallisneria octandra). 3, 61.

शैक्ष m. a pupil who has begun to read the Veda. 2, 245.

शैल m. a mountain. 2, 10. 5, 20.

शैलालिन्, शैलूष m. an actor. 2, 437. Vs. 30, 6. Yv. 2, 48. Mâgha 1, 69.

शैवल n. — çevala. 3, 61. Kum. 5, 9. Rgh. 5, 46.

शैवलिनी f. a river. 3, 43.

शोक m. sorrow, grief. 1, 91.

शोचन n. mourning, grief. 5, 89.

शोचिस् n. a ray of light. 1, 38.

शोण 1) adj. red. 4, 48. Kum. 1, 9. 2) m. a horse of a chestnut colour. 2, 282. Rv. 1, 126, 4. 5, 33, 9. 3) the river Çon, rising in Gondwana, and falling into the Ganges ten miles above Dinapore in the province of Patna. 3, 52.

शोणाश्मन् m. a ruby. 2, 20.

शोणित n. blood. 3, 10.

शोफ m. swelling, tumefaction from disease. 2, 447. Probably, a mere corruption of *çotha*.

शोभन adj. handsome. 5, 16.

शोभा f. splendor, elegance, beauty. 2, 410. 5, 27. 74.

शोष m. consumption. 2, 447.

शौक्तिकेय n. a pearl. 3, 42.

शौण्डिक m. a distiller of spirituous liquors. 2, 438. Yv. 2, 48.

शौद्धोदनि m. a Buddha. 1, 85.

शौरि m. 1) Vishṇu or Krishṇa. 1, 21. 2) the planet Saturn. 1, 48.

शौर्य n. heroism. 5, 79.

शौल्किकेय m. a sort of poison. 3, 24.

शौष्कल m. an habitual eater of meat. 2, 196. Vs. 30, 16.

श्मशान n. a cemetery. 3, 16.

श्मश्रु n. the beard. 2, 369.

श्याम 1) adj. dark, black. 4, 49. 2) श्यामा f. the night. 1, 108. 3) = *priyangu*. 2, 38.

श्यामक m. a grain (panicum frumentaceum.) 2, 429.

श्यामकंठ m. a peacock. 2, 86.

श्यामल adj. dark, black. 4, 49.

श्यामाक m. — *çyâmaka*. 2, 429.

श्यालक m. a wife's brother. 5, 54.

श्याव adj. brown. 4, 50.

श्येन 1) m. a falcon. 2, 98. 2) श्येनी f. the lily-leaf-like lady. 4, 53.

श्रद्धा f. 1) faith, belief. 4, 95. 2) the longing (?) of a pregnant woman. 2, 343.

श्रंथन n. stringing a garland, etc. 4, 45.

श्रमण 1) m. a Bauddha mendicant. 2, 190. 2) श्रमणा f. a female beggar. 2, 332.

श्रमस्थान n. a drilling-place. 2, 315.

श्रवण, श्रवस् n. the ear. 2, 361.

श्रविष्ठा f. the twentythird lunar mansion. 1, 51.

श्राणा f. rice-gruel. 2, 165.

श्राद्धदेव m. a name of Yama. 1, 72.

श्रांत = *çânta*. 2, 244.

श्री f. (nom. *çris*) 1) happiness, fortune. 1, 31. 2) beauty. 5, 27.

श्रीकंठ m. a name of Çiva. 1, 11.

श्रीकंठसख m. a name of Kuvera. 1, 78.

श्रीखंड n. sandal wood. 2, 389. Gg. 9, 10.

श्रीद m. a name of Kuvera. 1, 78.

श्रीधर m. Vishṇu or Kṛishṇa. 1, 23.

श्रीनंदन m. a name of Kâma. 1, 32.

श्रीपति m. Vishṇu or Kṛishṇa. 1, 21. Mâgha 13, 69.

श्रीफल m. the Vilva-tree. 2, 39.

श्रीवत्स m. 1) a peculiar star-like mark on Vishṇu's breast. 1, 27. Kum. 7 43. 2) Vishṇu. 1, 24.

श्रीवत्सांक m. a name of Vishṇu. 1, 21.

श्रीवृक्ष m. 1) the holy fig tree. 2, 41. 2) a ring of hair on the chest and forehead of a horse. 2, 283.

श्रीवृक्षकिन् m. a horse with a *çrivriksha*. 2, 283. Mâgha 5, 56.

श्रुति f. 1) the ear. 2, 361. 2) sacred tradition, the Veda. 1, 9. 5, 10.

श्रेणी f. a line, a row, a range. 4, 36.

श्रेयस् 1) adj. excellent, eminent. 2, 220. 2) n. bliss. 1, 122. 3) righteousness, virtue. 1, 125.

श्रेष्ठ adj. best, excellent. 4, 4. 2, 116. 5, 8. 14. 50. 67.

श्रोण adj. lame. 2, 455. Rv. 2, 15, 7.

श्रोणी f. the hip. 2, 357.

श्रोत्र n. the ear. 2, 361.

श्रोत्रिय m. a Brahman well read in the Vedas. 2, 240.

श्लक्ष्ण adj. 1) slender, thin, small. 4, 3. 2) soft, gentle, of pleasing address. 2, 210. वाङ्मधुरा श्लक्ष्णा Manu 2, 159.

श्लथ adj. loose, slack. 4, 92. Urv. 146. Kum. 5, 47. Mâgha 7, 62.

श्लाघा f. praise. 1, 145. Rgh. 1, 22.

श्लीपद् n. elephantiasis. 2, 449.

श्लेष m. junction. 2, 134.

श्लेष्मन् m. phlegm. 2, 450. 451. 5, 6. Comp. Teut. *slim*.

श्लेष्मल adj. phlegmatic. 2, 451.

श्लेष्मातक m. = *çelu*. 2, 42.

श्लोक m. renown, glory. 1, 153.

श्वःश्रेयस n. prosperity, bliss. 1, 122. Çat. Br. 2, 1, 1, 13. Bhk. 4, 38.

श्वदंष्ट्रा f. = *gokshura*. 2, 46.

श्वन् m. a dog. 2, 126. 127.

श्वपच m. a man of a degraded cast, the offspring of an *Ugrá* mother and Kshattriya father. 2, 443. Manu 10, 19.

श्वभ्र n. a hole, a chasm. 3, 2. Rv. 2, 27, 5. Urv. 18.

श्वयथु m. morbid intumescence. 2, 447. Comp. *çvayátha* Çat. Br. 4, 2, 1, 11.

श्वशुर्य m. a husband's or wife's brother. 5, 54.

श्वसन m. air, wind. 1, 75. Comp. Rv. 1, 54, 5.

श्वापद् m. any beast of prey. 2, 78. Rv. 10, 16, 6.

श्वाविध् m. f. a porcupine. 2, 78. Vs. 23, 56. 24, 33.

श्वित्र n. white leprosy. 2, 449.

श्वेत 1) adj. white. 4, 47. 2, 282. 2) n. silver. 5, 5.

श्वेतच्छद् m. a goose. 2, 96.

श्वेतरोचिस् m. the moon. 1, 42

श्वेतवासस् m. a Bauddha mendicant. 2, 189.

श्वोवसीय n. (*cras melius tibi*), prosperity, bliss. 1, 122.

ष.

षट् n. an aggregate of six. 2, 128.

षट्कर्मन् m. a Brahman. 2, 236. Comp. Manu 1, 88.

षट्चरण m. a bee. 2, 100.

षड्गव n. This word attached to the names of beasts of burden, signifies an aggregate of six, e. g. अश्वषड्गवं, हस्तिषड्गवं. 2, 128.

षड्ज m. the first or, according to others, the fourth note of the Hindu gamut. 5, 77.

षड्दशन adj. having six teeth. 2, 112.

षंड m. Combined with names of trees (and plants), it signifies a multitude. 5,25. Comp. तरुषंड, and Am. 1, 2, 3, 41, where Kshirasv. derives the word from the root *san*, just as Ujjv. *Ambhoja°* Mâgha 11,64. kumudakamala° 11,15.

षंढ m. a eunuch. 2, 275. षंढत्व n. being castrated. 2, 109. The correct spelling is शंढ.

षंढतिल m. barren sesame. 2, 428.

षण्मुख m. a name of Skanda. 1, 19.

षाष्टिक्य n. a field of *shashtika* (a sort of rice ripening in the course of sixty days). 2, 8.

षोडत् m. a young ox that has got the first six teeth. 2, 112.

स.

संयत् f. war, battle. 2, 298.

संयत adj. 1) constrained, bound. 2, 185. 2) one who controls his passions. 2, 189.

संयम m. coercion. 2, 242.

संयुग n. war, battle. 2, 298.

संयोग m. connexion, junction. 2, 451.

संरंभ m. conceit, pride. 4, 37.

संलाप m. conversation. 1, 150.

संवत्सर m. a year. 1, 116. 5, 22.

संवनन n. subduing by magic rites. 4, 31. विद्वेषणं संवननं विपद्यं Rigvidh. 1, 2. स्त्रियं चेदभिमन्येत तस्याः संवननं महत् 3, 19. Comp. *venenum.*

संवर्त m. 1) a year. 5, 15. 2) the periodical destruction of the universe. 1, 117.

संवसथ m. a village. 2, 103.

संवाह्नक m. a shampooer. 2, 435.

संवित्ति f. 1) perception. 5, 33. 2) understanding. 2, 179.

संवीत, संवृत adj. wrapped up, covered. 4, 58. 96.

संवेग m. pride, conceit. 4, 37.

संवेद्य m. the junction of two rivers. 3, 47.

संवेशन n. sexual intercourse. 2, 414.

संव्यान n. an upper garment. 2, 391.

संशय m. doubt. 4, 6.

संशित adj. decided, determined. 2, 247.

संश्रव m. an agreement, a promise. 4, 30.

संश्लेष m. connexion, union. 5, 49.

संसर्ग m. connexion, association. 5, 59.

संसार m. the vicissitude of terrestrial existence, the present world. 5, 20.

संसारिन् m. a sentient being. 1, 134.

संसिद्ध adj. prepared, made. 2, 167. 168.

संसिद्धि f. accomplishment, completion. 5, 80.

संस्कार m. 1) preparation. 5, 57. 2) the realising of past perceptions. 4, 95.

संस्कारहीन adj. one who has not received those sacraments by which he is entitled to be received into one of the three first classes. 2, 249.

संस्कृत adj. 1) prepared. 2, 167. 2) purified. 2, 260. 4, 77. 3) finished, educated. 2, 197. 4) excellent. 4, 96.

संस्तर m. 1) a couch. 5, 32. 2) a sacrifice, or rather the ritual arrangements for a sacrifice. 2, 259. Mhbh. 1, 2885.

संस्तव m. intimate acquaintance, familiarity. 4, 88.

संस्त्याय m. a habitation, a house. 2, 136.

संस्था f. 1) proper conduct, settled occupation. 5, 33. Manu 1, 21. 2) death. 3, 6.

संस्थान n. 1) a place where four roads meet. 2, 134. 2) disposition, distribution, *σύστασις* (avayavavibhâga RM.). 4, 93.

संस्थित adj. dead. 3, 7.

संस्फोट m. conflict, war. 2, 298.

संस्मरण n. remembering. 5, 97.

संहति f. a combination, a mass, a multitude. 2, 9. 4, 1.

संहनन n. the body. 2, 355.

संहर्ष m. rivalry, emulation, contention. 4,101. देवासुराणां समजायत। ऐश्वर्यं प्रति संहर्षः Matsyapur. 25, 10.

संहार m. the periodical destruction of the universe. 1, 117.

सकल adj. entire, whole. 4, 28.

सकृत्प्रज m. a crow. 2, 90.

सक्थि n. the thigh. 2, 360.

सखि 1) m. a friend. 2, 273. 2) सखी f. a female friend. 2, 332.

सख्य n. friendship. 4, 21.

सगर्भ m. ἀδελφός, a brother by the same mother. 2, 353.

सगोत्र m. a kinsman. 2, 354.

संकट adj. strait, narrow; and n. a strait. 5, 41. Mârk. Pur. 10,26. Urv. 49. बंधनागारसंस्थो ऽपि प्राप्तो ऽपि विपदं परां। प्रादुर्भावं भैरवस्य श्रुत्वा मुच्येत संकटात्॥ Kâçikh. 31, 156.

संकथा f. colloquy, conversation. 4, 94.

संकर m. sweepings, off-scourings. 2, 147.

संकर्षण m. a name of Baladeva. 1, 29.

संकल्प m. a mental determination, a resolve. 4, 88.

संकल्पजन्मन् m. the will-born god of love. 1, 32. Comp. Kum. 3, 24.

संकाश m. appearance; at the end of compounds: like, similar. 4, 53.

संकुल adj. crowded, full of. 4, 17.

संकेत m. a sign, a signal, a token. 5, 36.

संकेतक m. an agreement, a convention. 5, 83.

संक्रंदन m. a name of Indra. 1, 52.

संक्षेप m. conciseness. 4, 81.

संख्य n. 1) a battle, war. 2, 298. 2) संख्या f. number. 2, 128. 129. 5, 50. 3) the reasoning faculty, understanding. 2, 179.

संख्यावत् adj. intelligent. 2, 178. रणांगणे कृतांताभः संख्यावांश्च सदोज्झिरे, Kaçlkh. 82, 8.

संगत n. friendship. 4, 21. Kum. 5, 39.

संगति f. coming together, meeting. 5, 35.

संगम m. junction. 3, 47. Comp. Yv. 1, 278.

संगर m. 1) war. 2, 298. 2) an agreement, a promise. 4, 30. Rgh. 5, 26.

संगीत n. the exhibition of singing and music. 1, 95. गीतं वाद्यं च नृत्यं च त्रयं संगीतमुच्यते Çiromaṇi cited by Nârây.

संगीति f. conversation. 4, 94.

संग्रह m. 1) a gathering, a collection. 5, 54. 61. 2) condensation, conciseness. 4, 81.

संग्राम m. a battle, war. 2, 298.

संग्राह m. the closed hand, the fist. 2, 368.

संघ, संघात m. a mass, a multitude. 4, 1. 3, 28. 5, 25. 81.

सचिव m. a minister, a senator. 2, 271.

सज्जन m. an honest man. 2, 217. Mâgha 16, 22.

सज्जित adj. 1) (an elephant) accoutred for war. 2, 66. 2) (probably an error of the mss. for *çikyita*) suspended. 4, 83.

संचय m. a collection, a multitude. 4, 1.

संचारिका f. a female messenger, a go-between. 2, 336.

संजवन n. = *catuhçâla*. 2, 137.

संज्ञपन n. killing, slaughter. 2, 323.

संज्ञा f. 1) a sign, a signal. 5, 36. 2) an appellation, a name. 1, 152. 2, 282. 5, 33. 3) consciousness. 5, 36.

सटा f. = जटा. 2, 377.

सत् 1) adj. intelligent, wise. 2,

177. 2) सती f. a faithful wife. 2, 340.

सततं adv. always. 4, 13.

सत्तम adj. best, excellent. 4, 5.

सत्ता f. being, existence. 5, 64. 82.

सत्त्र n. 1) a forest. 2, 55. 2) a sacrifice. 2, 259.

सत्त्रशाला f. an alms-house. 2, 142.

सत्त्व n. 1) being, existence. 5, 82. 2) reality or goodness, the first of the three qualities of nature; see *rajas*, *tamas*. 5, 82. 78. 79. 3) strength, vigour. 5, 82. 4) a living being. 5, 82. 3, 34.

सत्य 1) adj. true. 1, 141. 144. 2) n. truth. 5, 96.

सत्रं adv. together. 5, 91.

सत्वर adj. quick, speedy. 4, 12.

सदन n. a habitation, a house. 2, 136.

सदस् n. an assembly. 4, 60.

सदा adv. always. 5, 101.

सदागति m. wind, air. 1, 76.

सदृक्ष adj. similar, like. 4, 9. Vs. 17, 84.

सदृश् adj. similar, like. 4, 9. 5, 88. 95.

सदृश adj. (f. *î*) similar, like. 4, 9.

सदेश adj. near, neighbouring. 4, 7.

सद्मन् n. a seat, a house, a habitation. 2, 136.

सद्यस् adv. at once, on the spot. 4, 67. 1, 118.

सद्यस्क adj. new, recent. 4, 78.

सधर्मचारिणी f. a wife. 2, 339.

सना adv. always. 5, 101.

सनातन 1) adj. (f. *î*) perpetual, eternal. 1, 125. 2) m. Vishṇu or Kṛishṇa. 1, 25.

सनाभि m. a kinsman. 2, 354.

सनीड adj. near, neighbouring. 4, 7.

संततं adv. always. 4, 13.

संतति f. offspring, a child. 2, 342.

संतमस n. overspreading darkness. 1, 110. Mâgha 9, 22. Bhk. 5, 2.

संतान m. one of the five trees of heaven. 1, 135. Kum. 6, 46. 7, 3. Mâgha 6, 67.

संदर्भ stringing together (as a garland by means of a thread), composing artificially, a poetical composition. 4, 45.

संदान n. a rope for tying cattle. 2, 122.

संदेह m. doubt. 4, 6. 5, 3. 94.

संदोह m. (lit. *the whole of the drawn milk*. Comp. Nârada cited in the Mit. on Yv. 2, 164) a mass, a multitude. 4, 1.

संधा f. 1) an agreement, a promise, a convention. 4, 30. Taitt. Br. I, 7, 1, 6. 2) a boundary, a limit. 5, 32.*)

*) Correct accordingly the meaning given under *aradhi*.

संधान n. sour gruel. 2, 163.

संधि m. 1) union. 5, 49. 2) a joint or articulation of the body. 2, 368. Yv. 3, 102. 3) a chink, a crack, a mine. 4, 86. 5, 49.

संध्या f. twilight. 1, 106.

सन्न adj. sunk, becalmed, ceased. 4, 82.

संनद्ध adj. armed, accoutred. 2, 305.

संनाय्य n. the substance given as an oblation at a burnt offering. 2, 261. The correct spelling is *sânnâyya*. P. III, 1, 129. Ait. Br. 7, 2, 4. Çat. Br. I, 6, 2, 6. II, 4, 4, 8. 12, etc.

संनाह m. 1) arming for a battle. 5, 57. 2) armour, mail. 2, 304.

संनाह्य m. an elephant fit for war. 2, 69.

संनिकृष्ट adj. near. 4, 7.

संनिधान n. संनिधि m. vicinity. 4, 7. 5, 5. 89.

संनिभ (at the end of compounds) similar, like. 4, 9.

संनिवेश = संस्थान. 4, 93.

संन्यास m. abstaining from food. 4, 75. Comp. Bhk. 7, 76. This explanation has the fault called *avyâpti.*

सपत्नाकरण n. worrying somebody to death. 4, 80. Comp. P. 5, 4, 61.

सपत्न m. an enemy. 2, 301.

सपदि adv. on the spot. 4, 67.

सपर्या f. worship, adoration. 1, 128.

सपिंड m. a kinsman entitled to participate in the offering of funeral cakes to deceased relations as far as the sixth degree, both in an ascending and descending line. 2, 354. 5, 50. Manu 5, 60.

सपीति f. drinking in company, a compotation. 2, 173. Rv. 8, 1, 23. Vs. 18, 9. 28, 16.

सप्तकी f. a girdle, a zone. 2, 405.

सप्ततंतु m. a sacrifice. 2, 259. Mâgha 14, 6.

सप्तर्षि m. pl. the constellation Ursa Major. 1, 50.

सप्तला f. many-flowered nyktanthes. 2, 52.

सप्तार्चिस् m. a name of Agni. 1, 62. 68.

सप्ताश्व m. the sun. 1, 36.

सप्ति m. a horse. 2, 281.

सभा f. 1) a hall. 4, 93. 2) an assembly. 4, 60. 5, 35.

सभाजन n. affection, friendship. 4, 21.

सभिक m. the keeper of a gambling-house. 2, 233. Yv. 2, 199. 201.

सम 1) adj. similar, like. 4, 9. 2) समं adv. together. 5, 91. 2. 58. 4) समा f. a year. 1, 116.

समग्र adj. entire, whole. 4, 28.

समंततस्, समंतात् adv. from all quarters, everywhere. 5, 88.

समंतभद्र m. a Buddha. 1, 85.

समय m. 1) an agreement, a covenant. 2) custom, practice.

5, 83. 3) established truth, a dogma. 1, 10. 5, 83. 4) time. 5, 83. 34 (— कर?).

समया adv. near. 5, 93. Mâgha 6, 73. 12, 52. 15, 9.

समर् n. a battle, war. 2, 298.

समरोचित adj. fit for war. 2, 69.

समर्याद् adj. bordering upon, near. 4, 7.

समवर्तिन् m. a name of Yama. 1, 71.

समवाय m. an association, a joint company. 4, 1. Yv. 2, 259.

समसुप्ति f. the universal sleep, the periodical destruction of the universe. 1, 117.

समस्त adj. all, whole. 4, 28. 2, 242.

समांसमीना f. a cow bearing a calf every year. 2, 117.

समाख्या f. fame, renown. 1, 153.

समाघात m. conflict, war, a battle. 2, 299.

समाज m. 1) an assembly. 4, 60. Rgh. 5, 76. 2) a multitude of men. 4, 1.

समाधान n. समाधि m. fixing the thoughts intently on an object under consideration, deep meditation. 1, 128.

समान adj. similar, like. 4, 9.

समानोदर्य m. a brother by the same mother. 2, 353. Bhk. 7, 86.

समाप्ति f. end, conclusion. 5, 101.

समालंभन n. smearing the body with fragrant unguents. 2, 385.

समास m. condensation, conciseness, brevity. 4, 81.

समासप्राय adj. consisting for the most part of compound words. 1, 143.

समाहार m. contraction, conciseness, brevity. 4, 81.

समाह्वय m. 1) a single combat, or combat in general. 2, 299. 2) a name. 5, 33.

समित् f. war, a battle. 2, 298.

समिति f. 1) meeting. 2) an assembly. 5, 35. 3) war, combat. 2, 298.

समिध् f. fuel. 1, 69.

समीक n. conflict, war, a battle. 2, 298.

समीचीन adj. (tending towards one direction), concordant, consistent, true. 1, 144.

समीप n. neighbourhood, vicinity. 4, 7. 5, 63.

समीर, समीरण m. wind, air. 1, 76.

समुख adj. eloquent. 2, 219.

समुच्छ्रय m. height (of a tree, etc.). 2, 26.

समुदय m. 1) a mass, a multitude. 4, 1. 2) combat, war. 2, 298.

समुद्ग m. a casket, a box. 4, 79. Yv. 2, 247.

समुद्र m. the sea. 3, 30. 5, 52.

समुद्रकांता f. a river. 3, 43.

समुद्रवसना f. the earth. 2, 1.

समुद्रवह्नि m. submarine fire. 1, 70.

समुन्नद्ध m. overbearing, conceited. 2, 228.

समूह m. an assemblage, a multitude. 4, 1. 2, 336.

समृद्ध adj. wealthy. 2, 201.

संपत्ति f. welfare, prosperity. 2, 242.

संपराय m. war, combat. 2, 299.

संपिंडितांगुलि adj. having the fingers joined or closed. 2, 382.

संपुट m. a casket, a box. 4, 79.

संपृक्त adj. mixed, combined. 4, 56.

संप्रदाय m. oral tradition, traditional doctrine. 2, 247. 5, 91. Mâgha 14, 79.

संप्रयोग m. copulation. 2, 414.

संप्रश्न m. a question, an enquiry. 5, 90. 100.

संप्रहर्ष m. great joy. 5, 89.

संप्रहार m. combat, war. 2, 298.

संबंध m. connexion. 5, 52.

संबाध 1) adj. strait, narrow, crowded. Mâgha 8, 2. Mhbh. 1,2875. 2) m. the vulva. 5, 41.

संभव m. origin. 5, 95.

संभाव्य adj. possible. 5, 88.

संभेद m. a confluence of waters. 3, 47.

संभोग m. 1) enjoyment. 2) sexual intercourse. 5, 42.

संभ्रम m. conceit, pride. 4, 37.

संमद m. joy, pleasure. 1, 123.

संमर्द m. 1) the pounding or grinding of fragrant substances. 4, 84. 2) a conflict, a battle, war. 2, 299.

संमार्जनी f. a brush, a broom. 2, 147.

सम्यच् adj. (nom. सम्यङ् समीची सम्यक्) concordant, correct, true. 1, 144.

सम्राज् m. a universal monarch, one who has performed the *râjasûya* sacrifice. 2, 267.

सरक m. a goblet. 2, 172.

सरघा f. a bee. 2, 101. Rgh. 4, 63.

सरट m. the gecko (lacerta gecko). 2, 79.

सरणि f. a road, a path. 2, 105. Anandalah. 18. 37.

सरमा f. a bitch. 2, 127.

सरल 1) adj. upright, straightforward, candid. 2, 230. 2) a sort of pine (pinus longifolia Roxb.). 5, 26. Rgh. 4, 75. Kum. 1, 9.

सरस् n. **सरसी** f. a pond. 3, 53.

सरस्वत् 1) m. the sea, the ocean. 3, 30. 2) **सरस्वती** f. a river in general. 3, 43. 3) the goddess of speech. 1, 8.

सरित् f. a river. 3, 44.

सरित्पति m. the sea. 3, 30.

सरिद्वरा f. the Ganges. 3, 51.

सरीसृप m. a snake. 3, 18.

सरोज, सरोरुह n. a lotus. 3, 57.

सर्ज m. a tree (shorea robusta). 2, 40.

सर्प m. a snake. 3, 18.

सर्पभुज् m. = *rājasarpa*. 3, 21.

सर्पाशन m. a peacock. 2, 86.

सर्पिस् n. clarified butter. 2, 120. 167.

सर्व pr. all, whole. 4, 28. 2, 21.

सर्वंसहा f. the earth. 2, 1.

सर्वज्ञ m. a name of Çiva. 1, 11.

सर्वतस् adv. from all parts, everywhere. 5, 88.

सर्वभक्ष adj. eating all manner of food. 2, 196.

सर्ववेद m. a Brahman who has read the four Vedas. 2, 240.

सर्ववेदस् m. a man who, at the conclusion of the *viçvajit* sacrifice, divides all his property among the priests. 2, 263.

सर्वसंनहन n. a complete armament. 2, 306.

सर्वसंनाह m. the universal spirit (?). 5, 15.

सर्वसस्य adj. bearing all manner of corn. 2, 3.

सर्वस्व n. the whole property. 2, 263.

सर्वात्मन् m. = *sarvasannāha*. 5, 15.

सर्वान्नीन adj. eating all manner of food, whether clean or otherwise. 2, 196.

सर्वाभिसार m. an attack with complete forces. 2, 306. यमनस्य भटाः सर्वाभिसारेणाभ्यषेणयन् Pk. 4, 161.

सर्वायस adj. (f. *ī*) made all of iron. 2, 312.

सर्षप m. mustard. 2, 426.

सलिल n. water. 3, 26. 41.

सल्लकी f. = *gajapriyā*. 2, 44.

सव m. a sacrifice. 2, 259.

सवन n. bathing, an ablution. 2, 253.

सवितृ 1) m. the sun. 1, 35. 2) सवित्री f. a mother. 2, 349.

सविध, सवेश adj. near. 4, 7. 8.

सव्य adj. left, *laevus*. 4, 71.

सव्येष्ठ m. the charioteer who stands on the left of a champion. 2, 294.

ससीमन् adj. conterminous, near. 4, 7.

सस्य n. corn, grain. 2, 419. 6.

सह adv. together. 5, 91. 99.

सहकार m. the Mango tree. 2, 37.

सहचरी f. 1) a wife. 2, 339. 2) a species of Barleria with yellow blossoms. 2, 50.

सहदेवा f. a plant = इंडोत्पल. 2, 44.

सहपानक n. drinking together. 2, 173.

सहस् 1) n. strength, power. 4, 38. 2) m. the month *Mârgaçîrsha*. 1, 114.

सहसा adv. 1) suddenly. 2) instantly. 5, 98.

सहस्त adj. skilled in handling weapons. 2, 218.

सहस्य m. the month *Pausha*. 1, 114.

सहस्रकिरण m. the sun. 1, 35.

सहस्रदंष्ट्र m. = पाठीन. 3, 36.

सहस्रनयन m. a name of Indra. 1, 52.

सहस्रपत्त्र n. a lotus. 3, 57.

सहाय m. a companion. 2, 273.

सहिष्णुता f. forbearance, patience. 4, 40.

सहृदय adj. intelligent. 2, 218. Mâgha 8, 51.

सांयात्रिक m. a sea-trader. 3, 33. Mâgha 3, 76. सांयात्रिक इवागाधे भिन्नपोतो महार्णवे Kâçikh. 7, 120.

सांवत्सर m. an almanac-maker, an astronomer. 2, 248.

साकं adv. together. 5, 91.

साकल्यवचन n. a complete perusal. 2, 246.

साक्षात् adv. 1) evidently, manifestly. 2) like. 5, 88. The separation of the meanings is quite unwarranted.

सागर m. the ocean. 3, 30.

सातिसार adj. afflicted with diarrhoea. 2, 451.

सातीन m. pease (pisum sativum). 2, 427.

सात्यवतेय m. a name of Vyâsa. 2, 258.

सात्वत m. a name of Baladeva. 1, 28.

सादिन् m. a horseman. 2, 235. Mâgha 12, 22. 31.

साधन n. 1) accomplishing, achieving. 2) an instrument, an implement. 3) an agent, a means, an expedient. 4) a component part of an army. 5) property, wealth. 6) torture. 7) the penis. 5, 80.

साधु 1) adj. righteous, honest. 2, 217. 2) pleasing, handsome. 4, 4. 3) साध्वी f. a virtuous, faithful wife. 2, 340.

साध्वस n. fear, terror. 4, 40.

सानु n. tableland on a mountain. 2, 11.

सानुनय adj. kind, polite. 5, 96. R. I, 60, 23.

सानुमत् m. a mountain. 2, 10.

सांत्व n. 1) pleasing, conciliatory language. 1, 141. 2) conciliation. 4, 95.

सांत्वन n. courtesy, complaisance. 4, 64.

सांदृष्टिक n. the immediate result of actions. 1, 118.

सांद्र adj. thick, dense, compact. 4, 32. सांद्रेभचर्म Mâgha 4, 64. सांद्रसुधा 4, 28.

साप्तपदीन n. friendship. 4, 21. Comp. Kum. 5, 39.

सामन् n. conciliation. 4, 95.

सामि adv. half. 4, 28.

सामीप्य n. nearness. 5, 93.

सामोद्भव m. an elephant. 2, 59.

सांपरायिक m. a war-chariot. 2, 291.

सांप्रत 1) adj. (f. *î*), fit, proper. 2) सांप्रतं adv. at present, now. 5, 94.

साम्य n. equality. 1, 94.

साम्यावस्था f. equal state, equipoise. 5, 78.

सायं adv. in the evening. 1, 109. This word seems to be the gerund of *so*, and to have signified originally 'having finished'. A masc. *sâya* does not exist, nor is the comparison with the Latin *serus* more than an idle conjecture.

सायक m. an arrow. 2, 311.

सार 1) m. pith, marrow, sap. 2, 28. 5, 67. 2) strength, power. 3) semen virile. 5, 67. 4) n. substance, property, wealth. 1, 80. 5, 67. 5) adj. excellent, best. 5, 67. संसारे मानुष्यं सारं मानुष्यके च कौलीन्यं Vâgbh. Al. 4, 127.

सारघ n. honey. 2, 466. Comp. Rv. 8, 4, 8. Vs. 19, 91. 95.

सारंग 1) adj. (f. *î* ?) variegated. 4, 51. 2) m. a deer. 2, 75. 3) the Câtaka (cuculus melanoleucus). 2, 93.

सारणि f. a water-conduit. 3, 63.

सारथि m. a charioteer. 2, 293.

सारमेय m. a dog. 2, 126.

सारस m. the Indian crane, and सारसी f. its female. 2, 89.

सारसन n. a girdle, a zone. 2, 405.

सारिफलक m. a draught-board. 5, 59.

सार्थ m. a multitude of living beings, a caravan, etc. 4, 1. कदाचित्तात्पितृव्येण श्रुतः कार्पटिकानां हि सार्थः सार्थो मह्रास्वनः Kâçîkh. 12, 26.

सार्धं adv. together. 5, 91.

सार्पिष adj. (f. *î*) dressed or cooked with clarified butter. 2, 167.

सार्वभौम m. 1) a universal

monarch. 2, 267. Comp. Mhbh. 1, 3120. 2) the elephant of the northern region. 1, 104.

साल्ल m. — çâla. 2, 40.

सास्ना f. a dewlap. 2, 111.

सिंह m. a lion. 2, 59. 5, 70.

सिंहनाद् m. a war-cry. 4, 100.

सिंहासन n. a throne. 2, 268.

सिकता f. sand, gravel. 3, 48.

सिक्थक n. beeswax. 2, 400.

सिंघिनी f. the nose. 2, 366.

सिच् f. the skirt of a web or dress. 2, 396. Rv. 3, 53, 2. 10. 18, 11. Av. 14, 12, 1.

सिचय m. cloth. 2, 393.

सिंजिनी f. 1) a bowstring. 2, 309. 5, 79. 2) a tinkling ornament for the ancle. 2, 406.

सित adj. white. 4, 47. 2, 283.

सितांबर् m. a Bauddha mendicant. 2, 189.

सितांबुज n. a white lotus. 3, 58.

सितेतर् adj. black. 2, 97. Kum. 1, 38.

सितेतरगति m. fire. 1, 62.

सिद्ध m. a kind of genius dwelling between heaven and earth. 1, 87. Yogasûtra 3, 33. This is a post-vedic mythological fiction formed on the analogy of *sâdhya*.

सिद्धांत m. an established conclusion (प्रमाणेन प्राप्तो ऽर्थः), a dogma. 1, 10. 5, 83. 84.

सिद्धार्थ m. 1) a Buddha. 1, 85. 2) mustard. 2, 426.

सिध्मन् n. a sort of cutaneous eruption. 2, 447. 451.

सिध्मल्ल adj. afflicted with *sidhman*. 2, 451. Vs. 30, 17.

सिनीवाली f. the phase of the moon preceding the first night of the first quarter, in which the moon rises partly visible. 1, 112. दृष्टचंद्रा सिनीवाली नष्टचंद्रा कुहूरित्येतावमावास्याभेदौ Çrîdhara. The first part of *sinî*, *vali* is *sinî*, the obsolete fem. of *sita*, white; the second signified perhaps 'ring'. *Sinî* sitâ *vâlâ* kalâsyâm. Kshîrasv. चंद्रं सिनी (sinîvâlî) च कुहू-श्चैव द्युतिः पुष्टिः प्रभावसुः। कीर्तिर्धृतिश्च लक्ष्मीश्च नव देव्यः सिषेविरे Kâçîkh. 14,33.

सिंदुवार m. = निर्गुंडी. 2, 45. Kum. 3, 53.

सिंधु 1) f. a river in general. 3, 43. 5, 52. 2) m. the ocean. 5, 52.

सिंधुपारज adj. born in the country traversed by the Sindh river. 2, 284.

सिंधुर m. (the Sindhu-born), an elephant. 2, 59.

सिंधूत्थ n. river-salt. 2, 459.

सीकर m. rain driven down by wind, thin drizzling rain. 1, 59. Rgh. 5, 42.

सीता f. a furrow. 2, 421.

सीत्य n. σιτίον, corn, grain. 2, 419.

सीमन् n. (?) a boundary, a limit. 2, 104. Yv. 2, 151.

सीमंत m. the parting of the hair of women. 2, 374. Mâgha 8 69.

सीमंतिनी f. a woman. 2, 326. Bhk. 5, 22.

सीमा f. a boundary, a limit. 2, 104. Yv. 2, 152. 228.

सीर m. a plough. 2, 420.

सीरिन् m. a name of Baladeva. 1, 28.

सीसक, सीसपत्त्र n. lead. 2, 17. Yv. 1, 190.

सुकृत n. righteousness, virtue. 1, 125.

सुकेशी f. the name of an Apsaras. 1, 88.

सुख n. joy, pleasure. 1,123. 5,61.

सुगत m. a Buddha. 1, 85.

सुगंधिता f. fragrance. 1, 77.

सुचरिता f. a well-conducted, faithful wife. 2, 340.

सुत m. a son. 2, 342.

सुत्रामन् m. a name of Indra. 1, 53.

सुदर्शन n. the disc of Vishṇu. 1, 26.

सुधा f. 1) the food of the gods, ambrosia. 1, 133. 2) lime, mortar, plaster. 2, 139. Mâgha 12, 62.

सुधी adj. sensible, intelligent, wise. 2, 178.

सुनासीर m. a name of Indra. 1, 53. Comp. *Roth* on Nirukta 9, 41.

सुनिश्चित adj. firmly decided. 2, 247.

सुंदर 1) adj. (f. *â* and *î*) beautiful. 4, 4. 2) सुंदरी f. a beautiful woman. 2, 326.

सुपर्ण m. a name of Garuḍa. 1, 30.

सुपर्णकेतु m. a name of Vishṇu. 1, 22.

सुपर्णीतनय m. a name of Garuḍa. 1, 30.

सुपर्वन् m. a god, a deity. 1, 4.

सुप्रतीक m. the elephant of the north-east quarter. 1, 104. Rgh. 5, 75.

सुप्रभा f. one of the seven tongues of Agni. 1, 68.

सुभग adj. pleasing, beautiful. 2, 212.

सुमनस् 1) m. a god, a deity. 1, 4. 2) f. a flower. 2, 31. Mâgha 7, 2. 8, 10.

सुमेरु m. the mountain Meru. 1, 136. Rgh. 5, 30.

सुर m. a god. 1, 4. 119.

सुरज्येष्ठ m. Brahman. 1, 6.

सुरत n. sexual intercourse. 2, 414. 5, 29.

सुरतरु m. a tree of heaven. 1, 135.

सुरपति m. a name of Indra. 1, 52.

सुरपर्णिका f. a tree (rottleria tinctoria Rox.). 2, 53.

सुरपर्वत m. the mountain Meru. 1, 135.

सुरभि 1) adj. excellent. 5, 14. Comp. Rgh. 2, 3. 2) f. a cow. 2, 113.

सुरशत्रु m. an Asura. 1, 5.

सुरसद्मन् n. heaven. 1, 3.

सुरसरित् f. the Gangâ. 3, 51.

सुरा f. spirituous liquor. 2, 174. Rv. 1, 116, 7. 7, 86, 6. 8, 2, 12. 10, 107, 9.

सुरुंगा f. a mine, a subterranean passage. 4, 86. Hind. سرنگ. *Benfey* very properly considers this word as a corruption of σύριγξ.

सुरेंद्रजित् m. a name of Garuḍa. 1, 30.

सुवर्ण n. gold. 2, 18.

सुवर्णकार m. a goldsmith. 2, 433.

सुवासिनी f. a half grown-up girl. 2, 328.

सुषम 1) adj. beautiful. 4, 4. 2) सुषमा f. brilliancy, beauty. 2, 410. भुवौ विनीले रेजाते सुषमासुंदरे विभोः Pk. 4, 51. 5, 19.

सुहृद् m. a friend. 2, 273.

सूक्ष्म adj. small, minute. 4, 3.

सूक्ष्मदर्शिन् adj. keen-sighted. 2, 218. Kathop. 3, 12.

सूचन n. informing against. 5, 84.

सूची f. a bristle, a quill. 2, 78

सूच्य adj. (something) which is to be suggested. 1, 94.

सूत m. 1) a charioteer. 2, 294. Vs. 30, 6. Manu 10, 11. 47. 2) a bard. 2, 280.

सूतिकाभवन n. a lying-in chamber. 2, 344.

सूतिमास m. the last month of pregnancy. 2, 344.

सूत्र n. thread. 2, 394.

सूद m. a cook. 2, 276.

सूदन n. killing, slaughter. 2, 322.

सूदाध्यक्ष m. a kitchen-master. 2, 276. सूपशास्त्रविशेषज्ञः सूदाध्यक्षः प्रशस्यते Matsyap. 202, 22.

सूना f. a shambles, a slaughter-house. 2, 440.

सूनु m. a son. 2, 342.

सूनृत adj. (of speech) true and (at the same time) pleasant. 1, 141. Yv. 1, 109.

सूपकार m. a cook. 2, 276.

सूर m. the sun. 1, 35.

सूरता f. a tractable cow. 2, 115.

सूरि m. a wise man. 2, 177.

सूर्मी f. a brass image or statue. 1, 131. Manu 11, 103. Composed of *su* and *ûrmi*, 'of a good fount'.

सूर्य m. the sun. 1, 35. 5, 53. 55.

सूर्यकांत m. crystal. 2, 21.

सृक्कन् n. the corner of the mouth. 2, 365. Comp. Yv. 2, 13. To the various readings elsewhere recorded we may add the sg. f. सृक्कणी, employed by Pâṇini in the verse:

स सृक्कणीप्रांतमसृक्प्रदिग्धं प्रलेलिहानो हरिणारिरुच्चैः

सृणि f. m. a goad for driving an elephant. 2, 69.

सेतु m. a causeway, a bridge. 3, 49.

सेना f. a host, an army. 2, 302. 306. 5, 4.

सेनांग m. a component part of an army. 5, 80.

सेनानी m. 1) a general. 2, 278. 2) a name of Skanda. 1, 19. Rgh. 2, 37.

सेवक m. an attendant, a follower. 2, 273.

सेवा f. attendance, service, worship. 1, 129.

सैंहिकेय m. a name of Râhu. 1, 49. Mâgha 2, 35.

सैकत n. an islet. 3, 48. Rgh. 5, 78.

सैंधव 1) m. a horse of Sindh

breed. 2, 284. 2) n. river-salt. 2, 459.

सैन्य n. an army. 2, 302. 5, 6. 36.

सैरंध्री f. a female perfumer, a toilet-woman. 2, 337. Perhaps derived from a noun *sirandhara*.

सैरिभ m. a buffalo. 2, 72.

सोत्प्रास adj. exaggerating with latent irony. 1, 149.

सोत्प्रासच्छुसित n. sarcastic laughter. 4, 46.

सोदर, सोदर्य m. *frater uterinus*, a brother of the same mother. 2, 353.

सोपह्लास adj. derisive, sarcastic. 1, 149.

सोपान n. a ladder, a flight of stairs. 2, 146. Kum. 1, 39. Rgh. 3, 69. 6, 3. सत्यं स्वर्गस्य सोपानं Vârâhap. 209. Instead of *Bopp's* ingenious derivation from *sa* and *upânaya*, I propose another: *sa* and *upâyana*. Comp. *astamana*.

सोम m. the moon. 1, 42.

सोमपा m. a Brahman. 2, 236.

सोल्लुंठ adj. = *sotprâsa*. 1, 149.

सौगंधिक n. the white water-lily. 3, 59.

सौचिक m. a tailor. 2, 435.

सौदामिनी f. lightning. 1, 60.

सौध n. a whitewashed mansion. 2, 139. Mâgha 12, 62. 1, 25.

सौनिक m. a butcher. 2, 440.

सौप्तिक n. a nocturnal assault. 2, 297.

सौम्य 1) adj. pleasing, handsome. 4, 4. 2) m. the planet Mercury. 1, 46.

सौरभेय 1) m. a bull. 2, 108. 2) सौरभेयी f. a cow. 2, 113.

सौरभ्य n. fragrance. 1, 77. 5, 27.

सौराष्ट्रक n. brass, bell-metal. 2, 15.

सौराष्ट्रिक m. a sort of poison brought from Surâshṭra. 3, 24.

सौवर्चल m. a sort of salt, prepared by fusing fossile

salt with emblic myrobalan. 2, 462.

सौवस्तिक m. the family or domestic priest. 2, 271.

सौविद्, सौविदल्ल m. a guard of the women's apartments. 2, 272. 5, 28.

सौवीर n. sour gruel. 2, 163.

सौष्ठव n. = *avashṭambha*. 4, 74.

सौहार्द n. friendship. 4, 21.

सौहित्य n. satisfaction. 2, 171. Mâgha 5, 62.

सौहृद n. friendship. 4, 21.

स्कंद m. the god of war. 1, 19.

स्कंध m. 1) the shoulder. 2, 62. 112. 2) that part of the stem of a tree where the branches begin. 2, 27. 3) after *karin*, *nara*, *turanga*, and their synonyms, it signifies a multitude. 5, 25.

स्कंधवाहक m. an ox carrying burdens on his shoulders. 2, 111.

स्कंधशाखा f. a branch of the upper stem of a tree. 2, 27.

स्कंधावार m. a royal residence, a capital. 2, 131.

स्कंधिक m. = *skandhavâhaka*. 2, 111.

स्तन m. the female breast. 2, 371. 387.

स्तनयित्नु m. a thundercloud. 1, 58. Rv. 5, 83, 6. Vs. 25, 2.

स्तन्य n. milk. 2, 119. Rgh. 2, 69.

स्तब्धत्व n. fixedness, immobility, stupor. 5, 48.

स्तभ m. a ram. 2, 122.

स्तंब m. a shrub. 2, 35.

स्तंबकरि m. corn, grain. 2, 424.

स्तंबेरम m. an elephant. 2, 59. Mâgha 5, 34. Bhk. 6, 92.

स्तंभ m. 1) immobility, stupor. 5, 48. Comp. Mâgha 5, 48. 2) a post, a pillar. 2, 66. 5, 48.

स्तव m. praise. 1, 145. Rv. 9, 55, 2.

स्तवक m. a cluster of blossoms. 2, 33. Urv. 125. 141.

स्तुति f. praise. 1, 145. 5, 74.

स्तेन m. a thief. 2, 183.

स्तेय n. theft, stolen goods. 2, 184. Yv. 3, 234. Av. 11, 8, 20. 14, 1, 57.

स्तोक adj. small, little. 4, 3. 52. 5, 96. Çat. Br. 3, 6, 3, 8. Yv. 2, 27.

स्तोत्र n. praise. 1, 145.

स्तोम m. 1) a sacrifice. 2, 259. 2) a mass, a multitude. 4, 2. तमःस्तोम Kâçikh. 74, 30. धांतस्तोम Rasatar. 3, 11.

स्त्यान adj. thickened, coagulated, congealed. 2, 121.

स्त्री f. a woman. 2, 326.

स्त्रीधन n. property which a woman possesses in her own right. 5, 42. Manu 9, 194.

स्त्रीपुंस m. du. man and wife. 4, 15. Manu 1, 115.

स्थगित adj. covered. 4, 58.

स्थंडिल n. a piece of ground purified for a sacrifice. 4, 77.

स्थपति m. a man who performs the Vrihaspati sacrifice. 2,263.

स्थपुट adj. unevenly raised. 4 68. Comp. ग्रीवा निर्मांसा चिपिटा दीर्घा स्थपुटा न शुभप्रदा। Kâçikh. 37,89. मन्दाकानिलः प्राप्तः पर्वताद्दोलनक्षमः। माल्यमंडपभूस्तेन क्षणात्स्थपुटीकृता 88, 99. (Schol. तृणादिनाछादिता). स्थपुटगतं क्रव्यं in Mâlatîmâdh. V. is explained by Jagaddhara: निम्नोन्नतविषमस्थानगतं, by Mâlânka: संकुचितभागप्रविष्टं मस्तकादिनिम्नोन्नतगतं.

स्थल n. स्थली f. firm ground, continent. 2, 3. 3, 41.

स्थलशृंगाट m. = *gokshura*. 2, 46.

स्थविर adj. old. 2, 348.

स्थाणु m. 1) a stake, a post. 5, 11. 2) a name of Çiva. 1, 12.

स्थान n. 1) standing. 5, 51. 2) a place, a spot, τόπος. 2, 3.

4, 77 (?). 3) an abode, a house. 2, 136. 143.

स्थानक n. a trench for water dug at the foot of a tree. 2, 29.

स्थानस्थ adj. staying at home. 2, 213.

स्थानीय n. a town. 2, 130.

स्थापत्य m. a guard of the women's apartments. 2, 272.

स्थामन् n. firmness, vigour, power. 4, 38. 5, 67. 82.

स्थायिभाव m. a permanent condition; in poetry, that sentiment which constitutes the fundamental or leading character of a composition, as love in an erotic, mirth in a comic composition, etc. 1, 91. Comp. Mâgha 2, 87.

स्थाल 1) n. a vessel. 2, 172. 2) स्थाली f. a pot. 2, 159. Vs. 19, 27. Çat. Br. pp. 90. 158. 187. 243. etc.

स्थासक n. a particular mode of perfuming of the person. 2, 385.

स्थित adj. standing, erect. 2, 231.

स्थिति f. 1) standing. 2) uniform practice, a decision, a rule. 5, 51.

स्थिर 1) adj. steady, steadfast. 2, 215. 2) स्थिरा f. the earth. 2, 1.

स्थिरप्रेमन् adj. of steady affection. 2, 219.

स्थुल n. a sort of long tent. 2, 296. Mâgha 12, 4.

स्थूणा f. a post, a pillar, a statue. 1, 131. 5, 48. Rv. 1, 59, 1. 5, 45, 2. 62, 7. 8, 17, 14. 10, 18, 13.

स्थूरिन् m. an ox that carries burdens on his back. 2, 111.

स्थूल adj. big, fat, large. 2, 187. 13. Kum. 2, 11. Rgh. 6, 28.

स्थूललक्ष adj. liberal. 2, 210. Yv. 1, 308. भाव्यं स्थूललक्षेण भूभुजा Matsyapur. 206, 29. प्रेम्णा ये च प्रयच्छंति स्वल्पे ऽप्यगणितं वसु । स्थूलल-

त्मन्मत्होत्साह्लान्तानूगच्छे-त्स्वैरपि व्यये: ॥ Vâtsy. K. 6, 5, 3.

स्थूलोच्चय m. the middle pace of an elephant. 2, 67. Mâgha 12, 16. यथा पालकार्थ्यं। नीचैर्गतं स्थूलोच्चयो वीथीमार्ग इति तिस्रो गतिप्रक्रिया: Kshîrasv.

स्थेय m. a judge. 2, 274. P. 1, 3, 23.

स्नसा f. a tendon, a muscle. 3, 12.

स्नातक m. a man who, *having performed the ceremony of bathing* previous to his returning to his family, passes from the order of a religious student into that of a householder. 2, 239. Manu 4.

स्नान n. bathing, ablution. 2, 253.

स्नायु m. a sinew, a tendon, a muscle. 3, 12. Yv. 3, 81. 100.

स्निग्ध m. a friend. 2, 273.

स्नुषा f. a daughter-in-law. 2, 349.

स्नुह्नि f. — *mahâvriksha*. 2, 42.

स्नेह m. fondness, affection. 4, 21. 5, 29.

स्पंदन m. a sort of tree. 5, 26. Rv. 3, 53, 19, where Sâyana blunders in his usual fashion. Am. has *syandana*.

स्पर्धा f. rivalry, emulation, contention. 4, 101. 99.

स्पर्शन m. 1) air, wind. 1, 75. 2) n. a gift, a donation. 2, 264.

स्पश m. 1) a spy. 2, 270. 2) a battle, war. 5, 32.

स्पष्ट adj. visible, clear, manifest. 4, 67.

स्पष्टेतर adj. unclear. 5, 56.

स्पृहा f. wish, desire. 4, 25.

स्फटिक m. crystal. 2, 21. Kum. 5, 63. 6, 42.

स्फिज् f. du. the buttocks. 2, 358. Yv. 3, 97. Mârk. 11, 8.

स्फुट adj. clear, manifest. 4, 67. 5, 51.

स्फुलिंग m. a spark of fire. 1, 67. Urv. 125.

स्फूर्जथु m. a clap of thunder. 1, 57.

स्फोटक m. a pustule, a blister, a boil, a pimple. 2, 449.

स्म a particle expressing, amongst other things, *remembrance*. 5, 97.

स्मर् m. a love. 1, 32. This earliest and latest of all gods figures already in the Av. 6, 130. 131.

स्मरमंदिर n. pudendum muliebre. 2, 359.

स्मित 1) n. a smile. 2, 412. 2) adj. budded, blown. 2, 32. Mâgha 6, 54.

स्यद् m. speed, velocity. 2, 288.

स्यंदन m. a chariot. 2, 289.

स्यंदनारोह m. one who rides in a carriage. 2, 235.

स्रज् f. a wreath, a garland. 2, 397. 399.

स्रवद्गर्भा adj. f. (a female) that miscarries. 2, 115.

स्रवंती f. a river. 3, 43. Rv. 1 32, 14. 10, 104, 8.

स्रष्टृ m. 1) Brahman. 1, 6. 2) Çiva. 1, 12.

स्राक् adv. quickly, instantly. 4,12. स्राक् सरत्यभिसारिकाः Kshîrasv. Perhaps from सृज्.

स्रुच् f. a sacrificial ladle. 2, 260.

स्रोतस् n. 1) a stream, a current of water. 3, 47. 2) a river. 3, 44. 3) an organ of sense. 2, 380.

स्रोतस्विनी f. a river. 3,44.

स्व n. property, wealth. 1, 80.

स्वच्छंद adj. self-willed, independent. 2, 224. 5, 47.

स्वजन m. a relation. 2, 354.

स्वतंत्रवृत्ति f. acting according to self-imposed rules, independent action. 4, 93.

स्वदन n. tasting, eating. 2, 170.

स्वधिति f. m. an axe. 2, 319. Rv. 2, 39, 7. 3, 8, 11. Probably from *hi* like *heti*.

स्वन m. sound. 5, 77.

स्वभाव m. natural condition. 4, 97. 5, 71.

स्वयंभू m. Brahman. 1, 7.

स्वर् ind. heaven. 1, 3.

स्वर m. 1) articulate sound. 1, 138. 5, 77. 2) a musical note. 3) a vowel. 4) accent. 5, 77.

स्वरु m. a thunderbolt. 1, 56.

स्वरुचि adj. self-willed, independent. 2, 224.

स्वरूप n. the natural form or constitution of a thing. 5, 78.

स्वर्ग m. heaven. 1, 3. 5, 60. 68. Rv. 10, 95, 18.

स्वर्गौकस् m. a god, a deity. 1, 4. Kum. 1, 59.

स्वर्ण n. gold. 2, 18.

स्वर्णपुष्पी f. a tree (cassia fistula). 2, 43.

स्वर्भानु m. a name of Râhu. 1, 49.

स्वल्पशरीर adj. of a diminutive body. 2, 456.

स्वसृ f. a sister. 2, 352.

स्वस्ति part. hail, blessings. 5, 101. Rgh. 5, 17.

स्वस्तिक m. a palace or temple built in the shape of the diagram(Stevenson, Kalpasûtra, emblem last but one) of the same name. 2, 150.

स्वस्रीय m. a sister's son. 2, 352. Manu 3, 148.

स्वाच्छन्द्य n. wilfulness, independent action. 4, 89.

स्वादुरसा f. spirituous liquor. 2, 174.

स्वाध्याय m. the Vedas. 1, 9.

स्वान m. sound. 1, 138.

स्वांत n. the mind. 2, 379. Bhk. 6, 22. Gg. 10, 10.

स्वापतेय n. property, wealth. 1, 80. Mâgha 14, 9. स्वापतेयमखिलं तु पात्रसात्सचकार Pk. 1, 32.

स्वामिन् m. 1) a master, a lord. 2, 188. 5, 39. 2) a name of Skanda. 1, 19.

स्वाराज् m. a name of Indra. 1, 53.

स्वाहा f. the wife of Agni. 1, 66. Rgh. 1, 56.

स्वाहाप्रिय m. a name of Agni. 1, 62.

स्विद् a particle introducing 1) a question. माया स्विदेषा मतिविभ्रमो वा ध्वस्तं नु मे वीर्यमुताहमन्यः Kir. 16, 18. 2) a doubt or uncertainty. 5, 94. अस्ति स्विन्नु वीर्यं तत्त इन्द्र न स्विदस्ति तदृतुथा वि वोचः Rv. 6, 18, 3.

स्वेदनिका f. an iron plate or pan for baking bread, etc. 2, 158.

स्वैर adj. 1) following one's impulses, self-willed. 2) slow. 5, 47.

स्वैरिणी f. an unchaste wife. 2, 341. Yv. 1, 67. Comp. Mitâksh. on Yv. 2, 51.

ह.

हंस m. 1) a swan, a goose. 2, 96. 98. 2) the sun. 1, 37.

हंसक n. a tinkling ornament for the ankle of a woman. 2, 406. Mâgha 7, 23.

हंसकांता f. a goose. 2, 96.

हंसपाद n. vermilion. 2, 466.

हंहो an interjection used in addressing or calling a person: ho! holla! 5, 97. Urv. pp. 61. 69. 70. हंहो सत्पुत्रजननि नित्यं सत्यप्रभाषिणि Kaçîkh. 13, 82.

हठ m. force, violence. 4, 74.

हतक adj. ill-bred, or bad in general. 2, 223.

हनु f. m. the jaw. 2, 367. 5, 32.

हंत an interjection expressive 1) of grief. 2) of joy. 5, 89. Comp. Rv. 8, 69, 5. 10, 53, 2.

हय m. a horse. 2, 281.

हयमार m. = *karavîra.* 2, 39.

हर m. a name of Çiva., 1 11.

हरि 1) adj. tawny. 4, 50. 2) m. the sun. 1, 35. 5, 70. 3) the moon. 5, 70. 4) a horse. 2, 281. 5, 70. 5) a lion. 2, 59. 5, 70. 6) a frog. 3, 40. 5, 70. 7) a monkey. 2, 76. 5, 70. 8) Indra. 1, 52. 5, 70. 9) Vishṇu or Kṛishṇa. 1, 23. 5, 70. 10) Yama. 1, 72. 5, 70. 11) Vâyu. 1, 76. 5, 70.

हरिचंदन m. a species of sandal-tree, considered as one of the five trees of heaven. 1, 135.

हरिण 1) adj. (f. *î*) yellowish white. 4, 47. 2) m. a deer, an antelope. 2, 75. 3) हरिणी f. a golden image. 1, 131.

हरित् 1) adj. green. 4, 49. 2) f. a region, a point of the compass. 1, 100.

हरित 1) adj. (f. हरिता. or हरिणी) green. 4, 49. 2, 4. 2) हरिणी f. the parrot-like lady. 4, 53.

हरितालो f. = *dûrvâ.* 2, 36.

हरिदश्व m. the sun. 1, 36. Mâgha 11, 56. Rgh. 3, 22.

हरिद्राराग adj. one whose affection is as transient as the colour of turmeric, 2, 220.

हरिन्मणि m. an emerald. 2, 20. Mâgha 3, 49.

हरिप्रिया f. a name of Lakshmî. 1, 31.

हरिवत्, हरिहय m. a name of Indra. 1, 54. 52.

हरीतकी f. = *pathyâ.* 2, 463.

हर्म्य n. a mansion, a palace. 2, 138. Urv. 56. Kum. 6, 42. Bhk. 8, 36.

हर्यक्ष m. a lion. 2, 59.

हर्ष m. joy, pleasure. 1, 123.

हल n. a plough. 2, 420. 5, 46.

हलायुध m. a name of Baladeva. 1, 29.

हलाहल m. a sort of poison. 3, 25.

हविस् n. the substance offered

as an oblation at a sacrifice, commonly melted butter. 2, 261.

हव्यपाक m. an oblation presented to the gods, or the vessel in which it is offered. 2, 261.

हव्यवाह् m. Agni. 1, 62. Rv. 1, 12, 6.

हसंती, हसंतिका f. a portable stove. 2, 159.

हसित 1) n. laughing. 2, 412. 2) adj. budded, blown. 2, 32.

हस्त m. 1) the hand. 2, 356. 2) After synonymes of hair it signifies a quantity, as केशहस्त (Mâgha 8, 27). 2, 376.

हस्तबिंब n. = *sthâsoka*. 2, 385.

हस्तसूत्र n. a thread worn round the wrist as an amulet. 2, 403. Kum. 7, 25.

हस्तिनख m. an embankment at the gate of a city or fort, with subterranean passages. 2, 133. Mâgha 3, 68.

हस्तिनी f. the female elephant. 2, 70. 5, 13. 47.

हस्तिपक m. an elephant-keeper. 2, 70. Mâgha 5, 49. Comp. Vs. 30, 11.

हस्त्यारोह m. an elephant-driver. 2, 70.

हाटक n. gold. 2, 18. Mâgha 13, 63.

हायन m. a year. 1, 116. 5, 15. Av. 3, 10, 9. Manu 2, 154.

हार m. 1) a string of pearls. 2, 409. 5, 5. 2) a necklace of 108 or 64 strings. 2, 407.

हारहूरा f. the vine. 2, 38.

हारिद्र adj. (f. *i*) yellow. 4, 50.

हारिन् adj. ravishing, charming, pleasing. 4, 4. Mâgha 10, 69.

हारीत m. the wood-pigeon. 2, 99. Rgh. 4, 46.

हाला f. spirituous liquor. 2, 174. Mâgha 10, 21.

हालाहल m. a kind of lizard. 2, 102.

हाव (prâkrit of *bhâva*) m. the different branches of feminine actions by which the sentiment of love is manifested. 1, 89.

हास m. laughter, mirth. 1, 91.

हास्य m. the comic sentiment in poetry. 1, 92.

हि part. 1) because, for. 2) but (?). 5, 95. Comp. Rgh. 1, 69. Manu 1, 83.

हिंसा f. 1) killing, slaughter. 2, 323. 2) injuring by theft, etc. 5, 24.

हिंस्र adj. hurtful, mischievous. 2, 217. Rv. 10, 87, 3. 5. 9. Manu 1, 29.

हिंस्रपशु m. a beast of prey. 5, 46.

हिंगु n. assafoetida. 2, 462.

हिंगुल n. vermilion. 2, 466.

हिंजीर m. an elephant's chain. 2, 68.

हित adj. fit, apt. 2, 251.

हिम n. frost, cold, snow. 3, 28.

हिमानी f. a mass of snow. 3, 28. चक्रैरस्य द्विषश्चक्रं त्नय मापादितं त्तणात्। मार्तंडकिरणैस्तीक्ष्णैर्हिमानी पटलं यथा Pk. 4, 158.

हिरण्मय adj. (f. *i*) golden. 1, 131.

हिरण्य 1) n. gold. 2, 19. 2) wealth, riches. 1, 80. 3) हिरण्या f. one of the seven tongues of Agni. 1, 68.

हिरण्यगर्भ m. Brahman. 1, 6. 5, 82.

हिरण्यबाहु m. the river Çon. 3, 52.

हिरण्यरेतस् m. a name of Agni. 1, 64.

हीन adj. avaricious. 2, 192.

हीनवादिन् adj. overcome in argument or a legal cause. 2, 209.

हुं a particle introducing 1) a question. हुं स त्वं सुहृत्. 2) a doubt. चैत्रो हुं मैत्रो हुं (Kshirasv.). 5, 90.

हुडु m. a ram. 2, 124.

हुत adj. offered with fire. 2,262.

हुतवह, हुताशन m. a name of Agni. 1, 62. 64.

हृच्छय m. love. 1, 32.

हृदय n. 1) the heart, the mind. 2, 379. 2) the heart taken as centre. 1, 44.

हृदयंगम adj. to the point, pertinent, congenial. 1, 146. Kum. 2, 16.

हृदयस्थान n. the breast, the chest. 2, 372.

हृद्य adj. congenial, pleasing, beloved. 4, 4. Rv. 5, 42, 2.

हृद्यार्थ adj. = हृदयंगम. 1, 146.

हृल्लेख m. longing, regret. 4, 57.

हृषीक n. an organ of sense. 2, 380. सर्वेषां च हृषीकाणामीशनात्परमेश्वरः। हृषीकेश इति ख्यातः Kâçîkh. 20, 9.

हृषीकेश m. Vishṇu or Kṛishṇa. 1, 23.

हेति f. 1) light, splendour, flame. 1, 65. 2) a weapon. 2, 307.

हेतु m. a motive, a cause. 2, 457. 5, 62. 92. 95. 101.

हेम m. a black horse. 2, 282.

हेमन् n. gold. 2, 18. 1, 81.

हेमंत m. the winter season, comprising the months Mârgaçîrsha and Pausha. 1, 113.

हेमपर्वत m. the mountain Meru. 1, 136.

हेमपुष्प m. = *nâgakesara*. 2, 51.

हेमाद्रि m. the Meru. 1, 136.

हेरक m. a spy. 2, 270.

हेरंब m. a name of Gaṇeça. 1, 18.

हेला f. 1) slight, contempt. 4, 30. Mâgha 2, 52. 2) in erotic poetry, prurience. 1, 89. 3) = *prastâva*. 5, 19.

हेषा f. the neighing of horses. 1, 151. हयहेषारव Pk. 4, 135. Comp. *hreshâ*.

हैम adj. (f. *i*) golden. 2, 268. Rgh. 6, 15. Bhk. 5, 89.

हैमवती f. a name of Pârvati. 1, 15.

हैयंगवीन n. fresh butter. 2, 119.

ह्यस्तनदिन n. yesterday. 5, 23.

ह्रद m. a lake, a pool. 3, 48. Rv. 1, 52, 7. 3, 36, 8. 45, 3. 10, 43, 7. 71, 7. 102, 4.

ह्रादिनी f. a river. 3, 43.

ह्रस्व adj. short, small, little. 4, 3. 2, 23.

ह्राद m. noise, sound. 1, 138.

ह्री f. (nom. *hris*) shame, bashfulness. 2, 412. Rgh. 3, 5. 4, 80. 5, 58. Vs. 24, 35.

ह्रीवेर n. a sort of perfume. 2, 467.

ह्रेषा f. the neighing of horses. 1, 151.

ह्लादिनी f. lightning. 1, 60.

अभिवंद्य गुरून्पूर्वाङ्घ्रिपद्मिनीरवीन् ।
तत्प्रसादादकारीदं रत्नमालाविशोधनं ॥
तद्विद्वांसो ऽनुगृह्णंतु चित्तश्रोत्रैः प्रसारितैः ।
संतः प्रणयिवाक्यानि गृह्णंति ह्यनसूयिनः ॥
न चात्रातीव कर्तव्यं दोषदृष्टिपरं मनः ।
दोषो ह्यविद्यमानो ऽपि तच्चित्तानां प्रकाशते ॥

ERRATA.

P. 2. l. 11. रुद्रः कपर्दी; l. 14. नीलग्रीवो वह्निरेताः.

P. 6. l. 20. बल्कुलाः.

P. 9. l. 3. इत्यभिन्नार्थाः.

P. 17. l. 6. सोत्प्राससोपह्लासाः.

P. 21. l. 15. बीजकोशी.

P. 22. l. 2. कंकेल्लि.

P. 24. l. 6. पुष्पवाटी.

P. 27. l. 4. पिच्छं.

P. 28. l. 8. मद्गुः.

P. 35. l. 1. पिठरं.

P. 41. l. 11. गर्द्दावादी.

P. 44. l. 15. परिव्राजक.

P. 47. l. 5. ६७६.

P. 48. l. 5. कंबलिवाह्यस्तु A.

P. 49. l. 10. पंथिपरा.

P. 54. l. 16. जामाता.

P. 55. l. 16. घुंटको.

P. 60. l. 15. ह्रारमध्य.

P. 64. l. 18. पित्तं.

P. 68. l. 11. पोरग.

P. 73. l. 17. प्रकरगणौघ.

P. 82. l. 17. कर्म मानसं.

P. 85. l. 1. कनिष्ठिक.

P. 91. l. 18. मंत्र्याख्य.

P. 93. l. 4. संभाव्ययोः; l. 6. दुराव.

P. 104. l. 7. सुरता ACD. सूरिना F.

P. 109. l. 20. बंधकी.

P. 126. l. 1. 2) Kâma. 1, 34.

P. 130. l. 17. अनुच्छिष्ट.

P. 134. l. 7. अपह्स्तितान्यकिसलयशोभं विलोकयाशोकं। Sarasvatîk. II, 15. यस्माऽज्ञान्यपह्स्तितदेहात्मा मानिनो ऽपि बिभियादिति। Schol. on Paramârthasâra.

P. 152. l. 12. आलेख्यलेखा f. a line of writing.

P. 172. l. 18. कंचुक m. 1) a bodice, a jacket.

P. 206. l. 8. goodness.

P. 222. l. 21. जीमूत.

P. 229. l. 4. 3) a recipient, a fit person for. Comp. Mâgha 14, 9.

P. 247. l. 25. diagram.

P. 259. l. 23. पद्दिस.